Imanuel Geiss
Der lange Weg in die Katastrophe

W0353307

Serie Piper
Band 943

Zu diesem Buch

Die Ursachen für den Ersten Weltkrieg zählen zu den in der deutschen wie internationalen Geschichte meistdiskutierten Themen. Die Entstehung dieser »Urkatastrophe des 20. Jahrhunderts« (George F. Kennan) kann man nur verstehen, so die These dieses Buches, wenn nicht nur die letzten Jahre – oder gar Monate – vor dem Juli 1914 untersucht werden, sondern die Herausbildung des Europäischen Staatensystems seit dem Wiener Kongreß von 1815 analysiert wird. Imanuel Geiss, seit seiner Zeit bei Fritz Fischer einer der besten Kenner der Materie, gelingt es in diesem Buch, die tieferen Ursachen offenzulegen. Er hat damit gleichzeitig eine Geschichte des 19. und frühen 20. Jahrhunderts geschrieben, die einen strukturierten Überblick bietet und so besonders den Studenten von Nutzen sein wird.

Imanuel Geiss, geboren 1931, ist Professor für Geschichte an der Universität Bremen. Unter seinen zahlreichen Veröffentlichungen ist besonders zu nennen: »Juli 1914« (1965); »Geschichte griffbereit« (6 Bände, 1979/84), »Die Habermas-Kontroverse« (1988).

Imanuel Geiss

Der lange Weg in die Katastrophe

Die Vorgeschichte des Ersten Weltkriegs 1815–1914

Piper
München Zürich

Von Imanuel Geiss liegen in der Serie Piper außerdem vor:
Das Deutsche Reich und die
Vorgeschichte des Ersten Weltkriegs (442)
Das Deutsche Reich und der Erste Weltkrieg (443)

ISBN 3-492-10943-8
Originalausgabe
April 1990
© R. Piper GmbH & Co. KG, München 1990
Umschlag: Federico Luci
Foto: Süddeutscher Bilderdienst
Gesamtherstellung: Clausen & Bosse, Leck
Printed in Germany

INHALT

Vorwort

Die folgende Vorgeschichte des Ersten Weltkrieges zieht die Summe eigener Bemühungen um die Geschichte des Ersten Weltkrieges. Namentlich löst sie auf breiterer Grundlage ein, was in der Logik älterer Anläufe zur Julikrise 1914 lag, in denen die weitere Vorgeschichte immer nur Auftakt zum Kriegsausbruch und seiner unmittelbaren Vorgeschichte war.[1] Jetzt ist der Akzent genau umgekehrt gesetzt: Das Schwergewicht liegt auf einer weiträumig angelegten Vorgeschichte des Ersten Weltkrieges, aus der sich die Julikrise 1914 als Abschlußkapitel herausschält.

Mein besonderer Dank gilt verschiedenen Kollegen, die mir Gelegenheit gaben, meine Thesen erstmals in provisorischer Form vorzustellen: den Kollegen vom History Department des Dickinson College, Carlisle/Pennsylvania, mit einer Memorial Lecture »Germany and the Origins of the First World War« im April 1986 ermöglicht durch ein Fulbright-Stipendium; Professor Roger Chickering, Eugene/Oregon, für einen Vortrag am History Department der Eugene University im Mai 1986, zu dem er selbst den Titel beisteuerte, »The First World War as a World War«; den Herausgebern der Festschrift für Fritz Fellner, Professor Solomon Wank vom Franklin and Marshall College in Lancaster/Pennsylvania, und Heidrun Maschl, Salzburg, die das Manuskript in die Fellner-Festschrift aufnahmen[2]; Prof. Dr. Fritz Klein, Berlin-DDR, für die Aufnahme eines Aufsatzes »Imperialismus um 1900« in einen von ihm geplanten Sammelband der Berliner Akademie der Wissenschaften; Professor Gregor Schöllgen, Erlangen, für die Einladung zu einem Vortrag am St. Antony's College in Oxford im Februar 1989 mit dem Titel »Weltpolitik as the German Version of Imperialism«; dem Studienkreis für Internationale Beziehungen, die in dem jüngst erschienenen Sammelband den ursprünglich auf ihrer Berliner Tagung 1984 gehaltenen Vortrag über Vorkriegskrisen und Kriegsausbruch 1914 veröffentlichte.[3] Die neue Konzeption wurde punktuell auch in weiteren Aufsätzen vorbereitet, die bis 1978 teilweise in einem Band zusammengefaßt sind.[4]

Frau Renate Brock, Bremen, übertrug mit gewohnter Umsicht die erste Fassung des Manuskripts in den Computer und setzte teilweise die anfallenden Korrekturen auf dem langwierigen Weg von der Erstfassung zum Endprodukt um. Bei der Beschaffung der Literatur wie bei der stilistischen und inhaltlichen Überarbeitung der verschiedenen

Fassungen half wieder Frau Gabriele Intemann, Bremen, ferner beim Anmerkungsapparat. Ihre freimütige Kritik trug dazu bei, Schwächen und vielleicht mißverstehbare Formulierungen zu beseitigen. Ferner erarbeitete sie die Bibliographie sowie das Personenregister und las die Korrekturfahnen. Zuletzt profitierte das fast fertige Manuskript von der scharfsinnigen, zugleich konstruktiven Kritik von Herrn Edgar Sonntag, Bremen, der auch die Korrekturfahnen mitlas. Beide studentischen Mitarbeiter hatten einen erheblichen Anteil an der Schlußredigierung der Einleitung, namentlich der Überarbeitung ihrer ersten Rohfassung in mehreren Etappen. Zuletzt half noch Frau Cordula Stenger, Bremen, durch Lesen der Korrekturfahnen.

Allen freundlichen Helfern danke ich herzlich für ihre Unterstützung und die wertvollen, besonders kritischen Anregungen, Hilfen und Verbesserungen. Darüber hinaus danke ich der Forschungskommission der Universität Bremen, die die Arbeit an diesem Buch finanziell durch die Stellung einer studentischen Hilfskraft für ein Semester förderte.

Bremen, im Juni 1989 *Imanuel Geiss*

Einleitung

In einer Zeit rasanter Globalisierung vieler Bereiche des gesellschaftlichen Lebens scheint es angemessen, auch geschichtliche Ereignisse unter einem welthistorischen Horizont zu sehen. 75 Jahre nach dem Ausbruch des Ersten Weltkrieges ist die Zeit reif, eine umfassende Synthese seiner Vorgeschichte zu wagen. Zwei Ziele stehen im Vordergrund: 1. Die Überwindung der emotionalisierten und moralisierenden Debatte um »Kriegsschuld«, deutsche oder andere, auf dem Wege einer nüchternen Rekonstruierung des gewaltigen Geschichtsprozesses, der in den Ersten Weltkrieg einmündete. 2. Die generelle Weitung des Blickes zu einer globalhistorischen Erklärung des Kriegsausbruchs 1914, um zugleich der Enge eines traditionellen germano- wie eurozentrischen Geschichtsbildes zu entkommen. Für beide Erkenntnisziele wird es erforderlich, die gesamte Weltgeschichte zu mobilisieren, soweit sie für den Kriegsausbruch 1914 relevant ist – ohne Rücksicht auf Grenzen überkommener Nationalhistorie oder historischer Spezialdisziplinen.

Aus der Verengung nationalstaatlicher Parteinahme

Als »Urkatastrophe des 20. Jahrhunderts« (George F. Kennan) zieht der Erste Weltkrieg immer wieder die Aufmerksamkeit der Historiker wie der historisch-politisch interessierten Öffentlichkeit auf sich. Zu seinen Ursachen erschien eine Fülle von Büchern, Aufsätzen und Artikeln, die selbst der Spezialist nicht mehr überschauen kann. Lange Zeit litten die meisten Darstellungen unter einem Mangel an innerer Distanz und Objektivität. Bei der Dimension des Geschehens unvermeidlich, herrschte moralisierende Parteilichkeit vor – nationale oder politisch-ideologische, Anklage oder Apologie der eigenen Nation, auch ganzer Weltsysteme, des »Imperialismus« oder »Kapitalismus«, die den Ersten Weltkrieg ermöglichten. Zudem verengte sich die Forschung und Diskussion zum Kriegsausbruch und seiner Vorgeschichte oft auf das emotionsgeladene Problem der »Kriegs*schuld*«, meist Deutschlands: Im Ausland überwog die Verurteilung der deutschen Reichspolitik[1], im Inland die Apologie oder Entlastung des Deutschen Reiches[2].

Die heute noch immer beste ausführliche Darstellung zur Vorgeschichte des Ersten Weltkrieges ab 1871, die aber leider nur bis 1902 reicht, ist die große Doppelstudie des Amerikaners William L. Langer[3]. Auch ohne ein explizites theoretisches Konzept bietet sie schon seit über einem halben Jahrhundert eine (heute nicht mehr in allen Punkten befriedigende, eben durch die neuere Forschung punktuell zu ergänzende) Synthese von diplomatischen, außenpolitischen, innenpolitischen, wirtschaftlichen und sozialen Faktoren zur Erklärung scheinbar rein außenpolitischer Vorgänge. Der eigene Versuch kann auf Langers heute sonst noch taufrisch zu lesendes Werk für zahlreiche Details des von ihm behandelten Zeitraums pauschal, aber mit größtem Nachdruck verweisen. Im Grunde kann es nur versuchen, Langer gedrängt fortschreiben, nach rückwärts in eine zeitlich weiter gefaßte Vorgeschichte, nach vorwärts bis zum Kriegsausbruch 1914, in Ausblicken auch darüber hinaus.

Bis zum Zweiten Weltkrieg war das Höchstmaß relativer, durch den je nationalen Standpunkt eingeschränkter Objektivität vermutlich durch den italienischen Journalisten und Historiker Luigi Albertini erreicht.[4] Sicher hatte auch er eigene politische Interessen – Rechtfertigung der von ihm einst vertretenen Intervention Italiens in den Ersten Weltkrieg und indirekte Kritik am damaligen Mitkämpfer Mussolini, der das faschistische Italien an der Seite Deutschlands in den Zweiten Weltkrieg führte. Aber wer diesen Hintergrund nicht kennt, würde eine subjektive Voreingenommenheit kaum herauslesen.[5]

Avancierte Albertinis Werk nach der Übersetzung ins Englische 1952/57 rasch zum Standardwerk und repräsentierte in der internationalen Forschung einen überwältigenden Mehrheitskonsens, so blockierten Gerhard Ritters giftige Polemiken[6] zunächst dessen Rezipierung durch die bundesdeutsche Geschichtswissenschaft. Für Fritz Fischer dagegen waren Albertinis Ergebnisse geradezu augenöffnend: Sie erschlossen ihm die deutsche Reichspolitik in der Julikrise 1914 als *missing link* zwischen »Weltpolitik« und Kriegszielen des Kaiserreiches im Ersten Weltkrieg. Fischers »Griff nach der Weltmacht«[7] 1961 und die sich anschließende »Fischer-Kontroverse«[8] setzten erstmals für Deutschland nationalselbstkritische Akzente.

Allerdings gelang es wegen der oft unzulässig emotionalen Kritik deutscher Historiker, Politiker und Publizisten[9] nicht auf Anhieb, die moralisierende Betrachtungsweise vollständig zurückzudrängen. Auch war der Einwand, Fritz Fischer und seine Schule hätten sich einseitig auf Deutschland konzentriert, nicht ganz unberechtigt, selbst wenn das Argument meist nur der nationaldeutschen Apologie und Entlastung (»die anderen auch«) diente. Beim Umfang des zu bearbeitenden Materials war es damals jedoch, aus arbeitsökonomischen

Gründen, unmöglich, in einem zumutbaren Zeitraum die außerdeutsche Dimension ebenso gründlich zu behandeln, nachdem die deutsche Geschichtswissenschaft sie zuvor jahrzehntelang sträflich vernachlässigt hatte. Grundsätzlich blieb zudem die Frage, ob eine universalhistorische Betrachtung, wie sie vor allem Erwin Hölzle in immer neuen Wendungen schrill einklagte [10], wirklich zu anderen Ergebnissen führen würde. Nur neue Kenntnisse konnten helfen, den richtigen Kern deutscher Nationalkritik durch einen weltgeschichtlich erweiterten Horizont zu bereichern und sachlich abzustützen.

Nachdem Fritz Fischer erstmals den Teufelskreis nationalzentrierter Geschichtsschreibung an *einer* Stelle, für Deutschland, durchbrochen hatte, löste sich, wie von ihm gewünscht, die Verkrampfung wenigstens bei den westlichen Nationen, die am Ersten Weltkrieg als Großmächte beteiligt waren. Ähnlich nüchterne Arbeiten zur Vorgeschichte des Ersten Weltkrieges [11], der Außenpolitik der Großmächte vor 1914 [12] und zu den Kriegszielen erschienen seitdem auch in England und Frankreich. [13] Vor allem Werke, die eine breitere Perspektive einbrachten, [14] stellten das Material bereit und schufen ein geistiges Klima, um unbefangener und ohne nationale Scheuklappen im kritischen Vergleich die Ursachen des Ersten Weltkrieges sachlich zu untersuchen.

In den folgenden Jahrzehnten spaltete sich die Forschung in einem für das Thema wichtigen Punkt: Einerseits schälte sich mit dem Abklingen der Fischer-Kontroverse ein neuer internationaler und deutscher Konsens heraus – stärkere Betonung des deutschen Anteils an der Auslösung des Ersten Weltkrieges, selbst wenn Differenzen über Motive und Kriegsziele der Reichspolitik blieben. Andererseits verabsolutierte eine sich als progressiv verstehende Intelligenz der Bundesrepublik die für Deutschland neue Nationalkritik vielfach zum »Sonderweg«-Dogma, das in wissenschaftlicher Unfruchtbarkeit zu erstarren droht. Zuletzt versickerte die bundesdeutsche Debatte um den Ersten Weltkrieg in dem ebenso sterilen wie kleinlichen Gezänk um die angebliche »Fälschung« der Eintragungen im Riezler-Tagebuch zur Julikrise 1914, mit viel böser Polemik und wenig sachlichem Ertrag. [15] Insgesamt zeichneten sich jedoch, vor allem in England und Amerika, mit der selbstkritischen Aufarbeitung der Geschichte durch Historiker »der anderen Seite« erste Konturen einer neuen, funktionalen Perspektive ab, die endlich die moralisierende Debatte um »Kriegsschuld« überwinden kann. [16]

Parallel zu dieser Forschung im englischsprachigen Wissenschaftsraum entwickelten sich eigene Interessen an der Weltgeschichte, zunächst nur zur Elementarisierung grundlegender Geschichtskenntnisse, die den Autor zur breiteren Einordnung des Ersten Weltkrieges und seiner Vorgeschichte befähigen.[17] Die Auftragsarbeit »German Foreign Policy 1871–1914« konzentrierte sich auf die deutsche Dimension der Vorgeschichte des Ersten Weltkrieges, aber die ursprünglich stärker angelegte Einbindung der deutschen Außenpolitik ins »Europäische System« fiel damals noch der Rücksicht des englischen Verlages auf die Parallelbände zur Außenpolitik anderer Großmächte bis 1914 zum Opfer.[18] Doch bereits »Geschichte im Überblick« folgte in Umrissen der hier vorgestellten Konzeption, nach der für ein Groß-Ereignis wie den Ersten Weltkrieg vorausgegangene bedeutende Ereignisse und Prozesse der Weltgeschichte Teil der weiteren Vorgeschichte sind. Allerdings machte es der Zwang zur Elementarisierung dort erforderlich, wichtige Ereignisse (z. B. Hegemonialkriege der Neuzeit) und historische Prozesse (z. B. Industrielle Revolution, die großen politischen Revolutionen) um ihrer selbst willen zu erklären, so daß sie nur durch die Art der Periodisierung als breitgefaßte Vorgeschichte des Ersten Weltkrieges erscheinen.

Gegenüber »Geschichte im Überblick« ist jetzt die Perspektive umgekehrt: Wichtige Ereignisse wie Prozesse sind bewußt den Ursprüngen des Ersten Weltkrieges zugeordnet, in die zahlreiche, scheinbar disparate Faktoren eingingen. Unentbehrlich wird der europäische Bezugsrahmen – nicht nur weil er die Einordnung in globalhistorische Zusammenhänge erleichtert: Der Erste Weltkrieg als Zusammenbruch des europäischen Konzerts der Großmächte (Langhorne) erschütterte auch entscheidend das Europäische System. Die *national*kritische Öffnung durch »Griff nach der Weltmacht«, die der Verfasser durch intensive Mitarbeit bei Fritz Fischer wie durch eigene Arbeiten und Beiträge zur Fischer-Kontroverse mit erzielte und trug, bleibt die unverzichtbare Grundlage der folgenden Darstellung, schon weil sie erst den Weg zur *global*historische Perspektive freigab.

Muß eine wirkliche Globalisierung der historischen Perspektive nach Zeit und Raum zahlreiche Einzelfaktoren einbeziehen und auf den Kriegsausbruch 1914 orientieren, die vermeintlich wenig mit ihm zu tun haben – wie die Taiping-Revolution 1850–64 samt ihren Auswirkungen im fernen China oder die Orientalische Frage mit ihren zahlreichen Verzweigungen, z. B. der Armenischen und Makedonischen Frage –, so verlangt schon diese Vielgestaltigkeit des Stoffes eine adäquate Erweiterung auch der Methode. Für die Vorgeschichte des Ersten Weltkrieges, bisher klassische Domäne der Diplomatie- und Politikgeschichte, sind Ergebnisse der neueren wirtschafts- und sozialgeschichtlichen Forschung zu verwerten, soweit sie über deren Orientierung nach innen hinausführen und instruktives Licht auch auf zwischenstaatliche Beziehungen werfen. Analoges gilt für marxistische oder damit verwandte Imperialismustheorien[19], die allerdings für die Analyse realhistorischer Prozesse bei genauerem Zusehen weniger hergeben, als die Berufung auf einen angeblich »historischen« Materialismus erwarten läßt.

Grundsätzlich enthalten alle großen methodischen Ansätze rationale Elemente, aber auch Gefahren der Dogmatisierung durch Verabsolutierung an sich richtiger Einsichten und Prinzipien. Ohne falsche Scheu vor dem Vorwurf des Eklektizismus kann sich der Historiker für die dringend gebotene globalhistorische Sicht von einem Historischen Realismus leiten lassen und brauchbare rationale Faktoren der verschiedenen Positionen miteinander kombinieren. Daher verbindet die folgende Analyse klassische Diplomatie- und Machtgeschichte mit Ergebnissen der jüngeren Wirtschafts- und Sozialgeschichte. Allerdings bleiben für einen breiteren historischen Kontext *Details* aus beiden Bereichen bewußt zweitrangig. Den Leser erwartet kein bloßes Nebeneinander subtiler Analysen diplomatischer Notenwechsel und schwergewichtiger Statistiken – offenbar Gütezeichen »richtiger« Wirtschafts- und Sozialgeschichte. Hier interessieren nur die *Ergebnisse* traditioneller wie moderner Forschungsrichtungen.

Für das Weltereignis Erster Weltkrieg treffen sich – wie in einem Fokus – die verschiedenen Dimensionen der Geschichte sowohl in Gegenstand als auch Betrachtungsweise im Phänomen der Macht: Macht als Ausdruck politischer Herrschaft konstituiert sich stets auf der Grundlage wirtschaftlicher und sozialer Strukturen, deren Entstehen und Veränderungen wiederum ohne gebührende Kenntnis der allgemeinen politischen Geschichte (z. B. Kriege, Friedensschlüsse) unverständlich bleiben. Auch die Großmächte des Ersten Weltkrieges waren historisch unterschiedliche Ausprägungen des Prinzips Macht, entsprechend dem Stand ihrer Entwicklung als saturierte, weiter aufsteigende oder schon absteigende Staaten. Ungewollt rücken die Macht und die vielfältigen Formen ihrer Ausübung ins Zentrum einer rationalen historischen Analyse. Deutlich abzugrenzen ist die eigene Position allerdings von zwei Extremen deutscher Historiographie: Bis 1945 dominierte die Anbetung (deutscher) Macht, danach umgekehrt zunächst die Dämonisierung der Macht schlechthin von »Rechts«[20]. Neuerdings schlägt im bundesdeutschen »Historikerstreit« eine Dämonisierung von »Links«, jetzt nur noch deutscher Macht durch.

Erst die Kombination der machthistorischen, diplomatie- und politikgeschichtlichen mit wirtschafts- und sozialhistorischen Dimensionen, von »äußerer« mit »innerer« Politik verleiht dem Historiker einen geschärften Blick, gleichsam für mehrere Wellenbereiche des historischen Spektrums. Zu den sichtbaren Lichtwellen, die Oberflächenphänomene der politischen Fakten beleuchten, treten andere: infrarote Wärmestrahlen einer – gewiß oft herzerwärmenden – Diplomatiegeschichte sowie analytisch kalte Röntgenstrahlen einer – wenn man will, herzlosen – Wirtschafts- und Sozialgeschichte, die Strukturen und Prozesse oft überhaupt erst zu erkennen geben.

Erst solche universalhistorischen Perspektiven machen eher langfristige Prozesse verständlich, vor allem durch den impliziten wie expliziten Vergleich bekannter Fakten. Für ein wirklich umfassendes Gesamtbild darf es keinen Primat oder gar ein Monopol des einen oder anderen Ausschnitts im historischen Wissensspektrum geben. Nur durch die Synthese buchstäblich unzähliger Faktoren unterschiedlicher Gewichtung, die aufeinander und gegeneinander wirkten, wird ein historisches Beziehungsgeflecht sichtbar. Multikausalität und multiperspektivische Analyse eines nun wahrlich komplexen welthistorischen Prozesses verbieten furchtbare, ermöglichen jedoch fruchtbare Vereinfachungen durch notwendige Abstrahierungen.

Schließlich entfällt für eine wirtschafts- und sozialgeschichtlich fundierte Vorgeschichte des Ersten Weltkrieges auch der vorübergehend virulente Gegensatz zwischen »Primat der Außenpolitik« und »Primat der Innenpolitik«: »Innen«- und »Außen«politik im »nationale« Großmächte überwölbenden Europäischen System werden zwar nicht irrelevant, bleiben aber deutlich bezogen auf die jeweiligen Mächte oder auf das Europäische System insgesamt. Innen- und Außenpolitik werden als Kategorien der historischen Analyse sekundär, sobald sich der Standpunkt des Historikers über die nationale Ebene erhebt. Zudem lassen sich äußere und innere Faktoren selbst innerhalb einer nationalgeschichtlichen Betrachtung nur selten reinlich scheiden. So waren Alldeutsche und Panslawisten für Deutschland bzw. Rußland gewiß überwiegend Probleme der Innenpolitik, aber für alle anderen Mächte waren sie überwiegend Probleme der Außenpolitik.

Die doppelte Erweiterung perspektivischer wie methodischer Art hat weitreichende Konsequenzen für die Betrachtung des Ersten Weltkrieges und seiner Vorgeschichte. Eine Analyse der welthistorischen Mechanismen, die zum Ersten Weltkrieg führten, könnte leicht den Eindruck einer mechanistischen Fatalität erwecken: Alles kam so, weil es so kommen mußte. Dann verschwömmen auch alle Vorstellungen von moralischer Verantwortlichkeit der in der Geschichte Handelnden.

Es wäre jedoch ein grobes Mißverständnis, wollte man eine Apologie für das kaiserliche Deutschland herauslesen, jetzt über den Umweg einer welthistorischen Sicht. Denn gerade diese Sicht ist lediglich konstruktive Konsequenz aus der strukturgeschichtlichen Forderung nach langfristigen Perspektiven und Kategorien, unter Verzicht auf unzulässiges Personalisieren: Die »großen« historischen Persönlichkeiten erscheinen hier weniger als souverän handelnde Größen denn als Verkörperungen der Staaten oder Gesellschaften, an deren Spitze sie standen und die sie nicht zufällig repräsentierten. Wie objektiv gering ihr Handlungsspielraum auch erscheinen mag – selbstverständlich bleibt die moralische und politische Verantwortlichkeit für ihre Taten, von Wilhelm II., Bethmann Hollweg und Kurt Riezler einerseits, bis zum letzten überlebenden Attentäter von Sarajevo, Vasa Čubrilović andererseits. Keineswegs hebt die nüchterne Ursachenanalyse eines Historischen Realismus die Kategorie der persönlichen Verantwortlichkeit auf. Doch werden Verdammung oder Entlastung einzelner angesichts der Wucht überpersönlicher Kräfte für das Verständnis des Kriegsausbruchs 1914 sekundär.

Ein weiteres Unbehagen könnte der Eindruck bereiten, mit welcher inneren Logik das Geschehen abrollte, scheinbar ohne Alternative. Deshalb wird an wichtigen Kreuzungen auf dem Weg der Entwicklung zum Ersten Weltkrieg innegehalten, um zu erklären, warum sich in der Entscheidungssituation die realhistorische Alternative durchsetzte. Rationale kontrafaktische Erwägungen führen immer wieder rasch zu dem Schluß, daß andere realexistierende Möglichkeiten am Gesamtergebnis nur wenig geändert hätten. Ein zentrales Problem der Analyse wird daher, die tatsächlich atembeklemmende Folgerichtigkeit der Entwicklung zum Ersten Weltkrieg aus der immanenten Logik des Machtprinzips zu erklären, ohne in lähmenden Fatalismus gegenüber der Geschichte zu verfallen: Geschichte als Vergangenheit läßt sich nicht rückgängig machen. Die vielbeschworenen »Lehren aus der Geschichte« gelten nur für die jeweilige Gegenwart und fallen überdies je nach politischen Interessen unterschiedlich aus.

Heute würden wir den Stellenwert machtpolitischer Mechanismen gern geringer, den Spielraum menschlicher Willensfreiheit gern größer sehen. Aber die Verhältnisse sind auch jetzt nicht so, wie das Gefühl der Beklemmung gegenüber heraufziehenden Gefahren für die Menschheit nahelegt. Ähnliches gilt auch für die Zeit des Ersten Weltkrieges: Mag die Nachricht, universalhistorische Mechanismen hätten die Welt in den Ersten, von da in den Zweiten Weltkrieg gestürzt, auch eine schlechte sein, so ist dies kaum dem Historiker als ihrem Überbringer zur Last zu legen.

Bleibt zu fragen: Wie vermittelten sich konkret die in Raum und Zeit universalen Mechanismen der Machtpolitik in der historischen Situation? Für 1914 wird unter solchem Blickwinkel die Frage von »Schuld« und »Unschuld« zur historischen Erklärung vollends irrelevant. Die Befangenheit deutscher Machteliten und ihrer sozialen Basis im machtpolitischen Kalkül, das in den Ersten Weltkrieg führte, war nur die deutsche Variante eines traditionellen Machtdenkens, die sich aber als besonders verheerend erwies. Denken in der Kategorie des »Krieges« war vor und bis 1914 noch »normal«, und die politische Praxis aller Mächte war entsprechend. Aber ein Weltkrieg war auch schon damals moralisch belastet. Deswegen bestritt jede Seite die Absicht, ihn gewollt zu haben, auch die Seite, die am meisten zu seinem Ausbruch Anfang August 1914 beitrug, Deutschland.

Aus historisch erklärbaren Gründen war es die Macht des 1871 geeinten Deutschen Reiches, die objektiv und besonders massiv zwischenstaatliche Spannungen schuf und eskalierte. Als unbewußter Reflex der allgemeinen Machtmechanismen unter den Bedingungen der Zeit (Industrialisierung, Nationalismus, Imperialismus) und der besonderen Situation des Senkrechtstarters Deutschland war das politische Denken der maßgeblichen Kreise im Kaiserreich besonders extrem und aggressiv, selbst wenn dahinter nicht die Absicht gestanden hätte, einen *Welt*krieg zu entfesseln.

Bei allem Bestreben, ältere germanozentrische Perspektiven zu überwinden – Deutschland stand im Zentrum der historischen Entwicklung zum Ersten (und Zweiten) Weltkrieg, jedenfalls ab 1871. So darf es nicht überraschen, daß – auch unter welthistorischem Horizont – eine angemessene Erklärung dieses überragenden Anteils deutscher Politik am Zustandekommen des Ersten Weltkrieges gut die Hälfte der Darstellung in Anspruch nimmt.

Konsequenzen für die Darstellung

Die doppelt erweiterte Perspektive – welthistorischer Horizont und Kombination verschiedener Sparten der Geschichtswissenschaft – führt, mehr als sonst üblich, neue historische Stoffe zur Erklärung des Kriegsausbruchs 1914 ein, sowohl aus der älteren Geschichte Europas und der außereuropäischen Geschichte als auch aus der Wirtschafts- und Sozialgeschichte. Daher wird es besonders wichtig, in der Darstellung vom Allgemeinen zum Besonderen zu schreiten: Das universale Phänomen der Macht und seine besondere Ausprägung im damals weltbeherrschenden Europäischen System lieferten allgemeine historische Rahmenbedingungen für Europas Weg in den Ersten Weltkrieg. Dessen weitere und engere Vorgeschichte deckt sich streckenweise mit der Geschichte des Europäischen Systems und den Rivalitäten der Pentarchie.

In die machthistorische Analyse ordnen sich, quer zur »nationalen« Dimension, grenzüberschreitende Groß-Faktoren der Wirtschafts- und Sozialgeschichte ein, vor allem die Industrielle Revolution und ihre sozialen wie politischen Konsequenzen – die großen Revolutionen, Nationalismus und Imperialismus, dazu die Orientalische Frage und die Deutsche Frage. Der Sache nach gehören diese Faktoren im komplizierten Zusammenspiel eng zusammen, sind nur unterschiedliche Dimensionen desselben Prozesses, den man vage als Modernisierung umschreiben könnte. Um der theoretischen Klarheit willen ließ es sich jedoch nicht vermeiden, die einzelnen Aspekte gesondert vorzuführen.

Das Zusammenwirken der Großmächte im Konzert der Mächte wurde zwischen 1815 und 1914 immer wieder gestört oder unterbrochen. Nationale Fragen und Revolutionen bedrohten und modifizierten das Europäische System, zuletzt mit der Gründung der neuen Nationalstaaten Italien und Deutschland. Die Reichsgründung von 1871 brachte den letzten Akteur unter den Großmächten auf die Bühne der Weltgeschichte und vollendete das Europäische System nach innen. Hier fügt sich in die bisher global- und systemhistorische Analyse die deutsche Dimension ein. Deutschlands zentrale Stellung für die Vorgeschichte des Ersten Weltkrieges schlägt sich auch in der Periodisierung nieder: Eine wesentliche Zäsur in der weiteren Vorgeschichte fällt mit der Reichsgründung 1871 zusammen, der Übergang zur engeren Vorgeschichte, auf dem Höhepunkt des europäischen Imperialismus um 1900, mit den Anfängen der deutschen Weltpolitik. Um die Jahrhundertwende waren die kolonialen und halbkolonialen Räume in Übersee fast völlig ausgefüllt. Die im Imperialismus nach außen abgelenkten Spannungen des Europäischen Systems kehrten wieder nach Europa zurück und verstärkten innereuropäische Rivalitäten.

Bei der Globalisierung der historischen Perspektive kam es darauf an, den Nexus der Ereignisse und Strukturen transparent werden zu lassen. Details, z. B. der Schleswig-Holsteinischen Frage oder des preußischen Heeres- und Verfassungskonflikts, sind nur soweit geklärt, wie sie zum Verständnis der großen Aktionsbögen, ihrer historischen Voraussetzungen und Wirkungen, unerläßlich sind. Die Komplexität der Materie erzwang gelegentlich inhaltliche Überschneidungen oder Wiederholungen, machte sie bis zu einem gewissen Grad sogar erwünscht, vor allem auch durch das Fortschreiten vom Allgemeinen zum Besonderen: Die fünf Hauptteile und ihre Kapitel beginnen jeweils mit einem Vorspann, der die folgenden Kapitel- bzw. Unterkapitelüberschriften knapp resümiert und inhaltlich verknüpft. Unvermeidlich werden die Kernpunkte mehrfach angesprochen, aber nur an einer Stelle ausführlicher behandelt. Querverweise innerhalb des Textes sind sparsam gehalten. Die detaillierte Gliederung erleichtert eine rasche Orientierung über größere Komplexe.

Die meisten Fakten sind in ihrer Zuordnung ganz auf 1914 konzentriert, aber manchmal schien ein Blick auf ihr Weiterwirken bis in die Gegenwart sinnvoll, z. B. bei Behandlung der Armenischen und Albanischen Frage. Denn gerade an solchen Stellen wird die bestürzende Aktualität scheinbar toter Vergangenheit für die Gegenwart und Zukunft schmerzhaft deutlich: Historische Mechanismen der Vergangenheit wirken bis in unsere Gegenwart.

I. Das Europäische System

Im August 1914 explodierten interne Spannungen zwischen den Mächten im Europäischen System[1] zum Ersten Weltkrieg, dem ersten wirklich globalen Großkonflikt. Denn Europa beherrschte damals weitgehend die Welt, direkt durch seine Kolonialreiche in Übersee und das russische Zarenreich, indirekt durch seine überlegene Stellung in der Weltwirtschaft. Allgemeine Mechanismen traditioneller Machtpolitik und die besondere Struktur des Europäischen Systems steuerten Entstehung und Verlauf der weitverzweigten Prozesse, die in den Kriegsausbruch 1914 mündeten. So wird zu dessen besserem Verständnis die Kenntnis des Europäischen Systems als einer spezifischen Form von Machtausbildung unentbehrlich: Rivalität und Gleichgewicht der Kräfte, Industrielle Revolution, moderne politische Revolutionen und nationale Fragen fügten sich zu einem komplizierten System voller Spannungen und Konflikte.

Die besondere Schwierigkeit dieses Teiles liegt darin, daß er die notwendigen historischen Rahmenbedingungen in einer Kombination von (meist sachsystematischen) mit nur wenigen chronologischen Kapiteln bzw. Unterkapiteln den Anschluß an 1815 bereitstellen muß, von wo ab die weitere Vorgeschichte des Ersten Weltkrieges im präziseren Sinn einsetzen soll. Gelegentliche Vorgriffe bis 1914 sind, um der weiteren Zusammenhänge willen, nicht immer zu vermeiden. Sie sollen den Leser nicht verwirren, sondern ihm die historische Relevanz scheinbar untergeordneter historischer Fakten deutlicher machen, eben ihr Weiterwirken bis zum Kriegsausbruch 1914 selbst.

1. Die Konstituierung des Europäischen Systems bis 1815

Allgemeinster und ältester Faktor elementarer Bedeutung ist das Phänomen der Macht. Denn der Erste Weltkrieg, im wesentlichen ausgefochten von Großmächten, war nur eine historisch spezifische Form der Machtausübung. In komplexen Prozessen bildeten sich im westlichen Europa auf der materiellen Grundlage sich etwa ab 1000 modernisierender Wirtschaftskräfte seit dem Hochmittelalter erste ständische Nationalmonarchien. Alle beteiligten sich, nach Maß ihrer Möglichkeiten und Kräfte, an der Expansion Europas in Übersee. Geprägt von der Spannung zwischen Machtzentren und Machtvakuen, bestimmten Großmächte und Hegemonialkämpfe die Entwicklung zum Europäischen System, ausgehend von der Pentarchie bis zum Gleichgewicht der Kräfte im Konzert der Mächte und schließlich dessen Zusammenbruch im August 1914.

a) Macht: Machtzentren und Machtvakuen

Macht bildete sich in langfristigen Prozessen mit sich immer deutlicher abzeichnenden universalen Mechanismen: Expansion und Eroberung, Herrschaft und Unterwerfung, Spannung, Rivalität und Konflikte rufen stets auch nach einer wirtschafts- und sozialgeschichtlichen Erklärung.

Ursprünglich lebten Menschen in relativ kleinen Gruppen. Erst ihre Konzentration konstituierte Macht.

Macht gibt es seit den historisch erkennbaren Anfängen artikulierter Geschichte und den Anfängen der agrarischen Produktion vor rund 10000 Jahren, intensiviert seit den frühen Hochkulturen vor rund 5000 Jahren, mit aufsteigender Tendenz der Organisierung, von der lokalen Ebene bis zu den Welt-Supermächten unserer Tage. Das Wechselspiel zwischen Machtzentren als höchsten Zusammenballungen von Macht und Machtvakuen, in die Machtzentren früher oder später expandieren, prägt weithin den sonst scheinbar so wirren Ablauf von 5000 Jahren artikulierter Machtgeschichte. Innerhalb der modernen Machtgeschichte bündelte der Erste Weltkrieg ältere und jüngere Konflikte zwischen rivalisierenden Großmächten, ausgelöst durch kleinere Machtfaktoren, und gab ihnen durch die vorausgegangene globale Expansion im Zeitalter des Imperialismus eine ganz neue Qualität. Er schuf somit auch die Ausgangslage für neue Konflikte, vor allem den Zweiten Weltkrieg.

Artikulierte Machtgeschichte vollzog sich stets in der Spannung zwischen Machtzentren und Machtvakuen, zwischen Zentrum und Peripherie. Unter Machtzentrum ist eine besonders intensive Zusammenballung von Menschen und ökonomischem Potential zu verstehen, die sich in politische und militärische Herrschaftsstrukturen umsetzt. Der Anspruch auf das Monopol der Machtausübung führt zur Expansion, zu Konflikten nach innen und außen. Machtzentren sind durch Expansion und Eroberung, auf dem Wege des geringsten Widerstandes, charakterisiert. Nach ihrer Konstituierung gingen neue Machtzentren in der Regel früher oder später zur Expansion über und führten ihre Kriege meist außerhalb des eigenen Territoriums. Machtvakuen dagegen sind dünnbesiedelte Regionen mit zerstreuter Bevölkerung oder fragmentierten politischen Machtstrukturen. Als primäre Machtvakuen lassen sich Regionen mit Bevölkerung auf der tribalen oder Dorfebene, die selbst keine starke politische Zentralgewalt entwickelten, charakterisieren. Sekundäre Machtvakuen sind dagegen ehemalige Machtzentren, die zusammenbrachen und wieder zersplitterten. Primäre wie sekundäre Machtvakuen ziehen früher oder später die Intervention durch benachbarte Machtzentren an, bis hin zur regelrechten Eroberungen oder gar dauerhaften Annexionen.

Parallel zur Zunahme von Bevölkerung und Produktion in begünstigten Regionen entstanden die drei weltgeschichtlich überragenden Kultur- und Machtzentren Eurasiens – der »Westen«, ausgehend von Mesopotamien und Ägypten; Indien und China. In einem sich zunehmend artikulierenden Geschichtsprozeß expandierten sie, weitgehend unabhängig voneinander, während der Rest der Welt in faktischer Isolierung und Fragmentierung verharrte.

Macht war in den großen Macht- und Kulturzentren über die Jahrtausende ganz unterschiedlich organisiert: Indien und China faßten auf konträre Weise riesige Strombecken kulturell und machtpolitisch zu subkontinentalen Einheiten zusammen, in Indien nach Süden verlängert durch das Hochland des Dekkan. In China herrschten grundsätzlich Einheit und Zentralisierung vor, unterbrochen von immer kürzeren Perioden staatlicher Fragmentierung zwischen der als normal empfundenen Reichseinheit. Indien dagegen kannte überwiegend chaotische Fragmentierung. Die vollständige oder annähernde Vereinigung des Subkontinents in einer imperialen Struktur gelang zwar in seltenen Ausnahmefällen, aber mit so schweren ökonomischen und gesellschaftlichen Kosten, dazu erzwungen von fremden Eroberern, daß die imperiale Einheit schon nach einer Generation wieder zerfiel. Im Vorfeld des Ersten Weltkrieges waren Indien und China zwei riesige Machtvakuen, die zuerst die frühe Expansion Europas in Übersee, dann den modernen Imperialismus anzogen.

b) Heterogenität und Pluralismus des »Westens«

Das europäisch zentrierte Weltsystem von 1914 repräsentierte das universale Prinzip der Macht in einer einzigartigen Form. Sie ist uns Europäern so selbstverständlich, daß es schon einer besonderen intellektuellen Anstrengung bedarf, sie sich bewußtzumachen: Im Gegensatz zu Indien und China umfaßte der »Westen«, auch das moderne Europa, keine geographische Einheit wie die Doppelstrombecken Indiens (plus Dekkan) und Chinas. In Regionen unterschiedlicher Art und Größe lebten zahlreiche Stämme und Völker mit verschiedener ethnischer, sprachlicher, kultureller und religiöser Prägung. Machtpolitisch waren sie nie auf Dauer unter einen imperialen Hut zu bringen. Nur vorübergehend gelang die Zusammenfassung der jeweils gerade vom Zivilisationsprozeß erreichten Völkerschaften in Großreichen, wie durch das altpersische Reich der Achämeniden, oder aber durch zwei lange neben- und gegeneinander existierende Großreiche (Rom, Sassaniden).

Mit der Ausweitung des Zivilisationsprozesses auf immer neue, bisher »barbarische« und periphere Gesellschaften wurde für Europa eine imperiale oder auch nur hegemoniale Zusammenfassung immer schwerer, erst recht nach dem Untergang des (West)Römischen Reiches. Im ersten halben Jahrtausend feudaler Fragmentierung vermengten sich zahlreiche heterogene vorrömische, römische und griechische Faktoren mit von außen kommenden Elementen – Germanen, Slawen, Arabern/Mauren, Ungarn, Normannen, später auch Türken in zwei Wellen (Seldschuken, Osmanen), dazu noch den Juden, die quer zur »nationalen« Dimension stehen. Sie alle zusammen bildeten die elementaren Voraussetzungen zur reichen Vielfalt der modernen Nationen Europas.

Der Abwehr der Ungarn, der letzten Eindringlinge von außen bis 955, folgte eine erste Konsolidierung, symbolisiert durch die Kaiserkrönung Ottos I. in Rom 962. Ihr folgte eine langfristige ökonomische und demographische Expansion ab ca. 1000, die den lateinischen Westen (»Abendland«) allmählich zu einem neuen Zivilisations- und Machtzentrum aufsteigen ließ, das den älteren und prestigereicheren Kultur- und Machtzentren Indien und China ungefähr ebenbürtig war.

Seit der großen Wende des lateinischen Europa um ca. 1000 produzierten Bauern gegen Geld für den städtischen Markt, seit 1315 mit der Tendenz, sich aus der Leibeigenschaft freizukaufen. Beide zentralen Prozesse nahmen ihren Ausgang von den französischen Krondomänen der Île-de-France, also dem Pariser Becken. Gleichzeitig entstand, zumal seit der Wiederaufnahme des Interkontinentalen Fernhandels ab 1000, ein im Prinzip freies Bürgertum in den Städten, zunächst in Italien. Freie Städte und freie Bürger bildeten, teilweise in Verbindung mit dem niedrigen Landadel (vor allem in England) die soziale Grundlage für die neuen Nationalmonarchien Südwest- und Westeuropas seit dem Hochmittelalter.

Dieser Prozeß brach sich bereits im politischen Chaos des niedergehenden römisch-deutschen Reiches an der Elbe. Mit dem Aufkommen der sog. zweiten Leibeigenschaft östlich der Elbe ab ca. 1500 formierten sich die sozioökonomischen Grundlagen der Autokratie in Rußland, der absoluten Monarchie in Preußen, Österreich, Böhmen, Ungarn usw.: Leibeigene Bauern, die auf Rechnung ihres adligen Gutsherren für den westlichen Exportmarkt ohne Entgelt in Form von Bargeld produzierten, sowie wirtschaftlich schwache und politisch völlig von der Krone abhängige Städte ohne starkes einheimisches Bürgertum. Nur in Polen, wo der Adel seit dem Spätmittelalter durch das jahrhundertelange Fehlen einer Zentralgewalt die soziale und politische Macht fast völlig an sich gerissen hatte, wurde die Leibeigenschaft der Bauern zur sozialen Grundlage für das Gegenteil des Absolutismus, die Herrschaft, zuletzt Anarchie des Adels.

c) Großmächte und Hegemonialkriege, 1214–1772

Aus seinen Ursprüngen als Endprodukt des welthistorischen »Alten Westens« erhielt das lateinische Europa, später erweitert durch das orthodoxe Rußland (1721) und das islamische Osmanische Reich (1856), das Grundprinzip seiner inneren Struktur. Europäische Welt-, Groß- und Kleinmächte mit ganz unterschiedlichem Gewicht und verschiedener innerer Struktur waren Träger traditioneller Machtpolitik, die in den Ersten Weltkrieg führte. Ihr Pluralismus zwang die Mächte zu permanenter Rivalität und stetiger Abwehr hegemonialer oder gar imperialer Ambitionen der einen oder anderen Großmacht. Der Grundcharakter des Europäischen Systems läßt sich daher so zusammenfassen: Pluralismus der Mächte, permanente Rivalität, Abwehr jeglicher hegemonialer Zusammenfassung durch eine *europäische* Macht (welche auch immer) bis zur Selbstzerstörung des Europäischen Systems in zwei Weltkriegen. Jeder Aspirant auf eine europäische Hegemonie nach 1519 bekam die Wucht des anti-hegemonialen Widerstandes im Europäischen System zu spüren.

Das Europäische System von 1914 bildete sich in mehreren Schüben seit dem Untergang Westroms: Aus dem frühmittelalterlichen Chaos bis 955/62 schälte sich in einer ersten Konsolidierungsphase das mittelalterliche römische deutsche Reich als frühe quasi-hegemoniale Vormacht heraus. Parallel zum Niedergang des Reiches ab 1198 stieg Frankreich seit der Schlacht von Bouvines 1214 zur ersten und lange Zeit einzigen Großmacht Europas auf, um die sich später allmählich das Europäische System in seiner modernen Gestalt kristallisierte. Generell bildeten sich im westlichen Europa Ansätze zu feudal-ständischen »Nationalmonarchien«, die sich später teilweise durch Revolutionen demokratisierten und modernisierten.

Die Expansion Europas in Übersee begünstigte zunächst eine spanisch-habsburgische Hegemonie, die Frankreich, später auch England im Zeitalter der Reformation und Gegenreformation abwehrten. Mit dem Aufstieg Spaniens zur stärksten Weltmacht gewann die spanische Heirat der Habsburger von 1496 dramatische Bedeutung, da dynastische Ehen oft ein außenpolitisches Bündnis zweier Staaten symbolisierten und bekräftigten. So verband sich 1496 die ältere niedergehende Vormacht, das mittelalterliche römisch-deutsche Reich, mit der aufsteigenden großen Imperialmacht in Übersee, Spanien, gegen den gemeinsamen kontinentalen Nachbarn und Feind Frankreich, um die traditionelle Großmacht des Kontinents in die Zange zu nehmen. Das Scheitern der Kaiserkandidatur Franz I. am künftigen Kaiser Karl V. ratifizierte mit der Personalunion der Habsburger im Reich und in Spanien (1517/19) die antifranzösische Frontstellung, die das aufstrebende Frankreich als Habsburger Einkreisung empfand.

Ein wichtiges langfristiges Ergebnis der Spanisch-Französischen Kriege war das französisch-türkische Bündnis seit 1526/36. Von Schwankungen abgesehen, bildete es bis um 1900 eine Konstante im oft verwirrenden Wechsel europäischer Bündniskonstellationen. Das Osmanische Reich als Dauerverbündeter Frankreichs im Rücken der deutschen Habsburger wurde besonders wichtig für Frankreich unter Ludwig XIV.: In Abwehr und Verfolgung der Türken vor Wien 1683 nach Südosteuropa begann der Aufstieg der zweiten europäischen Großmacht, Österreichs.

Inzwischen hatten Reformation und Gegenreformation mit ihren Religionskriegen Deutschland als zweites europäisches Machtvakuum durch den Dreißigjährigen Krieg festgeschrieben und durch den Westfälischen Frieden völkerrechtlich ratifiziert. Deutschland wurde im Hegemonialringen zwischen Frankreich und Spanien-Habsburgern, fortgesetzt ab 1635 im Krieg Spanien-Frankreich bis zum Pyrenäenfrieden 1659, zum großen Schlachtfeld Europas. Der Pyrenäenfriede beendete endgültig Spaniens Vormachtstellung und leitete zum Hegemonialstreben Frankreichs unter Ludwig XIV. über. Frankreich zielte, über die Spanischen Niederlande hinaus, zunächst vor allem auf die Niederlande, damals die reichste und politisch fortschrittlichste Region Europas. Gleichzeitig öffnete der Pyrenäenfrieden den Vormächten des Katholizismus die Chance zur Intervention in die Wirren Englands nach dem Tod Oliver Cromwells 1658, so daß England mit der Rückkehr zur Monarchie durch die Restauration 1660 schnell selbst wieder Ordnung im eigenen Hause schaffte und einer ausländischen Intervention zuvorkam.

England blieb unter den wiedereingesetzten Stuarts in einer Grauzone zwischen formaler Wiederherstellung der Anglikanischen Staatskirche und verdeckten bzw. offenen Tendenzen seiner Könige zum Katholizismus und damit zur absoluten Monarchie. Bis zur Glorious Revolution 1688 schwankte England daher, zumal absorbiert von seinem Kampf zur Niederringung der niederländischen Konkurrenz in drei Seekriegen, zwischen halbherziger Konfrontation gegen Frankreich und versteckter Bindung an Frankreich durch den Geheimvertrag von Dover 1670. Erst das Bündnis zwischen England und den Niederlanden mit der Personalunion unter Wilhelm III. von Oranien (1689–1702) fügte England endgültig in die europäische Front zur Abwehr der französischen Expansion ein. Seit der Großen Allianz 1689 rückte England ins Zentrum der antifranzösischen Koalition und setzte sich im Frieden von Utrecht 1713 als dritte Großmacht Europas durch.

Frankreichs erster Griff zur Hegemonie unter Ludwig XIV. eröffnete die Formierung der Europäischen Pentarchie 1683–1772 im Gleichgewicht der Kräfte durch Bildung von vier neuen Großmächten – Österreich 1683, England 1713, Rußland 1721, Preußen 1763/72. Gleichzeitig bereiteten Frankreichs Niederlagen seit dem Spanischen Erbfolgekrieg die Französische Revolution von 1789 vor. Nach der Erschütterung Europas durch den zweiten Anlauf Frankreichs zur Hegemonie in den Revolutions- und Napoleonischen Kriegen (1792–1815) vollendete die Restauration mit dem Wiener Kongreß 1815 die Europäische Pentarchie, die im Konzert der Mächte versuchte, das Gleichgewicht der Kräfte auszubalancieren.[2]

Im Windschatten des ersten französischen Griffs zur Hegemonie konnte Rußland unter Peter dem Großen als vierte europäische Großmacht zur osteuropäischen Hegemonialmacht aufsteigen, ratifiziert im Frieden von Nystad 1721 nach dem Nordischen Krieg (1700–21). Wie Frankreich von Westen wirkte Rußland von Osten in das fragmentierte Deutschland hinein, zunächst durch dynastische Verbindungen mit einzelnen deutschen Fürstenhäusern, später durch seine Teilnahme am Siebenjährigen Krieg (1756–63) und am Teschener Frieden (1779), wodurch es zur Garantiemacht für die Verfassung des Alten Reiches aufrückte.

Gleichzeitig profitierte Rußland vom Zerfall der polnisch-litauischen Adelsrepublik als Wahlmonarchie, der Rzeczpospolita, seit dem Kosakenaufstand unter Bogdan Chmielnicki 1648 und den sich anschließenden Kriegen Moskaus und Schwedens gegen Polen. Das »liberum veto«, das aus diesen Kämpfen 1652 hervorging, verwandelte die bisherige Herrschaft des polnisch-litauischen Adels in Anarchie und leitete die Unregierbarkeit des alten Adelsstaates ein. Seit 1648 schloß sich Polen als historisch drittes Machtvakuum den älteren Machtvakuen Italien und Deutschland an, besiegelt durch die Teilungen Polens 1772–95. Sein führender Anteil an der Befreiung Wiens 1683 unter Jan Sobieski war nur der letzte militärische Kraftakt des alten Polen und verhalf Österreich, später auch dem kleineren Preußen (1763/72), zum Durchbruch als Großmacht.

d) Frühe Expansion Europas in Übersee, 1492–1815

Die frühen Nationalmonarchien waren Träger der Expansion Europas in Übersee, die ihnen kollektiv eine auf Rivalität beruhende Quasi-Weltherrschaft verschaffte. Mit der Erschließung des Doppelkontinents Amerika, 200 Jahre später gefolgt von der des kleinsten Kontinents Australien, gewann Europa schlagartig das Übergewicht in der Welt gegenüber Asien mit seinen niedergehenden älteren Macht- und Kulturzentren Indien und China, erst recht gegenüber dem politisch wie sozial atomisierten Schwarzafrika. Afrika wurde nur allmählich von den Rändern her dem entstehenden Weltmarkt angeschlossen, zunächst nur vermittelt und menschlich negativ über den Transatlantischen Sklavenhandel, der den älteren Sklavenhandel über den Indischen Ozean nach Indien und Persien sowie durch die Sahara in die arabischen Mittelmeerländer bald überholte.

Gewürzhandel mit Indien, Kolonialhandel mit den europäischen Kolonien in der Neuen Welt und der Transatlantische Sklavenhandel sowie die ökonomischen Impulse, die von diesen drei Komplexen ausgingen, regten die modernen Wirtschaftskräfte des westlichen Europa beim Übergang zur Ursprünglichen Akkumulation und zur Industriellen Revolution zusätzlich an. Kolonial- und Seekriege in Übersee hatten daher erhebliche Rückwirkungen auf die politische und ökonomische Entwicklung in Europa.

Nachdem Portugal und Spanien den üblichen Preis der Pioniere gezahlt hatten, von späteren Konkurrenten überrundet zu werden, fand der kleine Inselstaat England in seiner maritimen und kolonialen Expansion als Zentrum des von ihm beherrschten Weltwirtschaftssystems seine eigentliche Grundlage als Groß- und Weltmacht. England ordnete sich außerdem zwei ältere See- und Kolonialmächte, Portugal und die Niederlande, als Juniorpartner unter.

Frankreich, seit dem Mittelalter in nachbarschaftlicher Rivalität zu England, ergänzte seine nie angefochtene Stellung als kontinentale Großmacht durch eine maritim-koloniale Expansion in Übersee. Es scheiterte aber mit zwei Anläufen zu einer kolonialen Hegemonie, da England die Übernahme des spanischen Kolonialreiches durch eine französische Erbfolge in Spanien 1700 und nach der Besetzung Spaniens durch Napoleon I. 1808 verhinderte. Frankreichs schwere Niederlagen 1713/14 und 1814/15 erschütterten langfristig seine Stellung als Großmacht in Europa: Die Französische Revolution 1789 als verzögerte Reaktion nach innen auf vorausgegangene äußere Niederlagen seit 1713/14 ermöglichte zwar Frankreichs zweiten Anlauf zur Hegemonie, aber seine Schwäche nach der endgültigen Niederlage 1812–15 bereitete schon das Debakel von 1870 gegen das geeinte Deutschland vor.

Gegenüber dem Kampf der Giganten verblaßt das Engagement der übrigen europäischen Mächte in Übersee – Dänemark, Schweden, vorübergehend Brandenburg-Preußen. Für sie bedeutete der Versuch, sich in die Expansion Europas in Übersee einzuschalten, die Beteiligung am Transatlantischen Sklavenhandel durch Stützpunkte an der Küste Westafrikas und Plantagenkolonien in der Neuen Welt. Das kurze Intermezzo brandenburg-preußischer Kolonialpolitik wurde später gern benutzter historischer Präzedenzfall für die Kolonialpolitik des Deutschen Reiches.[3] Auch hier diente historische Erinnerung zur ideologischen Rechtfertigung, in diesem Fall der deutschen Weltpolitik.[4]

e) Französische Revolutions- und Napoleonische Kriege, 1792–1815

Mit der Behauptung Preußens im Frieden von Hubertusburg 1763 und der 1. Teilung Polens 1772 war die Formierung der europäischen Pentarchie, die Herrschaft der fünf (europäischen Groß)Mächte, abgeschlossen. Kaum hatte sich die Pentarchie konstituiert, sah sie sich aus ihrer Mitte schon wieder bedroht: Die Französische Revolution und die explosionsartige Expansion der »Grande Nation« zur imperialen Super-Kontinentalmacht unter Napoleon I. erschütterten das Europäische System in seinen noch fragilen Grundfesten. Die revolutionäre Mobilisierung einer modernisierten Gesellschaft setzte so enorme Kräfte frei, daß es Frankreich gelang, sich den gesamten Kontinent westlich Rußlands zu unterwerfen und England in eine scheinbare Außenseiterrolle zurückzudrängen. Frankreichs Beispiel für die Mobilisierung von Machtpotentialen durch Modernisierung und Demokratisierung wirkte ansteckend, vor allem die Koppelung der allgemeinen Wehrpflicht mit Reformen von Staat, Gesellschaft, Wirtschaft und Militär.

Machthistorisch kam die Französische Revolution einem zweiten Versuch Frankreichs gleich, die europäische Hegemonie zu erringen, jetzt aber gegenüber dem Ancien Régime in einem anderen ideologischen Gewand. Das republikanische, später bonapartistische Frankreich blähte sich in seinem Siegeslauf seit 1792 wie eine Supernova auf. Direkte Annexionen und indirekte Herrschaft über autonome Vasallenstaaten und abhängige Klientelstaaten dehnten seine Macht auf dem Kontinent bis zu den Grenzen Rußlands aus. Allerdings erzwang das ungeschlagene Rußland in Tilsit 1807 die Erhaltung eines, wenn auch territorial verkleinerten Preußens als Kompromißlösung gegen die Zulassung eines reduzierten, nicht souveränen Polens als Herzogtum Warschau in Personalunion mit dem zum Königreich erhobenen Sachsen. Auch Rußland war danach für einige Jahre formal Verbündeter Groß-Frankreichs – bis zum Austritt aus der Kontinentalsperre 1811. Das vorübergehend isolierte England war dank seiner Insellage und maritimen Stärke nicht zu besiegen, weder 1803 durch den mißglückten Invasionsversuch von Boulogne aus noch mit der Kontinentalsperre von 1807, dem ersten großräumigen Wirtschaftsembargo zu Beginn der Industrialisierung.

Erst Napoleons Debakel in Rußland 1812 kehrte die Konstellation von Tilsit 1807 dramatisch zu ihrem Gegenteil um, gesamteuropäisch wie im Verhältnis zwischen Preußen und Polen: Im Laufe des Frühjahrs und Frühsommers 1813 bildete sich wiederum eine Große Allianz, diesmal aller übrigen Großmächte, so daß Frankreich, abgesehen von Dänemark, dem von Rußland besetzten Polen und den unsicheren Kantonisten der deutschen Rheinbundfürsten, völlig isoliert war und allen vier Großmächten gleichzeitig unterlag. England stellte im wesentlichen die Finanzen (zuzüglich seiner Berufsarmee in Spanien, 1815 auch in Belgien), Rußland die größte Armee, die 1814 bis nach Paris kam. Preußen und Österreich, die sich 1813 dem Bündnis England/Rußland anschlossen, blieben militärisch zwar unersetzlich, waren aber insgesamt nur von sekundärer Bedeutung. Selbst die Schlesische Armee unter Marschall Blücher bestand zu zwei Dritteln aus russischen Einheiten. Der Wiener Kongreß besiegelte schließlich den Umsturz der preußisch-polnischen Verhältnisse von Tilsit durch die Einbeziehung Sachsens in die territoriale Manövriermasse. Polen verschwand wiederum, bis zum Ende des Ersten Weltkrieges, Sachsen wurde zugunsten Preußens mehr als halbiert, und Preußen erhielt die Rheinlande als Kompensation dafür, daß es Sachsen nicht ganz annektieren durfte.

f) Die Europäische Pentarchie: Kongresse und Konzert der Mächte

Der Name »Pentarchie« geht zurück auf die Italienische Pentarchie nach dem Frieden von Lodi (1454) und die Friedensordnung, die sich 1455 fünf italienische Mittelstaaten – Mailand, Venedig, Florenz, Neapel und der Kirchenstaat – gegeben hatten und die bis zum Einbruch der Franzosen 1494 währte. Im naturwissenschaftlichen Denken der heraufziehenden Industriellen Revolution verband sich die Realität der Europäischen Pentarchie – fünf Großmächte – mit der aus der klassischen Mechanik stammenden Idee vom Gleichgewicht der Kräfte.[5] Zugleich waren kleinere und mittelgroße Staaten überwiegend Objekte der Großmachtinteressen, die aufeinander abgestimmt wurden, friedlich-diplomatisch oder kriegerisch. Am Ende größerer Kriege standen große Friedenskongresse, ergänzt durch Konferenzen. Der Unterschied zwischen beiden Tagungsarten ist nicht immer klar. Aus einem schwankenden Sprachgebrauch schält sich als Faustregel heraus, daß Konferenzen in der Regel Zusammenkünfte von Botschaftern waren, während an Kongressen meist Regierungschefs und/oder Staatsoberhäupter, also Monarchen, teilnahmen.

Mit Konferenzen oder Kongressen agierten die europäischen (Groß) Mächte einerseits wie eine säkularisierte, aufs Politische beschränkte Fortsetzung der spätmittelalterlichen Kirchenkonzilien, andererseits wie ein kollektiver Souverän für Europa. In einem wichtigen Punkt waren sie Vorläufer der UNO: Die großen Kongresse hatten die Kompetenz an sich gezogen, über die Anerkennung der Souveränität eines neuen Staates zu entscheiden (z. B. der Eidgenossenschaft und der Niederlande im Westfälischen Frieden 1648), eine Funktion, die im lateinischen Westen zuvor der Papst wahrgenommen hatte.

Die Teilnehmerzahl der Konferenzen bzw. Kongresse reduzierte sich ständig: In Münster und Osnabrück 1648 waren noch alle am Dreißigjährigen Krieg beteiligten Parteien vertreten, vor allem die zahlreichen deutschen Reichsstände – Reflex des mittelalterlichen Chaos, aus dem sich das Europäische System allmählich herausschälte. Auch am Wiener Kongreß 1814/15 beteiligten sich noch viele Mächte, doch fielen die wichtigsten Entscheidungen jetzt bereits im Komitee der Großmächte, das im Kern die Pentarchie enthielt. Danach galt im Konzert der Mächte die Regel, daß nur noch die Großmächte der Pentarchie Kongresse beschicken durften, die Vertreter kleinerer Mächte allenfalls dann anhörten, wenn sie Verhandlungsgegenstand waren, so auf dem Berliner Kongreß 1878 Vertreter Rumäniens. Zu Spezialkonferenzen außerhalb des europäischen Interessenbereichs, wie der Berliner Afrika-Konferenz 1884/85, konnten die Großmächte auch Delegierte anderer Mächte einladen.

Die großen Friedenskongresse von Münster und Osnabrück 1648, Rijswijk 1697/98, Utrecht 1713, Wien 1814/15, Paris 1856 und Berlin 1878 hatten drei Funktionen: Sie schlossen Frieden nach größeren Kriegen, balancierten die Interessen der Großmächte untereinander neu aus und versuchten, den jeweiligen Unruheherd durch international garantierte Verträge zu befrieden. Deren Bestimmungen gingen als gültiges Völkerrecht zugleich in die Verfassung des betroffenen Gebiets ein. Die quasi-legislatorische Tätigkeit der Pentarchie auf ihren großen Kongressen und der Tagungsort selbst besagen oft etwas über die machtpolitischen Verhältnisse in Europa. Besondere Objekte großer Friedenskongresse waren die großen Machtvakuen, deren Auffüllung das Gleichgewicht der Kräfte und damit das Europäische System bedrohte: Deutschland (Münster, Osnabrück; Wien), Polen (Wien, durch die Anerkennung der modifizierten Dreiteilung Polens), Italien (Wien, durch Wiederherstellung der Zersplitterung Italiens), der Balkan (Paris, Berlin); daneben auch um 1700 die Niederlande (Rijswijk, Utrecht) mit den Barriere-Verträgen zum Schutz gegen französische Aggression.

Botschafterkonferenzen zur Regelung von Problemen aus der Orientalischen Frage fanden aus praktischen Gründen meist in Konstantinopel statt, wo die Botschafter der Großmächte ohnehin eine herausgehobene Stellung innehatten, die weit über ihren normalen diplomatischen Status hinausging. Sonst spiegelten die Tagungsorte oft die Machtstellung des Gastlandes wider: In den Abwehrkriegen gegen die französische Hegemonie unter Ludwig XIV. tagten die meisten Friedenskongresse in den Niederlanden (Nijmwegen 1678, Rijswijk 1697/98, Utrecht 1713), dem damals reichsten Land Europas. Noch früher und stärker als England hatten sie ein elementares Interesse an europäischen Koalitionen gegen Frankreichs Expansion zur Sicherung der eigenen nationalen Existenz, und sie konnten sich auch finanziell die beträchtlichen Kosten solcher Kongresse leisten. Wien als Tagungsort 1814/15 war ebenso eine geographisch-praktische wie machtpolitische Kompromißlösung zwischen den eigentlichen Siegern über Napoleon, den Flügelmächten England und Rußland. Der Pariser Kongreß 1856 reflektierte den trügerischen Glanz des 2. Empire unter Napoleon III., ähnlich wie der Berliner Kongreß 1878, gefolgt von der Berliner Afrika-Konferenz 1884/85, Macht und Ansehen des neuen Deutschen Reiches dokumentierte. Zahlreiche Botschafterkonferenzen fanden in London statt, die letzte 1913 während des 2. Balkankrieges.

Alle Großmächte betrieben auch nach ihrer Konstituierung und Anerkennung eine territoriale Expansion – England durch die Union mit Irland 1800/01 und in Übersee; Frankreich vor allem nach Osten zum Rhein; Rußland, Österreich und Preußen nach allen Richtungen, jedoch in unterschiedlichem Ausmaße. Schon die Annexion einer Provinz galt als Störung des europäischen Gleichgewichts, weil sie das ökonomische und militärische Potential der annektierenden Großmacht stärkte, zumal wenn der Verlust eine andere Großmacht traf, wie die Annexion Elsaß-Lothringens 1871. Oft forderten oder erhielten die anderen Großmächte Kompensationen für solchen Machtgewinn, in Europa oder in Übersee.

2. Pluralismus der Mächte und Gleichgewicht der Kräfte

Zwischen den unterschiedlich starken Großmächten bildeten sich Rivalitäten und Allianzen heraus, die mit Modifizierungen bis in die Konstellation von 1914 hineinwirkten. Kennzeichnend blieb ein überragender Grundzug des Europäischen Systems – das Gleichgewicht der Kräfte gegen jede Hegemonie. Ein Komplex für sich war die Orientalische Frage, deren Ausläufer mit Sarajevo den Funken zur Explosion von 1914 liefert.

a) Großmächte und ihre unterschiedliche Gewichtung

Schon im Sprachgebrauch der Zeit war der Krieg aller europäischen Großmächte gleichzeitig gegeneinander der »Weltkrieg«. Da das Europäische System von 1914 in seinem Kern Großmächte unterschiedliche Stärke enthielt, läßt es sich am einfachsten an Hand der es konstituierenden Mächte beschreiben und analysieren: Europäische Großmächte waren 1914 die fünf Mitglieder der ursprünglichen Europäischen Pentarchie – in chronologischer Reihenfolge ihres Entstehens Frankreich, Österreich, England, Rußland, Preußen (ab 1871 Deutschland). Hinzu traten 1856 zwei eher formal denn real zu Großmächten aufgerückte Staaten, nämlich Italien und das Osmanische

Reich, das bis dahin außerhalb des Systems gestanden hatte, aber allmählich mit seinen internen Spannungen und Konflikten gleichsam in Europa hineingewachsen war. Einige Mittelstaaten hatten historisch nur noch periphere Bedeutung: Spanien, Portugal; Dänemark, Schweden, Norwegen; die Niederlande, die Schweiz.

Die fünf Großmächte waren höchst heterogen strukturiert und besaßen unterschiedliche Machtgewichte. Gegenüber der ersten Großmacht, Frankreich, sowie später Österreich und Preußen wuchs die Bedeutung der beiden Flügelmächte: England hatte einen qualitativen Vorsprung dank der frühen Industrialisierung und der maritim-kolonialen Expansion in Übersee, Rußland ein quantitatives Übergewicht dank dem raschen Wachstum seiner Bevölkerung (1680 ca. 17–18 Millionen) und der Annexion immer größerer Gebiete mit nichtrussischer Bevölkerung, die einem wachsenden Russifizierungsdruck ausgesetzt war.

Vom Hochmittelalter bis zum 19. Jahrhundert war Frankreich stets das volkreichste Land Europas. Es arrondierte in der Neuzeit territorial nur noch wenig, von der kurzlebigen Expansionsphase in der Französischen Revolution (durch Tochterrepubliken und direkte Annexion) und unter Napoleon I. (durch Vasallenstaaten und weitausgreifende Annexionen) abgesehen. Auch schwere Niederlagen (1713/14, 1812–15, 1870/71) stellten seinen Rang als Großmacht nie in Frage, reduzierten jedoch den machtpolitischen Spielraum, vor allem zur Revision des Frankreich auferlegten Wiener Systems von 1815. Seit dem Aderlaß von 1789 bis 1815 verlangsamte sich sein Bevölkerungswachstum, zumal im Vergleich mit dem übrigen Europa, und stagnierte nach 1871 bei ca. 38 Millionen Einwohnern. Frankreichs relativer Machtabstieg nach 1815 verschärfte sich noch dadurch, daß es im 19. Jahrhundert in der Bevölkerungszahl erst von Rußland, dann auch von Deutschland überholt wurde.

Österreich zog aus dem faktisch erblichen Besitz der Kaiserkrone bis 1806, weit über seine reale Macht hinaus, politisch wertvolles Prestige. Es verlor Schlesien (1740/42), ab 1792 die Österreichischen (bis 1714: Spanischen) Niederlande und seine Enklave am Oberrhein (endgültig auf dem Wiener Kongreß). Zur Kompensation suchte es eine begrenzte Expansion auf dem Balkan, in Südpolen (Galizien) und Oberitalien. Seine heterogene Zusammensetzung machte es zum innereuropäischen Hauptopfer neuer Nationalismen – des italienischen Risorgimento 1859, der deutschen Reichseinigung 1866/71 und zuletzt der südslawischen Nationalbewegung.

Preußen war als ärmlicher Kunststaat von vornherein auf Expansion angewiesen. Es war das Produkt unterschiedlicher Faktoren innerhalb der deutschen Ostkolonisation: Erste Keimzelle war die Markgrafschaft Brandenburg, ab 1230 ergänzt durch die Sonderform des Deutschen Ordens. Dessen Niederlagen gegen das vereinigte Polen-Litauen 1410 und 1466 unterstellten ihn der polnischen Souveränität und leiteten 1525 zu Beginn der Reformation zu seiner Säkularisation über. Das namengebende Herzogtum Preußen wurde zur zweiten Keimzelle des souveränen Preußen, da ein Nahziel brandenburgischer Staatsräson die Abschüttelung der polnischen Souveränität war, die 1660 im Frieden von Oliva durch zweimaliges Wechseln der Fronten im Schwedisch-Polnischen Krieg auch gelang.

Brandenburg hatte somit ein Territorium, in dem der Kurfürst auch außerhalb des alten römisch-deutschen Reiches sein eigener Souverän war. Die Königskrönung in Königsberg am 18. Januar 1701 war eine logische Konsequenz, durch die der Kurfürst von Brandenburg zunächst König *in* Preußen wurde, während er als König *von* Preußen erst seit der 1. Teilung Polens von den Mächten anerkannt war. Der Aufstieg Preußens zur jüngsten Großmacht war also auf das engste mit dem gleichzeitigen Niedergang Polens zum neuen Machtvakuum ab 1648 verknüpft – durch den Erwerb des Herzogtums Preußen 1618, die Abschüttelung der polnischen Souveränität 1660 und Preußens Engagement bei den Teilungen Polens 1772–95, modifiziert erneut auf dem Wiener Kongreß 1815.

b) Gleichgewicht der Kräfte gegen Hegemonie

In Übernahme der holländischen Staatsräson – Bewahrung der nationalen Unabhängigkeit gegen Frankreich – verband England seit 1689 sein Eigeninteresse als aufsteigende, später saturierte See- und Weltmacht mit dem antihegemonialen Strukturprinzip Europas: Von der nordwestlichen Peripherie des Europäischen Systems aus und als Zentrum eines neuen, von ihm beherrschten Weltsystems in Übersee, strebte England die Ausbalancierung der verschiedenen Machtzentren und Machtvakuen auf dem Kontinent an. Sie sollten sich gegenseitig soweit neutralisieren, daß keine kontinentale Hegemonialmacht die Inselbasis seiner Weltstellung angreifen könnte.

Als Mittelpunkt des neuen Weltwirtschaftssystems, seit dem Frieden von Utrecht 1713 auch als dritte Großmacht, war England so mächtig, daß es dem entstehenden Europäischen System seine Definition des Europa innewohnenden Grundprinzips auferlegen konnte: Keine Hegemonialmacht auf dem Kontinent. Von 1689 bis 1815 drohte Frankreich im Westen, danach allmählich Rußland im Osten, seit dem späten 19. Jahrhundert Deutschland in der Mitte Europas zur Hegemonialmacht aufzusteigen. Jeder Aspirant auf die Hegemonie mußte mit diesem antihegemonialen Strukturprinzip rechnen. Den beiden Weltkriegen war eine ganze Serie abgewehrter Anläufe zur Hegemonie vorausgegangen – Spaniens (1519–1659), Frankreichs (1667–1713/14; 1792–1815), Rußlands (1829–1907). Zuletzt provozierte Deutschland mit seinem zweimaligen Griff nach der Weltmacht die beiden Weltkriege.[6] Alle Mächte versuchten, dem Prinzip des Gleichgewichts der Kräfte *ihre* eigene Interpretation aufzuzwingen, anerkannten damit jedoch selbst die antihegemonialen Tendenzen, wie sie Metternich jahrzehntelang praktizierte und auch eindrucksvoll theoretisch definierte:

> *»Die moderne Geschichte hingegen [im Unterschied zur antiken Geschichte, I. G.] zeigt uns die Anwendung des Princips der Solidarität und des Gleichgewichts zwischen den Staaten und bietet uns das Schauspiel der vereinten Anstrengungen mehrerer Staaten gegen die jeweilige Übermacht eines Einzelnen, um die Ausbreitung seines Einflusses zu hemmen und ihn zur Rückkehr in das gemeinsame Recht zu zwingen.«*[7]

Bis 1914 dominierte die englische Interpretation: Primär durfte keine Großmacht in der Lage sein, den Kontinent unter ihrer Führung zu vereinigen. Sekundär sollten die Rhein- und Scheldemündung, bequemster Ausgangspunkt für Invasionen nach England, nicht in die Hand einer Großmacht fallen. Aus diesem Interesse Englands erklärt sich die Neutralisierung des seit 1831 unabhängigen Belgien, deren Verletzung durch Deutschland im August 1914 den Inselstaat in den Ersten Weltkrieg zog.

c) Machtpolitische Konstanten: Rivalitäten und Allianzen

In der Pentarchie waren alle Großmächte füreinander zugleich Rivalen wie potentielle Verbündete. Jede Macht versuchte, nie ohne wenigstens eine Großmacht als Verbündeten dazustehen, umgekehrt den jeweiligen Hauptgegner möglichst zu isolieren. Die Angst vor machtpolitischer Isolierung dämpfte meistens den Konkurrenzkampf der Großmächte untereinander. Selbst auf dem Höhepunkt seiner Macht legte Napoleon I. Wert darauf, geschlagene Großmächte wenigstens formal als (von ihm tatsächlich abhängige) Verbündete zu erhalten – Österreich 1805 und 1809, Preußen 1807.

Andererseits gab es eine längere, für die interne Vollendung des Europäischen Systems wichtige Periode, in der sich die Großmächte, abgesehen von punktuellen Bündnissen für kurze Kriege (Preußen-Italien, 1866, 1870), ohne Allianzen isoliert gegenüberstanden, von der Auflösung der Krimkriegskoalition 1856 bis zum Zweibund zwischen Deutschland und Österreich-Ungarn 1879. Im 19. Jahrhundert befürchtete vor allem Rußland die Isolierung, wie sie mit der Krimkriegskoalition zwar drohte, aber dank der (unterschiedlich motivierten) Neutralität Österreichs und Preußens nicht eintrat. In die Zeit der faktischen Bündnislosigkeit nach 1856 fiel die Reichsgründung 1871 mit ihren schwerwiegenden Folgen für das Europäische System.

Theoretisch wären in einem Fünf-Mächte-System alle möglichen Kombinationen für Allianzen und Gegenallianzen denkbar gewesen; praktisch jedoch schieden einige Möglichkeiten aus. Fünf langfristige Festlegungen zwischen jeweils zwei Großmächten schränkten die Bündnismöglichkeiten ein:

1. Die historische Rivalität zwischen England und Frankreich seit dem Mittelalter, genauer seit der Normannischen Eroberung 1066, war die älteste Konstante sozusagen negativer Art. Abgesehen von der Krimkriegskoalition (1854–56) funktionierte die Feindschaft in den zwei Jahrhunderten, in denen sich die Pentarchie vollendete und behauptete, also seit Utrecht 1713. Erst die Preisgabe der jahrhundertelangen »Erbfeindschaft« als Antwort auf Deutschlands »Weltpolitik« und Schlachtflottenbau in der Entente Cordiale 1904 fügte den westlichen Arm zur Eindämmung Deutschlands zusammen.

2. Das faktische Bündnis zwischen Frankreich und dem Osmanischen Reich seit 1526/36 wies bis 1856 schon über das Europäische System hinaus. Deutschland/Österreich mußte bei einem Krieg gegen Frankreich mit dem Eingreifen der Türken im Osten rechnen, vor allem zur Zeit Ludwigs XIV., als die Annexion Straßburgs durch Frankreich 1681 und die zweite Belagerung Wiens 1683 zeitlich fast zusammenfielen. Um dem offenen Niedergang des Osmanischen Reiches, sichtbar geworden im Frieden von Kütschük-Kainardschie 1774, entgegenzuwirken, bemühte sich Frankreich, das Osmanische Reich gegen den Expansionsdruck Rußlands aus dem Norden zu stützen. Erst nachdem sich die Jungtürken ab 1908 endgültig dem Protektorat Frankreichs und Englands zugunsten einer Anlehnung an Deutschland entzogen, entfiel ein wesentlicher Faktor, der bis dahin die Existenz des »kranken Mannes am Bosporus« immer wieder verlängert hatte.

3. Rußland und Preußen bildeten eine Allianz höchst ungleich star-

ker Großmächte (ausgenommen die kurze Periode vom Tilsiter Frieden 1807 bis zu Tauroggen um die Jahreswende 1812/13). Mit seinen verzettelten Grenzen war Preußen weitgehend verteidigungsunfähig. Rußlands wachsendes Übergewicht drückte es von vornherein zu einem verschleierten Vasallen herab, zumal Rußland die Existenz Preußens in kritischen Situationen gleich dreimal rettete – 1762 durch den russischen Sonderfrieden, der den Kompromißfrieden von Hubertusburg 1763 ermöglichte und damit die staatliche Fortexistenz Preußens überhaupt und seinen Aufstieg zur Großmacht; 1807 in Tilsit, als Napoleon I. Preußen zugunsten eines neuen Groß-Polens auflösen wollte; und schließlich 1813 durch den russischen Vormarsch nach Westen in Verfolgung der aufgelösten »Grande Armée«. Preußens faktische Abhängigkeit von Rußland war eine Konstante, mit der alle übrigen Mächte rechnen mußten. Erst die Reichsgründung 1871 löste das neudeutsche Reich aus dieser Unterordnung. Ökonomische Interessenkonflikte von Landwirtschaft und Industrie trieben beide Mächte rasch in die Entfremdung und zuletzt Feindschaft. Aus dem zu erwartenden Bündnis zwischen Rußland und Frankreich bildete sich 1892/94 der östliche Arm der in Deutschland als »Einkreisung« wahrgenommenen Eindämmung seiner expansiven Energien.

4. Eine jüngere Konstante bereitete sich schon im späten 17. Jahrhundert mit dem wachsenden Einfluß Frankreichs auf Polen vor, vollendete sich jedoch erst mit dessen Teilungen: Da Rußland und Preußen am energischsten die Teilung betrieben und den Polen nur den geringen Freiraum vorübergehender Autonomie ließen, zog die primäre polnisch-russische Feindschaft eine polnisch-französische Freundschaft nach sich, ergänzt durch den sekundären polnisch-preußischen Gegensatz, der nach 1871 im deutsch-polnischen Gegensatz aufging. Für den Fall eines Krieges gegen Preußen und/oder Rußland konnte Frankreich seit den Teilungen Polens auf die Polen als aufständische Verbündete zählen. Umgekehrt suchten die Polen stets die Chance, mit französischer Hilfe ihre Staatlichkeit tunlichst in den Grenzen von 1772 wiederherzustellen. Das preußische Debakel bei Jena und Auerstedt 1806 wurde mit ausgelöst durch den Übergang polnisch-preußischer Regimenter zu den Franzosen; ihm folgte der erste Posener Aufstand 1806.

5. So schuf die Teilung Polens die fünfte Konstante – die Solidarität der drei konservativen Ostmächte, die zugleich Teilungsmächte Polens waren. Die zumindest latent brisante Polnische Frage zwang die Ostmächte, aufeinander Rücksicht zu nehmen. Namentlich durfte keiner der Partner den Polen zu weitgehende Konzessionen machen,

z. B. im österreichischen Galizien, um nicht die antipolnische Solidargemeinschaft zu sprengen und einen Krieg der Teilungsmächte untereinander zu provozieren. Andererseits bemühten sich die liberalen Westmächte um Erleichterungen für Polen, vor allem bei Aufständen, ohne sich deswegen in einen Krieg zu stürzen, z. B. durch einen Angriff auf Preußen, mit dem allein Frankreich eine gemeinsame Grenze hatte. Dagegen nährte sich der Traum der Polen auf ihre nationale Wiedergeburt, nach dem Scheitern isolierter Aufstände gegen Rußland (1830/31, 1863/64), aus der Hoffnung auf einen Krieg der Teilungsmächte untereinander. Nur er würde ihnen Raum zu neuer Staatlichkeit eröffnen. So erklärt sich das verzweifelte Stoßgebet der Polen vor 1914: »Oh, Herr, gib uns den großen Krieg!«.

d) Die Orientalische Frage, 1774–1914

Eine sechste Konstante war die Orientalische Frage. Sie war von vornherein mit der Polnischen Frage verknüpft: Der 3. Russisch-Türkische Krieg, der mit dem epochemachenden, die Orientalische Frage eröffnenden Frieden von Kütschük-Kainardschie 1774 endete, brach 1768 aus, als das Osmanische Reich im Auftrag Frankreichs, das sonst keine Einwirkungsmöglichkeiten sah, versuchte, in die Agonie der Rzeczpospolita zu intervenieren. Insgesamt lieferte die Orientalische Frage die Initialzündung für viele europäische Krisen, in ihren Ausläufern bis Sarajevo 1914.[8]

Seit Kütschük-Kainardschie 1774 schloß sich das osmanische Machtvakuum den drei großen europäischen Machtvakuen an – Italien bis 1859/61, Deutschland bis 1867/71, Polen bis 1918. Beim Exitus des »kranken Mannes am Bosporus« erwarteten viele den Krieg der Großmächte untereinander, den Weltkrieg,[9] ähnlich wie unmittelbar vor 1914 nach dem Zerfall Österreich-Ungarns. Der Untergang des Osmanischen Reiches und Österreich-Ungarns war in der Tat mit dem Ersten Weltkrieg verknüpft, aber anders als vor 1914 erwartet: Beide dynastischen Groß- und Vielvölkerreiche zerbrachen am Ende des Ersten Weltkrieges, der sich an ihrem anhaltenden Niedergang entzündet hatte. Orientalische und Südslawische Frage konvergierten 1914 in Sarajevo.

Ein weiterer Schlüssel zum Verständnis der ungewöhnlich komplexen Vorgeschichte des Ersten Weltkrieges ist die Orientalische Frage. Mit dem Niedergang des Osmanischen Reiches warf sie buchstäblich die Frage nach der Zukunft der nicht-türkischen Nationalitäten auf. Unter der Fernwirkung der Industriellen Revolution entfaltete sich im

19. Jahrhundert der neue Nationalismus, ähnlich wie im benachbarten Österreich(-Ungarn), und zersetzte von innen das Vielvölkerreich, vor allem die millet-Struktur. Das Osmanische Reich war auf vier millets (»millet« = Volk, religiöse Gemeinschaft) aufgebaut. Das millet des Islam umfaßte alle Muslims, unabhängig von kulturellen, sprachlichen und »nationalen« Unterschieden, insbesondere Türken, aber auch Araber, Kurden, Albaner, Ägypter usw. Die drei nicht-muslimischen millets – Griechisch-Orthodoxe, Armenier und Juden – hatten höchste Vertreter in Konstantinopel, die zwar dem Sultan verantwortlich waren, nach innen aber weitgehende Autonomie besaßen. Die Autonomie war jedoch nicht terrritorial definiert, sondern bezog sich auf jeden Angehörigen der jeweiligen religiösen Gemeinschaft, wo immer es im Osmanischen Reich orthodoxe, armenische und jüdische Gemeinden gab. Seit Ende des 18. Jahrhunderts waren die Führungsschichten der nicht-muslimischen millets zu quasi-aristokratischen Oligarchien erstarrt, gegen die sich in der ersten Hälfte des 19. Jahrhunderts unter dem Einfluß der Französischen Revolution und der eindringenden Industrialisierung[10] jüngere Mitglieder der Unterschichten wandten.

Durch den Niedergang des Osmanischen Reiches tat sich ein riesiges Machtvakuum auf, das Interventionen der Großmächte provozierte. Getreu der Logik des universalen Machtprinzips versuchten sie, das Vakuum auszufüllen oder wenigstens zu verhindern, daß es in die Einflußsphäre rivalisierender Großmächte fiel. Die Zukunft der betroffenen Völker blieb den Großmachtinteressen untergeordnet: Frankreich, als traditioneller Verbündeter seit 1526/36 stützte es zunächst allein das Osmanische Reich gegen die russische Expansion nach Süden seit Peter dem Großen. Rußland zielte auf Konstantinopel und die Meerengen, um das Osmanische Reich zu vernichten oder zu beherrschen. Seit dem Frieden von Adrianopel 1829 stützte auch England das Osmanische Reich. Zuletzt bemühte sich Deutschland, im Rahmen seiner »Weltpolitik« das Osmanische Reich wirtschaftlich zu durchdringen und politisch zu dominieren.

e) Großmächte und die auslösende Funktion kleinerer Staaten

So läßt sich das Europäische System in seiner Struktur noch einmal auf einen gemeinsamen Nenner bringen: Nach außen faktische – direkte oder indirekte – Herrschaft über die Welt, nach innen Pluralität und Rivalität von fünf (ab 1856 formal sieben) Großmächten, von denen drei (seit der Reichsgründung 1871 vier) echte Machtzentren unterschiedlicher Stärke waren – Frankreich, England und Rußland, ab 1871 ergänzt um Deutschland. Ihnen standen zunächst drei Machtvakuen gegenüber – Italien, Deutschland (bis 1867/71) und Polen. Von ihnen füllten sich Italien 1859 und Deutschland 1871 mit eigener Macht wieder auf. Dagegen sanken zwei formale Großmächte zu neuen Machtvakuen herab, das Osmanische Reich ab 1774, gefolgt von Österreich-Ungarn ab 1867.

Während sich diese Konstanten innerhalb der Pentarchie behaupteten, bahnte sich mit der aufkommenden Industrialisierung eine strukturelle Polarisierung zwischen den beiden großen Flügelmächten an: Das sich zuerst industrialisierende und liberalisierende England geriet als maritime Großmacht des Westens in wachsenden Gegensatz zum agrarisch-autokratischen Rußland, der eigentlichen kontinentalen Großmacht des Ostens bis 1871. Die künftige Konfrontation blieb durch die Französische Revolution und ihre napoleonische Fortsetzung einstweilen noch verdeckt, brach aber nach 1815 allmählich offen durch, zusätzlich verstärkt durch das antihegemoniale Grundprinzip des Europäischen Systems: Rußland war für England die neue kontinentale Großmacht mit hegemonialen Ambitionen, denen es entgegenzutreten galt. Die wachsende Polarisierung zwischen dem liberalen England und dem autokratischen Rußland umschreibt die Grundspannung des 19. Jahrhunderts in den zwischenstaatlichen Beziehungen Europas – zumindest bis zum Aufkommen Deutschlands als neuer Hegemonialmacht.

Die Spannungen bauten sich zwar zwischen den Großmächten auf, entluden sich aber an kleineren Mächten, die für das Gleichgewicht der Kräfte unentbehrlich blieben. In die Konflikte der Großmächte eingebunden waren die neuen Balkanstaaten (Serbien, Rumänien, Montenegro, Bulgarien, später auch Albanien) und Belgien. Zuletzt waren Serbien und Belgien unterschiedlich in den Kriegsausbruch verstrickt – Serbien aktiv als Speerspitze des südslawischen Nationalismus, der in undurchsichtiger Verbindung zum Attentat von Sarajevo stand, Belgien passiv als Objekt deutscher Kriegsplanung. In Serbien richtete sich die politische Dynamik der Südslawischen Frage zuletzt vor allem gegen Österreich-Ungarn. So bildete die grundsätzliche Feindschaft Österreich-Ungarns gegen einen umfassenden südslawischen Staat bis 1914 eine weitere Grundkonstante. Die Existenz und Neutralisierung Belgiens dagegen erklärt sich als eine verspätete Konsequenz aus der Abwehr der älteren Hegemonialmacht Frankreich, aber die Verletzung seiner 1839 international garantierten Neutralität im August 1914 wirkte sich gegen Deutschland aus.

3. Die Industrielle Revolution

Ein zentraler Faktor der neueren Weltgeschichte hängt mit allen bereits genannten konfliktproduzierenden Faktoren auf vielfältige Weise zusammen, die Industrielle Revolution.[11] Die Industrialisierung mit ihren weitreichenden Konsequenzen trug (und wenn nur indirekt) zum Ersten Weltkrieg sowie zu den Folgekonflikten seit dem Ende des Zweiten Weltkrieges bei. Meist galt Industrialisierung als Modernisierung und »Fortschritt«, in promethischem Pathos bis vor kurzem meist positiv bewertet.[12] Allenfalls rückte sie im Zusammenhang mit Imperialismus sowie Kampf um Absatzmärkte und Rohstoffquellen, namentlich in antikapitalistischen Imperialismustheorien,[13] in ein kritischeres Licht.

Die Industrialisierung breitete sich ab ca. 1760 von England und Südschottland ungefähr entlang den großen Kohlevorkommen aus, über Belgien, Nordostfrankreich, Deutschland und Österreich(-Ungarn) nach Rußland und Italien,[14] übersprang schon bald auch die Ozeane und ließ die USA einerseits, Japan andererseits zu mächtigen Industriestaaten heranwachsen. Überall bildeten Kohle und Eisen, symbolisch und real zusammengeführt in der Eisenbahn, die materielle Basis der Industriellen Revolution und gleichzeitig die materielle Grundlage militärischer und politischer Macht. Neue Industrieregionen Europas entstanden teils auf der grünen Wiese (Ruhrgebiet), teils in Gebieten, die schon im Mittelalter oder seit der Frühen Neuzeit eine Tradition gewerblicher Produktion aufwiesen (Wallonien, Rheinland, Sachsen, Böhmen, Oberitalien, Katalonien), ferner in großen Städten (meist Hauptstädten).

a) Allgemeine konflikterzeugende Wirkungen

Die machthistorischen Auswirkungen der Industriellen Revolution für die Großmächte Europas liegen auf der Hand. Vor allem die koloniale Expansion in Übersee (bzw. Rußlands in Eurasien) wurde immer wieder mit der Notwendigkeit begründet, materielle Ressourcen für die eigene wachsende Bevölkerung zu gewinnen und sich im imperialistischen Konkurrenzkampf (»Kampf ums Dasein«) zu behaupten. Höchster Ausdruck moderner Wirtschaftskraft und Technik um 1914 war eine starke Schlachtflotte, die sich nur die größten Mächte leisten konnten. Im Zweiten Weltkrieg traten Panzer und Kriegsflugzeuge hinzu, die ihrerseits von Atombomben und Raketenwaffen übertroffen wurden.

Die Industrialisierung hatte tiefreichende Folgen für das innere – regionale wie soziale – Gleichgewicht der von ihr erfaßten Staaten und für die zwischenstaatlichen Beziehungen: England rückte aus seiner bisherigen peripheren Lage am äußersten nordwestlichen Rand Europas endgültig ins Zentrum des neuen atlantischen Weltsystems. Bald nach der Englischen Revolution überflügelte es zunächst die älteren Kolonialrivalen Portugal und Spanien, dann im Siebenjährigen Krieg auch das ungefähr gleichzeitig zur Expansion aufgebrochene Frankreich. Mit seiner Kombination von »Industrie und Empire« [15], dazu als Mutterland des Parlamentarismus, des bürgerlichen Rechtsstaates und als »Werkstatt der Welt« stieg das bisher so kleine und marginale England zur ersten wirklich umfassenden Welt-, See-, Industrie-, Handels-, Finanz- und Kolonialmacht der Geschichte auf.

Frankreich fiel nach 1815 gegenüber England entscheidend zurück, u. a. weil es sich nur an seinen östlichen Rändern und in wenigen großstädtischen Zentren industrialisierte, vor allem in Paris. Umgekehrt gab die anlaufende Industrialisierung Deutschland eine bis dahin unerhörte innere Dynamik, die sich nach der Reichsgründung 1871 fortsetzte und das kaiserliche Deutschland in schier atemberaubendem Tempo zur führenden Super-Großmacht des Kontinents erhob. Rußland wollte sich seit der Niederlage im Krimkrieg ebenfalls systematisch industrialisieren. Aber es lag in der allgemeinen Entwicklung soweit zurück, daß die höchst ungleichmäßige Industrialisierung ab ungefähr 1890 in nur wenigen Zentren (Donezbecken, Ural, Moskau, St. Petersburg, Baku) sowie vor allem seine autokratische Verfassung interne Spannungen erzeugten, die es nach äußeren Niederlagen (1905, 1917) besonders anfällig für die sozialistische Revolution machten. Auch Japan und die USA stiegen als sich rasch industrialisierende Gesellschaften zu Groß- und potentiellen Weltmächten auf.

Gewiß hatte es schon vor der Industriellen Revolution langwierige, weite Teile Europas erfassende Kriege gegeben – den Hundertjährigen Krieg zwischen England und Frankreich (1337/39–1453), den Dreißigjährigen Krieg (1618–48), den Spanischen Erbfolgekrieg (1701–14), den Nordischen Krieg (1700–21) – die sich teilweise sogar überlappten. Aber erst die Industrialisierung gab den Mächten moderne Kriegsmittel und die Massenmobilisierung an die Hand – bis zum totalen Krieg in unserem Jahrhundert. Das rasche Bevölkerungswachstum erzeugte einen immer stärkeren Druck auf den Boden und die Ressourcen und verschärfte so die ökonomische Rivalität als elementare Triebfeder politischer und militärischer Konflikte.

Ein frühes Beispiel dafür, wie in der anlaufenden Industrialisierung zunehmend ökonomische Motive politische Entscheidungen steuerten, war die Kontinentalsperre von 1806: Als erstes Groß-Embargo der Neueren Geschichte sollte sie England, das sich damals anschickte, als »Werkstatt der Welt« die europäischen Märkte mit seinen Industriewaren zu erobern, wirtschaftlich erdrosseln. Um die Kontinentalsperre nach allen Seiten hin dicht zu machen, eroberte Napoleon immer neue Länder – Portugal 1807, Spanien 1808, Holland, Nordwestdeutschland bis Lübeck 1810. Rußlands ökonomisch motivierter Austritt aus der Kontinentalsperre 1811 bedeutete den Bruch mit Frankreich und war der Anlaß für Napoleons Einfall in Rußland 1812. Zuletzt triumphierte die neue Industrie-, Finanz- und Flottenmacht England, allerdings nur mit Hilfe ihrer Festlandsdegen Rußland, Österreich und Preußen.

Dramatische Veränderungen brachte die Industrialisierung für das Verkehrswesen. Über ihre offensichtliche ökonomische Funktion hinaus konnten Eisenbahnen auch konfliktverschärfende Wirkungen haben: Im Kriegsfall dienten sie dem rascheren Aufmarsch von Armeen, im großen Stil erstmals mit durchschlagendem Erfolg zu Beginn des deutsch-französischen Krieges 1870 praktiziert. Außerhalb ihres eigenen unmittelbaren Einflußbereichs kündigten imperialistische Mächte mit dem Bau von Eisenbahnen die Absicht an, das betreffende Gebiet ökonomisch zu durchdringen und politisch zu übernehmen. Ihre Konkurrenz beim Bau von Eisenbahnen bereitete häufig spätere politische Konflikte aus dem Zusammenprall imperialistischer Expansion vor. Die deutsche Bagdadbahn im Osmanischen Reich und russische Bahnen in China, vor allem der Mandschurei, sind hierfür die bekanntesten Beispiele im Vorfeld des Ersten Weltkrieges.

Die sozialen und politischen Konsequenzen der Industrialisierung waren enorm und sind nicht auf einen einfachen Nenner zu bringen: Die modernen politischen Revolutionen, ebenso wie Nationalismus und Imperialismus, hängen untrennbar mit der Industriellen Revolution zusammen. Schon die Anfänge modernen Wirtschaftens erzeugten gewaltige geistige und politische Spannungen, die sich in den europäischen Revolutionen entluden. Sie bahnten der danach verstärkt einsetzenden Industrialisierung in einem dialektischen Prozeß gegenseitiger Beeinflussungen den Weg – Englische Revolution (1640–60, 1688/89), Industrielle Revolution ab ca. 1760; Französische Revolution 1789, erste Industrialisierung Frankreichs; Belgische Revolution 1830; Europäische Revolution 1848/49 und Russische Revolutionen (1905/6, 1917) standen jeweils in engem Zusammenhang mit den Anfängen der Industrialisierung. Die modernen Revolutionen mit ihren sozialen und politischen Veränderungen im Innern und ideologischen Missionsansprüchen nach außen verselbständigten sich als Konfliktpotentiale rasch und komplizierten die internationalen Beziehungen.

Die Industrialisierung verschaffte in der Moderne den entscheidenden Schlüssel zur raschen Machtsteigerung, wie vor allem die wachsende Technisierung der Rüstung und Kriegsführung zeigt – schwere Artillerie, *Maschinen*gewehre, Schlachtflotten, Flugzeuge: Wer noch nicht industrialisiert war, wollte sich industrialisieren. Besonders ältere Großreiche (Rußland, Osmanisches Reich, Persien, China) eröffneten ihre Modernisierung stets mit der Armee. Hinter den Konfrontationen der Großmächte, die schließlich in den Ersten Weltkrieg einmündeten, standen – direkt oder indirekt, auch handfeste materielle Interessen, die mit dem industriellen Prinzip mannigfach verknüpft waren. So hatte die Weltwirtschaftskrise von 1873 mit der ihr folgenden »Großen Depression« bis 1895 weitreichende Wirkungen auf die innere Struktur der betroffenen Staaten wie auf ihre Beziehungen untereinander.

Nach den Erschütterungen der Französischen Revolution und der Napoleonischen Kriege verschärfte die Industrialisierung schon in ihren Anfängen soziale und politische Unterschiede zwischen Staaten und Völkern. Der moderne Nationalismus jenseits der schon älteren Nationalstaaten (Portugal, Spanien, Frankreich, England, Holland, Schweden, Dänemark, Schweiz) ist ein Produkt der beginnenden Industrialisierung, aber auch der Französischen Revolution und der politischen Romantik. Die europäischen Revolutionen von 1848/49 trieben mit ihrem Doppelcharakter als soziale und nationale Bewegungen das jeweilige Ancien Régime in die Dauerkrise und eskalierten gleichzeitig Spannungen zwischen den Nationen.

Ähnlich wirkte die Industrialisierung auch außerhalb Europas: Die Expansion der USA, unterbrochen durch den Bürgerkrieg (1861–65) und die Modernisierung Japans durch die Meiji-Reformen (1867 bis 1912), womit es China, das Mutterland seiner traditionellen Kultur, überflügelte und als neue imperialistische Macht gar zu unterwerfen versuchte, legten die Grundlage zu den beiden außereuropäischen Flügelmächten des heranwachsenden Weltsystems. Südafrika initiierte auf der Basis von Gold und Diamanten mit seiner Industrialisierung einen raschen Prozeß ökonomischer, sozialer und politischer Differenzierung, der in das System der Apartheid einmündete – heute ein Konfliktherd ersten Ranges mit globalen Rückwirkungen.

b) Machtpolitische Differenzierungen

Die Industrielle Revolution verschob die Gewichte zwischen den Großmächten teilweise erheblich, stimulierte den modernen Nationalismus und beschleunigte Englands wirtschaftlichen und machtpolitischen Aufstieg zur größten Weltmacht der Neuzeit. Sein anfänglicher Vorsprung vor allen sich erst später industrialisierenden Staaten schmolz aber seit der zweiten Hälfte des 19. Jahrhunderts wieder dahin, da das industrielle Prinzip notwendig immer neue Konkurrenten schuf.[16]

Belgien, Eingangspforte für die Industrielle Revolution auf dem Kontinent, erhöhte seine ältere strategische Schlüsselstellung als Ausgangspunkt für eine Invasion nach England durch seine neue Qualität als kleiner, aber hochentwickelter Industriestaat. Die frühe Industrialisierung in Wallonien gab den französisch sprechenden Wallonen im neuen Belgien zunächst für über ein Jahrhundert eine Vormachtstellung gegenüber Flandern (das im Mittelalter stärker urbanisiert und gewerblich entwickelt war) und liegt dem noch nicht ausgeräumten »Sprachenstreit« zwischen Flamen und Wallonen zugrunde, der Belgien in den letzten Jahrzehnten immer wieder erschütterte.

In Frankreich beschränkten sich ältere Ansätze zur Industrialisierung auf die östlichen Kohle- und Eisengebiete, sowie auf die wenigen Industriegroßstädte (Paris, Lyon, Marseille): Frankreich blieb bis weit ins 20. Jahrhundert überwiegend Agrarland und erlebte erst in der Hochkonjunktur nach dem Ende des Algerienkrieges (1962) den vollen Anschluß an die Industrialisierung.

Die Industrialisierung Oberitaliens knüpfte am ältesten Zentrum gewerblicher Produktion des mittelalterlichen Europa an und verschärfte die bereits bestehende Polarisierung zwischen dem sich rasch industrialisierenden Norden, der mit Piemont auch den Motor des Risorgimento stellte, und dem agrarischen Süden (Mezzogiorno).

Komplizierter verlief der Industrialisierungsprozeß in Rußland. Die Entscheidung, zur Stärkung der angeschlagenen Großmachtstellung bewußt auf die systematische Industrialisierung zu setzen, fiel erst nach dem Krimkrieg: Bauernbefreiung (1861) und liberale Reformen unter Alexander II. schufen die notwendigen inneren Voraussetzungen, während die traditionelle Expansion von Europa nach Zentralasien und in den Fernen Osten umgelenkt wurde. Nach außen zeigte Rußland stets ein Doppelgesicht. Im Vergleich zum industriellen Westen war es ein Entwicklungsland, während es gegenüber dem unterentwickelten Zentral- und Ostasien mit allen Attributen einer imperialistischen Industriemacht auftrat. Militärische Expansion, ökonomische Ausbeutung, Eisenbahnbau, Flotte und Flottenstützpunkte, Anleihen, ökonomische Penetration, Aufbau abhängiger Einflußsphären, Vasallenstaaten, innere Kolonisation und Russifizierung waren die klassischen Instrumente traditioneller imperialer wie moderner imperialistischer Expansion.

Rußlands Intervention in die Große Orientkrise von 1875–78 durch den 8. russisch-türkischen Krieg (1877/78) war begleitet von einer ersten Welle revolutionärer Aktivitäten im Innern, die ein Schlaglicht auf die künftige Entwicklung Rußlands warfen. Der Zusammenstoß mit England über Bulgarien oder Afghanistan ließ sich 1885 nur mit knapper Mühe vermeiden, aber die Niederlage im Russisch-Japanischen Krieg um Korea und die Mandschurei (1904/5) löste die erste Russische Revolution (1905/6) aus. Sie war Auftakt zu den beiden Revolutionen von 1917 als Reaktion auf weitere schwere Niederlagen und eine noch tiefergehende Krise des zaristischen Ancien Régime. Die anlaufende Industrialisierung Rußlands gehört somit zur unmittelbaren Vorgeschichte der Russischen Revolution, die ihrerseits eng mit dem Ersten Weltkrieg verknüpft ist.

c) *Industrialisierung Deutschlands*

In Deutschland war die Wirkung der (im Verhältnis zu England und Frankreich) relativ raschen Industrialisierung besonders kompliziert und geradezu dramatisch:[17] Nach einem zögernden Anlauf in der ersten Hälfte des 19. Jahrhunderts explodierte die industrielle Entwicklung nach den Wirtschaftskrisen von 1847, 1857 und 1873 und den ihnen folgenden politischen Veränderungen – Revolution 1848/49, Reichseinigungskriege (1864–71) und Reichsgründung 1871, Schutzzölle (1879), Übergang zur Kolonialpolitik (1884), »Weltpolitik« (1896/97). Für das politische Scheitern des Bürgertums 1848/49 brachte der erste massive Industrialisierungsschub wirtschaftliche Kompensation. Den zweiten Schub nach der Reichsgründung bremsten zwar zunächst der Gründerkrach von 1873 und die ihm folgende Große Depression, aber selbst mit relativ verzögertem industriellen Wachstum stieg Deutschland zur stärksten Industriemacht des Kontinents auf und überflügelte in der nächsten Konjunkturphase ab 1896 in den modernen Leitsektoren (Chemische Industrie, Elektroindustrie) sogar England.

In Deutschland schuf die Industrialisierung politisch besonders brisante Diskrepanzen zwischen einzelnen Regionen. Generell entwikkelte sich die Industrie zunächst stärker im Norden (Ruhrgebiet, Schiffsbau an den Küsten) und ließ im 19. Jahrhundert, parallel zur Mainlinie zwischen Preußen und den süddeutschen Staaten, ein Nord-Süd-Gefälle entstehen, das sich erst heute umgekehrt hat. Andererseits trieb Deutschland mit dem Übergang vom Freihandel zum Schutzzoll 1879 in eine doppelte ökonomische Konfrontation – agrarischer Schutzzoll gegen Rußland, industrieller Schutzzoll gegen England.

Die rasche Industrialisierung stärkte das neue Machtzentrum Deutschland, namentlich gegenüber dem stagnierenden Frankreich, dem von Konkurrenten (Deutschland, USA) schon teilweise überflügelten England und dem trotz forcierter Industrialisierung insgesamt hoffnungslos zurückliegenden Rußland. Das ökonomische Kraftgefühl steigerte das neue Selbstbewußtsein seit der Reichsgründung bis zu jener Selbstüberschätzung, die das Deutsche Reich über die Weltpolitik in den Ersten Weltkrieg trieb. Als stärkste Landmacht gewann es durch die Industrialisierung die ökonomische und technologische Stärke, um den Anspruch zu erheben, mit »Weltpolitik« und Schlachtflottenbau als zweite Seemacht hinter (und gegen) England aufzurücken.

Folgenschwer war die strukturelle Aufspaltung der industriellen Vormacht Preußen durch die Industrialisierung: Wie in Rußland bewußt von oben zur Stärkung des Militärpotentials gefördert, setzte sie jeweils an den Rändern Preußens ein – Ruhrgebiet, Rheinland, Saargebiet im Westen, Oberschlesien im äußersten Südosten, mit Berlin als koordinierendem Zentrum. Preußen polarisierte sich sozioökonomisch und politisch zwischen Ost und West. Ostelbien, Basis der älteren Agrarier und des traditionellen Konservativismus, blieb Schwerpunkt der politischen Macht. Der sich industrialisierende Westen wurde Zentrum der modernen Wirtschaftsmacht, des Wirtschaftsbürgertums und des Liberalismus, damit auch der Arbeiterbewegung. Rheinische Wirtschaftskapitäne im März 1848 an der Spitze der ersten Revolutionsregierung Preußens und die von Karl Marx in Köln redigierte und vom Wirtschaftsbürgertum finanzierte »Neue Rheinische Zeitung« – alles das waren nur äußerliche Symbole für die sich anbahnende Polarisierung. Später trat mit der Dominanz der SPD im Ruhrgebiet (aber auch in Sachsen, Berlin und anderen Großstädten wie Hamburg, Nürnberg und Frankfurt) eine neue soziale Polarisierung hinzu, die in der Krise im Ersten Weltkrieg und erst recht nach der Niederlage mit der Novemberrevolution 1918 eine Bruchlinie im Innern bezeichnete.

d) Außenpolitische Rückwirkungen der großen Wirtschaftskrisen, 1857–1914

In der Industriellen Revolution verschärften oder provozierten die großen Wirtschaftskrisen Konflikte nach innen und außen. Nach Perioden eines inzwischen als normal empfundenen, mehr oder weniger raschen Wirtschaftswachstums spitzten sich soziale Spannungen zu – oft mit außenpolitischen Rückwirkungen, wenn führende Kräfte versuchten, innere Probleme durch eine dynamische, gar expansive Außenpolitik zu kompensieren. Klassischer Modellfall wurde das 2. Empire Frankreichs unter Napoleon III., dessen Technik des »Bonapartismus« zu seiner Zeit bereits polemisch als »Imperialismus« bezeichnet wurde. Allgemein läßt sich die Methode, innere Spannungen nach außen abzulenken, besser mit dem Begriff des »Sozialimperialismus«[18] bezeichnen, den es, eben nach dem Modell Napoleons III., nicht nur in Deutschland seit Bismarck gab, sondern z. B. auch in Rußland, Italien.[19]

Eine knappe Vergegenwärtigung der politischen Folgen großer Weltwirtschaftskrisen soll die mehr allgemeinen Bemerkungen konkretisieren und stärker auf den Ersten Weltkrieg orientieren: Die große Agrar- und Wirtschaftskrise von 1847 gehörte zu den unmittelbaren historischen Voraussetzungen der Revolution von 1848/49, ähnlich wie entsprechende Ereignisse 1788/89 zur Vorbereitung der Französischen Revolution von 1789 beigetragen hatten. Die Revolution von 1848/49 veränderte die innen- und außenpolitische Situation aller Völker und Staaten, mit weitreichenden Rückwirkungen.

Komplizierter war die Wirkung der nächsten Wirtschaftskrise von 1857. Als erste echte *Welt*wirtschafts- und typische Überproduktionskrise ging sie bereits von den USA aus und übersprang rasch den Atlantik nach Europa. Ihre politischen Wirkungen fielen in zwei wichtigen Staaten unterschiedlich aus. In den USA spitzte sie ältere innere Spannungen um die Sklavenfrage weiter zu – bis zum Bürgerkrieg 1861–65. In Frankreich traf sie Napoleon III. auf dem Höhepunkt seines Ansehens, erschütterte sein Regime und trieb ihn zu einer immer riskanteren Außenpolitik bis zum Debakel von 1870, das den Weg zur deutschen Reichsgründung freigab.

Die Weltwirtschaftskrise von 1873 leitete zur »Großen Depression« über, die weltweit erst 1896 von einer neuen Phase der Hochkonjunktur (mit erheblichen Schwankungen) abgelöst wurde.[20] In Deutschland waren die Wirkungen der Weltwirtschaftskrise von 1873 scheinbar nur ökonomischer Natur. Der »Gründerkrach« unterbrach zunächst die neue Prosperität seit der Reichsgründung 1871, verschärfte aber auch soziale Spannungen der raschen Industrialisierung: Anfänge des Antisemitismus, Abkehr Bismarcks von den Liberalen, Sozialistengesetz (1878), Übergang vom Freihandel zu agrarischen und industriellen Schutzzöllen (1879) waren die unmittelbaren Folgen. Die innen- und außenpolitischen Konsequenzen der Weltwirtschaftskrise von 1873 gehören somit zur weiteren Vorgeschichte deutscher »Weltpolitik« und der wachsenden Entfremdung zwischen dem neuen Deutschland und Rußland.

Im Osmanischen Reich verschärfte sie die chronische Finanz- und Systemkrise 1875 bis zum Staatsbankrott, dem das Osmanische Reich durch verstärkten Steuerdruck auf seine christlichen Untertanen zu begegnen suchte. Der Staatsbankrott provozierte in der Herzegovina Steueraufstände und in Bosnien die Große Orientkrise von 1875–78, die im 8. Russisch-Türkischen Krieg (1877/78) kulminierte. In den Krieg sah sich die zaristische Regierung u. a. durch einen starken inneren Druck getrieben, so daß ihre Intervention Rußlands säkulare Expansion fortsetzte und sich auch als »sozialimperialistisch« interpretieren läßt.[21]

Eine neue, sich in ersten Symptomen bereits zeigende Weltwirtschaftskrise im Jahr 1914 wurde gleichsam vom Ersten Weltkrieg verschlungen, so daß sich die militärisch kupierte Wirtschaftskrise mit dem Globalkonflikt verband.

4. Die großen politischen Revolutionen

Untrennbar verknüpft mit der Industrialisierung und dem modernen Nationalismus sind die großen politischen Revolutionen Europas.[22] Sie brachen im Vorfeld der Industrialisierung durch, bewegten sich zunächst im vorgegebenen nationalen Rahmen und wurden ihrerseits zu ideologischen Schubkräften des modernen Nationalismus. Gegenüber den sonst – zu Recht – im Vordergrund stehenden inneren (sozialen, ideologischen) Dimensionen der modernen Revolutionen sind hier mehr ihre äußeren (nationalen und machtpolitischen) Konsequenzen zu betonen, ohne den Stellenwert der inneren Faktoren herabsetzen zu wollen. Da es aber primär um die *äußeren* Beziehungen zwischen den Mächten bis zum Ersten Weltkrieg geht, sei es erlaubt, einen sonst vernachlässigten Aspekt ausnahmsweise einmal stärker herauszustellen.[23] Gleichzeitig erweist sich im folgenden die eigentlich unlösliche, spannungsreiche und ambivalente Einheit »innerer« und

»äußerer« Faktoren, die nur um der systematischen Analyse willen voneinander zu trennen sind, nicht jedoch in der geschichtlichen Realität. Dieselbe Spannung steckt auch in der Stellung des Sozialismus, dem radikalsten Erben der großen politischen Revolutionen, zur Friedensfrage.

a) Außenpolitische Wirkungen der Revolutionen

Die großen politischen Revolutionen des modernen Europa veränderten Gesellschaften, die schon Großmächte waren oder später zu Großmächten aufstiegen – Niederländischer Unabhängigkeitskrieg (1562–81), Englische Revolution in zwei Phasen (1640–60, 1688/89), Unabhängigkeitskrieg und Unabhängigkeit der USA (1775/76–83), Französische Revolutionen (1789–1815, 1830, 1849, 1871), Revolutionen in Italien (1820, 1848, 1859/61), Deutschland (1848/49, 1918) und Rußland (1905/6, 1917). Die Große Französische Revolution mit ihren Folgerevolutionen – 1830, 1848/49, Rußland 1905/6 – beeinflußte mittelbar oder unmittelbar die Entwicklung zum Ersten Weltkrieg, ideologisch bis zu den deutschen »Ideen von 1914«, die sich ebenso bewußt wie erfolglos als Gegenwerte zu den »Ideen von 1789« der Französischen Revolution verstanden.[24] In ihrer sich kumulierenden Gesamtwirkung kaum weniger wichtig sind nationale Folgerevolutionen mittlerer und kleinerer Völker – Spanien (1820), Griechenland (1821–29), Belgien (1830), Polen (1830/31, 1863/64) und Südslawen vom Serbischen Aufstand 1804 bis Sarajevo 1914.

Den Reigen früher nationaler Revolutionen eröffneten die neuen Niederlande. Sie konstituierten sich 1581 mit ihrer Unabhängigkeitserklärung von Spanien als neue Nation, die damit faktisch aus dem Alten Deutschen Reich ausschied und völkerrechtlich im Westfälischen Frieden 1648 anerkannt wurde. Aus dem Stand schnellten die Niederlande zur Spitze damaliger moderner Entwicklung empor. Mit ihrem gewerblichen, landwirtschaftlichen und kommerziellen Reichtum waren sie für ein knappes Jahrhundert die stärkste See- und Finanzmacht Europas. Zugleich bahnten sie spätestens seit der Personalunion England–Holland von 1689 bis 1702 ihrem unmittelbaren Nachfolger, England, den Weg. Als Juniorpartner, dann Klientelstaat Englands spielten die Niederlande seitdem bis zum Ersten Weltkrieg nur eine untergeordnete Rolle. Die Unabhängigkeit Belgiens mußten England und Frankreich den Niederlanden nach 1830/31 abtrotzen und mit der Neutralisierung Belgiens 1839 absichern. Zuletzt waren die Niederlande nur noch Objekt deutscher Expansionspolitik: Der

Schlieffenplan sah ursprünglich den Durchmarsch der deutschen Angriffsarmeen auch durch die Niederlande vor. Die Alldeutschen betrachteten die Niederländer als »disiecta membra«, als die verlorenen Glieder des Alten Reiches, die tunlichst wieder ins neudeutsche Reich heimzuholen wären, und wenn nur in einer von Deutschland dominierten »Mitteleuropäischen« Konföderation, wie sie Bethmann Hollwegs erstes Kriegszielprogramm vom 9. September 1914 unter Einschluß des niederländischen Kolonialreiches vorsah.[25]

Erst recht demonstriert die Englische Revolution die enge Verbindung von Revolution und nationaler Macht: Die Vorkämpfer des Parlaments drängten gegen die Krone auf die kriegerische Expansion gegen die damalige Weltmacht Spanien, traten also aktiv für die Beteiligung Englands an der Expansion in Übersee ein, die notwendig zum Konflikt mit Spanien führte. Zugleich betrieben sie Englands Aufstieg zur kommenden See- und Weltmacht.

In einem strukturell ähnlichen Prozeß wie 200 Jahre zuvor in den Niederlanden konstituierte die Amerikanische Revolution im Abfall vom britischen Kolonialreich eine neue Nation an der Peripherie des in Übersee expandierenden Europa, jenseits des Atlantik. Anders als die Niederlande benötigten die USA jedoch als kommendes Machtzentrum für die kontinentale Expansion und ihren Aufstieg zur neuen Großmacht sehr viel mehr Zeit. Als westliche Flügelmacht des neuen europäischen Weltsystems partizipierten sie, ähnlich wie Japan als östliche Flügelmacht, bis 1914 nur indirekt an der Entwicklung zum Ersten Weltkrieg. Ihr starkes Kontingent deutscher Einwanderer, die oft erstaunlich lange ihre nationale Identität wahrten, erweckte in Deutschland zumindest vorübergehend Illusionen. Da die Deutsch-Amerikaner nach 1848 die politisch-ideologische Entwicklung in Deutschland vom liberalen Reichspatriotismus zum wilhelminisch-alldeutschen Chauvinismus parallel aus der räumlichen Distanz mitmachten, hoffte die Führung des wilhelminischen Reichs, sie könnte die USA zu einem Bündnis mit Deutschland bewegen, zumindest aber zur dauernden Neutralität im Ersten Weltkrieg.

Die Französische Revolution war auch eine Reaktion auf die Kette äußerer Niederlagen des Ancien Régime seit 1713 gegen das zur Weltmacht aufsteigende England: Die gewaltige Mobilisierung der Gesellschaft durch Revolution und Modernisierung erlaubte jedenfalls eine bis dahin unerhörte Kraftentfaltung Frankreichs als »Grande Nation« und westliche Hegemonialmacht, in der Revolution und im Empire Napoleons I.

Das Risorgimento als italienische Nationalrevolution schuf Italien im ideologischen Rückgriff auf das Römische Reich wieder als Nationalstaat und Großmacht. Ebenso war höchstes Ziel der deutschen Revolution 1848/49 die Gründung eines neuen mächtigen Reiches, anknüpfend an die Glanzperiode des mittelalterlichen (»Römischen«) Reiches 962 bis 1198.

Die Niederlagen des zaristischen Ancien Régime von 1905 und 1917 mobilisierten Kräfte, die durch die Revolution den Wiederaufstieg Rußlands zur Groß- und Weltmacht ermöglichen wollten. Zunächst jedoch schwächte die Russische Revolution als Reaktion auf die militärische Niederlage gegen Japan das Zarenreich und lieferte so eine Voraussetzung zur Konstellation von 1914. Die Jungtürkische Revolution ab 1908 setzte eine Kettenreaktion außenpolitischer Folgen in Gang, gerade weil sie das Osmanische Reich durch eine national-türkische Erneuerungsbewegung aus seiner Agonie herausreißen wollte. Von der Bosnischen Annexionskrise 1908/9 bis zu den beiden Balkankriegen 1912/13 und der Liman-Sanders-Krise 1913 reichten die Folgen ins unmittelbare Vorfeld des Ersten Weltkrieges.

b) Machthistorische Konsequenzen: Die Dialektik von »innen« und »außen«

Revolutionen veränderten mit der inneren Struktur zugleich das Gewicht existierender oder potentieller Großmächte: Inneres Chaos, ausgelöst durch politische Reorganisation und den ihr entgegengesetzten Widerstand, führte zu einer kurzfristigen Schwächung des Landes. Mittelfristig aber stärkte der Modernisierungsschub eine revolutionierte Gesellschaft, wie vor allem Frankreich in seiner revolutionären und napoleonischen Phase. Ähnliches gilt für Rußland, dessen machtpolitische Erstarkung nach der Oktoberrevolution 1917 jedoch außerhalb des hier behandelten Zeitraumes liegt. Bis 1914 wirkte sich nur seine machtpolitische Schwächung durch die erste Phase der Russischen Revolution von 1905 aus. In großen Völkern ohne Nationalstaat ist die Wiedergewinnung von Großmacht eine elementare Antriebskraft für nationale Revolutionen (Italiens Risorgimento, deutsche Revolution von 1848/49).

Ein weiterer machthistorischer Aspekt führt zu einer Beobachtung, die häufig untergeht: Revolutionen in Großmächten – und traten sie mit einer noch so internationalistischen Gebärde auf – führten stets die Kontinuitäten traditioneller Expansionslinien weiter, die sie vom jeweiligen Ancien Régime übernahmen, wenn auch jetzt mit dem Pathos ideologischer und politischer Modernisierung. Der unvermeidliche Widerstand gegen imperiale Eroberung und Hegemonie prägte objektive wie subjektive Bedingungen der weiteren Entwicklung bis zum Ersten Weltkrieg – von den »Befreiungskriegen« in Deutschland 1813–15 über das noch lange anhaltende Mißtrauen gegen Frankreichs Hegemonieabsichten bis zu den großen Feiern im wilhelminischen Deutschland 1913 zur Erinnerung an die »Befreiungskriege«: Nicht zufällig ermunterte Kaiser Wilhelm II. das verbündete Österreich-Ungarn am Rande der Feierlichkeiten zur Einweihung des Völkerschlachtdenkmals in Leipzig am 18. Oktober 1913 zum baldigen Krieg gegen Serbien.

Die Erfahrungen der Revolution, positive wie negative, prägten zutiefst die inneren Verhältnisse der europäischen Mächte und ihre Beziehungen zueinander: Die (erhoffte oder befürchtete) Revolution wurde geradezu moderner Ausdruck der üblichen inneren Krise als Reaktion auf eine schwere äußere Niederlage. Impulse einer Revolution, dosiert übernommen, konnten in der eigenen Gesellschaft Kräfte zum Kampf gegen die Revolution freimachen, wie in Preußen die Reformen 1808–12 zur Vorbereitung der »Erhebung« gegen Napoleon I. 1813.[26] Umgekehrt blieb die Furcht vor einer Ausbreitung der Revolution nach großen Wirtschaftskrisen oder Kriegen seit den Ereignissen im Jahr 1789 unter den Regierenden stets präsent. Bis zur Europäischen Revolution 1848/49 war Frankreich das revolutionäre Epizentrum, während die Pariser Kommune von 1871 eher nur noch ein lokales Nachbeben war. Seit der inneren Gärung Rußlands nach der Niederlage im Krimkrieg 1856 und der Bauernbefreiung 1861 erwarteten weitblickende Staatsmänner insbesondere ab 1905 die nächste größere Revolution in Rußland. Die unterschiedliche Revolutionserwartung bereitete das grundlegende Dilemma des Zarenreiches in der Julikrise 1914 vor: Nikolaus II. hatte nach dem verlorenen Krieg nur noch die Wahl zwischen sozialer Revolution von links und panslawistisch-chauvinistischem Umsturz von rechts als Reaktion auf ein Zurückweichen vor dem deutschen Ultimatum.

Das Interesse an Eindämmung oder Vermeidung der Revolution, (erst in Frankreich, dann in Rußland) bestimmte daher grundsätzliche Überlegungen zur innereuropäischen Außenpolitik, schon weil eine neue Revolution in einer der Großmächte das gesamte Europäische System hätte sprengen können. Insgesamt trugen die großen Revolutionen ab 1789 realhistorisch oder ideologisch-psychologisch zur Formierung der Konstellation von 1914 bei. In diesem langen 19. Jahrhundert war die Europäische Revolution von 1848/49 mit ihrem Aufbruch der Völker gegeneinander ein zentraler Knotenpunkt, der für das Verständnis der Entwicklung bis zum Ersten Weltkrieg unentbehrlich ist. Revolutionen und Aufstände in kleineren Ländern, vor allem auf dem Balkan, lösten stets Krisen zwischen den Großmächten aus.

c) Sozialisten und Friedensfrage[27]

Das konservative Interesse an der Erhaltung des sozialen und politischen Status quo durch Vermeidung eines Großkrieges wirft im Zusammenhang mit der Friedensfrage ein neues Licht auf die Konfrontation zwischen Konservativen und der Partei der Bewegung (Liberale, Demokraten, Sozialisten), kurz des Fortschritts. Entgegen einer naiven Idealisierung läßt sich heute nicht mehr die einfache dichotomische Gleichung aufrechterhalten: Konservative für den Krieg, Fortschrittliche für den Frieden. Tatsächlich war die historische Realität sehr viel komplexer. Die Konservativen verfügten zwar über die militärische Macht und setzten sie oft genug für ihre egoistischen Standes- und Klasseninteressen ein, so auch zur Unterdrückung eines zunächst durchaus evolutionär angelegten politischen Wandels, den die anlaufende Industrialisierung mit sich brachte. Konservative Repression wiederum provozierte die Anhänger des Fortschritts bis zur Revolution, die ihrerseits den Frieden und die innere Struktur des Europäischen Systems bedrohte.

Aber auch im Programm der Linken des 19. Jahrhunderts war häufig zumindest *ein* Krieg als Ideal fest eingeplant – der revolutionäre Befreiungskrieg der Völker gegen Rußland zugunsten Polens. Die liberalen Vertreter der Paulskirche führten 1848 den Krieg gegen Dänemark, nachdem der Volkskrieg gegen Rußland nicht zustande gekommen war. Die 1. Internationale war ursprünglich als Komitee zur Unterstützung des Polnischen Aufstandes von 1863/64 gedacht.[28] Nationale Aufstände und Bewegungen führten vielerorts zu Konflikten und Kriegen, wenn nicht gegen die eine oder andere konservative Macht, vor allem Rußland und Österreich, dann untereinander, insbesondere während der Europäischen Revolution 1848/49. Im Aufwallen des französischen Revanchismus in der Boulanger-Krise 1886–89 waren unter den Anhängern Boulangers Linke vielleicht ähnlich stark vertreten wie Rechte.[29] In der Bulgarienkrise hätte die Logik liberaler und sozialdemokratischer Außenpolitik in Deutschland – Unterstützung Battenbergs gegen Rußland – schon zu diesem Zeitpunkt in den großen Krieg geführt, in dem Deutschland und England gegen Rußland gestanden hätten.

In einer nüchternen Analyse des Europäischen Systems zwischen

Wiener Kongreß und Ausbruch des Ersten Weltkrieges geht es also nicht um die Ideologisierung der Friedensfrage zwischen Konservativen und Fortschrittlichen. Vielmehr ist zu erklären, warum Europa erst 1914 in diesen Weltkrieg geriet. Den Schlüssel gibt eine sachliche Analyse komplexer Strukturen und Prozesse, nicht dualistisches Moralisieren durch Behauptung einer höheren Moral (Erhaltung des Friedens) für die eine oder andere Seite: Friede war damals noch kein absoluter Wert oder gar höchstes Gut, wie er es heute angesichts der Atom- und sonstigen Waffen geworden ist. Also wäre es falsch, absolute Friedensliebe als moralischen Wertmaßstab nachträglich auf eine Zeit zu projizieren, die dieses Ideal noch gar nicht kannte. Einerseits galt nach wie vor das Prinzip der Machtpolitik als legitim, daß eine Großmacht bereit und fähig sein mußte, ihre Interessen mit Waffengewalt, also Krieg, zu verteidigen oder durchzusetzen. Andererseits erwies sich Mazzinis Traum von der Befreiung der Völker durch den Sturz der Fürsten, dem nach dem großen Befreiungskrieg gegen Rußland der ewige Völkerfriede in eitel Harmonie folgen würde, als eine Illusion, die spätestens die Europäische Revolution 1848/49 zum Platzen brachte. Für den »Fortschritt« wäre der Krieg gegen das autokratische Rußland ein heiliger Kreuzzug der Völker, ein gerechter Krieg gewesen – das apokalyptische »letzte Gefecht« vor dem Einzug ins politische Paradies auf Erden. Der bürgerliche Pazifismus war zu schwach, als daß er ernsthafte Gegenkraft zu den konfliktproduzierenden Mechanismen hätte sein können.[30]

Als sozial radikalisierte Fortsetzung der Französischen Revolution und ihrer Folgerevolutionen läßt sich eine weitere Konsequenz der Industrialisierung einordnen, die europäische Arbeiterbewegung mit ihrer politisch-ideologischen Basis des Sozialismus. Nicht zufällig gründete sich die 2. Internationale zum 100. Geburtstag der Französischen Revolution in Paris am 14. Juli 1889 und zerbrach im August 1914. Entgegen dem internationalistischen Pathos integrierten sich die jeweiligen Varianten des europäischen Sozialismus zumindest partiell in ihre nationalen Gesellschaften, wie spätestens der Kriegsausbruch 1914 erwies. Aber bis dahin wirkte der internationale Sozialismus der Arbeiterklasse konfliktdämpfend auf die Kriegsbereitschaft der Regierungen, schon weil die Kriegstreiber befürchten mußten, der für den Kriegsfall angedrohte Generalstreik könnte zur Revolution im eigenen Lande eskalieren.

Aber auch die SPD war seit Marx und Engels durchaus für *einen* Krieg zu haben – für den gegen das zaristisch-autokratische Regime in Rußland, in Fortsetzung der den revolutionären Liberalen und Demokraten 1848 entgangenen Traum-Konstellation. Eindeutig lehnten die mittel- und westeuropäischen Sozialisten nur einen Krieg zwischen den »zivilisierten« Nationen ihrer Region ab. Seit der Pariser Kommune 1871 bezog namentlich Bismarck seine Furcht vor einer Revolution im Gefolge eines europäischen »Weltkrieges« vor allem auf die Sozialisten. Die Geschichte gab ihm partiell Recht: Sozialisten der verschiedensten Couleur kamen durch den Ersten Weltkrieg in Erschöpfungs-Revolutionen 1917/18 tatsächlich zur Macht, allerdings nur bei den großen Verlierern des Ersten Weltkrieges (Rußland; Deutschland, Österreich, Ungarn), und außerhalb Rußlands auch nur vorübergehend.

Auf der anderen Seite setzte Reichskanzler Bethmann Hollweg – ein Enkel des Führers der »Wochenblattpartei«, die 1854 im Krimkrieg die Parteinahme Preußens für die Westmächte gefordert hatte, und Repräsentant der liberalen Abneigung gegen den Zarismus – im Juli 1914 offen auf den antizaristischen Affekt, den die SPD von den Liberalen geerbt hatte. Entgegen dem Mythos vom angeblich durchgehend friedlichen Charakter sozialistischer und liberaler Politik scheiden Sozialisten und Liberale als ernsthafte Hindernisse auf dem Weg zum Ersten Weltkrieg aus. Mochten viele von ihnen über den Weltkrieg von 1914 entsetzt sein – sie taten so gut wie nichts gegen seinen Ausbruch. Mit dem Zusammenbruch der 2. Internationalen zerstob die Illusion einer effektiven Friedenspolitik des internationalistischen Sozialismus und machte den Weg frei zu nationalen Sozialismen – vom kommunistischen Sozialismus in einem Land über den Faschismus des Ex-Sozialisten Mussolini in Italien bis zum »Nationalsozialismus« in Deutschland.

5. Nationale Fragen, 1795–1914

In Europa waren um 1800 im Zusammenhang mit der Französischen Revolution und ihren napoleonischen Folgen die großen nationalen Fragen durchgebrochen. Am Anfang stand meist der Verlust des eigenen (autonomen oder souveränen) Staates. Es erhob sich die Frage, wie das betreffende Volk wieder eine staatliche Eigenständigkeit erlangen würde. In chronologischer Reihenfolge entstand so die Polnische (1795), Irische (1800), Südslawische (1804), Deutsche (1806) und Italienische (1815) Frage, ergänzt um die Rumänische (deren Anfang sich chronologisch schwerer fixieren läßt) und die Ungarische Frage. Nach dem Wiener Kongreß kamen die Griechische (1821) und Belgische (1830) Frage hinzu, schließlich gegen Ende des 19. Jahrhunderts noch die Jüdische und Armenische Frage, die jeweils Probleme für sich darstellen. Die Deutsche und die Südslawische Frage sind besonders kompliziert. Durch ihre Explosivität und historische Tragweite überragen sie die anderen nationalen Fragen, so daß ihnen eigene Kapitel gewidmet sind.[31] Die Polnische und Irische Frage entsprachen sich spiegelbildlich als Ausdruck schwerer interner Probleme der strukturell so gegensätzlichen Flügelmächte Rußland und England. Alle nationalen Fragen trugen auf ihre Weise zur Ausgangslage des Ersten Weltkrieges bei.

a) Allgemeine Strukturprobleme

Nationale Fragen lassen sich durch ein identisches Raster von Gegenfragen aufschlüsseln: Sollen Polen, Iren usw. einen eigenen Nationalstaat haben? Wenn ja, in welcher Form (souverän oder autonom), in welchen Grenzen, mit welcher inneren Struktur (Zentralstaat oder föderativ), mit welchen Folgen für sich, ihre Nachbarn und Europa? Konflikte warf stets die Frage nach den Grenzen auf, weil Grenzziehungen für neue Staaten auf Territorialforderungen benachbarter Nationalbewegungen stießen.

Neben der ständigen Rivalität der Großmächte in wechselnden Konstellationen waren nationale Fragen das äußerlich spektakulärste Moment, das das Europäische System immer wieder bedrohte, denn nationale Konfliktherde waren meistens mit einem Machtvakuum verbunden. Die Beantwortung nationaler Fragen tangierte das Gleichgewicht der Kräfte zwischen den Großmächten und erforderte deren Zusammenwirken, um eine Kompromißlösung zu finden, die wenigstens alle direkt beteiligten Großmächte befriedigte. Der geradezu klassische Mechanismus lief ungefähr so ab: Regionale Eruptionen unter »staatenlosen« Völkern – Aufstände oder nationale Sezessionen, z. B. gegen das Osmanische Reich oder Rußland – lösten eine diplomatische Krise mit oder ohne Krieg aus. Die Beilegung der Krise gelang durch eine Konferenz oder einen Kongreß der Großmächte, die unter Umständen zu Territorialverschiebungen oder zur Gründung eines neuen, von den Großmächten anerkannten kleinen Nationalstaates führten. Die Polnische Frage und die Orientalische Frage mit ihren Ausläufern bis Sarajevo 1914 lieferten am häufigsten die Initialzündung zu Krisen oder Kriegen im Europäischen System.

Aber auch andere nationale Fragen waren konfliktträchtig und ließen sich nur durch Kriege lösen, ausgenommen die Trennung Norwegens von Schweden 1905. Sonst brachte der Sieg einer Nationalbewegung stets tiefgreifende Veränderungen mit sich, die sich nur mit Gewalt durchsetzen ließen. Varianten desselben Mechanismus boten die Italienische und die Deutsche Frage. Ihre positive Beantwortung durch den Sieg des italienischen Risorgimento und die Reichsgründung füllte zwei der großen Machtvakuen Europas aus und ließ Italien bzw. Deutschland zu Großmächten aufrücken, die ihrerseits mehr (Deutschland) oder weniger (Italien) dynamisch in den europäischen Machtkampf eingriffen.

Für alle neuen Nationalismen waren England und Frankreich die großen Vorbilder. England strahlte mit der von ihm ausgehenden Industrialisierung, seinem rechtsstaatlichen Parlamentarismus und Liberalismus auf Europa aus. Von Frankreich kamen seit der Französischen Revolution moderne Formen der Verwaltung, des Rechts (Code Napoléon, 1804) und die konstitutionelle Monarchie (Charte Constitutionnelle, 1814). Besonders problematisch war die jakobinische Idee der »nation une et indivisible« des (sozial wie national) unteilbaren, straff zentralisierten und assimilierenden nationalen Einheitsstaates, der sich selbst im äußerlich relativ homogenen Frankreich nur mit schweren inneren Konflikten (insbesondere an seinen gemischtsprachigen Rändern) unvollkommen hatte erzwingen lassen. Der Versuch, das französische Nationalideal auf die national viel heterogeneren Verhältnisse in Ostmittel- und Südosteuropa zu übertragen, erwies sich als katastrophaler Fehlschlag: Wanderungen, Eroberungen, Fluchtbewegungen, Um- und Neuansiedlungen, Reichs- und Staatsbildungen hatten dort nationale Siedlungsverhältnisse so kompliziert, daß Grenzziehungen nach »nationalen« (sprachlichen oder konfessionellen) Kriterien hoffnungslos waren. Bei »staatenlosen« Nationalismen und in dynastischen Großreichen verschärfte der zentralisierte Einheitsstaat Konflikte bis zum Extrem. Föderalisierung und politische oder wenigstens kulturelle Autonomie wären die konstruktive Alternative gewesen.

Maximalistische Territorialforderungen, die sich in der Regel an der größten Ausdehnung eines mittelalterlichen oder gar antiken Reiches (Griechenland, Italien) orientierten und sich überlappten, eskalierten die Spannungen noch weiter. Regionen, die im Schnittpunkt solcher sich gegenseitig ausschließender Maximalforderungen lagen, waren daher stets besonders umkämpft. Extremes Beispiel ist Makedonien, das Griechenland (auf Grund des Alexanderreiches), Bulgarien (wegen der beiden Bulgarischen Reiche im Mittelalter) und Serbien (unter Berufung auf das kurzlebige Großserbische Reich) für sich beanspruchten. Kam noch die Verweigerung der Autonomie oder gar eine aktive Assimilationspolitik gegen die jeweiligen »nationalen« Minderheiten hinzu, so war das Konfliktszenario perfekt. Solche Konflikte aus versuchter Assimilation brachen vor 1914 zuerst in Ungarn (nach 1867) und im Osmanischen Reich (ab 1876) aus, später auch in den Nachfolgestaaten zwischen den beiden Weltkriegen.

b) Die Polnische Frage

Die älteste nationale Frage war die Polnische Frage. Sie entstand mit der 1. Teilung Polens 1772 und vollendete sich bereits im Umfeld der Französischen Revolution mit der 2. und 3. Teilung Polens 1793 und 1795. Katharina II. wollte das Überspringen der »französischen Pest an die Weichsel« mit der Zerschlagung Polens verhindern, das sich nach französischem Vorbild als konstitutionelle Monarchie mit geschriebener Verfassung vom 3. Mai 1791 sowie Reformen aus eigener Kraft modernisierte. Nach dem Intermezzo des nicht-souveränen Herzogtums Warschau in Personalunion mit dem zum Königreich erhobenen Sachsen (1807–13) erneuerte der Wiener Kongreß die Polnische Frage durch eine (so nicht genannte) faktische 4. Teilung. Die polnische Antwort waren Aufstände (1830/31, 1846, 1863/64), meist gegen Rußland, das sich den größten Teil Polens einverleibt hatte und die nationale Assimilierung durch die Russifizierung am härtesten betrieb. Sie wurden zu einem Angelpunkt internationaler Beziehungen, systematisch vorbereitet vom Fürsten Czartoryski in Paris nach dem Scheitern des Januaraufstandes von 1830. Vom Hôtel Lambert in Paris aus dirigierte er ein ganzes Netz von Untergrundagenten zur Unterminierung Rußlands[32], auf die das revolutionäre Frankreich 1848 seinerseits zurückgriff.

Das Scheitern der Aufstände spülte polnische Verbannte nach Osten in den Kaukasus und nach Sibirien sowie polnische Emigranten in den Westen, wo sie das einheimische revolutionäre Potential zuletzt noch bei der Pariser Kommune 1871 als militärische Führer verstärkten. Gleichzeitig feuerten sie die fortschrittlichen Kräfte in ihrem Haß gegen Rußland als Hort der Reaktion an. Das westlich orientierte Polen wurde zur entscheidenden Inspiration der europäischen Linken für die Konzeption eines Völkerkrieges gegen Rußland zur Befreiung des geknechteten Polen. Und in großen europäischen Krisen, wie der Revolution 1848/49 und dem Ersten Weltkrieg, war die Polnische Frage immer wieder auch ein europäisches Problem.

Als Reaktion auf das Scheitern der Aufstände in der machtpolitischen Isolation Polens vom Westen durch Preußen trat allmählich das längerfristige Konzept der »Organischen Arbeit« (»Praca Organyczna«) an die Stelle kurzfristiger Insurrektionsstrategien, zuerst in Posen ab 1838, nach 1864 auch im russischen Kongreß-Polen. Es setzte im Rahmen der beginnenden Industrialisierung auf die intensive ökonomische Entwicklung der polnischen Gesellschaft von unten, um dem politischen Anspruch auf spätere nationale Unabhängigkeit gegen den fremden Teilungs- und Okkupationsstaat eine materielle Basis zu geben. Die Polen erhofften sich für die Zukunft die Wiederherstellung eines souveränen Staates, möglichst in den Grenzen von 1772. Seit Ende des 19. Jahrhunderts wurde zusehends deutlich, daß sich ihre nationale Frage für die Polen positiv nur durch einen Krieg aller drei Teilungsmächte gegeneinander beantworten ließ.

c) Die Irische Frage

Die Irische Frage entstand als Reaktion gegen die Union von 1800, die England als Antwort auf den letzten großen Irischen Aufstand von 1798 im Rahmen der Revolutionskriege gegen Frankreich erzwungen hatte. Den Verlust der nur kurzlebigen Autonomie Irlands als Rückwirkung des Amerikanischen Unabhängigkeitskrieges seit »Grattan's Parliament« 1782 konnten die überwiegend katholischen Iren nie verwinden. Seit 1801 reduzierte sich Politik in Irland weitgehend auf den Kampf gegen die Realunion.

Scheinbar war die Irische Frage seit der Annexion von 1801 nur noch eine interne Angelegenheit Großbritanniens. Historisch gesehen ist sie Ausschnitt aus dem komplizierten und häufigen Wechsel Irlands zwischen Unabhängigkeit, Unterwerfung durch England, Aufständen, begrenzter oder faktischer Autonomie und kurzen Phasen aufständischer Unabhängigkeit seit der anglonormannischen Eroberung ab 1169/71. Die jeweiligen Hauptgegner Englands unterstützten, wann immer es machtpolitisch möglich war, die irischen Erhebungen – Frankreich, Spanien, wieder Frankreich, im Ersten Weltkrieg Deutschland. Aufstände (1848, 1867, 1916), politische und parlamentarische Agitation, soziale Boykottbewegungen und die große Hungersnot (1846–48) mit der ihr folgenden Emigration nach England und Amerika machten die Irische Frage zur schwärenden Wunde für die Weltmacht England: Im Juli 1914 stand zumindest Nordirland (Ulster) am Rande eines Bürgerkrieges über die Home Rule (= Autonomie) für Irland, mit ungewissen Rückwirkungen auf ganz Irland und

England. Der Kriegsausbruch schob die Irische Frage scheinbar noch einmal in den Hintergrund, konnte aber nicht verhindern, daß sie mit dem Osteraufstand in Dublin 1916 erneut durchbrach.

d) Die Italienische Frage

Wieder anders stellte sich die Italienische Frage. Das älteste Machtvakuum Europas hatte unter napoleonischer Herrschaft schon fast den Status der nationalen Einigung erreicht. Der Wiener Kongreß stieß Italien wieder in die politische Fragmentierung zurück, so daß der Beginn der Italienischen Frage 1815 anzusetzen ist. Gegen die Wiederherstellung vorrevolutionärer Zustände als blanke Reaktion richtete sich die Geheimbewegung der Carbonari (»Köhler«), die 1811 als Widerstandsorganisation gegen die französische Herrschaft begonnen hatte. Die Carbonari organisierten die Revolutionen in Neapel-Sizilien (1820) und Piemont, die Österreich im Auftrag der Heiligen Allianz 1821 niederwarf, womit es sich erst recht den Haß der italienischen Nationalbewegung zuzog.

Nach dem Scheitern regionaler und lokaler Bewegungen im Anschluß an die französische Julirevolution 1830 spaltete sich die radikalere Organisation »Giovene Italia« (»Junges Italien«) unter Guiseppe Mazzini von den Carbonari ab und übernahm bis zum Revolutionsjahr 1848/49 die politische Führung. Mazzini erlangte einen besonderen Einfluß auf andere Nationalbewegungen durch sein Konzept des »Jungen Europa« – Sturz der Fürsten und Vereinigung der europäischen Nationalbewegungen in Brüderlichkeit und Harmonie. Die realpolitischere Variante der nationalen Einigung Italiens setzte sich erst 1859/61 in einer Kombination des Drucks von unten und oben durch, staatlich organisiert von Piemont-Sardinien unter Camillo Cavour, der mit seiner 1847 in Turin gegründeten Zeitschrift »Il Risorgimento« (»Wiedergeburt«) der italienischen Nationalbewegung den programmatischen Titel gab. Auch nach der Schaffung des italienischen Nationalstaates 1859/61 mit Geburtshilfe des 2. Französischen Empire unter Napoleon III. und der Einbeziehung Roms als neuer Hauptstadt (1870) blieb der italienische Nationalismus virulent und komplizierte die innerstaatlichen Beziehungen zwischen den europäischen Großmächten. Die Forderung nach Befreiung der italienischen »Irredenta« (der unerlösten Italiener unter Fremdherrschaft) und der kulturell-sprachlich überwiegend italienisch geprägten Adriaküste (»altera sponda«) richtete sich auch nach dem Anschluß Italiens an den Zweibund gegen Österreich-Ungarn (1882). Italien zeigte ostentativ Sympathien für die historisch verwandte Südslawische Nationalbewegung, weshalb es bei Eröffnung der Julikrise 1914 durch die beiden Zentralmächte nicht in die Aktion gegen Serbien eingeweiht wurde und sich daher auch nicht an Bündnispflichten gebunden fühlte.

e) Die Rumänische Frage

Eine nationale Frage eigener Art ist die Rumänische Frage. Jahrhundertelang hatten Rumänen mit ihrer östlichen Latinität als (meist orthodoxe) W(a)lachen (=Welschen) ohne Amts-, Kirchen- und gar Kultursprache gelebt, ohne eigene Elite auf dem Land (Adel) oder in der Stadt (Bürgertum), stets nur als rechtlose, geduldete Bauern, dazu im transsylvanischen Westen ihres Siedlungsbereichs unter der sozialen oder politischen Fremdherrschaft von Ungarn und Deutschen (Siebenbürger »Sachsen«). Nur die Donaufürstentümer Moldau und Walachei hielten sich seit dem 13. Jahrhundert als eigene Staaten, zunächst gegen die Mongolen, seit ca. 1400 unter osmanischer Suzeränität. Österreich hatte die »Befreiung« der Donaufürstentümer durch Rußland im 3. russisch-türkischen Krieg von 1768–74 verhindert, indem es die russische Expansion mit der 1. Teilung Polens 1772 umlenkte.

Noch vor der Französischen Revolution warf 1784 ein großer Bauernaufstand in Transsylvanien die Rumänische Frage scheinbar urplötzlich auf. Sozial richtete er sich gegen die herrschenden Magyaren und Ungarn, national erhob er im historisch-ideologischen Rückgriff auf das römische Dakien erstmals den Anspruch auf einen rumänischen Staat. Seitdem blieb die Rumänische Frage in der einen oder anderen Form akut, auch als regionaler Ausschnitt aus der Orientalischen Frage. Die Gründung eines rumänischen Staates durch die Union der beiden Donaufürstentümer 1859/61 erfolgte zur selben Zeit und in vergleichbarer Weise wie die Einigung Italiens. Die starke rumänische Irredenta vor allem in Transsylvanien gegen Ungarn verhinderte den von der Krone gewünschten offenen Anschluß an den Dreibund – mit weitreichenden Wirkungen im Ersten Weltkrieg.

f) Die Griechische Frage

Die Griechische Frage stellte sich für Europa in aller Schärfe mit dem Griechischen Unabhängigkeitskrieg von 1821, in dessen Verlauf sich die Heilige Allianz erstmals spaltete. Mit Hilfe Englands, Frankreichs und Rußlands errang Griechenland 1829/30 die Souveränität, die aber zunächst praktisch nur auf die Peloponnes beschränkt war. Erst weitere griechisch-türkische Konflikte, teilweise im Rahmen größerer Kriege gegen das Osmanische Reich (1878, 1897, 1912/13), rundeten Griechenland zu seinem heutigen Territorialbestand ab. Im Ersten Weltkrieg, in den Griechenland unter schweren inneren Auseinandersetzungen zwischen Krone und politischer Führung auf seiten der Alliierten eintrat, setzten sich die Konflikte zwischen Griechen und Türken fort, danach im griechisch-türkischen Krieg von 1919–22, der mit den großen Umsiedlungen von 1923 endete, bis zu den griechisch-türkischen Spannungen nach dem Zweiten Weltkrieg.

g) Die Ungarische Frage

Die Ungarische Frage trat zweimal kurz, aber heftig an die Oberfläche des welthistorischen Geschehens, so daß sie in ihrer Bedeutung für die Vorgeschichte des Ersten Weltkrieges leicht übersehen wird. In Wirklichkeit ist sie aber unentbehrlich für ein vertieftes Verständnis der komplexen Prozesse. Der magyarische Nationalismus ist, neben dem türkischen, geradezu exemplarisch für die konfliktproduzierende Kombination von modernem Nationalismus mit demokratischem Anspruch und dem Rückgriff auf eine ältere Reichsidee.

Das mittelalterliche Ungarn der Stephanskrone hatte bis zur Katastrophe von Mohács 1526, der totalen Niederlage gegen die Osmanen, über den magyarischen Kernbereich hinaus Territorien mit überwiegend nicht-magyarischer Bevölkerung beherrscht: Kroatien (katholische Südslawen), Oberungarn (Slowaken), Transsylvanien (mehrheitlich orthodoxe Wlachen/Rumänen, ferner Deutsche). Die Befreiung von der osmanischen Herrschaft 1683 machte Ungarn zur habsburgischen Provinz mit nur sehr begrenzten Rechten der Stände, die durch die zentralisierenden und germanisierenden Reformen unter Joseph II. verloren gingen. Das Scheitern der Ungarischen Revolution am groß-magyarischen Chauvinismus 1848/49 und der Ausgleich von 1867 schufen wesentliche Bedingungen von 1914. Nicht zufällig begann der italienische Historiker Luigi Albertini seine große Darstellung der Vorgeschichte des Ersten Weltkrieges mit dem österreich-ungarischen Ausgleich von 1867.[33]

II. Die Vollendung des Europäischen Systems nach innen, 1815–1871

Die Restaurierung der Pentarchie sollte im »Konzert der Mächte«, sanktioniert von der Heiligen Allianz, die neue Ordnung des Wiener Kongresses verteidigen. In Wirklichkeit begann jedoch schon bald die Revision des Wiener Regimes, evolutionär vorbereitet durch die Industrialisierung, revolutionär durch Aufstände und Revolutionen, in denen die soziale und nationale Dimension unauflöslich miteinander verquickt waren. Die Europäische Revolution von 1848/49 bündelte die Umwälzungen auf dem Kontinent zwischen England im Westen und Rußland im Osten. Für die äußere Beziehung zwischen den Mächten und Völkern hatte der Krimkrieg 1853–56 eine vergleichbare Schlüsselstellung. Beide gemeinsam prägten die unmittelbaren historischen Voraussetzungen zu den beiden spektakulärsten Veränderungen des Wiener Systems, dem Sieg des italienischen Risorgimento 1859/61 und der deutschen Reichsgründung 1871. Seitdem war das Europäische System nach innen hin vollendet: Die Hauptakteure des Ersten Weltkrieges hatten sich in ihrer 1914 gültigen Form konstituiert.

1. Die Revision des Wiener Regimes, 1815–1848

Die Rückkehr zur Pentarchie gab dem Europäischen System erstmals eine institutionalisierte Form mit völkerrechtlicher Qualität. Als Reaktion auf die Französische Revolution stellte sich ein neues Gleichgewicht der Kräfte ein, das allerdings gegenüber der Zeit vor 1789 u. a. durch die Ergebnisse von 25 Jahren Hegemonialkriegen erheblich modifiziert war. Den fünf Großmächten der Pentarchie standen vier große Machtvakuen gegenüber, die ganz unterschiedlich mit Macht ausgefüllt waren (Polen), wurden (Deutschland, Italien) oder werden sollten (Osmanisches Reich). Nationale Revolutionen und Unabhängigkeitskriege ab 1820 bedrohten den neuen Status quo und veränderten ihn. Die Julirevolution 1830 mit ihren europäischen Folgen bildete den Auftakt zur Europäischen Revolution 1848/49, die 1. und 2. Orientkrise den Auftakt zum Krimkrieg.

a) *Wiener Kongreß und Heilige Allianz: Lehren aus der Französischen Revolution*

Die Erfahrung der Französischen Revolution prägte zutiefst die Innen- und Außenpolitik der europäischen Staaten auf und seit dem Wiener Kongreß 1815: Die Abwehr revolutionärer Tendenzen durch Restauration und Heilige Allianz sollte das Europäische System erhalten, denn jeder Großkrieg zwischen den Mächten hätte die Revolution wieder zum Leben erwecken können. Selbst ein Umsturz in einem kleinen Land könnte die Großmächte in einen allgemeinen Krieg hineinziehen und ihn in das Land tragen, das den Großkrieg verlöre. Da die Revolution in Frankreich 1789 so ungeheure soziale Kräfte freigesetzt hatte, daß erstmals eine Großmacht die übrigen drei kontinentalen Mächte zu besiegen vermochte, war zu befürchten, daß revolutionäre Bewegungen in einem anderen Land das Gleichgewicht der Kräfte ähnlich stören würden. Der spannungsreiche Zusammenhang von Krieg und Revolution war unabweisbar.

So erklärt sich aus dem jeder Institution innewohnenden Interesse an Selbsterhaltung der defensive Grundzug der Konservativen nach 1815 – Erhaltung des Friedens, um der Revolution keine Möglichkeit zur Entfaltung zu geben; wenn schon Krieg, dann möglichst ohne gleichzeitiges Engagement aller Großmächte. Bismarck war vielleicht der Staatsmann des 19. Jahrhunderts, der das Prinzip am deutlichsten formulierte:[1] begrenzte Kriege ja, solange es die damals offene Situation zuließ (also von 1864 bis 1871); seit der Krieg-in-Sicht-Krise 1875 möglichst auch diese nicht mehr, weil sie den die Revolution provozierenden Großkrieg eskalieren könnten. Das macht Bismarck noch nicht zum Friedenspolitiker oder gar Pazifisten, aber vor dem Hintergrund des Europäischen Systems, in dem er Preußen mit der Reichsgründung von der schwächsten zur stärksten Großmacht des Kontinents umgewandelt hatte, wird seine Außenpolitik vor und nach 1871 besser verständlich.

b) *Das neue Gleichgewicht der Großmächte*

Aus den revolutionären Umbrüchen der Französischen Revolution und dem ihnen folgenden Kontinentalimperium Napoleons I. zog die Restauration die Lehren der Geschichte auf ihre Weise. Dämpfung bzw. Unterdrückung nationaler und sozialer Bewegung, wo immer sie sich zeigen würde, sollte der Revolution den Boden entziehen. Ein neues Gleichgewicht der Kräfte[2] im sich institutionalisierenden Konzert der Mächte (jetzt verengt auf die Pentarchie) sollte tunlichst den Frieden zwischen den Großmächten wahren. Im Endergebnis hatten sich 1815 jedoch die Gewichte zwischen den Großmächten erheblich verschoben: Nicht mehr Frankreich war stärkste Großmacht auf dem Kontinent, sondern (zunächst noch verdeckt) Rußland. Rußlands Machtgewinn zu Lande entsprach dem Englands zur See, verstärkt noch durch den technischen Vorsprung aus der Industriellen Revolution.[3] Preußen, noch immer schwächstes Mitglied der Pentarchie, blieb zwar abhängig vom mächtigeren Rußland, war jedoch gegenüber 1789 territorial erheblich gestärkt, vor allem durch die Zuweisung der Rheinlande zur »Wacht am Rhein« für Europa gegen das bisher so unruhige Frankreich.

Frankreich, 1818 auf dem Aachener Kongreß in die Pentarchie aufgenommen und zur Heiligen Allianz zugelassen, blieb zwar, äußerlich unangefochten, Großmacht. Tatsächlich aber war es von der gewaltigen Anstrengung eines Vierteljahrhunderts revolutionärer Umwälzungen und gescheiterter imperial-hegemonialer Expansion gegen das gesamte Europa erschöpft. Der trügerische Glanz des 2. Empire vermochte noch einmal, die Illusion vom Rang als erstklassige Großmacht zu verlängern. Aber das Debakel von 1870 demonstrierte brutal Frankreichs wahres Gewicht. Hatte es 1813/15 noch der Koalition aller übrigen Großmächte bedurft, um es zu überwältigen, so reichte 1870 eine einzige Macht, um die Grande Nation innerhalb weniger Wochen niederzuwerfen. Die Franzosen akzeptierten keineswegs ihren Abstieg zu einer faktisch zweitklassigen Großmacht, sondern zogen daraus die Konsequenz, daß sie unbedingt Verbündete brauchten, um ihre Interessen zu verteidigen. Spätestens seit 1870/71 wurde das Bündnis für Frankreich zur Existenzfrage als Großmacht schlechthin

Wiener Kongreß und Heilige Allianz stellten den Zustand zwischen den Großmächten wieder her, den sie mit der 1. Teilung Polens 1772 und Preußens endgültiger Anerkennung als Großmacht erreicht hatten: Die Herrschaft der Pentarchie über Europa, indirekt auch über den Rest der Welt. Wie so oft in der Geschichte enthielt die neue Ordnung jedoch schon Elemente, die sie wieder in Frage stellten: Die Rivalität zwischen den Großmächten hielt an und gewann durch die sozialen und politischen Konsequenzen der Industrialisierung neue Brisanz und ideologische Zuspitzung. Die nationalen Bewegungen ließen sich auf Dauer nicht unterdrücken, die alten und neuen Machtvakuen sich nicht von fremder Macht freihalten. Allen Friedensschwüren zum Trotz trieben die Mechanismen großmächtlicher Rivalität, sozialer

Bewegungen und nationaler Strömungen Europa immer wieder in große Krisen, die schon vor 1914 bis an den Rand eines Weltkrieges führten.

c) Europäische Machtvakuen als Konfliktherde

Äußerlich hatte sich 1815 gegenüber 1789, von diversen Grenzverschiebungen abgesehen, in einem Punkt nichts verändert: Den fünf Großmächten standen weiterhin vier große Machtvakuen gegenüber, denen neue Konflikte entsprangen. Italien sah sich in die alte Fragmentierung, teilweise sogar Fremdherrschaft zurückgestoßen. Das im Deutschen Bund reorganisierte Deutschland verharrte im Schwebezustand zwischen einem relativen Machtvakuum und der Tatsache, daß es mit Österreich und Preußen zwei (die schwächsten) der europäischen Großmächte stellte. Die Wiederherstellung des deutschen Dualismus und die Garantie des Deutschen Bundes durch die Großmächte schrieben völkerrechtlich sanktionierte Interventionsmöglichkeiten für ausländische Mächte fest. Erst die Ausfüllung des italienischen und deutschen Machtvakuums durch Risorgimento und Reichsgründung 1859/61 bzw. 1871 veränderte die Konstellation tiefgreifend. Das polnische Machtvakuum füllten wieder die drei Teilungsmächte aus. 1830/31 und 1863/64 bedrohten Aufstände gegen Rußland als mögliche Initialzündung eines Völkerkrieges auch das gesamteuropäische Gleichgewicht.

Das riesige Machtvakuum Osmanisches Reich, das bis nach Südosteuropa hineinragte, zog weiterhin fremde Interventionen an. Geschwächt durch innere Konflikte mit den aufkommenden Nationalbewegungen Armeniens und der Balkanländer, sah es sich dem Druck der russischen Expansion ausgesetzt. Frankreich (seit 1829 verstärkt durch England) versuchte, die Expansion einzudämmen, schon um Rußland nicht das gesamte Osmanische Reich mit Konstantinopel und den Meerengen zu überlassen. Österreich verhielt sich seit der Französischen Revolution passiv gegenüber dem ähnlich strukturierten dynastischen Großreich, weil dessen Auseinanderbrechen die eigenen Nationalitäten, vor allem die südslawischen, freigesetzt und Österreich ebenfalls gesprengt hätte. Später drängten auch die neuen Nationalstaaten Italien und Deutschland auf Expansion ins Osmanische Reich.

Mit dem faktischen, damals noch nicht wahrgenommenen Ausscheiden Frankreichs als erste Großmacht des Kontinents schob sich Rußland vom Osten her an dessen Stelle. Das polnische Machtvakuum hatte es als östliche Hegemonialmacht bereits zum größten Teil ausgefüllt. In das Machtvakuum Deutschland konnte Rußland kraft seines realen Übergewichts auf vielfältige Weise hineinwirken – durch dynastische Verbindungen zu deutschen Fürstenhäusern und überragenden Einfluß auf seinen nominell Verbündeten, tatsächlich aber von ihm abhängigen Quasi-Vasallen Preußen, und als Garantiemacht für die neue Verfassung Deutschlands, den Deutschen Bund. Die Kette russisch-türkischer Kriege zur Schwächung, gar Zerstörung des Osmanischen Reiches setzte Rußland auch im 19. Jahrhundert fort. Es forcierte so die Agonie des Osmanischen Reiches und provozierte seit dem 6. Russisch-Türkischen Krieg und dem Frieden von Adrianopel 1829 die Polarisierung zwischen dem industriellen England und dem agrarischen Rußland. Bis zum frühen 20. Jahrhundert war die (latente oder offene) Konfrontation England–Rußland der Hauptkonflikt im Europäischen System, dem auch der Krimkrieg 1853–56 als verhinderter Weltkrieg entsprang.

Die traditionellen Machtvakuen Italien und Deutschland ersetzte allmählich Österreich-Ungarn. Sein Abstieg als reale Großmacht seit dem Ausgleich 1867, der die Doppelmonarchie konstituierte und den Untergang des Kaiserstaates Österreich noch einmal um ein halbes Jahrhundert hinausschob, war ursächlich mit dem Risorgimento und der Reichsgründung verknüpft. Fortan lieferte seine wachsende Schwäche hinter der Fassade des formal weiterhin behaupteten Ranges als Großmacht wesentliche Faktoren, die zum Untergang des Europäischen Systems beitrugen, vor allem Konfliktstoffe mit den Südslawen, die im Attentat von Sarajevo kulminierten.

d) Nationale Revolutionen gegen das Wiener Regime, 1820–1829

Wie wenig stabil das Europäische System nach 1815 war, bewiesen bald die ersten nationalen Revolutionen in Spanien, Portugal und Neapel-Sizilien 1820. Dort hatte sich die Restauration nicht als Modifizierung des 1815 erreichten Status durchgesetzt, sondern als blanke Reaktion, als brutale Rückkehr zur vorrevolutionären absoluten Monarchie. Auf dem Kongreß von Troppau 1820 beauftragte die Heilige Allianz Frankreich und Österreich mit der Niederwerfung der Revolution auf der Iberischen Halbinsel bzw. in Italien (allerdings gegen den Protest Englands).

Der griechische Unabhängigkeitskrieg von 1821 vertiefte die Spaltung der Heiligen Allianz bis zu ihrem ersten Zerfall: Aus machtpolitischen oder ideologischen Gründen unterstützten England, Frankreich und Rußland 1827 die griechischen Aufständischen, während sich Österreich grollend abseits hielt. Zwar verurteilte die Heilige Allianz 1822 auf dem Kongreß von Verona den griechischen Aufstand noch aus allgemeiner monarchischer Solidarität mit dem Sultan, aber die gemeinsame englisch-französisch-russische Flottenintervention vernichtete 1827 im Hafen von Navarino die ägyptische Flotte, die dem Sultan zu Hilfe geeilt war. Rußland bezwang im 6. Russisch-Türkischen Krieg das Osmanische Reich auch zu Lande, als eine russische Armee erstmals das Balkangebirge überschritt. Das Londoner Protokoll 1829 schuf einen unabhängigen, territorial aber noch beschnittenen griechischen Staat, der auf weitere Expansion drängte.

Der Friede von Adrianopel von 1829 erkannte die Unabhängigkeit Griechenlands an, ferner die Autonomie für Serbien, Moldau und die Walachei, über die Rußland ein Militärprotektorat erhielt. Damit zeichnete sich die russische Expansionslinie nach Konstantinopel (über den Balkan wie über das Schwarze Meer) erstmals so deutlich ab, daß England fortan das Osmanische Reich gegen Rußlands Expansionsdruck stützte. Die Konsequenzen der Niederlage für das Osmanische Reich zeigten sich sogleich: 1. und 2. Orientkrise (1831–33, 1839–41), Anläufe zu Reformen in der Tanzimat-Ära (1839–76). Gleichzeitig eröffnete Rußland die mit der Orientalischen Frage verknüpfte Meerengenfrage, indem es vorübergehend die Öffnung der Meerengen sowie des Schwarzen Meeres für Schiffe aller Nationen erzwang.

e) Die Julirevolution 1830 und ihre Folgen

Die politische Wirkung des industriellen Faktors zeigte sich schon in der Julirevolution von 1830, die auf weite Teile Europas ausstrahlte. Zum ersten Mal war die Arbeiterschaft in Paris Träger der revolutionären Bewegung, ließ sich aber vom Bürgertum die Früchte der Revolution aus den Händen nehmen. So erklären sich die Anfänge des Sozialismus in Frankreich nach 1830 auch als Versuch, durch politische Organisierung die Wiederholung eines solchen Vorganges zu vermeiden. Die Julimonarchie unter ihrem Bürgerkönig aus dem mit der Französischen Revolution von 1789 verbundenen Hause Orléans offerierte dem Bürgertum die Parole der Bereicherung durch Wirtschaftswachstum, um so in ein (erweitertes, aber immer noch enges) Zensuswahlrecht hineinzuwachsen. Zugleich gewann Frankreich neues Selbstbewußtsein als Großmacht, um die ihm in Wien auferlegten Fesseln abzustreifen, isolierte sich allerdings durch die Unterstützung

Mohammed Alis in den Orientkrisen 1831/33 und 1839/41 vorübergehend im Konzert der Mächte.

Die Rückwirkungen der Julirevolution auf Europa waren enorm: In England trieb sie die nur zögernde Liberalisierung bis zur quasi-revolutionären Krise voran, die sich erst in der großen Wahlrechtsreform von 1832 so weit auflöste, daß danach eine Reihe von sozialen und politischen Reformen das liberale England schufen. Damit verschärfte sich die ideologische Polarisierung zum zaristischen Rußland, das unter Nikolaus I. in seiner Autokratie als Reaktion auf die Julirevolution erst recht versteinerte.

In Italien und Deutschland gehören lokale Ausbrüche im Gefolge der französischen Julirevolution zur Vorgeschichte der Revolution 1848, des italienischen Risorgimento und der deutschen Reichsgründung. Die nationale Revolution Belgiens gegen den großholländischen Chauvinismus trieb zur Gründung eines neuen unabhängigen Staates. Belgiens Neutralisierung 1839 sicherte Englands Großmachtinteressen gegen Frankreich – Schutz der Scheldemündung.

Der polnische Novemberaufstand 1830 entzündete sich am Versuch des Zaren Nikolaus I., die Revolution im Westen durch eine Interventionsarmee niederzuwerfen. In der geographisch und militärisch erzwungenen Isolierung durch Preußen unterlag zwar der Aufstand, aber Nikolaus I. mußte seine konterrevolutionären Interventionspläne aufgeben. Preußen hatte seine Rolle als »Schakal Rußlands« (Marx) unterstrichen. Kongreßpolen und das Großherzogtum Posen verloren ihre ihnen in Wien zugestandene Autonomie. Die Große Polnische Emigration erweckte besonders in Deutschland die liberale Polenbegeisterung des Vormärz.

f) 1. und 2. Orientkrise, 1831–1841

Ein Teilausschnitt der Orientalischen Frage und die Folge des Griechischen Unabhängigkeitskrieges sind die zwei Orientkrisen von 1831–33 und 1839–41. Als Kompensation für die kostspielige und verlustreiche Intervention in den griechischen Unabhängigkeitskrieg zugunsten des Sultans forderte Mohammed Ali die Abtretung Syriens an Ägypten, das er 1831 nach der Weigerung des Sultans besetzte. Um ihn zur Anerkennung seiner Ansprüche zu zwingen, marschierte eine ägyptische Armee durch Anatolien auf Konstantinopel. Wiederum spalteten sich die Großmächte, doch kehrte sich diesmal die Politik zweier Mächte in ihrem Verhältnis zum Osmanischen Reich um: Frankreich, traditioneller Verbündeter des Sultans, stützte Mohammed Ali, weil es im sich modernisierenden Ägypten den kommenden Machtfaktor im östlichen Mittelmeer sah. Dagegen stützte Rußland den Sultan auf dessen eigene Bitte mit der Landung von Truppen zum Schutz Konstantinopels, weil das Osmanische Reich in seiner Schwäche dem russischen Einfluß erstmals offen stand. Zur Beilegung der Krise erhielt Mohammed Ali Syrien. Das Osmanische Reich aber war von Rußland abhängig, gebunden auf acht Jahre durch den Vertrag von Unkiar-Skelessi von 1833: Den Kern des ostentativen Defensivbündnisses bildete ein Geheimartikel, der den Sultan im Kriegsfall zugunsten Rußlands zur Schließung der Meerengen gegen ausländische Kriegsschiffe verpflichtete. Rußland schien kurz vor dem Griff nach den Meerengen zu stehen.

Die 2. Orientkrise von 1839–41, eingeleitet durch eine türkische Invasion zur Rückgewinnung Syriens, wiederholte die Mechanismen der 1. Krise: Anfangssiege der Ägypter, Vormarsch bis vor Konstantinopel, politisch unterstützt von Frankreich, das sich wieder in Europa isolierte. Angesichts der Gefahr eines Krieges gegen alle übrigen Mächte lenkte es im Londoner Vertrag 1840 ein und kehrte ins Konzert der Mächte zurück. Mohammed Ali verzichtete auf Syrien und erhielt den Titel eines Khediven als erblicher Herrscher über Ägypten, das jedoch weiterhin der osmanischen Suzeränität unterstand. Endgültig beendete der Londoner Dardanellenvertrag von 1841 die 2. Orientkrise: Rußland wurde aus der indirekten Kontrolle über die Meerengen verdrängt, die für alle Kriegsschiffe gesperrt blieben. So war erstmals ein drohender Großkrieg über die Orientalische Frage vermieden, nicht zuletzt deshalb, weil Frankreich die erneute Isolierung gegenüber den anderen Mächten in einer Neuauflage der Großen Koalition von 1813/15 scheute.

Durch die beiden Orientkrisen gewann Frankreich seine seit 1815 beschränkte Handlungsfreiheit als Großmacht zurück. Der Dardanellenvertrag und Frankreichs Rückkehr in die Pentarchie stellten das Konzert der Mächte wieder her – bis zur nächsten großen Krise. Andererseits provozierte Frankreich mit der europäischen Kriegsgefahr der 2. Orientkrise den nach 1813 zweiten Ausbruch eines neu-deutschen Nationalismus gegen sich. Damals entstanden »Die Wacht am Rhein« und das Deutschlandlied als Hymnen eines nationalrevolutionären Patriotismus. Beide avancierten später, im Krieg 1870/71 wie im Ersten Weltkrieg, zu deutschen Ersatz-Nationalhymnen.

2. Die Europäische Revolution 1848/49

Im Aufbruch des »Völkerfrühlings Europas« prallten revolutionäre und gegenrevolutionäre Kräfte aufeinander: Alle Länder westlich von Rußland waren von der Industriellen und Französischen Revolution sozial, politisch und ideologisch geprägt. Gegen den Versuch der Heiligen Allianz, überbordende soziale und nationale Bewegungen zu unterdrücken, mobilisierte das »tolle Jahr« als gesamteuropäische Folgerevolution der französischen Revolutionen von 1789 und 1830 gleichzeitig Konfliktpotentiale, die sich seit dem Wiener Kongreß angestaut hatten und nun überall in ähnlichen Formen auftraten – von Madrid und Irland im Westen bis Bukarest im Südosten. Ausgespart blieben nur England, Skandinavien und Rußland sowie Belgien, das seine Revolution 1830/31 schon hinter sich hatte und 1848 als liberalster Staat Europas galt.

Nach der anhaltenden Gärung seit der Julirevolution von 1830 mit ihren unmittelbaren Folgen (in Deutschland idyllisierend mit »Vormärz« umschrieben) lieferte eine schwere und langwierige Doppelkrise in Landwirtschaft und beginnender Industrie den Zündstoff zur politischen Revolution. Ausgedehnte Mißernten in ganz Europa ab dem Jahr 1845, vor allem beim modernen Volksnahrungsmittel Kartoffel, schufen Mißstimmung gegen die Regierungen. Wie 1788 vor der Französischen Revolution kamen zur ersten industriellen Wirtschaftskrise 1847 eine gewerbliche Krise und 1847/48 ein besonders harter Winter hinzu.

Zum unmittelbaren Vorfeld der Revolution gehört der Sezessionskrieg in der Eidgenossenschaft von 1847, der sich an der alten, seit der Reformation bestehenden Konfrontation zwischen katholisch-konservativen Kantonen der Zentralschweiz und überwiegend protestantisch-liberalen Kantonen in der übrigen Eidgenossenschaft entzündete. Den Auftakt zur eigentlichen Europäischen Revolution aber lieferten seit Januar 1848 Aufstände in Italien (Mailand, Palermo, Neapel, Florenz). Von Italien sprang der Funke auf Frankreich über, besonders nach Paris, das zum letzten Mal revolutionäres Epizentrum Europas sein sollte. Von Paris aus verbreitete sich die Revolution, beschleunigt durch die raschere Nachrichtenübermittlung, die erstmals der Telegraph im großen Stil ermöglichte: Wien, Budapest, Italien, Deutschland (im März), Madrid, die Donaufürstentümer, Prag, Posen und Irland waren die wichtigsten Stationen.

a) »Völkerfrühling« im Labyrinth nationaler und sozialer Konflikte

Sofort zeigte sich die Dialektik zwischen Großmachtinteressen und Nationalbewegungen in Völkern ohne eigenen Staat oder ohne geschlossenen Nationalstaat (wie bei Deutschen und Italienern): Die Provisorische Regierung der 2. Französischen Republik unter Larmatine betrieb eine vielschichtige Revolutionierungsstrategie, um die dynastischen Monarchien, vor allem Österreich, zu schwächen oder gar zu sprengen und so die verhaßte Wiener Ordnung zu stürzen.[4] Unter dem Zwang der Verhältnisse operierte die 2. Republik gleichzeitig auf drei Ebenen: Während die Provisorische Regierung durch ihren Chef Lamartine gegenüber den Ostmonarchien des Kontinents beschwichtigende Erklärungen über ihre friedlichen Ziele abgab, erklärte sie zumindest rhetorisch ihre Unterstützung für die um ihre Befreiung kämpfenden Völker in aller Öffentlichkeit und entsandte Geheimagenten, unter ihnen der russische Anarchist Michail Bakunin, die mit Geld und politischen Versprechungen die revolutionäre Gärung zur offenen Revolution schüren sollten. Hauptziel der amtlichen französischen Politik war, in Übereinstimmung mit dem Revolutionskonzept Mazzinis, die nationale Befreiung Polens, Italiens und Ungarns. Höhepunkt sollte der langersehnte Kreuzzug der Völker gegen Rußland zur Befreiung Polens werden, für den aber erst diplomatische Voraussetzungen zu schaffen waren. Dazu war die Hilfe eines tunlichst unter einem liberalen Preußen geeinten Deutschland und der von Habsburg abgefallenen Ungarn notwendig. Tatsächlich geriet Österreich durch den Erfolg der Ungarischen Revolution in eine schwere Existenzkrise, von der es sich nie wieder erholte.

Andererseits sind »sozialimperialistische« Motive schon bei der Führung der 2. Französischen Republik unverkennbar: Eine große französische Armee, in Italien vom italienischen Volk zu unterhalten, sollte die Arbeitslosigkeit mildern, sozial unruhige Elemente aus Frankreich abziehen und beschäftigen.[5] Mit einem Erfolg seiner Revolutionierungsstrategie hätte das revolutionäre Frankreich die alte Bündniskonstellation seit 1813/15 umgekehrt und eine neue, diesmal ideologisch begründete Hegemonie in Europa gewonnen. Rußland wäre auf dem Kontinent, England zur See isoliert gewesen, die befreiten Völker hätten sich brüderlich vereint um die Französische Republik als demokratischen Hegemon Europas geschart.

In Deutschland brachten partikulare Revolutionen in den Bundesstaaten liberale März-Regierungen an die Macht, von denen die preußische am liebsten den revolutionären Befreiungskampf für Polen gegen Rußland eröffnet hätte. In einer letzten Aufwallung liberaler Polenfreundschaft versprach sie den Polen für das Großherzogtum Posen die 1832 verlorene Autonomie, die zugleich eine unübersehbare Provokation des zaristischen Rußland darstellte. Allerdings zwang der Protest der Posener Deutschen zu einer internen Teilung Posens: Östlich der Demarkationslinie sollten die Polen die politische Führung übernehmen, westlich die Deutschen. Überragendes Ziel der Revolution in Deutschland war ein neuer deutscher Gesamtstaat, der sich kaum in französische Hegemonialpläne geschickt hätte. Schon das Frankfurter Vorparlament sprach die Annexion Ost- und Westpreußens an den Deutschen Bund aus und überließ die Posener Frage der kommenden Nationalversammlung, die ihrerseits Schleswig (einschließlich des dänischbewohnten Nordschleswigs) und die niederländische Provinz Limburg für das künftige Deutsche Reich reklamierte. Das neue Deutschland der Paulskirche war großdeutsch.[6]

Schon im Begeisterungsrausch des Völkeraufbruchs in die Freiheit widerlegten harte Realitäten Mazzinis Illusion von der Harmonie der Völker, wenn sie erst einmal ihre Fürsten davongejagt hätten: Die Konsequenz der Nationalismen ist die Schaffung nationaler Staaten, und neue Staaten bedeuten stets auch neue Grenzen. Da die meisten Völker zumindest an den Rändern ihres Siedlungsbereiches in Gemengelagen mit anderen Völkern lebten, gerieten die Nationalismen sofort in Konfrontation zueinander und setzten Konflikte frei, die spätestens seit 1815 in den verschiedenen nationalen Fragen angelegt waren. Anstatt sich 1848 brüderlich in die Arme zu sinken, gingen sich die Völker Europas während oder nach ihrer Befreiung an die Gurgel. So trugen die nationalen Träume der Revolution 1848/49, entgegen allen ursprünglichen Erwartungen, mittel- und langfristig zum Alptraum des Ersten Weltkrieges bei.

Vollends Utopie war die Hoffnung auf einen revolutionären Befreiungskrieg gegen Rußland: Überall blockierten partikulare Konflikte zwischen einzelnen Nationalbewegungen jedes gemeinsame Vorgehen gegen den Zarismus und gaben sogar Raum für militärische Interventionen Rußlands zur Niederwerfung der Revolution – direkt 1848 gemeinsam mit dem Osmanischen Reich in den Donaufürstentümern, sowie 1849 gemeinsam mit Österreich in Ungarn. Darüber hinaus drohte Rußland verhüllt die militärische Intervention in Deutschland an und brachte Preußen 1849 dazu, die Revolution im eigenen Land zu ersticken (Pfalz, Baden), um einer russischen Intervention mit unabsehbaren Folgen, auch für Preußens Großmachtstatus, zuvorzukommen. So fanden alle konservativen und gegenrevolutionären Kräfte Europas ihren eigentlichen Rückhalt im zaristischen Rußland.

Die soziale Dimension der Revolution definierte sich 1848/49 noch immer überwiegend als Agrarfrage. Doch trat entsprechend dem Stand der Industrialisierung auch schon die soziale Frage als Arbeiterfrage auf – von Frankreich über Deutschland nach Osten in abnehmender Stärke. Ihren Höhepunkt überschritt die Revolution schon mit der Niederwerfung der sozialistischen Arbeiterschaft in der Pariser Junischlacht von 1848, die ihrerseits am energischsten auf den sofortigen revolutionären Befreiungskrieg der Völker gegen das Zarenreich gedrängt hatte.

Besonders kompliziert waren Gegensätze zwischen regierenden und sozial wie politisch unterdrückten Völkern in Ostmittel- und Südosteuropa. In weiten Teilen Südosteuropas stellten Deutsche und Magyaren noch immer die herrschenden Klassen. Sie waren adlige Grundherren auf dem Lande, Kaufleute und Bildungsbürger in der Stadt. Die Juden bildeten eine eigene Mittel- und Mittlerschicht zwischen den sozial herrschenden und beherrschten Klassen. Ähnlich auch in Ostmitteleuropa: Im Westen des alten Polens waren die Deutschen vor den Polen, im Osten die Polen vor Litauern, Weißrussen und Ukrainern das sozial und politisch führende Element, in Stadt und Land. Überall erwachten durch die Revolution von 1848/49 bisher führerlose Bauern der staatenlosen Nationalitäten erstmals zu eigenem politischen Bewußtsein, angeführt von städtischen Intellektuellen, die eine Massenbasis nur unter den analphabetischen und sich nicht artikulierenden Bauern-Landsleuten fanden.[7] So luden sich durch die zusätzliche nationale Dimension soziale Spannungen auf, zunächst auf dem Land, später auch in den Städten, wohin die bäuerlichen Massen mit der Industrialisierung zogen und die national-fremden Elite-Minderheiten gleichsam von unten absorbierten.

Umgekehrt wollten sich der deutsche Adel und das deutsche Bürgertum Österreichs nicht zugunsten eines großdeutschen Nationalstaates von den nicht-deutschen Teilen der Monarchie trennen. Beide, Adel und Bürgertum, hätten die materielle Grundlage ihrer privilegierten Existenz verloren – die Verfügung über Land und nicht-deutsche Bauern bzw. den durch hohe Zölle geschützten, weitgehend autarken Binnenmarkt nebst Kontrolle über die auch in Österreich einsetzende Industrialisierung.[8] Ähnlich verurteilte das Beharren des magyarischen Adels auf der Wiedererrichtung Ungarns als Nationalstaat in den Grenzen des mittelalterlichen Groß-Ungarn auch ohne militärische Niederwerfung durch Rußland und Österreich die Revolution zum Scheitern: Die Serben der Voivodina, die Kroaten sowie die Rumänen Transsylvaniens suchten bei den fernen deutschen Habsburgern Rettung vor der groß-ungarischen Herrschaft.

Machthistorisch läßt sich schon zu Beginn der Europäischen Revolution 1848 ein kompliziertes Ringen um die europäische Hegemonie erkennen, das entscheidend zur Ausformung der Weltkriegskonstellation von 1914 beitrug. Alle kontinentalen Großmächte waren am »Kampf um die Vorherrschaft in Europa«[9] (in unterschiedlichem historisch-politischem Verhältnis zwischen Hegemonie und eigener Macht) beteiligt. Frankreichs dritter Anlauf zur Hegemonie zielte über Italien und Ungarn primär auf Österreich, dem die Republikaner im Geiste Mazzinis noch zu einer Zeit Hegemonialabsichten zuschrieben, als es nur noch der Schatten einer Großmacht war und, wie sich durch die Revolution von 1848/49 erwies, kaum mehr als defensiv reagieren konnte. Aber auch Frankreich hatte seit 1815 nicht mehr die Kraft zur militärischen Hegemonie. Seine nationalrevolutionäre Vorherrschaft hätte jedoch über Polen sekundär Rußland getroffen und die ideologischen Vorzeichen der konservativ-reaktionären Dominanz Rußlands durch die Heilige Allianz umgekehrt: Nicht mehr das republikanische Frankreich, sondern das autokratische Rußland wäre in Europa isoliert gewesen. Für ihre nationalrevolutionäre Strategie benötigte die 2. Französische Republik Deutschland und Ungarn als Verbündete – Deutschland am liebsten unter der Führung eines liberal-freihändlerischen Preußen, das der damals noch überlegenen französischen Industrie Zutritt zum kommenden deutschen Markt geboten hätte. Daher waren die französischen Republikaner über die weitreichenden territorialen Forderungen der reichspatriotischen Mehrheit in der Frankfurter Paulskirche so entsetzt.[10]

b) Konflikte um Deutschland

Zugleich kündigte sich 1848 mit der von rechts bis links einmütig erhobenen Forderung nach einem neuen, mächtigen Reich als deutschem Nationalstaat, die Problematik der deutschen Hegemonie an, war erst einmal die Reichseinigung erreicht. Die schwersten Konflikte entzündeten sich daher an der Stellung der Deutschen zu ihrer Umwelt. In Ostmitteleuropa hatten Deutsche noch soziale Privilegien in Stadt und Land. Ein Reich machte ihre nationale Existenz in der Mitte Europas zum europäischen Problem. Den Großmächten wie den kleineren Nachbarvölkern graute vor der deutschen Einheit, denn unabhängig davon, ob die Deutsche Frage »großdeutsch« (mit

Österreich) oder »kleindeutsch« (ohne Österreich, unter Führung Preußens) zu beantworten war, erzeugte bereits der erste Anlauf zur Gründung eines deutschen Nationalstaats Friktionen mit den kleineren Nachbarn Deutschlands, sobald es darum ging, dem neuen Reich Grenzen zu ziehen. Schon der außenpolitische Ausschuß des Heidelberger 50er Ausschusses forderte, als Kompensation für die sich abzeichnenden Verluste Österreichs und Preußens zugunsten Italiens und Polens, in aller Unschuld für das kommende deutsche Reich Teile der deutschsprachigen Schweiz, das niederländische Herzogtum Limburg und Elsaß-Lothringen.

Die anderen Großmächte sahen einer Reichseinigung, wie 1815, mit gemischten Gefühlen entgegen. Frankreichs Revolutions- und Nationalitätenstrategie wünschte sich nur ein von Preußen geführtes liberales Klein-Deutschland, das sich dem Führungsanspruch der 2. Französischen Republik unterordnete und das nationale Selbstbestimmungsrecht der Völker, wie es bald hieß, gegenüber den kleineren Nachbarn der Deutschen im französischen Machtinteresse respektierte. Rußland fürchtete eine nationalrevolutionäre Großmacht, die sein Hineinwirken vom Osten und eine weitere Expansion ins deutsche Machtvakuum blockieren würde. Zudem hätte ein liberal-revolutionäres Gesamtdeutschland gar die ideologische und militärische Offensive gegen den Zarismus ergreifen können, wie es die preußische März-Regierung im Bunde mit der neuen französischen Republik auch am liebsten getan hätte. Erst recht waren die kleineren Völker und Staaten in der Nachbarschaft gegen einen mächtigen deutschen Nationalstaat, da er sie alle erdrücken und maximalistische Territorialforderungen zu ihren Lasten erheben würde. England hätte sich mit einem geeinten Deutschland abgefunden, soweit es liberal genug gewesen wäre, dem neuen Hauptgegner Rußland und dem traditionellen Erzrivalen Frankreich Paroli zu bieten.

Wie andere Nationalismen beriefen sich auch deutsche Patrioten bei Gebietsansprüchen abwechselnd auf unterschiedliche Gründe – »nationale« (gemeinsame Sprache und Kultur), historische (Zugehörigkeit zum alten deutsch-römischen Reich), strategische (Verteidigungsfähigkeit der neuen Grenzen) und wirtschaftliche. In den nationalen Konflikten rund um Deutschland 1848/49 regte sich bereits der spätere Kernkonflikt, der im Ersten Weltkrieg das System der Pentarchie sprengte.

Schon die Ausschreibung zur Wahl einer deutschen Nationalversammlung führte zum Bruch mit den Tschechen. Nach der Zerschlagung des Großmährischen Reiches im Jahr 907 durch die Ungarn hatten sich die Tschechen an die Deutschen angelehnt. Seit der mittelalterlichen deutschen Ostkolonisation sahen sie sich weitgehend geographisch von den Deutschen umklammert, mit städtischen Enklaven, in denen Deutsche sozial und kulturell dominierten. Die Hussitenbewegung hatte mit ihrem religiös-motivierten Nationalismus versucht, die deutsche Vorherrschaft zu brechen. Für die Tschechen wurde die Schlacht am Weißen Berge 1620 zur nationalen Katastrophe, denn sie eröffnete eine zweite Phase deutscher Hegemonie, die sich durch die Josephinischen Reformen und die Germanisierung zur aufgeklärt-absolutistischen Zentralisation des Staates noch verstärkte. Um 1800 waren die Tschechen eine bäuerliche Residualbevölkerung, ohne eigene Kultur und politisches Bewußtsein. Erst im Gefolge der Französischen Revolution und der deutschen politischen Romantik entdeckten Stubengelehrte den Nationalismus in der romantisierten Geschichte ihres Volkes und fanden damit eine Massenbasis unter den Bauern. Palácky mit seiner »Geschichte der böhmischen Länder«, die im Auftrag der böhmischen Stände ab 1837 auf deutsch erschien, wurde Sprecher der modernen tschechischen Nationalbewegung. Sie begnügte sich bis 1918 mit der Autonomie innerhalb der Habsburg-Monarchie, bemühte sich aber auch schon um eine gesamtslawische Solidarität als Gegengewicht gegen Deutsche, Magyaren und Russen.

Vor diesem historischen Hintergrund gewinnt der deutsch-tschechische Konflikt 1848 seine tiefere Bedeutung. Die Frankfurter Paulskirche lud in aller Naivität und im Bewußtsein 900jähriger deutsch-tschechischer Gemeinsamkeiten den *Tschechen* Palácky zur *deutschen* Nationalversammlung ein. Eine Zusage Paláckys hätte die Einverleibung des bisher schon zum Deutschen Bund gehörenden Böhmen und Mähren auch in ein künftiges deutsches Nationalreich stillschweigend anerkannt. Paláckys Absage galt für alle Tschechen, die im multinationalen Österreich bleiben, aber keinem deutschen Nationalstaat angehören wollten. Statt dessen präsidierte Palácky zu Pfingsten 1848 in Prag dem 1. Slawenkongreß, der dort die Revolution auslöste. So zeichneten sich spätere »Volkstumskämpfe« zwischen Tschechen und Deutschen ab, in denen zunächst Tschechen, 1918 auch Deutsche, erstmals zur brisanten Formel des »nationalen Sozialismus« griffen – »national« im Gegensatz zum internationalistischen Sozialismus. Den tschechischen Sympathien für das entfernte, aber weitgehend unbekannte und idealisierte Rußland entsprach 1914 die heimliche Schadenfreude über das Attentat von Sarajevo, die später zur Unlust tschechischer Regimenter führte, gegen die Russen zu kämpfen, die Hajeks »braver Soldat Schwejk« so eindrucksvoll schildert.

Noch explosiver waren 1848 die Konflikte zwischen Deutschen und Polen um eine interne Grenze in Posen im Zuge der »Reorganisation« des früheren Großherzogtums. Gegen die im März 1848 vom König versprochene Wiederherstellung des autonomen Großherzogtums Posen unter (wie zunächst alle stillschweigend als selbstverständlich voraussetzten) polnischer Führung erhob sich sofort der vehemente Protest der Deutschen in Posen, die inzwischen ebenfalls zu nationalem Bewußtsein erwacht waren. Sie waren nicht mehr bereit, sich einer autonomen politischen Regierung zu unterstellen, weder in einem Großherzogtum Posen als Ganzem noch in einem wie auch immer intern geteilten Posen. Daher griff die liberale März-Regierung Preußens zum Mittel der Teilung Posens, verschob aber unter deutschnationalem Druck die geplante Demarkationslinie immer weiter nach Osten, zuungunsten der Polen, die nun ihrerseits am Sinn einer räumlich so eingeschränkten Autonomie zweifelten und mit einem erneuten polnischen Aufstand in Posen die Lage weiter komplizierten.

Die Folgen zeigten sich auf beiden Seiten, sofort bei den Deutschen, ein halbes Jahrhundert später bei den Polen. In der berühmten Polendebatte der Frankfurter Nationalversammlung vom 24.–27. Juli 1848 um die interne Grenzziehung (»Reorganisation«) in Posen schlug die bisherige Polenbegeisterung bei einem Teil der Liberalen und Demokraten in einen deutschen Chauvinismus um[11], der bereits die spätere Germanisierungspolitik des wilhelminischen Deutschland in der preußischen »Ostmark« ankündigte. Als Reaktion dagegen bahnte sich um 1900 die antideutsche und prorussische Haltung der späteren polnischen Nationaldemokraten unter Roman Dmowski an, die für die außenpolitische Orientierung gerade der polnischen Mittelschichten um 1914 wichtig wurde.

Der deutsch-dänische Konflikt um Schleswig-Holstein schwelte schon im unmittelbaren Vorfeld des März 1848. Nationale und historische Argumente sowie schwer zu durchschauende Bindungen zwischen den beiden »up eewig ungedeelten« Provinzen Schleswig und Holstein nach 1460 machten aus der berühmten Schleswig-Holsteinischen Frage eines der kompliziertesten Einzelprobleme der Neueren Geschichte, dessen unmittelbare Bedeutung für die Reichsgründung in Deutschland aber auch gern übertrieben wurde.[12] Durch ein Netz spätmittelalterlicher Personal- und Realunionen war Schleswig-Holstein staats- und verfassungsrechtlich dänisch, national jedoch überwiegend deutsch. Schleswig selbst war gemischtsprachig, das südlichere Holstein, für das der dänische König als Herzog in Personalunion zugleich deutscher Bundesfürst war, rein deutsch. Im Labyrinth der Schleswig-Holsteinischen Frage geht das Kernproblem, ob die beiden Provinzen bei Dänemark bleiben oder zu Deutschland kommen sollten, leicht unter. Der deutsch-dänische Konflikt führte noch 1848 zum ersten offenen Krieg des geplanten neuen Reichs, am eifrigsten geschürt von der demokratischen Linken, die gegen den Malmöer Waffenstillstand Preußens mit Dänemark in Frankfurt revolutionären Sturm lief. Schon im März 1848 suchte das liberale Bürgertum die Zukunft Deutschlands auf dem Wasser mit dem Kauf einer Flotte – zunächst nur gegen Dänemark gerichtet, aber schon bald generell begründet mit dem Ruf nach deutscher Weltgeltung.[13]

Es wäre übertrieben, 1848/49 auch von einem deutsch-ungarischen Konflikt zu sprechen. Immerhin waren die Habsburger, von denen sich die Ungarn in ihrer zunächst erfolgreichen nationalen Revolution abwandten, ein deutsches Herrscherhaus. So erhielt die Auseinandersetzung zwischen Ungarn und Habsburg auch eine nationale Zuspitzung. Das republikanische Frankreich schürte diese noch, da es hoffte, Österreich durch Abzug seiner ungarischen und kroatischen Truppen aus Oberitalien, den ein selbständiges Ungarn vollziehen würde, weiter zu schwächen.[14] Nach dem Scheitern ihrer Revolution 1849 in der Isolierung zwischen Rußland und Österreich einerseits, Rumänen, Serben und Kroaten andererseits, bot sich den Ungarn im Deutschen Krieg 1866 Preußen als der ideale Bündnispartner im Rükken Österreichs an. Die Achse Berlin-Budapest war daher seit dem Ausgleich von 1867 das eigentliche Rückgrat des späteren Zweibundes Deutschlands mit Österreich-Ungarn. Die aristokratischen Magyaren konnten für ihre assimilierende Repressionspolitik stets auf die Unterstützung durch die sozial ähnlich strukturierten preußischen Junker rechnen. Ähnlich ambivalent war die Niederwerfung der nationalrevolutionären Bewegung Italiens durch Österreich, da sie die Deutschösterreicher in Italien nur noch verhaßter machte.

So ließen die Kämpfe um die Grenzen Deutschlands und die Stellung Österreichs gegenüber seinen nicht-deutschen Nationalitäten von 1848/49 schon Konflikte blitzartig aufleuchten, die später bis in den Ersten Weltkrieg eskalierten. Wie auch immer die Grenzen eines neuen Deutschen Reiches im einzelnen ausfallen würden – stets war die deutsche Einigung ein machtpolitischer Vorgang, der den großen wie den kleinen Nachbarn unheimlich blieb.

c) Das 2. Empire unter Napoleon III., 1852–1870

Spektakulärste Folge der Europäischen Revolution von 1848/49 war das 2. Empire der Franzosen, das im fließenden Übergang aus der Präsidentschaft Louis Bonapartes in der 2. Französischen Republik hervorging.[15] Unter Kaiser Napoleon III. bestimmte es für zwei Jahrzehnte nachhaltig die europäische Politik und war mit seinem Bonapartismus immer noch liberaler als die großen Monarchien des Kontinents.

Napoleon III. knüpfte programmatisch an die neo-jakobinische Spätphase seines Onkels Napoleon I. an, der 1815 in den »100 Tagen« versucht hatte, seine frühen jakobinischen Ideen stärker als zuvor mit dem französischen Kaisertum zu verbinden. Der Neffe kombinierte das revolutionäre, durch das bonapartistische Kaisertum gebändigte Pathos der Französischen Revolution mit der imperialen Gebärde seines Oheims und der republikanischen Revolutionsstrategie von 1848. Im Kaisertum des 2. Empire steckte der erneute Hegemonieanspruch Frankreichs über Europa. Doch war Frankreich selbst jetzt noch so geschwächt, daß es eine Vorherrschaft auf keinen Fall allein gegen die anderen vier Großmächte hätte erzwingen können. Als Verbündeter beim Umsturz des Wiener Regimes kam keine Großmacht in Frage, weil ein solcher Versuch dem machtpolitischen Selbstmord gleichgekommen wäre. So konnte Napoleon III. mit seinem spannungsreichen Programm – jakobinisch-plebiszitäre Herrschaft und (verschleierter) kaiserlich-imperialer Hegemonieanspruch – Verbündete nur unter den Opponenten der dynastischen Großreiche finden, also unter den seit 1848 revolutionierten Nationalitäten.

Im Rückgriff auf das Programm der Provisorischen Regierung Lamartine instrumentalisierte Napoleon III. offener als die 2. Republik die Nationalitäten für seine Machtpolitik. Nach innen gestützt auf den neuen Wirtschaftsaufschwung seit 1850, verfolgte er nach außen eine Prestigepolitik, um das französische Nationalempfinden doppelt zu befriedigen: Frankreich würde sich seine seit 1815 angeschlagene Großmachtstellung selbst bestätigen und als »Grande Nation« zum Anwalt der unterdrückten kleineren Völker aufsteigen. Daher setzte sich Napoleon III. für aufstrebende Nationalitäten und Nationalbewegungen ein – Christen im Osmanischen Reich, Italien, Rumänien, Polen. Durch glanzvolle Macht- und Prestigepolitik stellte Napoleon III. Frankreichs Rang als erstklassiges Machtzentrum scheinbar wieder her, mit ausgreifenden prä-imperialistischen Ambitionen auch in Übersee – Senegal, Vietnam, Mexiko. Materielle Grundlage bot der wirtschaftliche Aufschwung der beginnenden Industrialisierung in Frankreich seit der Hochkonjunktur nach 1850: »L'Empire, c'est la prosperité«.

Allerdings mußte er aus machtpolitischen Opportunitäten gelegentlich schmerzhafte Widersprüchlichkeiten in Kauf nehmen: Aus innenpolitischen Motiven, zur Legitimierung seiner Herrschaft gegenüber den konservativen Katholiken, hielt er die militärische Präsenz Frankreichs in Rom seit der Niederschlagung der Römischen Republik 1849 zum Schutze des Papstes gegen das sonst geförderte italienische Risorgimento aufrecht. Im entfernten Mexiko unterstützte Napoleon III. konservative Klerikale gegen Liberale.

d) *Nachfolgekonflikte*

Das »tolle Jahr« 1848/49 hatte zahlreiche Konflikte zwischen den Völkern Europas an die Oberfläche gespült. Erfolgreiche nationale Revolutionen konnten sie nicht ausräumen, sondern verschärften sie eher noch weiter, wie die zunächst siegreiche ungarische Revolution durch ihr chauvinistisches Verhalten gegenüber Rumänen und Südslawen beweist. Früher oder später gingen diese Spannungen alle in den großen Konflikt-Pool des Ersten Weltkrieges ein oder trugen zu Konstellationen bei, die für die Erklärung der Situation von 1914 unentbehrlich sind: Konflikte der Deutschen mit Dänen, Tschechen und Polen, der Habsburger mit Ungarn, der Ungarn mit Südslawen (Serben, Kroaten) und Rumänen über Transsylvanien, der Deutschen Österreichs mit der italienischen Nationalbewegung.

Als kommende Groß- und Hegemonialmacht war Deutschland der bedeutendste Konfliktherd. Aber hinter dem 1848 nicht zustande gekommenen Befreiungskrieg der Völker Europas gegen das zaristische Rußland zeichneten sich schon der Zusammenstoß des liberalen Westens mit dem reaktionär-autoritären Osten und die Möglichkeit eines neuen polnischen Aufstandes gegen Rußland ab. Vor allem das 2. Empire instrumentalisierte nationale Spannungen, um die konservativen Ostmächte zu schwächen. Unter ihnen waren Österreich (mehr) und Preußen (weniger) schwer von der Revolution angeschlagen und zogen sich unterschiedlich aus der revolutionären Affäre: Österreich blieb permanent geschwächt, Preußen dagegen gewann den zusätzlichen Impuls, sich – wie seinerzeit mit den Preußischen Reformen ab 1807 – durch die begrenzte Übernahme revolutionärer Prinzipien zu modernisieren und stabilisieren, diesmal durch Oktroyierung einer Verfassung mit beschränkten Rechten für ein schwaches Parlament.

Gleichzeitig spitzte die Europäische Revolution von 1848/49 die Polarisierung zwischen den Flügelmächten England und Rußland weiter zu. Beide wiesen mit ihren einander entgegengesetzten Strukturen die Revolution ab – England am Beginn seiner Liberalisierung als erste sich industrialisierende Gesellschaft der Geschichte, Rußland als ungebrochene Autokratie, die sich als »rocher de bronze« in den Fluten der Revolution von der Gesamtentwicklung Europas noch weiter entfernte. Indem Rußland 1848 im eigenen Land wie in den angrenzenden Gebieten (Donaufürstentümer, Ungarn und Deutschland) die Revolution erfolgreich niederhielt, trieb es strukturell und ideologisch gegenüber Europa in die von jeder Großmacht der Pentarchie gefürchtete Isolierung.

3. Der Krimkrieg, 1853–1856

Im Jahrhundert zwischen 1815 und 1914 bezeichnete nach der Europäischen Revolution von 1848/49 der Krimkrieg mit seinen Folgen den nächsten zentralen Knotenpunkt verschiedener Entwicklungsstränge. Beide Großereignisse demonstrieren eindrucksvoll die unlösliche Verzahnung »innerer« und »äußerer« Faktoren in der historischen Wirklichkeit: Zwischen Wiener Kongreß und Ausbruch des Ersten Weltkrieges war die Revolution 1848/49 das wichtigste überwiegend innenpolitische Ereignis in Europa, mit weitreichenden außenpolitischen Konsequenzen, der Krimkrieg das wichtigste außenpolitische Ereignis, mit weitreichenden innenpolitischen Folgen für Europa, seine Großmächte und seine nationalen Fragen. Die auf dem Pariser Kongreß scheinbar entschärften großen Krisenherde blieben unausgeräumt und wurden zu Ausgangspunkten für neue Konflikte.

a) Der Krimkrieg als Beinahe-Weltkrieg

Nach dem Abklingen der ökonomischen und revolutionären Krise schürzte der Krimkrieg in der wirtschaftlichen Aufschwungphase ab 1850 verschiedene Konfliktstränge neu. Seine historische Bedeutung geht weit über die begrenzten Kriegshandlungen und die scheinbar geringfügigen Territorialveränderungen durch den Pariser Kongreß von 1856 hinaus. Der Krimkrieg führte erstmals das Szenario eines künftigen Weltkrieges vor – gleichzeitiger Großkrieg aller fünf Großmächte gegeneinander, ausgelöst durch Regionalkonflikte im Südosten. Ein »Weltkrieg« wäre jedoch zu diesem Zeitpunkt wegen der noch anders verlaufenden Hauptkonfliktlinien in einer anderen Mächtekonstellation als 1914 ausgebrochen. Trotzdem erklären die Gründe für die Begrenzung des Konflikts 1854 besser, warum und wie die weiter eskalierenden Spannungen zwischen den Großmächten – in unterdessen veränderten Mächte- und Bündnisgruppierungen – 1914 schließlich in den Ersten Weltkrieg mündeten. Seinen überragenden welthistorischen Stellenwert erhält der Krimkrieg somit als Beinahe-Weltkrieg.

Der Krimkrieg begann 1853 als 7. Russisch-Türkischer Krieg mit inzwischen fast schon traditionellen Eröffnungszügen: Chronisch latente Spannungen verschärfte Rußland durch die Forderung nach dem Protektorat über die Heiligen Stätten in Palästina, über Orthodoxe in Konstantinopel »und anderswo«. Die Weigerung des von Frankreich gestützten Sultans, sich dem Druck des Zarenreiches zu beugen, eskalierte politische Differenzen zum militärischen Konflikt. Rußland besetzte, wie in den meisten Russisch-Türkischen Kriegen zuvor, die Donaufürstentümer als Faustpfand für spätere Friedensverhandlungen. Gleichzeitig fielen russische Truppen weiter östlich in Armenien ein, um südlich des Kaukasus die russische Expansion durch künftige Annexionen fortzusetzen. Nach der Vernichtung der osmanischen Flotte bei Sinope durch eine russische Flotte griffen Frankreich und England 1854 zugunsten des schwer angeschlagenen Osmanischen Reiches ein. Damit waren drei der fünf Mächte der Pentarchie gegeneinander engagiert.

Für Napoleon III. war die Kontrolle über die Heiligen Stätten der Christenheit (ein Teilausschnitt aus der Orientalischen Frage) ein auch aus innenpolitischen Gründen willkommener Anlaß zum Krieg gegen Rußland. Für England blieb entscheidend, dem Auseinanderbrechen des Osmanischen Reiches entgegenzuarbeiten, um so die Herrschaft Rußlands über die Meerengen und den Einbruch Rußlands ins Mittelmeer zu verhindern. Zuletzt trat 1855 Piemont-Sardinien unter Cavour auf seiten der Westmächte in den Krieg ein, um dadurch das Gewicht des italienischen Teilstaates auf dem Weg zum Risorgimento international zu stärken.

b) Österreich und Preußen zwischen Ost und West

In dieser Situation warben die Westmächte wie Rußland um den Kriegseintritt der beiden deutschen Großmächte. Sozioökonomisch und kulturell tendierten Österreich und Preußen, verstärkt seit der

Industrialisierung, zwar zum Westen, aber ideologisch und machtpolitisch standen sie weiterhin mehr (Preußen) oder weniger (Österreich) unter russischem Einfluß. Zudem hatte das zaristische Rußland die beiden schwächsten Glieder der Pentarchie gerade erst in der revolutionären Krise von 1849 gestützt, so daß die deutschen Monarchien, über die dynastisch-monarchische Solidarität hinaus, Rußland auch machtpolitisch zutiefst verpflichtet waren. Andererseits berührte der Krimkrieg die Interessen Österreichs und Preußens nicht so direkt und vital, daß für sie eine aktive Kriegsteilnahme zwingend gewesen wäre. Daher gaben innere Faktoren vor ideologischen Motiven (Solidarität mit dem liberalen Westen oder dem autokratischen Osten) den Ausschlag.

Österreich war von der Revolution 1848/49 politisch noch so erschüttert und finanziell so erschöpft, daß seine Staatsmänner die Teilnahme an einem großen Krieg scheuten. Selbst für den Fall eines Sieges befürchteten sie den finanziellen Ruin, sozialen Umsturz, nationale Unruhen und die Auflösung Österreichs.[16] Aus Furcht vor dem, was nach dem verlorenen Ersten Weltkrieg 1918 tatsächlich eintrat, hielten sie Österreich 1854 aus dem Krimkrieg heraus, drohten aber Rußland mit dem Anschluß an die Westmächte, um den Abzug der Armee aus den vom Zarenreich 1853 wiederbesetzten Donaufürstentümern zu erzwingen. Gleichzeitig erwies sich Österreich als unfähig, ein zentrales Kriterium europäischer Großmächte noch zu erfüllen – seine machtpolitischen Interessen notfalls auch mit Krieg zu verfechten. Die Neutralität im Krimkrieg wendete die innere Agonie Österreichs, eingeleitet durch die Revolution 1848/49, nach außen und eröffnete seinen Abstieg als vollwertige Großmacht.

Selbst für den Endkampf des deutschen Dualismus wurde der Krimkrieg zu einer wichtigen Etappe: Was sich für Österreich als außenpolitische Schwäche enthüllte, erwies sich für Preußen als Kräftesparen für die spätere innerdeutsche Entscheidung. In Preußen waren mit der Revolution 1848 bis dahin latente Spannungen zwischen agrarisch-junkerlich-konservativem Osten und sich industrialisierendem bürgerlich-liberalen Westen nach innen offen zutage getreten. Eine analoge Kluft zeigte sich erstmals im Krimkrieg nach außen: Sozioökonomisch zwischen Ost und West gespalten, sah sich Preußen 1854 außenpolitisch zerrissen mit der Option zwischen einem Anschluß an seine traditionelle Schutzmacht Rußland oder an die liberalen Westmächte England und Frankreich. Die alten konservativen Eliten Ostelbiens plädierten für Rußland, die modernen liberalen Eliten »Westelbiens« für den Westen. Hinter den scheinbar nur ideologischen

Motiven beider Parteien stand schon die Frage nach der künftigen Verteilung der ökonomischen und politischen Macht in Deutschland. Da sogar ein sich liberalisierender Flügel der preußischen Konservativen für den Anschluß an den Westen eintrat, die »Wochenblattpartei« um Moritz von Bethmann Hollweg, hielten sich beide Parteien ungefähr die Waage. Wie üblich war paralysierende Passivität das Ergebnis, wenn ungefähr gleichstarke Kräfte in entgegengesetzte Richtung zogen: Preußen blieb im Krimkrieg neutral, was zwar kurzfristig sein Ansehen nicht hob, ihm aber einen größeren äußeren Konflikt, so bald nach den Erschütterungen der Revolution, ersparte.

Insgesamt konnte Rußland die »Undankbarkeit« seiner beiden deutschen Schützlinge nie verwinden: Die demütigende Räumung der Donaufürstentümer unter Österreichs Kriegsdrohung empfand es als schnöden Undank des Hauses Habsburg für die »brüderliche Hilfe« zur Rettung der Monarchie 1849. So kreuzten sich seit 1854 Rußlands Expansionslinien auf dem Balkan offen mit den nur noch defensiven Verteidigungsinteressen Österreichs. Als neue Konstante im machtpolitischen Spiel der Kräfte brach zum ersten Mal seit der Heiligen Allianz die Rivalität zwischen Rußland und Österreich bis hin zur Kriegsdrohung sichtbar durch. Analog deutete Preußens Verweigerung der Gefolgschaft für das Zarenreich im Krimkrieg erstmals die spätere Emanzipation Preußen-Deutschlands nach der Reichsgründung vom bis dahin übermächtigen Rußland an.

1854 verhinderte die Neutralität der beiden deutschen Großmächte also noch die Ausweitung des begrenzten Krimkrieges zum »Weltkrieg«. Ihre tieferen strukturellen Gründe weisen jedoch schon auf die innere Logik des Europäischen Systems und des realen Weltkriegs. Solange die Deutsche Frage noch in der Schwebe war, solange unentschieden war, ob Deutschland politisch und unter wessen Führung geeint würde, solange konnte der Weltkrieg in der Konstellation von 1914 noch nicht stattfinden. Erst mußten sich alle Teilnehmer als (zum Krieg) handlungsfähige Großmächte konstituieren, bevor sie den großen militärischen Konflikt untereinander ausfechten konnten.

c) Pariser Kongreß und Pariser Friede 1856

Der Pariser Kongreß ersetzte die Wiener Ordnung von 1815. Frankreichs scheinbare Hegemonie auf dem Kontinent markierte den glänzenden Höhepunkt seiner neuen Machtstellung unter Napoleon III. Für Rußland leitete die Niederlage im Krimkrieg die vorrevolutionäre

Agonie des zaristischen Ancien Régime ein und eröffnete Freiräume für nationale Bewegungen, besonders für den Polnischen Aufstand 1863/64. Die Erörterung der Italienischen Frage auf dem Pariser Kongreß bereitete schon das spätere Bündnis Piemonts mit Frankreich vor, das den Sieg des italienischen Risorgimento ermöglichte. Ähnlich stärkte Rußlands Verlust des 1812 erstmals annektierten Beßarabiens und seine Zurückdrängung von der Donaumündung das Fürstentum Moldau und gab der Einigung Rumäniens neuen Auftrieb.

Äußerlich stellte der Pariser Kongreß das durch den Krimkrieg zerbrochene Konzert der Mächte wieder her und erweiterte die Pentarchie durch die Aufnahme Piemont-Sardiniens und des Osmanischen Reiches. Jedoch hinterließen die Entmilitarisierung des Schwarzen Meeres (Pontusklausel) und die Internationalisierung der Donauschiffahrt durch eine Internationale Donaukommission in Rußland einen tiefen Stachel der Demütigung und verstärkten den Willen zur Revision des Status quo von 1856. Nicht minder verletzt wurde das russische Selbstwertgefühl durch die Herausgabe der beiden armenischen Provinzen Kars und Ardahan, die russische Truppen 1855 erobert hatten. Zu Frankreich trat deshalb seit dem Pariser Kongreß Rußland als zweite revisionistische Großmacht.

Die Großmächte nahmen das Osmanische Reich mit ihrer Garantie für seine Existenz und territoriale Integrität ins Konzert der Mächte auf. In einer Zwitterstellung als formale Großmacht und real größtem Machtvakuum im erweiterten Europäischen System wurde der »kranke Mann am Bosporus« nun zum besonderen Objekt großmächtlicher »Fürsorge«: Einerseits blieb das Osmanische Reich Manövriermasse für Kompensationswünsche bei Verschiebungen im Gleichgewicht der Kräfte, andererseits war fortan bei Veränderungen seines territorialen Status die Zustimmung der Mächte erforderlich. Zugleich eröffnete der Sultan, rechtzeitig zum Pariser Kongreß, mit der zweiten Reformwelle des Hatt-i-Humayun die angestrebte Modernisierung seines Reiches, die jedoch nur neue Spannungen zwischen den erwachenden, von Rußland instrumentalisierten Nationalismen (Südslawen, Armeniern) und Türken freisetzte.

d) Der Rückzug der Flügelmächte vom Kontinent

In einem weiteren Punkt veränderte sich die Konstellation der Großmächte tiefgreifend: Noch auf dem Pariser Kongreß löste sich die Krimkriegskoalition – Westmächte gegen Rußland – wieder auf und beendete die machtpolitische Isolierung des Zarenreiches in der Pentarchie. Danach trat das Europäische System in eine Phase ohne Dauerbündnisse zwischen den Großmächten ein. Fortan agierte jede Macht, abgesehen von den kurzfristigen Allianzen Preußens mit Italien 1866 gegen Österreich und 1870 gegen Frankreich, für sich allein. Eine wesentliche Konsequenz zeichnete sich erst später ab: Aus innenpolitischen Gründen zogen sich die Flügelmächte England und Rußland weitgehend von Europa zurück und betrieben Reformen nach innen und Expansion nach außen – England in Übersee, Rußland in Zentralasien und im Fernen Osten, zum Ausgleich für seine Niederlage in Südosteuropa.

England zählte zwar zu den Siegern. Aber der Krimkrieg hatte gravierende organisatorische Mängel seiner Armee ans Licht gebracht, und selbst der erfolgreiche Krieg mit seinen hohen finanziellen Kosten hatte unpopuläre Steuererhöhungen ausgelöst. Massive interne Kritik zwang die britische Außenpolitik, sich für über ein halbes Jahrhundert vom bisherigen Engagement in Europa abzuwenden, in seine erst später sogenannte »splendid isolation«.[17] Das Ende des liberalen Systems Palmerston zog einen Schlußstrich unter vier Jahrzehnte aktiver Intervention zugunsten kontinentaler Nationalbewegungen. Nach innen vollendete England seine reformerische Umstellung zur modernen Industriegesellschaft, nach außen den Aufstieg zur größten See- und Kolonialmacht, zuletzt im Zeitalter des Imperialismus und Kolonialismus.

Rußlands Scheitern an den sich industrialisierenden Westmächten im Krimkrieg löste die große Krise des zaristischen Systems aus, die sich schon in der reaktionären Erstarrung der Autokratie unter Nikolaus I. vorbereitet hatte. Erste soziale Erschütterungen ließen sich zwar noch einmal durch liberale Reformen, 1861 eingeleitet durch die nach dem Muster der Preußischen Reformen konzipierte Bauernbefreiung, für ein halbes Jahrhundert auffangen, doch eröffneten sie langfristig die vorrevolutionäre Agonie des zaristischen Ancien Régime. Von nun an förderte alles, was die Regierung tat, die kommende Revolution direkt oder indirekt, Reformen ebenso wie Repression oder Konzessionen unter revolutionärem Druck. Bismarck erkannte als preußischer Gesandter in St. Petersburg den Beginn des inneren Umbruchs und erwartete seitdem, hinter der Fassade der zaristischen Autokratie, die russische Revolution als Reaktion auf eine schwere Niederlage im nächsten großen Krieg. Bismarcks Furcht vor der russischen Revolution – panslawistisch-chauvinistisch oder sozialrevolutionär – bestimmte nach der Reichsgründung die deutsche Außenpolitik gegenüber dem Zarenreich.

e) Höhepunkt und Krise des 2. Empire

Mit seinem »grand dessein« erzielte Napoleon III. in der aufsteigenden Phase seiner Herrschaft zunächst glänzende Erfolge, bis zum gemeinsamen Sieg Frankreichs und Italiens über Österreich 1859 und dem Gewinn der beiden französischsprachigen Provinzen Nizza und Savoyen 1860 als Lohn der Kriegsanstrengungen für das werdende Italien. Auch die Vereinigung der Donaufürstentümer zum Fürstentum Rumänien 1859/61 mochte als Erfolg der französischen Nationalitätenstrategie gelten, da sich Rumänien französischen Kultureinflüssen öffnete. Nach dem Italienischen Krieg machte sich jedoch die erste Weltwirtschaftskrise von 1857 in Frankreich besonders bemerkbar, und das Ende der Prosperität stürzte das 2. Empire in eine Dauerkrise. Seitdem verhedderte sich Napoleon III. in den Widersprüchen innerer und äußerer Probleme: Die permanente innere Krise erzwang ab 1860 die Parlamentarisierung des 2. Empire und erhöhte den Zwang zu einer immer halsbrecherischeren Außenpolitik, um wenigstens hier Erfolge vorweisen zu können. Schon 1863/64 mußte Frankreich aber ohnmächtig zusehen, wie Rußland mit Deckung Preußens den letzten großen polnischen Aufstand niederwarf.

Zur Katastrophe endlich geriet Frankreichs Engagement in Mexiko. Als sich England und Spanien aus der 1861 begonnenen gemeinsamen Intervention in den Mexikanischen Bürgerkrieg zwischen Liberalen und Konservativen unter dem massiven Druck der USA im Jahr 1862 zurückzogen, hielt Frankreich im Alleingang an der militärischen Intervention fest. Noch im Schatten des Amerikanischen Bürgerkrieges vermochte zwar Napoleon III. 1864 das katholische Kaisertum des Habsburger Erzherzogs Maximilian zu etablieren: Mexiko sollte Frankreich im Austausch Rohstoffe und Absatzmärkte bieten und wäre damit zu einem quasi-kolonialen französischen Klientelstaat in Übersee herabgesunken. Seit dem Ende des Amerikanischen Bürgerkrieges 1865 aber setzten die nun wieder handlungsfähigen USA unter Berufung auf die Monroe-Doktrin Frankreich unter steigenden Druck. Napoleon III. beugte sich und zog 1867 seine Truppen aus Mexiko ab. Danach brach Maximilians Herrschaft rasch zusammen. Seine Erschießung durch die siegreichen Liberalen erschütterte zutiefst das Prestige Napoleons III., der sich auf der Suche nach Kompensationen für das mexikanische Fiasko der Deutschen Frage zuwandte. Die hatte allerdings ein sehr viel größeres Kaliber als alle anderen nationalen Fragen.

4. Nationale Risorgimentos in Europa, 1859–1864

In dem relativen Machtvakuum auf dem Kontinent seit dem Rückzug Englands und Rußlands nach 1856 begann eine neue Runde europäischer Nationalbewegungen. Den Anfang machte 1859/61 der Doppelerfolg des zeitlich und strukturell parallelen italienischen und rumänischen Risorgimento. Dagegen scheiterte der zweite Anlauf eines erträumten polnischen Risorgimento im hoffnungslos isolierten polnischen Aufstand von 1863. Der nationalen Katastrophe Polens 1863/64 folgten 1867 der problematische Sieg des Ungarischen Nationalismus mit dem Ausgleich und 1871 der Triumph der deutschen Nationalbewegung mit der Reichsgründung. Bis 1871 fielen also die Antworten auf fünf nationale Fragen ganz unterschiedlich aus.

a) Der Sieg des italienischen Risorgimento 1859/61: Unvollendeter Nationalstaat und »Irredenta«

Das Zusammengehen der italienischen Nationalbewegung, staatlich repräsentiert und organisiert von Piemont-Sardinien unter Cavour, mit dem 2. Empire Frankreichs erkämpfte im Italienischen Krieg 1859 den Zusammenschluß fast ganz Italiens zu einem neuen nationalen Königreich. Dem stilprägenden Namen »Risorgimento« (nationale Wiedergeburt Italiens) aus dem Jahr 1847 folgte 1857 die – zumindest für Deutschland beispielhafte – Gründung der »Società Nazionale« mit ihrer Agitation für einen italienischen Nationalstaat. Die Kombination von militärischem Erfolg über Österreich im Italienischen Krieg 1859 und Druck von unten in verschiedenen italienischen Territorien, bestätigt durch Volksabstimmungen, verhalf dem »Risorgimento« zum Sieg. Italien gewann seine nationale Einigung und die Lombardei vom geschlagenen Österreich, mußte aber anschließend 1860 die (französischsprachigen) Provinzen Nizza und Savoyen an Frankreich abtreten. Im Windschatten des Deutschen Krieges eroberte Italien 1866 Venetien von Österreich, im Windschatten des Deutsch-Französischen Krieges gewann es 1870, nachdem die französischen Truppen wieder abgezogen waren, Rom als endgültige Hauptstadt. Zur vollen Befriedigung des italienischen Nationalbewußtseins fehlte nur noch die »Irredenta« – »unerlöste« Italiener, die unter österreichischer Fremdherrschaft blieben. Die stilprägende Agitation zur »Erlösung« der italienischen Irredenta trug ab 1877 neue Unruhe in das Europäische System. Das anti-österreichische Ressentiment Italiens setzte sich auch im Dreibund von 1882 fort und bestimmte zuerst

Italiens Neutralität im Ersten Weltkrieg, später seinen Kriegseintritt gegen Österreich-Ungarn (1915) und Deutschland (1916).

Die Gründung des Königreichs Italien hatte das eineinhalb Jahrtausende alte Machtvakuum wieder mit eigener Macht angefüllt und Italien formal zur sechsten Großmacht des Europäischen Systems erhoben. Aber das Risorgimento hatte sich nur mit direkter militärischer Hilfe von außen durchsetzen können, so daß Italien, sehr zum Ärger des italienischen Nationalstolzes, von den Mächten der alten Pentarchie nie ganz für voll genommen wurde.[18] Tatsächlich war es nur eine zweitklassige Großmacht, die durch ihre langen Küsten im Mittelmeer maritim zudem außerordentlich exponiert war. Wie alle anderen neuen Machtzentren entwickelte es seine eigenen Expansionslinien historisch, gerade bei den linksrevolutionären Republikanern, den Garibaldisten, unter Berufung auf ältere imperiale Herrschaft des Römischen Reiches und Venedigs. Neben der »Irredenta« in Österreich war die italienisch geprägte Gegenküste der Adria, die »altera sponda« Dalmatiens und Albaniens, das nächstgelegene »natürliche« Ziel einer italienischen Expansion, die sich nahtlos in die beginnende imperialistische Phase einfügte. Damit beteiligte sich auch das moderne Italien am Wettlauf um die Aufteilung des Osmanischen Reiches, der es zunächst über das am Ausgang des Roten Meeres gelegene Massawa bis ins Horn von Afrika führte, von da nach Äthiopien, später nach Libyen und in den Dodekanes.

b) Rückwirkungen des italienischen Risorgimento in Europa

Der Sieg des Risorgimento im Italienischen Krieg hatte für den deutschen Nationalismus auf dem Weg zur Reichsgründung eine unmittelbare und tiefe Bedeutung. Er stürzte ihn in ein Dilemma, auf das er, ähnlich wie Österreich und Preußen im Krimkrieg, mit Passivität reagierte: Einerseits zwang der Koalitionskrieg des werdenden Italien mit Frankreich Preußen in seiner (kurzen) Phase der Liberalisierung auf der Suche nach »moralischen Eroberungen« in Deutschland zur Solidarität mit dem deutschen Österreich gegen Frankreich und Italien (die »Welschen«). Im Schiller-Jahr 1859 zog die liberale, vom »Deutschen Nationalverein« repräsentierte Nationalbewegung in dieselbe Richtung, obwohl sie ihrerseits zwischen der Bejahung des nationalen Prinzips und der Empörung über dessen Instrumentalisierung durch den französischen »Imperialismus« schwankte. Andererseits blieb Österreich der innerdeutsche Rivale, so daß Preußen aus machtpolitischen Gründen mit einer Unterstützung Österreichs zögerte. Vor die

Wahl gestellt zwischen national-deutschen und preußisch-machtpolitischen Erwägungen, flüchtete es sich wieder in die Neutralität, ordnete aber vorsichtshalber eine Mobilmachung im Westen an, um für alle Eventualitäten (auch für die Übernahme des Oberbefehls der deutschen Bundestruppen im Norden, also am Rhein gegen Frankreich) gerüstet zu sein. Die preußische Mobilmachung enthüllte so viele technische Mängel in der Armee, daß sich der Ruf nach ihrer Reorganisierung und Modernisierung erhob, um militärisch die Effizienz wieder sicherzustellen.

Jenseits von Deutschland ermutigte der Erfolg des italienischen Risorgimento früher oder später Völker in vergleichbarer Lage, zunächst vor allem die Rumänen der Donaufürstentümer. Das Prinzip der nationalen Selbstbestimmung, die durch Volksabstimmungen ausgeübt wurde, nahm 1860 von Italien seinen Ausgang. Im Prager Frieden von 1866 zwischen Preußen und Österreich erwies ihm sogar das siegreiche Preußen für Nordschleswig seine formale Reverenz, ohne allerdings die Volksabstimmung tatsächlich abzuhalten.

Als Zuspitzung der nationalen Selbstbestimmung und des italienischen Risorgimento lieferte die »Irredenta« ab 1877 ein weiteres konfliktträchtiges Stichwort der Zukunft: Wer wollte, konnte überall »unerlöste« Minderheiten unter Fremdherrschaft entdecken und zu ihrer Befreiung aufrufen, schon deshalb, weil es selten eindeutige nationale Grenzen gab. Vor 1914 war neben der italienischen die rumänische und die südslawische Irredenta-Bewegung virulent. Zusätzlich schlug die Irredenta-Problematik an drei Stellen besonders brisant durch. Für die Alldeutschen waren die deutschen Minderheiten im weiten Bogen von Rußland bis nach Österreich-Ungarn die deutsche »Irredenta«, die ein erweitertes deutsches Reich umspannen sollte. Ein halbes Jahrhundert nach Gründung des italienischen Nationalstaates verknüpfte das nationalrevolutionäre Serbien die Dynamik des italienischen »Risorgimento« und der »Irredenta«: Das Organ der 1911 gegründeten nationalistischen Geheimbewegung »Ujedinjenje ili smrt« (»Vereinigung oder Tod« = die »Schwarze Hand«) nannte sich provokativ »Piemont«, im Kampf zur »Erlösung« der südslawischen Brüder in Österreich-Ungarn. In der italienischen Irredenta-Agitation verdiente sich noch vor 1914 der Linkssozialist und spätere Gründer des Faschismus, Mussolini, seine ersten politischen Sporen.

c) *Der Sieg des rumänischen Risorgimento 1859/61: Unvollendeter Nationalstaat und »Irredenta«*

Parallel zum italienischen Risorgimento erzielte 1859/61 auch die rumänische Nationalbewegung mit dem Zusammenschluß der beiden Donaufürstentümer – gegen die Bestimmungen des Pariser Friedens von 1856 – den entscheidenden Durchbruch. Formal blieb das neue Fürstentum Rumänien zwar noch bis 1877/78 unter der Suzeränität des Osmanischen Reiches, suchte aber schon energisch den ökonomischen Anschluß an den von den Westmächten beherrschten Weltmarkt. Von einem Tributärstaat des Osmanischen Reiches im Südosten wurde Rumänien durch seine Weizen-, später auch Erdölexporte zu einem peripheren Lieferanten für den kapitalistischen Industrialismus im Nordwesten.[19] Nach dem Sturz des ersten Fürsten Cuza 1866 erhielt es mit Karl von Hohenzollern-Sigmaringen einen Herrscher aus deutschem Fürstenhaus und signalisierte so seine Bereitschaft zur Orientierung am zukünftigen Deutschland. Als Carol I. betrieb der süddeutsche Hohenzoller mit Nachdruck die Modernisierung Rumäniens. Er führte eine Konstellation vor, die sich später als konfliktträchtig erwies: ein (wenn auch katholischer und süddeutscher) Hohenzoller auf einem europäischen Thron zur Wacht an der Donaumündung gegen Rußland. Die denkbar gewordene Wiederholung dieses Vorgangs vier Jahre später – spanische Thronkandidatur der Sigmaringer Hohenzollern – lieferte den Anstoß zum deutsch-französischen Krieg.

Eine weitere Parallele zu Italien drängt sich auf: Das neue Rumänien war national keineswegs saturiert, sondern hatte im numerisch starken, aber wirtschaftlich, sozial und politisch unterdrückten rumänischen Bevölkerungsteil Transsylvaniens seine »Irredenta«. Die rabiate Behandlung aller Minderheiten, zumal der verachteten »Wlachen«, durch die Magyaren seit dem Ausgleich von 1867 neutralisierte den späteren geheimen Anschluß Rumäniens an den Dreibund: Carol I. wagte nie, ihn öffentlich bekanntzumachen, da der rumänische Nationalismus kein Bündnis mit Österreich-Ungarn zugelassen hätte. Auch hier gab es eine neue Konstante in der europäischen Politik, die 1914 die Neutralität Rumäniens, 1916 den Kriegseintritt gegen Österreich-Ungarn und Deutschland präjudizierte.

d) Das erstickte polnische Risorgimento: Januaraufstand 1863/64

Rußlands Liberalisierung und Reformierung ab 1861 bescherte Kongreßpolen 1862 wieder die 1832 verlorengegangene Autonomie. Den neuen Freiraum nutzten radikale Nationalisten, die »Roten«, zur weitergehenden Forderung nach nationaler Unabhängigkeit, die schließlich 1863 in Warschau zum Januaraufstand führte. In der Isolierung hatte die erneute Erhebung jedoch noch weniger Aussicht auf Erfolg als der Novemberaufstand, weil Kongreßpolen, anders als noch 1830, keine eigene Armee mehr besaß. Über unzusammenhängende Aktionen eines Guerillakrieges kamen die Aufständischen kaum hinaus. Wie schon 1830/31 konnten Frankreich und England für Polen nicht effektiv intervenieren. Erst recht verpufften ohnmächtige Proteste von Sozialisten und Gewerkschaftern, die mit der Bildung eines Polen-Komitees unter Führung von Karl Marx 1864 zu spät kamen und sich statt dessen in London zur Internationalen Arbeiter-Assoziation, der 1. Internationale, zusammenschlossen.

Noch eiserner als 1830/31 isolierte Preußen den polnischen Aufstand nach Westen. Bismarck als Leiter der preußischen Politik setzte neue Akzente: Mit der Alvenslebenschen Konvention band er den russischen Kanzler Gortschakow an die gemeinsame Linie, den Aufständischen keinerlei Konzessionen zu machen. Bismarck befürchtete von einer Rückkehr zur polnischen Autonomie unter dem Druck des Aufstandes fatale Rückwirkungen auf die preußischen Polen, die 1832 ebenfalls ihre vom Wiener Kongreß gewährte Autonomie verloren hatten. Posen und Westpreußen waren für ihn seit 1848 die »besten Sehnen«, die die Schwingen des preußischen Adlers, Ostpreußen und Schlesien, zusammenhielten. Der Verlust Posens und Westpreußens an die polnische Nation würde nach Bismarck früher oder später auch den Verlust Ostpreußens und Schlesiens nach sich ziehen und zum Untergang Preußens führen – eine Prognose, die sich 1945 erfüllen sollte. Zu Recht gilt deshalb die Alvenslebensche Konvention als Bismarcks erste bedeutende außenpolitische Aktion, denn sie verschaffte ihm für die spätere Reichsgründung Rückenfreiheit nach Osten.[20]

Mit dem Scheitern des Januaraufstandes schied die Polnische Frage 1864 scheinbar für ein halbes Jahrhundert aus dem politischen Geschehen aus. Im russischen (später auch zunehmend im preußischen) Teilungsgebiet standen die Polen unter wachsendem Assimilierungsdruck der herrschenden Reichsvölker – Russifizierung in Kongreßpolen, Germanisierung in der preußischen »Ostmark« Posen und Westpreußen.[21] Seitdem trat auch in Kongreßpolen an die Stelle kurzfristiger Aufstandsversuche die längerfristige Strategie der »Organischen Arbeit«, die mit einem längeren Atem der Geschichte rechnete – Zurückgewinnung der nationalen Unabhängigkeit durch Industrialisierung aus eigener Kraft. Aber vorläufig blieb den Polen nur die kulturelle Selbstbehauptung sozusagen im historischen Untergrund und das Warten auf den Großen Krieg der Teilungsmächte untereinander, der ihnen neuen Handlungsspielraum eröffnen würde.

Das scheinbar endgültige Verschwinden Polens als nationaler Faktor hatte Folgen für das Verhältnis zwischen zwei Teilungsmächten: Erst nach 1864 wurden Rußland und (ab 1871) das inzwischen geeinte Deutschland national direkte Nachbarn, im Sinne des Machiavelli-Diktums bald auch Feinde. Nach der preußischen Neutralität im Krimkrieg 1854 bezeichnete das Scheitern des polnischen Aufstandes 1864 im Zangengriff russisch-preußischer Kooperation, wider die beiderseitige Absicht, eine zweite Etappe auf dem Weg zur russisch-deutschen Entfremdung.

5. Deutsche Frage und Reichsgründung, 1806–1871

Unterdessen ballte sich nach dem Krimkrieg in der Mitte Europas das zentrale Konfliktpotential zusammen, das sich 1914 im Ersten Weltkrieg entlud. Die ohnehin schwierige Deutsche Frage komplizierte sich weiter durch den deutschen Dualismus, seit der Revolution 1848/49 zugespitzt auf die Alternative großdeutsch oder kleindeutsch. In der außenpolitisch günstigen Konstellation nach dem Krimkrieg setzte sich die kleindeutsche Einheit in drei Reichseinigungskriegen 1864–71 durch.

a) Die Struktur der Deutschen Frage: Extremste Versionen europäischer Möglichkeiten und welthistorische Ausnahmen

Die Deutsche Frage stellte sich formal seit dem Untergang des mittelalterlichen deutsch-römischen Reiches 1806, der mit der Existenzkrise des friderizianischen Preußens zeitlich zusammenfiel. Deutschland war machtpolitisch – analog zum bekannten Ausspruch Metternichs über Italien nach 1815 – nur ein geographischer Begriff. Im Unterschied zu anderen nationalen Fragen gab es zwar deutsche Staaten, aber zu viele. So lag das eigentliche Problem darin, aus der Fülle einheimischer Staaten unterschiedlicher Größe einen Nationalstaat zu schaffen. Erst danach erhob sich die Frage, ob das neue Reich unter Führung Österreichs großdeutsch oder unter Führung Preußens kleindeutsch sein würde. Wie alle anderen Antworten auf nationale Fragen kam auch die deutsche Antwort im 19. Jahrhundert nicht ohne Krieg aus.

Bis hierhin verlief der deutsche Weg durchaus noch im europäischen Rahmen. Aber aus verschiedenen Gründen war die Deutsche Frage besonders spannungsreich: Sie betraf das größte Volk mit einer offenen nationalen Frage. Schon dieser quantitative Faktor machte die Deutsche Frage brisant. Hinzu kam ein außergewöhnlicher qualitativer Faktor: Seit ihrer Kultur- und Wissenschaftsexplosion um 1800 hatten die Deutschen auf vielen Gebieten eine führende Rolle inne. Daher setzte die Industrialisierung in Deutschland eine ungeheure ökonomische und soziale Dynamik frei, die sich auch politisch und militärisch umsetzte. Schließlich gab es noch einen geographischen Faktor: Deutschland im Zentrum Europas würde mit einer Antwort auf seine nationale Frage mehr Nachbarn tangieren als die Italienische oder Polnische Frage.

Aus all diesen Gründen hatten die übernationalen Faktoren im Europäischen System – Industrialisierung und politische Revolution – für Deutschland und seine Nachbarn extreme Konsequenzen: Die Industrialisierung steigerte das Machtpotential der ohnehin schon zahlreichen und gut ausgebildeten Deutschen in der Mitte Europas noch weiter, zumal verlängert durch die vielen deutschen Minderheiten in Rußland und Österreich-Ungarn, waren einmal deren dynastische Loyalitäten entfallen. Deshalb war auch die mobilisierende Dynamik einer politischen Revolution von 1848/49 in Deutschland besonders groß, obwohl sie scheiterte.

Alles komplizierte sich noch durch einige Extrem- oder Ausnahmefaktoren, die so nur in Deutschland anzutreffen waren: Kein Volk der Erde hatte so viele Nachbarn wie die Deutschen, Österreich eingeschlossen. Für eine nationale Grenzziehung zogen die fragmentierten Nachbarschaften einen Rattenschwanz von Friktionen und Konflikten nach sich. Nur den Deutschen fiel mit der (vollständigen oder annähernden) nationalen Zusammenfassung in einem Staat automatisch die Hegemonie in ihrer Region zu. Nur sie konstituierten sich 1871 als neues Machtzentrum in der Mitte des Europäischen Systems historisch über Nacht, während alle anderen neuen Großmächte für ihren Aufstieg Jahrzehnte oder gar Jahrhunderte benötigten. Nur das moderne deutsche Machtzentrum des neuen Deutschen Kaiserreiches bildete sich im Zentrum eines Machtzentrums aus. Die Deutsche

Frage war mit allen wichtigen nationalen Fragen auf dem Kontinent vielfältig verknüpft, denn beide deutschen Großmächte übten Fremdherrschaft über Minderheiten aus, Österreich mehr, Preußen weniger. Nationale Aspirationen ihrer nicht-deutschen Völker gingen unvermeidlich auf Kosten der Deutschen, zumal wenn die Konfliktparteien auf maximalistischen Grenzziehungen pochten. Bei näherem Hinsehen entpuppt sich der jüngst so heiß diskutierte »deutsche Sonderweg« als äußerst komplexes Produkt von extremen Varianten europäischer Möglichkeiten[22] und zusätzlichen Extrem- oder Ausnahmefaktoren.[23] Sie potenzierten sich gegenseitig und drängten die Deutschen auf ihren angeblichen oder wirklichen »Sonderweg«.

b) Deutschland zwischen Machtvakuum und Machtzentrum

Die Reichsgründung von 1871 krönte nur symbolisch einen Prozeß, der sich seit rund einem Jahrhundert angebahnt hatte – die Umwandlung des traditionellen (relativen) Machtvakuums Deutschland zum stärksten Machtzentrum im Europäischen System. Den Anfang machte, nur im historischen Rückblick erkennbar, die gewaltige Geistes- und Kulturexplosion der deutschen Klassik, symbolisch repräsentiert von Kant, Goethe und Schiller, Haydn, Mozart und Beethoven, vorbereitet schon vom deutschen Barock durch Bach, Händel und Leibniz. In der Periode der tiefsten politischen Zerrissenheit und Ohnmacht stiegen die Deutschen zum führenden Kultur- und Wissenschaftsvolk der Welt auf – bis 1933. Es war jene mächtige Geistesrevolution im politischen Machtvakuum Deutschland, die Heinrich Heine schon 1835 in seiner »Geschichte der Religion und Philosophie in Deutschland« der in England beginnenden Industriellen Revolution und der Französischen Revolution an die Seite stellte.

Nach dem Debakel von 1806 gaben die Preußischen Reformen dem geistig-kulturellen Höhenflug eine breitere und systematisierte Grundlage, vor allem durch das neue dreigliedrige Bildungssystem – Grundschule, klassisches Gymnasium, reformierte Universität –, das die Erfassung von mehr Begabungen als bis dahin sonst irgendwo in der Welt ermöglichte. Industrialisierung und liberale Reformen in Gesellschaft und Staat, einschließlich der (fast vollständigen) Judenemanzipation, setzten eine neue Dynamik frei, gekoppelt mit einem Bevölkerungswachstum, das allerdings auch anderswo in Europa üblich war (Frankreich ausgenommen).[24] Zum Symbol für die überragende Stellung der deutschen Universität und Wissenschaft wurde die Gründung der Universität Berlin 1810 im territorial beschnittenen Preußen. Als Reformuniversität par excellence strahlte ihr Vorbild auf die übrigen deutschen Gebiete, nach Europa, Amerika und Japan. Auf die Geistes- und Kulturexplosion und dem damit verbundenen allgemeinen Bildungsaufschwung (ab etwa 1870 gab es kaum mehr Analphabetismus) folgte später eine Technik- und Wirtschaftsexplosion (erste Technische Hochschule, Karlsruhe 1825), die das Prinzip der modernisierten Wissenschaft auf die beginnende Industrialisierung übertrug.

Dieser vielschichtige Wachstumsprozeß transformierte eine wachsende, zunehmend prosperierende und besser ausgebildete Bevölkerung zu einem Machtpotential, das auf die politische Zusammenfassung seiner im Deutschen Bund nur locker verbundenen Territorien drängte. Wissenschafts-, Bildungs-, Wirtschafts- und Technikmacht steigerten sich zur militärischen Macht. So hybrid und aufs Militärtechnische verengt eine bekannte Redensart nach 1871 war, so sehr steckt doch ein Kern Wahrheit in ihr: Sedan und Königgrätz hatten tatsächlich auch die deutschen Volksschullehrer gewonnen, die das »Volk in Waffen« so weit herangebildet hatten, daß es in der Lage war, eine immer komplexer werdende Militärmaschine mit der seitdem berühmt-berüchtigt deutschen Tüchtigkeit zu bedienen. Den Deutsch-Französischen Krieg gewann das werdende Deutschland im Alleingang, u. a. durch seinen rascheren Aufmarsch mit Hilfe des systematischen Einsatzes der Eisenbahn, aber auch dank überlegenen Kartenmaterials – deutsche Geographen und Kartographen waren damals, wie ihre Kollegen auf vielen anderen Wissenschaftsgebieten, führend in der Welt. Im 19. Jahrhundert wuchs Deutschland mit seiner ständig steigenden Bevölkerung sowie einem sich rasch ausweitenden Wirtschafts- und Militärpotential zur stärksten Großmacht des Kontinents heran.

Schon vor der Schwelle zur Industrialisierung hatten die übrigen Mächte auf dem Wiener Kongreß mit dem Deutschen Bund und der völkerrechtlichen Garantie seiner neuen Verfassung ein Hindernis gegen ein neues Deutsches Reich aufgebaut, weil dessen Übergewicht jedes Gleichgewicht der Kräfte in Europa sprengen würde. Noch in der Revolution von 1848/49 konnte das Veto der Großmächte die Gründung eines neuen deutschen Reiches aufschieben.

Doch im Zeitalter des Nationalismus, zumal in der außenpolitischen Situation nach dem Krimkrieg, überwand die Dynamik der Deutschen Frage langfristig alle völkerrechtlichen wie staatsrechtlichen Barrieren gegen eine deutsche Einigung. Die Folgen waren unübersehbar. Heine hat sie schon 1835 im Exil für sein Gastland Frankreich bildhaft, aber sachlich realistisch am Ende seiner »Zur Geschichte der Religion und Philosophie in Deutschland« umschrieben:

»Das Christentum... hat jene brutale germanische Kampflust einigermaßen besänftigt, konnte sie jedoch nicht zerstören, und wenn einst der zähmende Talisman, das Kreuz, zerbricht, dann rasselt wieder empor die Wildheit der alten Kämpfer, die unsinnige Berserkerwut, wovon die nordischen Dichter so viel singen und sagen. Jener Talisman ist morsch, und kommen wird der Tag, wo er kläglich zusammenbricht. Die alten steinernen Götter erheben sich dann aus dem verschollenen Schutt und reiben sich den tausendjährigen Staub aus den Augen, und Thor mit dem Riesenhammer springt endlich empor und zerschlägt die gotischen Dome. ...

Lächelt nicht über meinen Rat, den Rat eines Träumers, der euch vor Kantianern, Fichteanern und Naturphilosophen warnt. Lächelt nicht über den Phantasten, der im Reiche der Erscheinungen dieselbe Revolution erwartet, die im Gebiete des Geistes stattgefunden. Der Gedanke geht der Tat voraus, wie der Blitz dem Donner. Der deutsche Donner ist freilich auch ein Deutscher und ist nicht sehr gelenkig und kommt etwas langsam herangerollt; aber kommen wird er, und wenn ihr es einst krachen hört, wie es noch niemals in der Weltgeschichte gekracht hat, so wißt: Der deutsche Donner hat endlich sein Ziel erreicht. Bei diesem Geräusche werden die Adler aus der Luft tot niederfallen, und die Löwen in der fernsten Wüste Afrikas werden die Schwänze einkneifen und sich in ihren königlichen Höhlen verkriechen. Es wird ein Stück aufgeführt werden in Deutschland, wogegen die Französische Revolution nur wie eine harmlose Idylle erscheinen möchte. ... Wie auf den Stufen eines Amphitheaters werden die Völker sich um Deutschland herumgruppieren, um die großen Kampfspiele zu betrachten. ... Ihr habt von dem befreiten Deutschland mehr zu befürchten als von der gesamten Heiligen Allianz mitsamt allen Kroaten und Kosaken. ... Es mag in Deutschland vorgehen, was da wolle, es mag der Kronprinz von Preußen oder der Doktor Wirth zur Herrschaft gelangen, haltet euch immer gerüstet, bleibt ruhig auf eurem Posten stehen, das Gewehr im Arm.«[25]

c) Der Deutsche Bund, 1815–1866

Fast 700 Jahre lang war das fragmentierte Deutschland ein (relatives) Machtvakuum. Für das Gleichgewicht der Kräfte in Europa wurde es unentbehrlich als diplomatische Manövriermasse, als Expansionsfeld

Frankreichs und Rußlands, als Schlachtfeld der Hegemonialmächte, vom Dreißigjährigen Krieg bis 1815. Der Westfälische Friede 1648 machte die Signatarmächte zu Mitgaranten der deutschen Reichsverfassung, so daß deren Änderung nur noch mit Zustimmung *aller* Garantiemächte möglich war. Daraus erklärt sich u. a. das vorsichtige Lavieren Bismarcks und seine Rücksicht auf die Großmächte bis zur Reichsgründung, um eine gewaltsame Intervention der Großmächte in den Einigungsprozeß zu vermeiden und die Zustimmung wenigstens der Großmächte zu erlangen, die er nicht mit Krieg überzog, also Englands und Rußlands.

Am östlichen Rand des deutschen Machtvakuums hatten sich aus mittelalterlichen Grenzmarken drei neue Machtkerne erhoben – Österreich, Sachsen und Preußen, von denen Österreich und Preußen den Sprung zu europäischen Großmächten schafften. Ihre Expansion und Rivalität begründeten den deutschen Dualismus. Nach dem napoleonischen Zwischenspiel des Rheinbundes lehnten die Großmächte die Schaffung eines neuen Deutschen Reiches ab, um eine unkontrollierbare Machtzusammenballung in Mitteleuropa zu verhindern. Der Deutsche Bund von 1815/20 war daher nach der napoleonischen Flurbereinigung als lockere Konföderation unter Garantie der übrigen Großmächte machtpolitisch eine modifizierte Fortsetzung des Alten Reiches, mit einer nun überschaubaren Zahl von 39 souveränen Staaten. Aber der 1815 restaurierte innerdeutsche Dualismus gab der Deutschen Frage 1848 mit den Varianten eines großdeutschen oder kleindeutschen Kaiserreiches eine brisante Zuspitzung nach innen und außen. Beide Lösungen beinhalteten die deutsche Hegemonie über Europa und damit schwerwiegende Konflikte. Das kleindeutsche Reich führte in der historischen Realität zum Ersten Weltkrieg. Dagegen lassen sich Konflikte um ein großdeutsches Reich nur im Analogieschluß theoretisch-spekulativ erahnen. Als grundsätzliche friedenserhaltende Alternative scheidet bei näherer Betrachtung auch das Konzept einer demokratischen Republik 1848/49 aus, denn sie war großdeutsch und nach dem jakobinisch-französischen Vorbild zentralistisch gedacht. Sie hätte nicht weniger Konflikte heraufbeschworen als ein groß- oder kleindeutsches Kaiserreich.

Alles komplizierte sich noch durch die versuchte Kombination des Reichsgedankens mit dem Nationalismus: Österreich und Preußen hatten nicht-deutsche Gebiete außerhalb des Deutschen Bundes, auf die sie im Falle eines deutschen Gesamtstaates nicht verzichten wollten. Rein »nationale« Grenzen eines neuen Reiches als deutscher Nationalstaat waren daher nicht zu erwarten, da stets erhebliche nicht-deutsche Minderheiten – gegen ihren Willen – in den neuen Nationalstaat miteinbezogen worden wären. Ein Reich in den Grenzen des Deutschen Bundes hätte zudem viele Deutsche als Mitbürger eines deutschen Nationalstaates ausgeschlossen, in West- und Ostpreußen, ferner in Schleswig-Holstein. Im deutschen Fall waren die Grenzen eines künftigen Nationalstaates eben besonders schwer zu ziehen – das Prinzip der Sprach- und Kulturgemeinschaft hätte quer durch historisch gewordene Staaten (Preußen, Österreich) geschnitten, der Rückgriff auf das alte Reich nicht minder.

Nach dem Scheitern der großdeutschen Lösung 1848 an Österreich und der kleindeutschen Lösung 1849 an Preußen setzte sich der innerdeutsche Dualismus im Rahmen des restaurierten Deutschen Bundes zunächst mit rivalisierenden Projekten zur Neuordnung der deutschen Mitte Europas fort. Sie waren als Ersatz für die den Reichspatrioten 1848/49 entgangene Gründung eines deutschen Reiches gedacht und jeweils im eigenen Machtinteresse konzipiert. Preußen konterte 1850 mit der »Deutschen Union« gegen den Plan des österreichischen Kanzlers Schwarzenberg, eine mitteleuropäische Konföderation zu gründen als »Reich der 70 Millionen« von der Nordsee bis zur Adria. Vor dem drohenden Krieg mit Österreich um die deutsche Hegemonie wich Preußen 1850 in Olmütz unter dem Druck seiner Alt-Konservativen von innen und Rußlands von außen noch einmal zurück. Zum letzten Mal hatte Rußland in einer Entscheidung in und um Deutschland den Ausschlag gegeben – bis 1945.

Das Ergebnis war die vollendete Aporie, die Unmöglichkeit, eine friedliche Lösung auf politischem Wege herbeizuführen. In der Revolution von 1848/49 exerzierten die Deutschen in der Nationalversammlung, der Frankfurter Paulskirche, die nationale Frage erstmals öffentlich durch, die zusätzlich noch durch die komplexe Schleswig-Holsteinische Frage belastet war. Aber selbst der Triumph der kleindeutschen Lösung 1866–71 hinterließ im Ausgleich der Doppelmonarchie Österreich-Ungarn 1867 und der deutschen Reichsgründung 1871 neue Probleme, die zur Ausgangslage des Kriegsausbruchs 1914 führten.

d) Die Reichsgründung als deutsches Risorgimento

Im Kielwasser des italienischen Risorgimento triumphierte mit der Reichsgründung 1871 auch das deutsche Risorgimento. Die Parallelen zwischen beiden sind unübersehbar – Preußen war das deutsche Piemont, Bismarck der deutsche Cavour. In beiden Fällen trug Österreich mit seinen Niederlagen 1859 und 1866 die Kosten für die Gründung der neuen Nationalstaaten. Aber der letzte deutsche Reichseinigungskrieg richtete sich gegen Frankreich, das im Italienischen Krieg noch für das Risorgimento gefochten hatte.

Selbst die enorme Dynamik der durchorganisierten preußisch-deutschen Gesellschaft hätte allein nicht die völkerrechtlichen Barrieren des Wiener Kongresses und den Einspruch der Großmächte überwinden können. Den Ausschlag für die Reichsgründung gab die außenpolitische Konstellation im Europäischen System nach der Auflösung der Krimkriegskoalition 1856: Erst das relative Machtvakuum seit dem Rückzug Englands und Rußlands vom Kontinent und die Isolierung der Großmächte untereinander gaben den Deutschen den Freiraum, ihr wachsendes Schwergewicht aus Industrialisierung und Nationalbewegung zur Schaffung eines gemeinsamen deutschen Marktes für die modernen Wirtschaftskräfte und eines mächtigen Nationalstaates zu entfalten. Österreich und Frankreich, die unter den europäischen Großmächten für die deutsche Reichseinigung zu zahlen hatten, blieben isoliert. England und Rußland reagierten nur matt auf die Reichseinigungskriege und versuchten, das Beste aus einer Entwicklung zu machen, die sie zuletzt nicht mehr kontrollieren konnten. Das war die vielzitierte Gunst der Stunde, die Bismarck so energisch für sich nutzte.[26]

Wichtig wurden auch die unterschiedlichen Entwicklungen Österreichs und Preußens nach der Revolution 1848/49. Österreich fand im verwirrenden Wechsel von Niederlagen und unterschiedlichen Verfassungen in seiner Agonie nur noch die Kraft zum berühmten »Durchwursteln« durch die Probleme von Modernisierung, Industrialisierung und Nationalismen. So zehrte das national heterogene Österreich im wesentlichen nur noch von seinem Prestige als jahrhundertealte deutsche Kaisermacht, der kulturellen Bedeutung Wiens und dem Gewicht seiner nicht-deutschen Aristokratie.

Aus denselben Faktoren, die Österreich so irreparabel schwächten, zog Preußen zusätzliche Energien. Als überwiegend deutscher Staat war es national nahezu homogen, hatte seit den Preußischen Reformen eine modernere innere Struktur und mit einer intensiveren Industrialisierung seit 1815 (besonders im rheinisch-westfälischen Westen) ein ökonomisches Übergewicht, das ihm die Führung im Deutschen Zollverein ab 1834 sicherte.[27] Seine Neutralität im Italienischen Krieg bewahrte es vor den unkalkulierbaren Folgen einer militärischen Niederlage.

Selbst die schwere Krise des Heereskonfliktes, aus der Bismarck

1862 als preußischer Ministerpräsident hervorging, stärkte Preußen: In einer krisenhaften Zuspitzung der Lage, in der Wilhelm I. für sich schon das Schicksal Karls I. von England im Jahr 1649 voraussah, versprach Bismarck dem König die Durchführung der Heeresreform auch ohne Parlament und ohne den von den Konservativen angedrohten Staatsstreich. Am Ende erhielt Preußen seine vergrößerte, nach den Wünschen der Krone und gegen den Willen der Liberalen gestraffte Armee, die auch außerhalb der Landesgrenzen Kriege führen konnte. Sie wurde auf der Grundlage einer sich beschleunigenden Industrialisierung wichtigstes Instrument zur Reichseinigung: Krupp mit seinen Kanonen, symbiotisch verbunden mit dem Aufstieg der Hohenzollern und des Deutschen Reiches,[28] wurde zum lebenden Symbol für die Verschmelzung von Industrie und moderner Kriegstechnik mit dem preußischen, später deutschen Militarismus.

e) Die Schleswig-Holsteinische Frage, 1850–1864

Die machtpolitische Antwort auf die Deutsche Frage komplizierte sich nach dem 1. Deutsch-Dänischen Krieg 1848/49 durch die Schleswig-Holsteinische Frage und ihre strategischen Konsequenzen. Schleswig-Holstein, von Nord- und Ostsee »meerumschlungen«, barg für England und Rußland ein doppeltes seestrategisches Problem, nämlich ein traditionelles Meerengen- und ein latentes Landengenproblem: Als Teil Dänemarks gehörte seine Ostküste zum Meerengenkomplex des Sunds. Andererseits bildete Schleswig-Holstein eine Landenge, die zum Durchstich mit einem Kanal reizte. Die Entscheidung darüber, ob Schleswig-Holstein nach historischem Recht bei Dänemark bleiben oder kraft seines nationalen Selbstbestimmungsrechts zum neuen Deutschland übergehen sollte, tangierte somit unvermeidlich auch die seestrategischen Interessen Englands und dessen Politik des Gleichgewichts. Sollte die Landenge mit einem künftigen Nord-Ostsee-Kanal an ein expandierendes Preußen fallen, könnte Preußen-Deutschland im Kriegsfall die Kontrolle über den maritimen Zugang von der Ostsee zur Nordsee übernehmen und damit England den Zutritt zur Ostsee, ferner Rußland den Zutritt zur Nordsee abschneiden. Aus solchen seestrategischen Überlegungen erklärt sich Englands und Rußlands Engagement für Dänemark in der Schlußphase der Schleswig-Holsteinischen Frage, die mit der Zwischenantwort auf die Deutsche Frage von 1866 eng verknüpft war.

Der 1. Deutsch-Dänische Krieg von 1848 um Schleswig-Holstein hatte mit dem Kauf einer deutschen Kriegsflotte ein erstes Warnzeichen gegeben: Eine deutsche Flotte, mit der Kontrolle über die Landenge von Schleswig-Holstein und den künftigen Nord-Ostsee-Kanal, könnte sich eines Tages auch gegen England wenden. Schon 1850 hatte daher England als stärkste Seemacht im 1. Londoner Protokoll die Mittelmacht Dänemark gegen die aufstrebende Großmacht Preußen gestützt. Andererseits setzte England im Interesse der politischen Befriedung mit dem 2. Londoner Protokoll von 1852 durch, daß sich staatsrechtlich nichts an den komplizierten Verhältnissen änderte. Gegen den Annexionismus der »Eiderdänen« seit 1848 konservierte es das historisch gewachsene Netz von Personal- und Realunionen, das allerdings durch eine ausbalancierte Kompromißlösung modifiziert wurde: Moderne Verfassungen für beide Provinzen beließen Dänemark die Souveränität, der deutschen Mehrheit in Schleswig-Holstein aber die innere Autonomie.

In diesem prekären Schwebezustand brachte 1863 die Erneuerung dänischer Annexionspläne durch die seit 1861 wieder in der Regierung vertretenen »Eiderdänen« den Stein erneut ins Rollen. Die Annexion Schleswigs bei einem Thronwechsel in Dänemark und die gleichzeitige staatsrechtliche Trennung Holsteins (und Lauenburgs) von Schleswig provozierte sowohl unter den Deutschen Schleswig-Holsteins wie in Deutschland selbst Widerstand gegen die dänische Verletzung des historischen Status von 1460 und des 2. Londoner Protokolls von 1852. Der völkerrechtswidrige Vorstoß des dänischen Nationalismus entfachte von neuem die seit dem Italienischen Krieg 1859 gelähmte Nationalbewegung in Deutschland und ließ sie vorübergehend interne Differenzen über die groß- oder kleindeutsche Lösung zurückstellen.

f) Die Reichseinigungskriege, 1864–1871

Aus der Bundesexekution gegen den König von Dänemark als Herzog von Holstein entwickelte sich 1864 der 2. Deutsch-Dänische Krieg, den Preußen und Österreich für den Deutschen Bund gewannen. Dänemark mußte im Frieden von Wien 1864 die drei Herzogtümer Schleswig, Holstein und Lauenburg an Österreich und Preußen abtreten. Sofort zeigten sich die maritimen Konsequenzen, die England befürchtet hatte: Preußen verlegte seine Hauptmarinestation in der Ostsee von Danzig nach Kiel und plante den Bau eines Kanals von der Ost- zur Nordsee, quer durch Holstein.

Der 2. Deutsch-Dänische Krieg hatte in einer nationalen Aufwallung noch einmal die Illusion einer gemeinsamen Front der Deutschen gegen den äußeren »Feind« entstehen lassen. Nach dem Sieg über Dänemark brachen aber die inneren Gegensätze wieder durch. Die wachsende Unzufriedenheit mit dem lockeren Deutschen Bund und dem lähmenden Dualismus Österreich-Preußen drängte zu einer definitiven Antwort auf die Deutsche Frage. Der prekäre Balanceakt eines auf Dauer unhaltbaren Kondominiums in Schleswig-Holstein lieferte nur den äußeren Anlaß zum Krieg zwischen Preußen und Österreich.

Zuletzt verzahnten sich deutsche Grundsatzfragen und die Auslösung des Krieges über Schleswig-Holstein schier untrennbar: Im April 1866 brachte Preußen als Konter zum österreichischen Reformprojekt von 1863 im Bundestag einen eigenen Antrag zur Bundesreform ein, der den Deutschen Bund sprengte. Er sah einen Deutschen Bund ohne Österreich vor, mit einem Parlament, das aus direkten und allgemeinen Wahlen hervorgehen sollte. Der Deutsche Krieg war im doppelten Sinne ein Vabanquespiel Bismarcks: Am preußischen Abgeordnetenhaus vorbei finanzierte er ihn durch eine geheime Anleihe vom Hause Rothschild unter der Vermittlung seines Privatbankiers Bleichröder. Ein militärischer Sieg über Österreich mußte Bismarcks politische Spekulation decken.[29]

Nach Königgrätz verschonte Bismarck Österreich zwar in territorialer Hinsicht, verstieß es aber aus Deutschland. Preußen hielt sich an den deutschen Verbündeten Österreichs mit Annexionen schadlos. Die Einverleibung von Hannover, Kurhessen und Nassau schloß endlich die seit 1815 klaffende Lücke zwischen dem traditionellen ostelbischen und dem sich modernisierenden und industrialisierenden rheinisch-westfälischen Preußen. Der Besitz Schleswig-Holsteins erhob Preußen zur potentiellen Seemacht, der Norden war bis zur Mainlinie unter preußischer Führung politisch zusammengefaßt. Mit Königgrätz hatte Preußen die Hegemonie in Deutschland errungen.

Die Folgen zeigten sich bei Sieger und Besiegtem: Preußen konsolidierte 1867 seine Gewinne durch den Norddeutschen Bund als Durchgangsstation zum Deutschen Reich 1871 mit einer Verfassung, die Bismarck weitgehend an die Reichsverfassung von 1849 anlehnte. Österreich hatte mit Venetien seine letzte Position in Italien fast völlig eingebüßt. Als Kompensation für seine Vertreibung aus Deutschland und Italien blieb ihm nur noch eine begrenzte Expansion auf dem Balkan, die es aber erst recht in Konflikt mit der weitergehenden Expansion Rußlands und der aufsteigenden Nationalbewegung der Südslawen brachte. Österreich versank endgültig in eine Existenzkrise, als die Ungarn die neuerliche Niederlage Habsburgs nutzten, um die Unabhängigkeit zu fordern, die sie 1849 so schnell wieder verloren hatten. Die komplexe Kompromißlösung des Ausgleichs von 1867 gab Ungarn im Rahmen der neuen Doppelmonarchie Österreich-Ungarn die fast vollständige Souveränität, erhebliche finanzielle Zuwendungen, damit es in der Doppelmonarchie blieb, und durch das gemeinsame Außenministerium in Wien einen bedeutenden Einfluß auf die politische Leitung des Gesamtstaates. Der Ausgleich befriedigte die Ungarn zunächst weitgehend, da er ihnen freie Hand für einen groß-magyarischen Chauvinismus gab, stieß dagegen die Südslawen von der Habsburger Monarchie ab.

Seit Österreichs Ausschluß aus Deutschland war die Vollendung der kleindeutschen Einheit unter Preußens Führung und unter Einschluß der süddeutschen Staaten nur noch eine Frage der Zeit und der Modalitäten. Alle drei süddeutschen Staaten banden sich durch geheime Militärallianzen für die Defensive und Offensive (Schutz- und Trutzbündnisse) an Preußen, dem sie im Kriegsfall den Oberbefehl über ihre Armeen, also die Hegemonie im ursprünglichen Sinn des Wortes, übertrugen. Es war also kein Zufall, daß sich auch die letzte Etappe der Reichseinigung durch einen Krieg, diesmal gegen Frankreich, vollendete. Bismarck hatte Napoleon III. 1866 über den Deutschen Krieg hingehalten, ohne Frankreich die begehrte territoriale Kompensation für seine eigene Neutralität und die Gewinne Preußens zu konzedieren. In der Luxemburg-Krise 1867 ließ Bismarck Napoleon III. durch raffiniertes Taktieren in die Messer der deutschen Öffentlichkeit laufen.

Am Ende lieferten Entwicklungen im weit entfernten Spanien den Anlaß zum Deutsch-Französischen Krieg. Seit seinem Abstieg als Weltmacht im Pyrenäenfrieden 1659 war Spanien in einen Zustand chronischer Labilität versunken: Der Spanische Erbfolgekrieg (1701–1713/14) war zugleich auch ein innerspanischer Bürgerkrieg gewesen. Der Eroberung durch Frankreich 1808 folgten Restauration 1814 und Revolution 1820, die eine französische Intervention im Auftrag der Heiligen Allianz 1823 niederschlug. Die Karlistenkriege (1834–39, 1849/50, 1869/72–1876) schwächten Spanien weiter, ebenso der Wechsel zwischen Monarchie und Republik. Im wirren Wechselbad von Regimen, Revolutionen, Juntas, Staatsstreichen, Restaurationen und Bürgerkriegen löste, nach dem Sturz der Königin Isabella II. 1868, das Angebot der spanischen Krone an den Erbprinzen Leopold von Hohenzollern-Sigmaringen eine ganze Lawine aus.

Das amtliche Preußen reagierte zunächst gespalten: Bismarck war dafür, Wilhelm I. dagegen. Für Frankreich zeichnete sich wie 1519 das Schreckensbild einer Einkreisung durch Spanien und Deutschland ab, jetzt unter Führung der expandierenden Hohenzollern anstelle der Habsburger. Nur hatten sich nach 350 Jahren die Gewichte verschoben: Spanien, 1519 die kommende Hegemonial- und erste Weltmacht, war 1870 eine schwache Mittelmacht; Deutschland, 1519 traditionelles Machtvakuum, befand sich auf dem Sprung zur Reichsgründung. So war für die Franzosen die in deutschen Augen so periphere spanische Thronkandidatur eine zentrale Bedrohung und machtpolitische Provokation.

Der ursprünglich Französisch-Preußische Krieg weitete sich rasch zu einer nationalen deutschen Sache aus, für die auch die süddeutschen Staaten aufgrund ihrer geheimen Verträge mit Preußen eintraten. Das stärker industrialisierte und besser durchorganisierte Deutschland besiegte Frankreich 1870 in kürzester Zeit. Nach der fälligen innenpolitischen Krise – Sturz des 2. Empire und Napoleons III. – setzte die Provisorische Regierung den Krieg jedoch zunächst fort, der auf deutscher Seite eine Eigendynamik entwickelte. Im Hochgefühl des Sieges wollte das neue Machtzentrum mit der Annexion von Elsaß-Lothringen auch die territorialen Verluste Deutschlands wieder rückgängig machen. Der deutsche Risorgimento-Krieg schlug in einen imperialen Eroberungskrieg um, denn die Bevölkerung Elsaß-Lothringens war seit der Französischen Revolution staatspolitisch gesehen französisch, mochte sie sprachlich und kulturell noch so deutsch geblieben sein. Der nationale deutsche Eroberungskrieg verwandelte den Konflikt auch auf französischer Seite in einen Volks- und defensiven Franctireurkrieg, der die Beziehungen zwischen beiden Ländern bis zum Beginn des Ersten Weltkrieges nachhaltig vergiftete, als die Deutschen in Belgien und Frankreich gegen (meist nur angebliche) Franctireure mit geradezu hysterischer Härte zuschlugen.[30]

So gewann die eigentliche Reichsgründung durch die Kaiserproklamation vom 18. Januar 1871 als militärische Zeremonie eine vielfältig symbolische Bedeutung bis nach dem Ersten Weltkrieg. Die Kaiserproklamation entwickelte sich spontan aus einem Gedächtnisgottesdienst für den 170. Jahrestag der preußischen Königskrönung in Königsberg vom 18. Januar 1701. Teilnehmer waren die siegreichen deutschen Fürsten, führende Militärs und Abgeordnete der deutschen Regimenter. Ort der Handlung war der Spiegelsaal des Prunkschlosses Versailles von Ludwig XIV., der Frankreichs ersten Griff zur europäischen Hegemonie u. a. auf Kosten des Machtvakuums Deutschland riskiert hatte. Gleichzeitig dauerte die Belagerung und Beschießung von Paris an, die entsetzliche Leiden für die Zivilbevölkerung brachte.

III. Globalisierung und Vollendung des Europäischen Systems nach außen, 1871 bis ca. 1900

Zwischen 1871 und 1914 entfaltete das Europäische System eine selbstzerstörerische Dynamik. Zahlreiche Faktoren wirkten auf-, mit- und gegeneinander in einem komplizierten Prozeß, der im folgenden ungefähr chronologisch zu entfalten ist. Im verwirrenden Wechsel von diplomatischen Aktionen, Konferenzen und Kongressen, Krisen und Kriegen, Bündnissen und Ententen sind stets die großen Fluchtlinien im Auge zu behalten: die zentrale Stellung Deutschlands als neuer Aspirant auf die europäische Hegemonie, um den sich allmählich die wichtigsten Konfliktlinien gruppierten; der Übergang vom englisch-russischen zum englisch-deutschen Gegensatz als Grundkonflikt zwischen den Großmächten; der Wechsel von Hochkonjunktur (bis 1873), Weltwirtschaftskrise und Großer Depression (1873–1895) und neuer Hochkonjunktur (seit 1896); der ungleichmäßige Fortgang der Industrialisierung, der neue Konflikte freisetzte; die Rivalität der Großmächte mit sich allmählich wandelnden Konstellationen, zuletzt den beiden festen Bündnisgruppen von 1914; die anfangs spannungsableitende und konfliktmindernde Wirkung des Imperialismus, der nach seiner globalen Vollendung um 1900 die Spannungen von der kolonialen Peripherie verstärkt wieder nach Europa zurücklenkte; die konfliktauslösenden Wirkungen an sich sekundärer oder tertiärer Spannungen und Konflikte der aufstrebenden Nationalitäten und Irredenta-Bewegungen an der Peripherie. Alle Faktoren hatten einen wechselnden und unterschiedlich großen Anteil am Zustandekommen der Konstellation von 1914.

Die Reichsgründung von 1871 konstituierte mit dem kaiserlichen Deutschland die letzte der Großmächte von 1914 und vollendete damit das Europäische System nach innen. Sein neues Zentrum war fortan Deutschland, auf das alle europäischen Mächte positiv oder negativ reagieren mußten. Danach bauten sich in Krisen und begrenzten Kriegen Spannungen und Konfliktpotentiale auf, die der Imperialismus zunächst nach außen ableitete. Die Endphase der Großen Orientkrise von 1875–78 wäre beinahe in einen Weltkrieg eingemündet, hätte nicht der Berliner Kongreß 1878 die Spannung noch einmal aufgelöst. Statt dessen eröffnete der Zweibund 1879 die Bündniskonstellation von 1914. Zum letzten Mal wären Rußland und England

1885–87 über Afghanistan oder Bulgarien beinahe in einen Großkrieg geraten. Schritt für Schritt entfalteten sich die deutschen Varianten traditioneller Machtpolitik, die zusammengenommen besonders verheerend wirkten. Noch in die Phase der deutschen Kontinentalpolitik fällt das Ende der Bündnislosigkeit unter den Mächten und die koloniale Aufteilung Afrikas. Im Übergang zur deutschen »Weltpolitik« nach Bismarck strebte auch der allgemeine Imperialismus seinem Höhepunkt entgegen.

1. Deutschland nach der Reichsgründung

Der Charakter des neuen Deutschen Reiches als Monarchie, in der das seit 1813 stets siegreiche Militär eine mächtige Stellung einnahm, prägte das subjektive Selbstverständnis seiner führenden Eliten und das Bild, das sich weite Teile der Außenwelt von ihm machten. Die innere Struktur des neuen Reiches und seine machtpolitische Eigendynamik geben nachträglich innere Bruchlinien zu erkennen, die ein neudeutsches Dilemma offenlegten.

a) Das Deutsche Reich als kontinentale Super-Großmacht

Je größer der historische Abstand zum Bismarckreich und zum Europäischen System vor 1914 wird, desto deutlicher enthüllt sich im Rückblick der ungeheure Vorgang der Reichsgründung: Für die Deutschen bedeutete sie nur die Wahrnehmung des von ihnen reklamierten Rechts auf nationale Selbstbestimmung. Für die nachgeborenen Deutschen wurde die Einheit des Reiches schon zur historisch-politischen Selbstverständlichkeit, die später wieder verlorenging.

Deutschland war 1871 die kontinentale Super-Großmacht der Zeit. Der plötzliche Wandel vom traditionellen Machtvakuum zu einem erstklassigen Machtzentrum (allein durch die Zusammenfassung der meisten Deutschen in einem Staat) lief auf die Umstülpung des bisherigen Gleichgewichts hinaus. Das war es, was der damalige konservative Oppositionsführer Disraeli in seiner später vielzitierten Unterhausrede vom 9. Februar 1871 als »die deutsche Revolution« bezeichnete, die er für schwerwiegender als die Französische Revolution hielt. Deutschland besaß nach 1871 die stärkste moderne Industriewirtschaft, die sich quantitativ noch weiter ausdehnte und qualitativ modernisierte,[1] die stärkste und beste Armee der Welt,[2] das effektivste Bildungswesen, die straffste Organisation seiner Gesellschaft in einer unübersehbaren Vielfalt von Verbänden, Vereinen und Korporationen.[3]

b) *Die innere Struktur des neuen Reiches*

Geographisch wie macht- und verfassungspolitisch stand Deutschland zwischen West und Ost. Seine nationalstaatlichen Grenzen von 1871 rückten es von selbst in ein neues Spannungsverhältnis: Zwischen liberalem parlamentarisierten Verfassungsstaat im Westen und (sich gerade punktuell liberalisierender) Autokratie im Osten nahm es eine spezifisch deutsche Sonderstellung ein, deren Propagandisten vorgaben, die Vorteile beider optimal miteinander zu kombinieren.[4] Jedoch entsprangen gerade aus der Kombination beider durch die Praxis abgeschwächten und an sich feindlichen Prinzipien im neuen Reich interne Widersprüche und Spannungen, die sich in Krisenzeiten als katastrophal entpuppten. Im historischen Rückblick tun sich nachträglich Bruchlinien auf, die der trügerische Glanz imperialen Aufstiegs überdeckte, solange der Erfolg des Reiches noch anhielt.

Rein formal war das Deutsche Reich kein zentralisierter Einheitsstaat, sondern ein Bund souveräner Fürsten und freier Hansestädte, also ein lockerer Bundesstaat. Sein Machtschwerpunkt war Preußen, dessen innerdeutsches Übergewicht politisch den Ausschlag gab. Das neue Reich kam ohne eigentliche Reichsregierung aus und hatte nur einen Reichsminister, den Reichskanzler mit Staatssekretären als Gehilfen, denen politisches Gewicht lediglich aus der Personalunion als preußische Minister zuwuchs. Gleichwohl gewann die »Reichsleitung«, wie der Verlegenheitsname allmählich lautete, immer mehr an Eigengewicht.

Ohne schon voll parlamentarisiert oder gar demokratisiert zu sein, war Deutschland ein liberaler Rechtsstaat mit vielen Attributen eines modernen Verfassungsstaates. Seit dem Reichstag des Norddeutschen Bundes 1867 ging der Reichstag aus dem allgemeinen, direkten und gleichen (Männer)Wahlrecht hervor, wies also ein ausgesprochen demokratisches Element auf, für das sich gerade die demokratische Linke in Deutschland seit 1848 so vehement engagiert hatte. Er besaß zwar das volle Budgetrecht, aber keine Kompetenz für Verteidigung, Militär und Außenpolitik, auch nicht für die Bestellung des Reichskanzlers. Der Kanzler blieb formal allein vom Vertrauen des Kaisers abhängig, konnte aber in der Praxis nicht lange ohne Reichstagsmehrheit regieren. Indirekte Wahlrechte in den Bundesländern, vor allem in Preußen mit seinem Dreiklassenwahlrecht, sorgten für zusätzliche Diskrepanzen, wie die Abschaffung des preußischen Dreiklassenwahlrechts als kontinuierlichste Forderung der SPD bis Ende 1918 beweist. Auch blieb die Einteilung der Reichstagswahlkreise bis 1918 unreformiert und paßte sich nicht dem Anwachsen der Städte im Zuge der raschen Industrialisierung an.

Das Übergewicht des Militärs in der Öffentlichkeit wie in der allgemeinen Prestigehierarchie verlieh dem preußisch-deutschen Reich den Charakter einer Militärmonarchie. Formal war es eine beschränkt konstitutionelle Monarchie mit einer starken Stellung des Monarchen und Elementen, die den Ausbau zu einer voll konstitutionellen oder gar parlamentarischen Monarchie möglich machten.[5] Wie alle komplexen Systeme war das preußisch-deutsche Verfassungssystem in seiner Struktur ambivalent und ein Kompromiß widerstreitender Kräfte. Je nach der eigenen politischen oder ideologischen Position lassen sich mehr die monarchisch-aristokratisch-militärischen oder die rechtsstaatlich-liberal-konstitutionellen Elemente im Kaiserreich betonen. In der realhistorischen Entwicklung gab es Phasen, in denen die eine oder andere Seite stärker in den Vordergrund trat. Das versuchte und fast erreichte »persönliche Regiment« Wilhelms II. ungefähr zwischen 1892/94 und 1908 mit danach abklingender Tendenz stärkte das monarchische Element[6]. Andererseits erklärt das Anwachsen des parlamentarischen Faktors seit der »Daily Telegraph«-Affäre 1908, wieso aus der Endphase des Kaiserreichs im Oktober 1918 scheinbar urplötzlich die Parlamentarisierung der Monarchie hervorging.

c) Die Elbe als innerdeutsche Strukturgrenze

Zu den latenten Bruchlinien im Innern Deutschlands gehört die strukturelle Spannung zwischen dem überwiegend agrarischen Osten als sozialer Basis für die meist konservativen ostelbischen Junker (= niederer Landadel) Preußens und dem sich industrialisierenden Westen als Basis für das sich liberalisierende Bürgertum und die überwiegend sozialdemokratische Industriearbeiterschaft. Die innere Strukturgrenze verlief seit der frühen Neuzeit ungefähr entlang der Elbe, einer älteren europäischen Strukturgrenze.[7]

Erst mit dem Gewinn des Rheinlandes 1815 legte sich Preußen, ohne es zu ahnen, die strukturelle Heterogenität zu, die es mit der Reichsgründung 1871 auf das von ihm beherrschte neue Deutsche Reich übertrug. Spannungen zwischen dem liberalen Westen, der sich wirtschaftlich und ideologisch an Frankreich und England orientierte, und dem ostelbischen Alt-Preußen unter dem traditionellen Schatten des autokratischen Rußland zeigten sich nach innen zum ersten Mal in der Revolution 1848: Rheinische Bankiers und Industrielle übernahmen in Berlin die erste Märzregierung und finanzierten in Köln die »Neue Rheinische Zeitung«, Organ des linken Flügels revolutionärer Demokraten unter Karl Marx. Nach außen wirkte sich die innere Spaltung erstmals während des Krimkrieges in der Krise der preußischen Außenpolitik paralysierend aus, da sich ökonomisch-sozial-politisch ungefähr gleich starke Kräfte die Waage hielten und sich nicht über die Festlegung nach Westen oder Osten einigen konnten.

In größerem Maßstab wiederholte sich dieser Mechanismus nach der Reichsgründung in der Phase deutscher Weltpolitik. Als Antwort auf die innenpolitische Kluft in der Revolution 1848/49 und die außenpolitische Lähmung im Krimkrieg erklärt sich die aktivistische Flucht nach vorn in Form eines Klassenbündnisses zwischen Adel und Bürgertum, das für Bismarck die soziale Grundlage zur Reichsgründung lieferte.[8] Das »Bündnis der Eliten«[9] – traditioneller (Adel) wie moderner (Bürgertum) – im strukturell so heterogenen Preußen gab der Bewegung zur Reichseinigung neue Dynamik und repräsentiert ein zentrales Stück historischer Kontinuität in der neueren deutschen Geschichte bis 1945. Dennoch blieben Diskrepanzen, die sich aus den auseinanderlaufenden Entwicklungen westlich und östlich der Elbe erklären. Sie wurden finanziell (ab 1866) und politisch von Berlin nur mühsam zusammengehalten und koordiniert. Der delikate Klassenkompromiß zwischen Landwirtschaft und Industrie drohte wegen divergierender materieller Interessen und ihrer sozialen Konsequenzen später immer wieder auseinanderzubrechen und war daher stets zu erneuern, z. B. mit Sozialistengesetz 1878, Schutzzoll 1879, mit dem Beginn der Weltpolitik 1895/96, nach dem Wahlsieg der SPD im Januar 1912 mit einer verschärften Agitation gegen die SPD.[10]

d) Die machtpolitische Eigendynamik der Reichsgründung

Negative Rückwirkungen von Industrialisierung und Reichsgründung zeigten sich also schon im Augenblick ihres Erfolgs. Solange Deutschland als Machtvakuum zwischen Ost und West noch locker und elastisch war und die Industrialisierung strukturelle Unterschiede zwischen den deutschen Territorien östlich und westlich der Elbe nicht zusätzlich verschärft hatte, solange blieb die Wirkung der strukturellen Differenz noch begrenzt. Erst die intensive Industrialisierung und die Gründung eines festeren, damit aber auch starreren nationalstaatlichen Gebildes eskalierten nach 1871 die internen Spannungen.

Die strukturelle Unfähigkeit des Deutschen Reiches zum moderierenden bündnispolitischen Kompromiß mit England oder Rußland wurde für Europa system- und existenzbedrohend, als Deutschland zur Expansion über seinen neuen Status als kontinentale Großmacht hinaus aufbrach. Die Expansion eines neukonstituierten Machtzentrums ist in der Weltgeschichte an sich normal. Nur ein ungewöhnliches Maß historisch-politischer Einsicht in die besondere Lage Deutschlands hätte die überbordenden Kräfte des Deutschen Reiches machtpolitisch vielleicht zurückhalten können. Solche exzeptionelle Einsicht war damals nicht zu erwarten, da die Deutschen die Erfahrung zweier Weltkriege erst noch vor sich hatten. Bismarck erklärte zwar mit seiner Kontinentalpolitik das neue Reich den euphorischen Deutschen wie den mißtrauischen Nachbarn gegenüber für territorial »saturiert«. Er versuchte machtpolitische Selbstbeschränkung und hatte durchaus die Folgen eines »Periklitierens« in fernen Gegenden im Blick, den Untergang des Reiches nach einer schweren Niederlage.

e) Nationale Bruchlinien

Zu den strukturellen Bruchlinien mitten durch Deutschland in Gestalt der Elblinie kamen Komplikationen an seinen Rändern. Entgegen seinem Pathos war das Deutsche Kaiserreich von 1871 keineswegs ein homogener Nationalstaat.[11] Nationale Bruchlinien im Innern erfaßten nicht-deutsche Minderheiten: Von Preußen übernahm das Deutsche Reich Minderheiten im Osten (Polen) und Norden (Dänen) und einverleibte sich im Westen mit der Reichsgründung im Frankfurter Frieden auch noch Franzosen (Elsaß-Lothringen). Die nationalen Minderheiten machten zusammen immerhin rund ein Zehntel der Reichsbevölkerung aus. Obwohl sie rechtlich als Reichsangehörige den Deutschen gleichgestellt waren, blieben sie politisch doch Staatsbürger zweiter Klasse und waren damit auch sozial diskriminiert, am stärksten die Polen Posens und Westpreußens, die sich bald nach der Reichsgründung einem steigenden Assimilierungsdruck ausgesetzt sahen.[12] Die Polen protestierten bei ihrer zwangsweisen Eingliederung in den Norddeutschen Bund und in das Deutsche Reich durch ihre parlamentarischen Vertreter. Sie hatten sich zwar in ihre Existenz als preußische Polen geschickt, aber Deutsche wollten sie nicht sein.

Diskriminierung und repressiver Assimilationsdruck hielten nationale Wunden offen und verhinderten die von der deutschen Politik an sich erhoffte nationale Assimilierung der Minderheiten. Sie wäre allenfalls durch Liberalität und Großzügigkeit, z. B. mit einer Autonomie, zu erreichen gewesen. Statt loyale Reichsbürger, zog sich das Deutsche Reich daher überwiegend unwillige Staatsbürger heran, die im Weltkrieg durch Desertion und nach der Niederlage durch Sezession vom Deutschen Reich absprangen.

Da die kleindeutsche Antwort auf die Deutsche Frage nur zwei Drittel der Deutschen umfaßte, lag es nahe, das restliche Drittel, vor allem in Österreich-Ungarn, später doch noch mit dem kleindeutschen Reich zu verbinden. Diese Konsequenz zogen zwei Jahrzehnte später offen die Alldeutschen, im Ersten Weltkrieg alle Vertreter eines deutschgeführten »Mitteleuropa« und 1938 die Nationalsozialisten als wichtigste Erben der Alldeutschen mit dem »Anschluß« Österreichs und der Annexion des »Sudetengebiets«.

Die großdeutsche Option machte fast automatisch aus den »Auslandsdeutschen«, um die sich im alldeutsch-großdeutschen Sinn ab 1891 der »Verein für das Deutschtum im Ausland« (VDA) »kümmerte«, eine großdeutsche »Irredenta« mit dem Ziel einer Wiedererrichtung des alten römisch-deutschen Reiches in moderner Form. Gleichzeitig war die großdeutsche Lösung eine mittlere Linie zwischen kleindeutschen und noch weiterausgreifenden Plänen: Wiedergewinnung der »membra disiecta«, der in Zeiten des Machtvakuums aus dem Reich ausgeschiedenen Territorien im Südwesten und Nordwesten des Reiches, der Schweiz und der Niederlande. Auch die Alldeutschen vertraten bereits diese super-großdeutsche Linie, die später teilweise im deutschen »Mitteleuropa«-Gedanken aufging. Die Einbeziehung der »membra disiecta« und der »Auslandsdeutschen« ins Deutsche Reich hätte den Rahmen der 1871 für Europa gerade noch erträglichen kleindeutschen Lösung sofort gesprengt: Großdeutsche wie super-großdeutsche Ansprüche kamen einer Kriegserklärung an das übrige Europa, verschleiert auch an das ab 1879 formal mit Deutschland verbündete Österreich-Ungarn, gleich.

f) Das neudeutsche Dilemma

Mit dem weitergehenden Wirtschaftsaufschwung nach der Überwindung der Großen Depression von 1873–95 wurde eine weitere Ausnahmestellung Deutschlands in der Weltpolitik virulent: Die geographisch wie machtpolitisch zentrale Lage des neuen Machtzentrums in der Mitte des Europäischen Systems, das in kollektiver Rivalität die übrige Welt weitgehend beherrschte, führte automatisch zu dem, was ein amerikanischer Historiker etwas unglücklich neuerdings als die »Einkreisung« des Reiches schon bei seiner Geburt umschrieb.[13] Tatsächlich grenzte die neue Super-Kontinentalmacht als einzige Großmacht der Pentarchie an alle drei kontinentalen Großmächte – Frankreich, Österreich-Ungarn, Rußland – und sah sich über die Nordsee von der vierten, England, maritim blockiert. Jede Expansion des neuen Reiches mußte also über zumindest eine Großmacht hinweggehen, mit dem Risiko, die Feindschaft aller übrigen Großmächte des Europäischen Systems auf sich zu ziehen. Der Sieg des schon mächtigen Deutschland über die eine oder andere kontinentale Macht würde aus der latenten Hegemonialstellung des Reiches eine offene machen, der sich die Großmächte freiwillig nicht beugen würden. Eine maritime Expansion in Übersee mußte früher oder später auf England stoßen, das sich im Einklang mit dem antihegemonialen Grundzug des Europäischen Systems wußte.

So sah sich das scheinbar vor Energie strotzende Deutsche Reich seit seiner Neugründung 1871 in einem Dilemma, das es konstruktiv nicht zu lösen vermochte: Seine wachsende Volks- und Wirtschaftskraft hatte die nationalstaatliche Einigung auf kleindeutscher Grundlage ermöglicht. Deren Eigengewicht regte zu weiterer Expansion an – kriegerisch gegen eine andere Großmacht auf dem Kontinent oder imperialistisch in Übersee. Minimalziel einer kontinentalen Expansion hätte die 1849 und 1866 gescheiterte großdeutsche Lösung unter Führung des kleindeutsch-preußischen Reiches sein können, Maximalziel ein Super-Großdeutschland der Alldeutschen, später Hitlers. Die latente oder offene Hegemonie nach 1871 schleuderte jedoch das neue Deutschland in die Konfrontation mit dem Europäischen System. Mit dem Heraufziehen eines neuen weltpolitischen Systems um 1900 stürzte die »Weltpolitik« als deutsche Version des Imperialismus Europa in den Weltkrieg.

Deutschlands Expansion auf dem Kontinent wie in Übersee hätte einen starken Verbündeten erfordert. Frankreich schied wegen der bilateralen »Erbfeindschaft« über Elsaß-Lothringen aus, England und Rußland wegen der deutschen Unfähigkeit, sich zwischen »Wal« und »Bär« zu entscheiden, aus inneren strukturellen Gründen. So blieben von der klassischen Pentarchie nur noch Österreich-Ungarn und das Osmanische Reich. Beide befanden sich als dynastische Großreiche schon längst in der Agonie und waren eher Machtvakuen als wirkliche Machtzentren (das Osmanische Reich mehr, Österreich-Ungarn weniger). Jedes Einzelglied des Dilemmas nach 1871 war an sich nur die deutsche Variante eines allgemeinen Problems: Nationalstaatlichkeit mit anschließender Expansion. Aber die Summe »deutscher Besonderheiten« ergab für Europa ein unlösbares Gesamtdilemma mit explosiven Folgen: In seiner enormen und noch weiter anwachsenden Macht war Deutschland wie ein Schneller Brüter ohne Berstschutz, eine Gefahr für sich und seine Umwelt, blieb aber ein nicht wegzudenkender Teil des Kontinents. Die vielberufenen 43 »Friedensjahre« zwischen 1871 und 1914 erweisen sich im historischen Rückblick als Inkubationszeit zur Ausbrütung des deutschen Dilemmas von der Reichsgründung bis zum Ausbruch des Ersten Weltkriegs.

2. Die innere Struktur des Europäischen Systems nach 1871

Für das Europäische System und die Verhältnisse der Großmächte untereinander hatte die Reichsgründung viel geändert. An die Stelle des traditionellen Machtvakuums in seiner Mitte trat ein erstklassiges Machtzentrum, das schon in *statu nascendi* mit Österreich und Frankreich zwei Großmächte besiegt hatte, und nun auch die beiden Flügelmächte England und Rußland zu deklassieren drohte. Rußlands ökonomische Rückständigkeit und soziale Zerrissenheit im Vergleich zum kleineren, aber kompakteren Deutschen Reich wurde sofort, gerade für machtbewußte russische Panslawisten, schmerzhaft sichtbar. Deutschlands anhaltendes ökonomisches und demographisches Wachstum bedrohte langfristig auch England als Wirtschafts- und Seemacht, wie sich bald nach 1900 herausstellte. *Alle* Großmächte mußten sich nun auf das neue Machtzentrum im Herzen Europas einstellen und ihr Verhältnis untereinander und zum Deutschen Reich überprüfen.

Gegenüber den primären Rivalitäten und Konflikten der Großmächte, nach 1871 allmählich zentriert um Deutschland, erscheinen sekundäre Konflikte peripher. Zu Beginn des Ersten Weltkriegs machte sich dieses Gefühl auf allen Seiten mit dem Stoßseufzer Luft, warum sich die zivilisierten Großmächte über Ereignisse in einem obskuren Ort Sarajevo an die Gurgel gehen sollten, von dem die meisten Zeitgenossen bis dahin nie gehört hatten. An sich untergeordnete Probleme können jedoch als Initialzündung wichtig werden.

a) Struktur und Machtposition der außerdeutschen Großmächte[14]

Jede Macht hatte auf ihre Weise eine Schlüsselposition im Europäischen System inne. Zum Verständnis der außenpolitischen Positionen der einzelnen Großmächte wird ein Blick auf deren innere Struktur unerläßlich. England befand sich noch immer im Aufstieg zu weiterer wirtschaftlicher und imperialistischer Expansion. Mit dem Siegeszug des industriellen Prinzips verlor es jedoch allmählich seine Vormachtstellung in der industriellen Entwicklung an neuaufkommende Mächte, auf dem Kontinent vor allem an Deutschland und in Übersee – noch nicht bedrohlich – an die USA sowie später auch an Japan. Daher setzte seit dem Ende des 19. Jahrhunderts allmählich eine pessimistische Grundstimmung ein: Das Britische Empire reagierte im Bewußtsein seiner künftigen Schwäche gegenüber den aufkommenden Konkurrenten defensiv, selbst wo es zunächst in Übersee noch weiter expandierte.[15]

Entsprechend zogen die sich industrialisierenden Staaten in der Expansion in Übersee nach, neben dem traditionellen Rivalen Frankreich chronologisch in der Reihenfolge: Belgien, Italien, Deutschland, Japan und die USA. Der moderne Imperialismus vollendete im »Scramble for Africa« zwar äußerlich und auf der Weltkarte Englands Aufstieg zur größten Kolonialmacht. Aber die Umwandlung seines bisher (Indien ausgenommen) tunlichst »informal« bleibenden Freihandelsimperialismus zum formalisierten Kolonialimperialismus stand unter dem Druck, möglichst große, bisher »herrenlose« Gebiete für sich zu gewinnen, um sie nicht in die Hand wirtschafts- und kolonialpolitischer Rivalen fallen zu lassen. Die äußerlich imponierende Stärke des Britischen Empire verwandelte sich unversehens in innere Schwäche: Der Verlust der bis dahin unbestrittenen Führung in der Überseeexpansion zwang England zur Formalisierung der Interessensphären gegenüber nachdrängenden Konkurrenten.

Nach innen blieb England hinter der Fassade viktorianischer Prosperität durch die Irische Frage und die Verschärfung der sozialen Frage doppelt gespalten. Vor allem der deutsche Aufbruch in die Industrialisierung legte das Zurückbleiben der englischen Modernisierung unbarmherzig bloß: Erst 1870, im Jahr des deutschen Sieges über Frankreich, führte England die allgemeine Schulpflicht ein. In der Selbstzufriedenheit jahrzehntelanger Konkurrenzlosigkeit veraltete allmählich die früher führende englische Industrie in Produktions- und Vertriebsmethoden.[16] Um 1900 erhöhten wachsende Unzulänglichkeiten den aufsteigenden Pessimismus in England, das sich in seiner freiwilligen Isolierung seit 1856 nicht mehr wohl fühlte. Der Zwang zur Suche nach Bündnispartnern schon in Friedenszeiten war ein Symptom dafür, daß sich England in seiner bisher unangefochtenen Weltstellung gefährdet sah.

Für die kontinentale Flügelmacht Rußland verschärfte die anlaufende Industrialisierung die innere Malaise des zaristischen Ancien Régime. Die Finanzierung der Industrialisierung bestritt Rußland mit Anleihen und Technologieimporten aus dem Westen, u.a. aus Deutschland, sowie mit einem forcierten Getreideexport vor allem in das sich rascher industrialisierende Deutsche Reich.[17] Der interne Anteil der Kapitalakkumulation ging zu Lasten der russischen Bauern, da ihnen der Staat durch niedrige Agrarpreise einen Konsumverzicht aufzwang, der bei schlechten Ernten zu ausgedehnten Hungerkatastrophen selbst in der Getreideregion Ukraine (1892–94) führte. Die ungleichmäßige Industrialisierung in wenigen Agglomerationen – St. Petersburg, Moskau, Donezbecken, Baku, Ural – schuf einige industrielle Ballungszentren, in denen ein sich allmählich revolutionierendes Industrieproletariat unter Führung der bürgerlichen Intelligentsia die quantitative Mehrheit gewann und damit in revolutionären Krisenzeiten auch das qualitative, d.h. politische Übergewicht. Seit der Bauernbefreiung 1861 bewegte sich Rußland daher in der eskalierenden Spannung zwischen Autokratie und Industrialisierung, punktueller Liberalisierung und drohender sozialer Revolution. Liberale Reformen unter Alexander II. führten bis zur Ermordung des Reformzaren 1881 Elemente westlicher Rechtsstaatlichkeit ein. Rußland blieb Autokratie, im Dilemma zwischen versuchter Expansion nach außen und revolutionären Schüben nach innen, besonders während größerer Kriege (1877/78, 1905/6), punktuell modifiziert mit etwas Rechtsstaatlichkeit. Erst seit der Revolution von 1905/6 erhielt es auch einige verfassungsrechtliche Elemente, die die formal weiterbestehende Autokratie zumindest tendenziell zur konstitutionellen Monarchie aufweichten.

Als Ersatz für die im Krimkrieg gescheiterte Expansion trieb Rußland seine bisherige Expansion nach Zentralasien und im Fernen Osten mit Indien und China als strategischen Fernzielen[18] voran. Mehr aus innerer Schwäche denn aus Liebe zu Deutschland gab es dem konservativen Preußen freie Hand zur Reichsgründung, nutzte aber den Deutsch-Französischen Krieg zur Kündigung der Pontusklausel des Pariser Friedens mit Hilfe Preußen-Deutschlands. Rußlands Intervention in die Große Orientkrise 1877/78 unter panslawistischem Druck von rechts setzte mit enormen Kriegsanstrengungen eine erste

Welle des sozialrevolutionären Terrorismus frei. Derselbe Mechanismus wiederholte sich im Russisch-Japanischen Krieg von 1904/5 mit der Ersten Russischen Revolution von 1905/6. Beide Phasen des russischen Panslawismus von rechts und der sozialen Revolution von links trieben das zaristische Rußland in erfolgsuchende Expansion, ließen es aber auch vor dem großen Krieg zurückscheuen. Bis zur Julikrise 1914 wandelte der Zar bei der Entscheidung über Krieg und Frieden stets auf einem schmalen Grat: Wich er vor dem Krieg zurück, drohte ein panslawistischer Staatsstreich von rechts, verlief ein Krieg ungünstig, drohte die soziale Revolution von links.

Frankreich war nach dem Debakel von 1870/71 noch weiter geschwächt: Es sah sich zunächst machtpolitisch isoliert, seine industrielle Entwicklung blieb an seinen Osträndern stecken und sein Bevölkerungswachstum stagnierte. Als immer noch überwiegend agrarische Großmacht von Deutschland 1870 deklassiert, sah es sich von Bismarck auf die kompensatorische Expansion in Übersee verwiesen. Zur Behauptung seiner Großmachtstellung war es mehr denn je auf ein Bündnis gegen Deutschland mit zumindest einer Großmacht schon in Friedenszeiten angewiesen, um seine von nun an chronische Schwäche durch das Gewicht einer anderen Großmacht aufzuwiegen. Nach einer langen Quarantäne fand es zuletzt gleich zwei Partner, einen festen in Rußland ab 1892/94, einen lockeren in dem bisherigen Erzrivalen England mit der Entente Cordiale von 1904.

Österreich-Ungarn blieb als Großmacht nach innen und außen nur noch bedingt handlungsfähig. Seine faktische Zweiteilung durch den Ausgleich 1867 schwächte es zusätzlich durch die selbstzerstörerische Assimilierungspolitik des großmagyarischen Chauvinismus. Als neues Machtvakuum, das bis 1914 durch seinen historischen, inzwischen nur noch formalen Großmachtstatus verschleiert war, geriet es in die Expansionslinien Rußlands und Deutschlands, die sich auf dem Balkan und im Osmanischen Reich kreuzten. Zwischen Neu-Deutschland und Groß-Rußland wurde Österreich-Ungarn zermahlen: Für die russische Expansion war es Objekt der nationalen Dekomposition – dank der von den Ungarn selbst gegen Habsburg aufgebrachten südslawischen und rumänischen Minderheiten. Für die deutsche Expansion sank es hinter der Fassade als formaler Bundesgenosse im Zwei- bzw. Dreibund zur territorialen Verbreiterung deutscher Expansion auf dem Kontinent herab, die für eine deutsche Weltmachtstellung als Durchgangskorridor zum Balkan und von da zum Osmanischen Reich unentbehrlich war.

Erst recht Machtvakuum blieb das Osmanische Reich am Ende seiner 150jährigen Agonie. Die Nationalisierung und Politisierung älterer religiöser Solidaritäten sprengte die Reichsstruktur, zumal seit die Jung-Osmanen und zuletzt die Jungtürken versuchten, die osmanische Reichsidee mit einem modernen türkischen Nationalismus zu verbinden. Das Ergebnis war wie im Ungarn der Doppelmonarchie eine repressive Assimilierungspolitik, die vor allem bei den Armeniern Widerstand erzeugte. Unter dem Druck der russischen Expansion seit Peter dem Großen suchte das Osmanische Reich Anlehnung an das weiter entfernte, nicht unmittelbar benachbarte und daher auch nicht direkt gefährliche Deutschland. Beide rissen sich im Ersten Weltkrieg gegenseitig in den Abgrund.

Italien tendierte als liberale und parlamentarische Monarchie zwar zum politischen Westen. Aber die Garibaldi-Republikaner eröffneten bald nach dem Sieg des Italienischen Risorgimento eine Agitation mit doppelter Stoßrichtung: Expansion über Italien hinaus, Sturz der Monarchie und Errichtung einer Republik. Dazu verschärfte sich mit der Industrialisierung die regionale Zweiteilung zwischen dem sich industrialisierenden Norden und dem agrarisch zurückbleibenden und verarmenden Süden. So flüchtete sich Italiens Monarch 1882 in den Dreibund und suchte den Schutz des mächtigeren Deutschland, stieß dort aber auf das vom Risorgimento ungeliebte Österreich-Ungarn. Strukturelle Affinitäten zur »romanischen Schwester« Frankreich und zur südslawischen Nationalbewegung, staatlich repräsentiert vor allem durch Serbien, führten Italien zusätzlich in Distanz zum Dreibund.

b) Das Verhältnis der Großmächte untereinander

Nach 1871 setzte sich zunächst die Phase der Bündnislosigkeit des Europäischen Systems seit dem Pariser Kongreß 1856 fort. Für Bismarck war sie 1877 im Kissinger Diktat sogar die Idealkonstellation, um Frankreich besser zu isolieren: Gab es in Friedenszeiten keine Bündnisse zwischen Großmächten, so würde auch Frankreich keinen Bündnispartner finden. Statt dessen verfolgten die Großmächte ihre Interessen in kurzlebigen Verständigungen und Arrangements mit häufig wechselnden Partnern.

Rein theoretisch gab es im bündnislosen Zustand nach 1871 unzählige Kombinationsmöglichkeiten im kaleidoskopartigen Wechsel punktueller und kurzlebiger Verständigungen für begrenzte Ziele. Jedoch reduzierten ältere und neuere historische Konstanten die Zahl der Möglichkeiten mittel- oder gar langfristiger Verbindungen, die sich aus kurzfristigen Arrangements hätten ergeben können. Die Logik europäischer Machtpolitik führte früher oder später doch zu einem System von Bündnissen, das kurzfristig scheinbar den Frieden sicherte, langfristig aber die Kriegskonstellation von 1914 vorbereitete. Der Zweibund zwischen Deutschland und Österreich-Ungarn als Ausfluß der Großen Orientkrise und des Berliner Kongresses eröffnete 1879 die machtpolitische Umgruppierung im Europäischen System. Sie fand ihren effektiven Abschluß in der anglo-russischen Verständigung von 1907, ihr formales Ende mit dem Londoner Vertrag vom 5. September 1914, der einen Monat nach Kriegsausbruch das Zusammengehen der Ententemächte durch einen Bündnisvertrag staatsrechtlich sanktionierte. Die Entwicklung zur Konstellation von 1914 läßt sich daher am bequemsten anhand der Etappen verfolgen, die zum europäischen Bündnissystem von 1914 führten, an den großen Krisen und kleineren Kriegen, die die einzelnen Elemente der Bündnissysteme hervorbrachten.

Aus der zunächst verwirrenden Fülle diplomatischer Aktionen und Überlegungen schält sich eine Konstante heraus: Alle Mächte waren durch das plötzliche Auftauchen des übermächtigen Deutschland ab 1871 gezwungen, ihre Beziehungen untereinander und zum neuen Deutschland zu überprüfen. Letzten Endes erweisen sich danach alle bedeutenden diplomatischen Aktionen und Erwägungen als Reflexe auf die Reichsgründung und ihre Folgen. Deutschland stand nicht nur geographisch, also in der Macht- und Konfliktgeographie des Europäischen Systems, im Zentrum der Entscheidungen, sondern auch der Sache nach. Es ist daher kein Ausdruck unzulässiger Germanozentrik, wenn die weitere Analyse immer wieder um Deutschland und seine Politik kreist: Schon die Existenz des (kleindeutschen) Reichs warf enorme Probleme auf. Indem sich die Deutschen nach der Kontinentalpolitik Bismarcks auch weltpolitisch exponierten, schufen sie selbst die entscheidenden Konflikte, die zum Ersten Weltkrieg eskalierten. Selbst eine nüchterne funktional-prozeßhafte Analyse der Vorgeschichte des Ersten Weltkriegs unter einem weiten Horizont wird immer wieder auf diesen für Europa zentralen Punkt zurückgeworfen.

Zwischen Wiener Kongreß und Reichsgründung hatten die beiden so unterschiedlichen Flügelmächte des Europäischen Systems, England und Rußland, mit ihrer eskalierenden Polarisierung den internationalen Beziehungen ihren Stempel aufgedrückt. In dem Maße jedoch, in dem sich allmählich die umstürzenden machtpolitischen Konsequenzen der Reichsgründung offenbarten, trat der traditionelle englisch-russische Gegensatz allmählich zurück. Daß das Arrangement der beiden Flügelmächte von 1907 nur wenige Jahre vor dem Ersten Weltkrieg den Schlußstein in die europäischen Bündnissysteme einfügte, zeigt, wie tief die Gegensätze waren, die der anglo-russische Ausgleich nur übertünchte und nicht wirklich ausräumte. Erst die neue deutsche Großmacht und ihre »Weltpolitik« polte die Hauptspannungen im Europäischen System um, vom Gegensatz England-Rußland zum Gegensatz Deutschland fast allein gegen Europa. Seitdem konvergierten die meisten Spannungen auf die neue Kernmacht Europas, weil sie als stärkste Macht des Kontinents automatisch die anti-hegemoniale Struktur des Europäischen Systems bedrohte.

Als Kristallisationspunkt für eine Koalition gegen das übermächtige Reich kam zunächst nur Frankreich in Frage. In seiner doppelten Isolierung nach 1871 – als Republik in einem überwiegend monarchischen Europa und nachhaltig geschwächt durch die Niederlage gegen Deutschland – kam für Frankreich ein positives Verhältnis zu Deutschland, vor allem wegen Elsaß-Lothringen, nicht in Frage. Österreich-Ungarns ersten Impuls 1870, »Rache für Sadowa« durch Parteinahme für Frankreich und gegen Preußen-Deutschland zu nehmen, hatte die russische Kriegsdrohung neutralisiert. Spätestens mit dem Zweibund von 1879 schied die Doppelmonarchie endgültig als Partner für Frankreich aus, ähnlich wie sich Italien mit seinem Anschluß an den Zweibund 1882 scheinbar gegen Frankreich entschied.

Nach der Logik des Machiavelli-Gesetzes (Nachbar = Feind; Nachbar des Nachbarn = Verbündeter) bot sich Frankreich langfristig nur Rußland als natürlicher Verbündeter an. Nachdem mit dem Scheitern des Januaraufstandes von 1863 die polnische Nation oberflächlich verschwunden war und die Reichsgründung Rußland und Deutschland zu Nachbarn gemacht hatte, war Rußland als Nachbar im Rücken des Nachbarn Frankreichs zum begehrten Verbündeten gegen Deutschland aufgerückt. Die polnische Nation, von Frankreich bisher nach Kräften protegiert, stand nicht mehr zwischen einem französisch-russischen Bündnis. Dieselben Faktoren, die zur wachsenden Entfremdung zwischen Rußland und dem neuen Deutschland drängten, begünstigten somit das fortan »natürliche« Bündnis zwischen Frankreich und Rußland.[19]

Das Bündnis mit Rußland schwächte zugleich Frankreichs traditionelle Rolle im Osmanischen Reich, erst als Verbündeter gegen Habsburg (Spanien-Österreich/Reich), dann als Protektor gegen Rußland, zumal sich das Osmanische Reich allmählich Deutschland weit öffnete. Für Frankreich zuletzt kam 1904 das Quasi-Bündnis der

Entente Cordiale mit England, dem jahrhundertelangen Rivalen auf dem Kontinent wie in Übersee.

Rußlands traditioneller Expansionsdruck auf das Osmanische Reich blieb insgesamt konstant und verschärfte die Orientalische Frage periodisch zu Orientkrisen, die wiederum zu europäischen Krisen eskalierten. Aber sein Verhältnis zum nun republikanischen Frankreich und zum immer noch monarchischen Deutschland kehrte sich nach 1871, allen ideologischen Bedenken zum Trotz, um. Der wachsenden Distanz, ja Feindschaft zum neuen Kaiserreich Deutschland, das sich aus der traditionellen Abhängigkeit Preußens von Rußland löste, entsprach das machtpolitische Zweckbündnis mit der Dritten Französischen Republik 1892/94 und zuletzt die Verständigung mit England 1907 – alles im Blick auf Deutschland. Auch die Feindschaft zu Österreich-Ungarn seit dem Krimkrieg blieb erhalten, ungeachtet aller von Deutschland ausgehenden Versuche, sie durch einen Appell an monarchische Solidaritäten – in Neuauflage der Heiligen Allianz für die drei konservativen Ost-Monarchien – zu überspielen.

Italien als schwächste europäische Großmacht war hin- und hergerissen zwischen verschiedensten Erwägungen: ideologische Affinität zu Frankreich und zum südslawischen Nationalismus; Haß gegen Österreich-Ungarn aus historischen wie politischen Gründen; Schutzbedürfnis vor der republikanischen Agitation im eigenen Land, das es im Dreibund mit Deutschland zu befriedigen suchte; imperialistische Expansion bis ins Horn von Afrika; Bewußtsein der eigenen inneren Schwäche und der Exponiertheit durch eine extrem lange Mittelmeerküste. Hinzu kam das Ressentiment über jede Geringschätzung im Kreis der Großmächte. Italiens Beziehungen zu den übrigen Mächten waren daher außerordentlich kompliziert und mehr durch »Irrlichtern« als durch klare Festigkeit in der einen oder anderen Richtung gekennzeichnet.

Nachdem sich Bismarck 1879 Österreich-Ungarn aus historisch-nostalgischen wie machtpolitischen Gründen zum Bundesgenossen erkoren hatte, blieb dessen außenpolitische Position Deutschland gegenüber konstant. Es war offen und primär Objekt der italienischen »Irredenta« seit 1877 wie der Südslawischen Nationalbewegung seit 1903, verdeckt und sekundär auch schon der großdeutsch-alldeutschen Agitation, die für die Erreichung ihres super-großdeutschen Reiches den Untergang der Doppelmonarchie stillschweigend voraussetzte. Nur unter Außenminister Aehrenthal (1906–12) entwikkelte Wien einen begrenzt expansiven Aktionismus auf dem Balkan in Richtung Saloniki, der es, zumal mit dem »Schweinekrieg« gegen Serbien (1906–11) und der Annexion Bosnien-Herzegovinas 1908, erst recht in offenen Konflikt mit der südslawischen Nationalbewegung trieb – bis Sarajevo und der Parole in der sozialdemokratischen »Arbeiterzeitung« vom 28. Juli 1914: »Serbien muß sterbien!«

c) *Das Verhältnis der Großmächte zu Deutschland*

Aus dem Überblick über die Verhältnisse der Großmächte zueinander schält sich ihr Verhältnis zu Deutschland heraus. Zwischen 1871 und 1914 änderte es sich teils grundlegend, teils blieb es konstant, positiv oder negativ. Die beiden Großmächte, die als Besiegte unmittelbar die Kosten der Reichsgründung zu tragen hatten, Österreich-Ungarn und Frankreich, entwickelten sich nach 1871 in ihrem Verhältnis zum Deutschen Reich ganz diametral. Österreich-Ungarn avancierte vom unterlegenen und geschwächten Rivalen um die innerdeutsche Hegemonie zum ersten und, wie es später von deutscher Seite immer wieder pathetisch hieß, einzigen zuverlässigen Verbündeten, dessen Verteidigung im Juli/August 1914 sogar zum formalen Anlaß für den Ersten Weltkrieg wurde. Tatsächlich sank Österreich-Ungarn allmählich zum »brillanten Sekundanten« (Wilhelm II.), fast schon zum Klientelstaat Deutschlands herab, das über die Achse Berlin-Budapest indirekt in die Donaumonarchie hineinregierte und den Magyaren bei der Beibehaltung ihrer selbstmörderischen Assimilationspolitik den Rücken stärkte.

Frankreich dagegen blieb durchweg, von kleinen Schwankungen (Berliner Afrika-Konferenz 1884) abgesehen, im wesentlichen auf dem negativen Pol zu Deutschland. Die erzwungene Annexion Elsaß-Lothringens, ohne Rücksicht auf die politischen Gefühle der Einwohner, die nur als »Optanten« durch Umsiedlung nach Frankreich für ihr politisches Vaterland eintreten durften, vergiftete das Verhältnis zwischen Deutschland und Frankreich fast irreparabel. Nur eine volle Autonomie als gleichberechtigtes deutsches Bundesland hätte den außenpolitischen Schaden der Annexion wider den Geist der Zeit begrenzen oder gar beheben können. Die beschränkte Autonomie für Elsaß-Lothringen von 1911 kam zu spät. Die Gegnerschaft zwischen Frankreich und Deutschland wurde somit zu einer weiteren außenpolitischen Konstante im neuen Gleichgewicht der Kräfte. Auf der Suche nach Bündnispartnern eröffnete Frankreich durch seine Militärkonvention von 1892/94 mit Rußland auf der Gegenseite den Prozeß der Allianzkonfrontation von 1914, ergänzt um die Entente Cordiale

1904 mit England. Die Reibungen mit Deutschland lieferten die Konfliktstoffe an der Westfront der diplomatischen Krisen bis 1914.

Rußland fühlte sich vom neuen Giganten in der Mitte Europas ökonomisch erdrückt und außenpolitisch um den Lohn seines Entgegenkommens in der Reichsgründungsphase geprellt. Die Panslawisten erkannten als erste die grundlegenden Konsequenzen der Reichsgründung für Rußland: Das neue Machtzentrum Deutschland blockierte die weitere russische Expansion nach Westen über das Machtvakuum Polen in das frühere Machtvakuum Deutschland hinein. Seit dem Zweibund richtete sich der russische Groll über die Blockierung der russischen Expansion nun auch auf dem Balkan durch den Berliner Kongreß 1878 in erster Linie gegen Deutschland. Daher lag das französisch-russische Bündnis von 1892/94 in der Logik klassischer Machtpolitik. Auch die oberflächliche Bereinigung der Streitpunkte mit England durch Begrenzung der russischen Expansion vor allem in Persien und in Richtung Indien über Afghanistan 1907 diente der machtpolitischen Sicherung Rußlands gegen Deutschland, zumal nach der inneren und äußeren Schwächung durch die Niederlage gegen Japan 1904/5 und die Erste Russische Revolution 1905/6. Rußlands aktive Unterstützung des südslawischen Nationalismus zur nationalen Dekomposition des Osmanischen Reiches, dann auch Österreich-Ungarns, hätte allerdings auch dem Deutschen Reich indirekt die Aussicht eröffnet, sich beim Zerfall der Donaumonarchie großdeutsche Träume zu erfüllen.

Als letzte Großmacht trat England aus seiner Position der Bündnislosigkeit heraus. Es hatte der Reichsgründung mit wohlwollender Indifferenz entgegengeblickt, in der Hoffnung, ein sich liberalisierendes Preußen-Deutschland könnte ein ausreichendes Gegengewicht gegen das autokratische Rußland abgeben. Mit seinem eher positiven Vorurteil zugunsten der »germanischen« und überwiegend protestantischen »Vettern« auf dem Kontinent ließ sich England erst seit dem Burenkrieg (1899–1902) aus der Reserve seiner freiwilligen Isolation vom Kontinent seit 1856 herauslocken. Das Verhältnis zu Deutschland (Unruhe über Weltpolitik und Schlachtflottenbau) war auch hier das letztlich ausschlaggebende Motiv.

Nachdem Deutschland um 1900 das englische Angebot, im Fernen Osten als Juniorpartner gegen Rußland zu dienen, ausgeschlagen hatte und Japan diese Position einnahm, trat für England in Europa Deutschland in den Vordergrund. Die Bereinigung der Uralt-Feindschaft mit Frankreich in der Entente Cordiale und der jüngeren Rivalität zu Rußland vollendete die »Eindämmung« der ungebärdigen Kontinental-Supergroßmacht Deutschland und ihrer Ambitionen als kommende maritime Weltmacht. Die Vollendung der Koalition gegen den Dreibund vollendete auch die Mächtekonstellation von 1914. Da sich England nur durch Quasi-Bündnisse ohne formelle völkerrechtliche und staatsrechtliche Sanktion gebunden hatte, hielt es mit einer eventuellen Neutralität immer noch den Schlüssel für den Übergang vom Kontinental- zum Weltkrieg in den Händen. Das Ringen um seine Neutralität rückte daher zuletzt ins Zentrum des Weltgeschehens.

d) Deutschland und die anderen Großmächte

Aus deutscher Perspektive nimmt sich das Verhältnis zu den übrigen Mächten entsprechend aus. Frankreich blieb hartnäckig auf dem negativen Pol. In allen ernsthaften Krisen rechnete die deutsche Führung mit der Feindschaft Frankreichs. Österreich-Ungarn wanderte vom negativen Pol innerdeutscher Feindschaft bis 1866 zum positiven Pol als Bündnispartner, dem scheinbar deutsche »Nibelungentreue« galt, während es bestenfalls zum Durchgangsland für die neudeutsche »Weltpolitik« in den Nahen Osten herabsank, schlimmstenfalls zum halboffen-geheim gehandelten Traumobjekt der Alldeutschen. Rußland wechselte in entgegengesetzter Richtung vom positiven Pol der traditionellen russisch-preußischen »Freundschaft« (besser: Unterordnung Preußens unter das mächtigere Rußland) zum negativen Pol ideologisierter Feindschaft zwischen »Germanen und Slawen«. Sah sich das stagnierende Frankreich von der deutschen »Dampfwalze« bedroht, so Deutschland von der russischen. Ökonomische und machtpolitische Rivalitäten überlagerten zusätzlich liberale und sozialdemokratische Abneigungen gegen den Zarismus (»Hort der Reaktion«), gegen den sogar der alte Bebel noch »die Flinte auf den Buckel nehmen« wollte. Das demokratisch-liberale Erbe von 1848 spielte in das neue Deutsche Reich hinein, von Reichskanzler Theobald v. Bethmann Hollweg, dem Enkel Moritz v. Bethmann Hollwegs, bis hin zur SPD.

So schillernd wie Italiens Stellung insgesamt zwischen 1871 und 1914 war auch Deutschlands Verhältnis zu Italien. Die deutsche Nationalbewegung war gegenüber dem Italienischen Risorgimento gespalten zwischen ideologischer Sympathie für dessen Unabhängigkeitswillen und machtpolitische Erwägungen, seitdem sich das Italienische Risorgimento mit dem verhaßten bonapartistischen Frankreich gegen das deutschgeführte Österreich verbündet hatte. Die innenpolitischen

Motive der italienischen Monarchie – Schutz vor den Republikanern – wurden in Deutschland durchaus gewürdigt. Italien war im Dreibund – schon wegen seiner irredentistischen Ansprüche gegen das verbündete Österreich-Ungarn – stets ein Bündnispartner von zweifelhaftem Wert und versagte sich 1914 schließlich den beiden Mittelmächten aus wohlerwogenen Gründen. Es wanderte also von einer eher indifferenten Position über eine leicht positive 1882 zu einer negativen, 1914 durch seine anfängliche Neutralität, später mit dem Kriegseintritt gegen Österreich-Ungarn 1915 und Deutschland 1916.

Ähnlich kompliziert entwickelte sich das Verhältnis Deutschlands zu England.[20] England war für Deutschland zunächst das vielbewunderte, auch beneidete Vorbild der industriellen und liberalen Entwicklung, zuletzt auch als See- und Weltmacht, die es (möglichst unbemerkt) zu überbieten galt. Im deutschen Koordinatensystem wanderte England allmählich aus dem Positivum ins Negativum, zumal seit der Entente Cordiale und der anglo-russischen Verständigung, die in Deutschland als Vollendung der »Einkreisung« galt, nur weil England nicht bereit war, kampflos den Platz für den dynamischeren Neuankömmling Deutschland zu räumen. Die deutsche Haßliebe zu England, verkörpert durch Königin Victorias Enkel Wilhelm II. an der Spitze des Reiches, schlug spätestens seit dem Kriegseintritt Englands in blanken Haß um: »Gott strafe England!«

Dem Osmanischen Reich schließlich waren die Deutschen seit den beiden Belagerungen Wiens 1529 und 1683 mit historischer Abneigung begegnet, gemildert nur durch das frühe preußische Engagement in der osmanischen Heeresreform seit 1826, als vorübergehend der spätere Generalstabschef Helmuth v. Moltke preußischer Militärinstrukteur war. Mit dem Aufkommen der deutschen Weltpolitik engagierte sich Deutschland zusehends im Osmanischen Reich, um es durch Wirtschaftshilfe zu modernisieren und konservieren und es gleichsam von innen als Ganzes zu übernehmen. So endete das Osmanische Reich zuletzt als Verbündeter des Deutschen Reiches und begründete die seitdem sentimentale deutsch-türkische Freundschaft.

e) Innereuropäische Mechanismen

Die Entwicklungen, die hier aus systematischen Gründen im Zeitraffertempo knapp zusammengefaßt wurden, brauchten natürlich in der historischen Realität zu ihrer Entfaltung vier Jahrzehnte. Das Auftauchen der deutschen Supernova 1871 scheinbar aus dem Nichts hatte das Europäische System zwar nachhaltig erschüttert und verändert, aber seine Mechanismen keineswegs außer Kraft gesetzt. Ältere Kontinuitäten wirkten nach, bis sich neue Faktoren zur Geltung brachten.

Erhalten blieb das anti-hegemoniale Prinzip des Europäischen Systems mit seiner Konsequenz des Gleichgewichts der Kräfte, das noch immer von England definiert wurde. Nur versuchte Deutschland in steigendem Maße, seine eigene Definition des Gleichgewichts an die Stelle der englischen zu setzen. Der Konflikt zwischen der aufsteigenden Großmacht Deutschland und der damals bereits absteigenden Weltmacht England drängte allmählich die englisch-russische Konfrontation in den Hintergrund. Während die meisten älteren Konfliktlinien auf und um Deutschland konvergierten, behielt England bis zuletzt eine unabhängige Schlüsselstellung, schon weil es nicht im direkten Macht- und Einflußbereich Deutschlands lag und weder militärisch noch ökonomisch von Deutschland mit Aussicht auf Erfolg unter Druck zu setzen war. Der sich anbahnende »Antagonismus« (P. M. Kennedy) zwischen den beiden damals stärksten Industriemächten Europas kann als neue primäre Konfliktlinie im Europäischen System nach 1900 gelten, der sich alle anderen innereuropäischen Konflikte früher oder später, direkt oder indirekt, unterordneten.

Die Transformation von der bündnislosen Phase seit 1856 zur Bündniskonstellation des Ersten Weltkriegs folgte den klassischen Mechanismen der europäischen Pentarchie: Organisierung des europäischen Widerstands gegen jede Hegemonialmacht, in diesem Fall die neudeutsche. Erst mit der zunächst nur diplomatischen Intervention Englands seit der Entente Cordiale wurde diese Konsequenz sichtbar. Vorher waren Zweibund/Dreibund 1879/82 und französisch-russischer Zweibund 1892/94 eher als Reaktion der Großmächte auf konkrete machtpolitische Interessen und Bedrohungsgefühle entstanden. Der deutsch-österreich-ungarische Zweibund war zunächst nur die Antwort auf Rußlands Ressentiment gegen Deutschland wegen der Blockierung seiner Expansion im 8. Russisch-Türkischen Krieg durch den Berliner Kongreß 1878, der französisch-russische Zweibund Reflex auf den Zweibund/Dreibund und Konsequenz aus dem Gefühl beider Mächte, gegenüber dem übermächtigen Deutschland aus der Isolierung heraus- und zusammenfinden zu müssen.

f) Das Ableiten innereuropäischer Spannungen an die Peripherie

Seit der Vollendung des Europäischen Systems nach innen 1871 wurde das Ableiten interner Spannungen an die Peripherie des entstehenden Weltsystems zur Entlastung Europas unentbehrlich. Die enge sachliche Verknüpfung zwischen der Reichsgründung und der Niederlage Frankreichs auf der einen, der imperialistischen Expansion auf der anderen Seite liegt auf der Hand. Danach eröffnete der Imperialismus eine zweite Möglichkeit spannungsmindernder Kompensationen, ergänzend zur traditionellen Funktion des Osmanischen Reiches als Spannungspuffer. In seinem Niedergang, eingeleitet durch den Frieden von Kütschük-Kainardschie 1774, war das Osmanische Reich zum Sicherheitsventil des Europäischen Systems geworden: Wann immer an einer Stelle das Gleichgewicht der Kräfte durch Eroberungen, Annexionen oder Sezessionen gestört war, suchten sich andere Mächte durch kompensatorische Territorialgewinne am Osmanischen Reich schadlos zu halten. So wirkte es mit seinen Aufständen und Orientkrisen im Rahmen der Orientalischen Frage für das Europäische System ambivalent – negativ-disruptiv als Spannungs- und Konfliktherd, aber auch positiv-ausgleichend als Kompensationsmasse. Dieser Zusammenhang ist stets zu beachten, weil er europäische Krisen auslöste und ihren Verlauf mitbestimmte. Erst mit den Balkankriegen verlor das Osmanische Reich seine ambivalente Rolle als Krisenherd *und* Kompensationsobjekt. Seitdem richtete sich die Wucht der südslawischen Nationalbewegung nur noch gegen Österreich-Ungarn, da die Türken aus Europa so gut wie vertrieben waren. Gleichzeitig war an Kompensationsmasse aus dem Osmanischen Reich in Europa nichts mehr herauszuholen. Nach dem Ausscheiden des ethnisch heterogenen Makedonien 1912 und Albaniens aus dem Osmanischen Reichsverband 1913 blieben im wesentlichen nur noch Armenier und Araber als große nichttürkische Minderheiten in geschlossenen Siedlungsgebieten.

Der Wettlauf um die koloniale Aufteilung Afrikas seit der Eröffnung des Suezkanals 1869, die Erschließung des chinesischen Marktes für moderne Industriewaren und die Durchdringung Südostasiens boten reiche Betätigungsfelder. Mit Persien, Arabien, Afrika, Südostasien und China taten sich riesige Machtvakuen auf, die sich an das halb-europäische, halb-nahöstliche Machtvakuum des Osmanischen Reiches anschlossen. Sie eröffneten Raum für ökonomische, koloniale und imperialistische Expansion und milderten innereuropäische Spannungen, machtpolitische zwischen den Großmächten wie soziale innerhalb der imperialistischen Staaten. Das Ablenken zwischenstaatlicher und sozialer Spannungen (»Export der sozialen Frage in die Kolonien«) war nur die Außen- und Innenansicht desselben Vorgangs.

Bismarck setzte die kompensatorische Kolonialexpansion bewußt als Mittel ein, um dem in Europa gedemütigten Frankreich Ersatz in Übersee zu schaffen und dessen Ressentimentpotential gegenüber Deutschland stillzulegen. Die Berliner Afrika-Konferenz 1884/85 markiert einen Höhepunkt dieser Strategie gegenüber Schwarzafrika, dessen wirtschaftliche Erschließung und koloniale Aufteilung die Diplomaten regulierten und international sanktionierten.[21] Ein ähnlicher Gipfel war die kollektive Intervention der imperialistischen Großmächte einschließlich Japans und der USA in China zur Beendigung des »Boxeraufstandes« 1900. Der Höhepunkt des Imperialismus um 1900 fiel mit dem Wendepunkt zum Kriegsausbruch 1914 zusammen. Nachteilig wirkte sich Bismarcks kurzfristige Ablenkungspolitik gegenüber Frankreich unter »Bismarcks Erben« (Martin Göhring) aus. Die Wiederherstellung des Selbstbewußtseins durch die Schaffung eines großen Kolonialreiches in Afrika und Indochina stärkte Frankreich mittelfristig bis zum Ersten Weltkrieg, auch wenn es sich langfristig damit selbst schwächte, wie nach dem Zweiten Weltkrieg der französische Vietnam- (1946–54) und der Algerienkrieg (1954–1962) zeigten. Französische Generäle lernten im Kolonialbereich wieder das Siegen, und afrikanische Kolonialtruppen hatten an der Westfront erheblichen Anteil an Frankreichs Kriegsanstrengungen.

g) *Sekundäre Konfliktlinien: Nationalismen und Irredentabewegungen*

Ohne Verständnis der vorausgegangenen Klein-Explosion von Sarajevo bleibt die Groß-Explosion des Ersten Weltkriegs unerklärlich. Drei Arten sekundärer Konflikte sind zu unterscheiden: Zusammenstöße zwischen aufsteigenden Nationalbewegungen und dynastischen Großreichen (Osmanisches Reich, Österreich-Ungarn); Konflikte freigesetzter Nationalismen untereinander (vor allem der Serben und Bulgaren über Makedonien); Irredentabewegungen von sich als unvollendet begreifenden neuen Nationalstaaten (vor allem Italiens und Rumäniens, beide gegen Österreich-Ungarn). Nach dem Ausscheiden der polnischen Nation als nationalrevolutionärer Faktor seit dem Scheitern des Januaraufstandes 1863 gegen Rußland und der deutschen Reichsgründung 1871 konzentrierte sich die konfliktproduzierende Wirkung von Nationalismen anfangs auf zwei dynastische Großreiche unterschiedlichen Umfanges – das Osmanische Reich und Österreich-

Ungarn, genauer Ungarn. Bei allen sonstigen Unterschieden war der Grundkonflikt in beiden Reichen der gleiche und wirkt, *mutatis mutandis,* bis heute fort: Wenn ein herrschendes Reichsvolk in einem niedergehenden multinationalen Großreich die traditionelle imperiale und die moderne nationale Idee miteinander kombiniert, degradiert es die eroberten Völker zu Objekten assimilierender Repression. Je schärfer die assimilierende Repression, desto gewaltsamer der Widerstand – im Extrem bis zu Aufständen, die wiederum verschärfte gewaltsame Repression provozieren, und Massakern. Jede solche Krise komplizierte die internationalen Beziehungen. Aufstände wurden (und werden) meist von anderen Großmächten unterstützt, moralisch, politisch, finanziell oder gar militärisch. Sie tangierten also das Gleichgewicht der Kräfte auch unter den Großmächten.

Chronologisch begann die für das Europäische System neue Erfahrung in Österreich-Ungarn, besonders im neuen Groß-Ungarn, seit dem Ausgleich von 1867. Die Kollision mit der südslawischen Nationalbewegung bewegte sich stets auf einem vergleichsweise niedrigen Niveau der Repression oder gar Gewaltanwendung. Nach einigen mißglückten Attentatsversuchen der Geheimgruppe »Jung Bosnien« war Sarajevo 1914 der bis dahin stärkste Ausschlag des Gewaltpegels in der Donaumonarchie. Trotzdem reichte er aus, um die zwischen den Großmächten angehäuften Konfliktpotentiale im Europäischen System zu entladen. Geographisch entfernter, buchstäblich »hinten, weit in der Türkei«, setzte der konfliktproduzierende Mechanismus Spannungen auf einem höheren Niveau der Gewaltanwendung frei: Wechselseitigen Massakern im Griechischen Unabhängigkeitskrieg zwischen Griechen und Türken, ferner in der Großen Orientkrise 1875–78, vor und im 8. Russisch-Türkischen Krieg 1877/78 (von denen das westliche Europa einseitig nur die türkischen »Bulgarengreuel« wahrnahm), folgten ab 1895/96 Armenieraufstände und -massaker, die sich im Ersten Weltkrieg zum großen Armeniermassaker von 1915/16 steigerten.

In der Kette eskalierender Gewalt und Gegengewalt markiert für das Osmanische Reich wie für die allgemeine europäische Geschichte bis 1914 die Große Orientkrise von 1875–78 einen besonders tiefen Einschnitt. Denn die für die Türken und Muslims nicht minder traumatischen Massaker an ihren Landsleuten auf dem Balkan schwemmten eine gewaltige Flüchtlingswelle nach Konstantinopel[22] und provozierten den Versuch, einer Wiederholung schon in Friedenszeiten vorzubeugen: Ein integraler türkischer Nationalismus nach französischem Vorbild sollte zum neuen Kitt für das niedergehende Osmanische

Reich werden, durch Assimilation, die eben nur durch Repression zu erreichen war.

Erstes Hauptopfer wurden die Armenier, die bisher als »loyales millet« treu zum Osmanischen Reich gestanden hatten. Ihre Forderung nach regionaler Autonomie auf dem Berliner Kongreß beantworteten die Türken mit einer Assimilations- und Repressionskampagne, die armenische Aufstände provozierte, die ihrerseits in blutigen Massakern erstickt wurden: 1895/96, 1909 in Kilikien (»Klein-Armenien«), 1915/16. Der türkische Nationalismus ignorierte, daß er das Osmanische Reich so erst recht schwächte, moralisch diskreditierte und in die Agonie trieb. Die Armenierfrage spielte im europäischen Bewußtsein vor dem Ersten Weltkrieg nur eine periphere Rolle. Für Deutschland war es immerhin eine lästige Irritation, weil die Armeniermassaker moralische Skrupel auf den Weg zum Verbündeten und Protektor des Osmanischen Reichs legten, die der liberale Imperialist Friedrich Naumann 1896 mit der forschen Redensart beiseite wischte, in der Weltpolitik dürfe man eben »nicht zimperlich« sein. Die außenpolitischen Folgen für die beginnende deutsche Weltpolitik waren gravierend: England fühlte sich vom deutschen Zynismus gegenüber den Armeniern abgestoßen und ging erstmals auf Distanz zur deutschen Orientpolitik.[23]

In Wirklichkeit führt die Armenierfrage ins Zentrum der hier angesprochenen Problematik, weil sie den bis dahin höchsten Grad eskalierender Gewaltanwendung auf beiden Seiten anzeigt: Assimilation und Repression – Widerstand bis hin zu Aufständen – Massaker – Rache für das Massaker durch gezielten Terror (bis heute) – Verweigerung der Anerkennung jeglicher Eigenständigkeit, selbst als bescheidene Kulturautonomie. Für die türkische Geschichte bedeutete dieser Prozeß das Ende der bisherigen Großzügigkeit der traditionellen »millet«-Struktur und den Umschlag in einen gewalttätigen Chauvinismus, wiederum bis zur Gegenwart. Wer die Armenische Frage in ihren Mechanismen zur Kenntnis genommen und richtig verstanden hat, dem erhellt sich auch der (vergleichsweise zivile) Konflikt zwischen dem großmagyarischen Chauvinismus und der südslawischen Nationalbewegung, der schließlich das Attentat von Sarajevo hervorbrachte.

Gegen diesen historischen Hintergrund wird die Einordnung der Nationalbewegungen und ihrer konfliktauslösenden Wirkung leichter, da auch die rivalisierenden Nationalismen in den ersten Nachfolgestaaten des Osmanischen Reiches (Serbien, Montenegro, Rumänien, Bulgarien) sowie verschiedene Irredentabewegungen miteinzubeziehen sind. Dem Mazzinischen Traum von der Brüderlichkeit der europäischen Nationen nach ihrer Befreiung entsprach in Südosteuropa das Ideal eines gesamtsüdslawischen Staates, das sich nach der Auflösung des Osmanischen Reiches im Gefolge des Ersten Weltkrieges mit der Idee eines gesamtarabischen Staates wiederholte. Dagegen nationalisierten sich regionale Unterschiede, vor allem durch Rückgriff auf miteinander konkurrierende historische Erinnerungen und romantisierte Machtstrukturen. Den Extremfall bot der Dreieckskonflikt zwischen Serben, Bulgaren und Griechen um Makedonien, sekundär auch der Serben mit den Albanern um Kosovo Polje (Amselfeld) und das nördliche Albanien. Die Spannung zwischen Serben und Bulgaren über Makedonien zeigte sich erstmals international auf dem Berliner Kongreß 1878 und steigerte sich zu einer Kette von Kriegen – Bulgarisch-Serbischer Krieg 1885/86, 2. Balkankrieg 1912/13, im Ersten Weltkrieg Bulgariens Beteiligung an der Niederwerfung Serbiens auf seiten der Mittelmächte 1915.

Im Mächtespiel des Europäischen Systems waren die Konflikte zwischen den rivalisierenden Nachfolgestaaten des Osmanischen Reiches gleichzeitig Stellvertreterkriege für wechselnde Großmächte. 1885/86 stützte Österreich-Ungarn Serbien, Rußland eher Bulgarien. 1913 hatte sich die Situation verkehrt. Rußland benutzte das aufstrebende Serbien für seine eigenen expansiven Zwecke als Sprengstoff gegen die vom großungarischen Chauvinismus gelähmte Donaumonarchie, während sich Österreich-Ungarn des geschwächten Bulgariens als Klientelstaat annahm. Wer auch immer hinter beiden Balkanstaaten stand, ihre Rivalität hatte stets tiefe Rückwirkungen auf die Beziehungen zwischen den Großmächten. Zusätzlich verbarg sich im Konflikt um Makedonien der Kampf um die Hegemonie der neuen Staaten auf dem Balkan gemäß den klassischen Mechanismen der Machtpolitik.

Ähnliches gilt für die Bedeutung der Irredenta-Bewegungen, die nach dem italienischen Modell von nicht »saturierten« neuen Nationalstaaten ausgingen. Der italienische Irredenta-Nationalismus vergiftete nachhaltig die formalen Bündnisbeziehungen zwischen Italien und Österreich-Ungarn im Dreibund 1882–1914. Er trieb Italien zur anfänglichen Neutralität und zum späteren Kriegseintritt gegen die Mittelmächte, später auch zum Faschismus. Ähnlich beeinflußte die rumänische »Irredenta« in Transsylvanien das Verhältnis zur Doppelmonarchie, genauer zu Ungarn. Der südslawische Nationalismus über Serbien hinaus, soweit er auf eine großserbische Lösung unter zentralistischer Führung Belgrads zielte, läßt sich auch als serbisch-südslawische »Irredenta« interpretieren. Die großserbische »Irredenta« stieß jedoch auf die Eigenständigkeiten anderer südslawischer Regionen in der Donaumonarchie und bereitete die heutigen Konflikte des Nachfolgestaats Jugoslawien vor.

Eine »Irredenta« ganz anderer Art war die Forderung nach der Vereinigung aller Deutschen in einem mächtigen Reich. Bis 1914 spielte sie nur unterschwellig oder inoffiziell in der Agitation der Alldeutschen als chauvinistische Opposition von rechtsaußen eine begrenzte Rolle, wies aber schon in die großdeutsche Zukunft mit katastrophaler Sprengkraft. Wirkungslos verpufften Anschlußwünsche der deutschbaltischen Minderheit als Antwort auf die verschärfte Russifizierung, seitdem Bismarck nach 1871 ausdrücklich deutsche Aspirationen auf die baltischen Ostseeprovinzen ausgeschlossen hatte. Vor 1914 kam jedoch eine begrenzte deutsch-baltische Emigration nach Deutschland, wo sie ein antirussisches Ressentiment nährte. Später verstärkte sie im Reich den inzwischen traditionellen liberal-sozialdemokratischen Affekt gegen den russischen Zarismus und setzte mit größerer Sachkenntnis als damals sonst in Deutschland üblich auf den nationalen Zerfallsprozeß im Vielvölkerreich Rußland. Die Baltendeutschen kultivierten das Bild vom »Koloß auf tönernen Füßen« und bereiteten die spätere Strategie der nationalen Dekomposition im Ersten Weltkrieg vor.[24]

3. Europa nach der Reichsgründung, 1871–1875

Aus dem neudeutschen Dilemma erwuchsen Chancen und Grenzen des Zweiten Deutschen Kaiserreiches. In den ersten Nachkriegsjahren dominierte noch das Verhältnis zum geschlagenen Frankreich, das Bismarck durch ein Bündnis der Ostmonarchien zu isolieren suchte. Die Weltwirtschaftskrise von 1873 mit der sich anschließenden Großen Depression leitete schwerwiegende Veränderungen unter den Großmächten ein.

a) Chancen und Grenzen deutscher Kontinentalpolitik

Deutschlands Machtzuwachs setzte sich nach der Reichsgründung fort. Seine Industrialisierung war gekoppelt mit weiterem Bevölkerungswachstum, das nicht mehr teilweise in die USA abfloß, sondern ab etwa 1885 im Lande blieb. Ökonomisches wie demographisches Wachstum mündeten in den Übergang zur imperialistischen Weltpolitik mit zwei entgegengesetzten Konsequenzen psychisch-subjektiver

Art, die aber objektiv konfliktverschärfend wirkten: Das kaiserliche Deutschland entwickelte – zumal in seiner wilhelminischen Phase – ein geradezu überschäumendes Überlegenheitsgefühl, gespeist aus den jüngsten Erfolgserlebnissen und der älteren historischen Erfahrung, als Deutschland gleichsam über Nacht von einem Machtvakuum zu einem erstklassigen Machtzentrum emporgeschnellt war. Entsprechend regte sich bei den übrigen Mächten und Völkern Europas Beklommenheit über die bedrängende Dynamik der neuen Supermacht des Kontinents. Auf Dauer ergab sich ein fataler Zwiespalt zwischen den Perzeptionen der Hauptkontrahenten: Die Deutschen sahen überwiegend die mögliche Gefährdung ihres Reiches mit seiner durchaus labilen inneren Konstruktion zwischen mißtrauischen Großmächten. Dagegen sahen die Großmächte allein die wachsende Macht des jungen Reiches, seine beeindruckende Disziplin und Organisationskraft, zuletzt seine wachsenden und nur vage definierten Ansprüche, die in der Phase der »Weltpolitik« global grenzenlos erschienen.

Im »Dilemma der ›halb-hegemonialen‹ Stellung«[25] des Reiches blieb für Bismarck die Bündnislosigkeit in Europa auch nach der Reichsgründung die Traum-Konstellation, um Frankreich in der Isolierung zu halten. Sein berühmtes Kissinger Diktat von 1877[26] fixierte den Sachverhalt zu einer Zeit, da sich die wesentliche Voraussetzung zur weiteren Isolierung Frankreichs – die rückhaltlose Freundschaft mit Rußland als Ausdruck außenpolitischer wie ökonomischer Interessenharmonie zwischen Deutschland und Rußland – in der Großen Orientkrise von 1875–78 schon aufzulösen begann. Bismarck sah durchaus die negativen Folgen der Reichsgründung für Deutschland und versuchte, sie durch eine bewußte Politik der relativen Selbstbeschränkung auf den Kontinent und machtpolitische Zurückhaltung konstruktiv abzuwehren. Die Eigendynamik des neuen Machtzentrums und die Dialektik der deutschen Machtexplosion von 1870/71 führten Bismarck jedoch bald über die Politik der Selbstbescheidung im Interesse der Selbstbehauptung hinaus. Nach drei gewonnenen, lokalisierten Blitzkriegen gegen eine Mittelmacht (Dänemark) und zwei schon im Abstieg begriffene Großmächte (Österreich, Frankreich) wurde er nicht über Nacht zum Friedenspolitiker, als den ihn die deutschen Geschichtsbücher so gern stilisierten. Vielmehr hatte Krieg auch weiterhin einen wohldefinierten Platz in seinen Überlegungen. Aber er sollte berechenbar bleiben, lokalisiert und mit Aussicht auf Erfolg. Wovor Bismarck als nun überragender europäischer Staatsmann zurückscheute, war ein europäischer Groß- oder Weltkrieg, der die soziale Revolution nach sich ziehen würde. Drohte sich ein begrenzter Konflikt zum Großkrieg auszuweiten, brach er sein aktives Engagement ab, wie in der Krieg-in-Sicht-Krise 1875, oder versuchte, nach allen Seiten abzuwiegeln wie auf dem Berliner Kongreß am Ende der Großen Orientkrise.

Bald nach der Reichsgründung neigte sich diese Phase europäischer Machtpolitik ohne dauerhafte Allianzen in Friedenszeiten ihrem Ende zu, sicher beschleunigt durch die Reichsgründung selbst. Von den verschiedensten Seiten des politischen Spektrums kamen Warnungen vor der Illusion, Deutschland könne, nur gestützt auf die Schärfe seines Schwertes, den Frieden sichern. So prophezeite der weltläufige Konservative Jacob Burckhardt aus der neutralen Schweiz künftige Kriege, weil Deutschlands neue Machtstellung auf Dauer unerträglich war. Karl Marx und Friedrich Engels sahen richtig das französisch-russische Bündnis in einem künftigen Großkrieg auf industrieller Grundlage voraus. In Analogie zum bonapartistischen 2. Empire entwickelte Wilhelm Liebknecht während seines Hochverratsprozesses vor dem Reichsgericht in Leipzig 1872 eine noch heute eindrucksvolle Prognose für das preußisch-deutsche Reich:

> »Seit 1866 steht die Existenz Preußens auf der Spitze des Schwerts. Die Schlacht von Königgrätz verloren, und Preußen hatte als Großmacht aufgehört. Eine entscheidende Niederlage in Frankreich, und Preußen war von der Landkarte Europas gestrichen. Ein Staat wie Preußen kann aber des Krieges nicht entbehren, vom Kriege sich nicht emanzipieren, und für jeden Erobererstaat, von dem die Geschichte uns Kunde gibt, ist noch der Moment gekommen, wo der Krieg keine Siege brachte. Und *nicht siegen* ist für den Erobererstaat gleichbedeutend mit Untergang.
>
> Ein Staat wie das Bismarcksche Preußen-Deutschland ist durch seinen Ursprung mit fatalistischer Notwendigkeit dem gewaltsamen Untergang geweiht. Das Schicksal des französischen Empire, dessen sklavische, jedenfalls nicht verbesserte Kopie es ist, kündet ihm seine Zukunft. Auf dem Schlachtfeld geboren, das Kind eines Staatsstreichs, des Krieges und der Revolution von oben, muß es ruhelos von Staatsstreich zu Staatsstreich, von Krieg zu Krieg eilen und entweder auf dem Schlachtfeld zerbrökkeln oder der Revolution von unten erliegen. Das ist Naturgesetz.«[27]

Die Übermacht des Reiches selbst provozierte neue Konstellationen, die in Bündnisse einmündeten. Mochte Bismarck 1871 das neue Reich auch für »saturiert« erklären und damit alle großdeutschen Absichten auf die Deutschen Österreich-Ungarns und die Baltendeutschen der russischen Ostseeprovinzen für sich und seine Zeit in Abrede stellen, die kleindeutsche Lösung ließ die Tür offen zu großdeutschen Antworten und damit zu weiterer Expansion. Sollte sich Deutschland die eine oder andere Großmacht herausgreifen, um den Weg zur weltpolitischen Expansion in Übersee freizusprengen, würde es in seinem nächsten Krieg alle noch machtbewußten Großmächte gegen sich haben, die eine Wiederholung der Ereignisse von 1866 und 1870/71 nicht hinnehmen würden.

Nach 1871 hatte das neue Reich im Rahmen des damals üblichen Machtkalküls grundsätzlich drei Alternativen, um machtpolitisch mit den zwiespältigen Konsequenzen seiner Reichsgründung fertig zu werden. Mit Andreas Hillgruber lassen sie sich wie folgt zusammenfassen: 1. Verständigungen mit anderen Großmächten auf Kosten mittlerer und kleinerer Staaten, um die deutsche Machtstellung weiter auszubauen; Kompromisse mit der jeweiligen Großmacht wären dann unausweichlich gewesen. 2. Ausschaltung potentieller Rivalen auf dem Kontinent durch lokalisierte Blitzkriege, in der deutschen Sprachregelung angebliche »Präventivkriege«: das »Praevenire« wäre jedoch nicht gegen einen drohenden Angriffskrieg von außen ausgespielt worden, sondern hätte verhindern sollen, daß eine Großmacht so stark geworden wäre, daß sie Deutschland allein oder im Bündnis mit anderen Großmächten hätte gefährlich werden können. 3. Der Versuch, die Großmächte gegeneinander auszuspielen und innereuropäische Spannungen an die Peripherie in Übersee abzuleiten.[28]

In der historischen Realität versuchte sich das Reich nacheinander an allen drei Strategien. Bismarck entschied sich mit der Kontinentalpolitik zunächst für die dritte Alternative. Sie versagte jedoch, sobald die deutsche Weltpolitik europäische Spannungen auf die globale Ebene hob, zumal die Spannungen von der Peripherie gleichzeitig wieder nach Europa zurückkehrten. Mit den mehrfachen Versuchen, den englisch-russischen Gegensatz zu verlängern, hatte sich zuletzt selbst Bismarck das Mißtrauen beider Kontrahenten eingehandelt. Dieselbe Wirkung verstärkte sich mit der »Weltpolitik«.

Für die zweite Alternative – selektive Blitzkriege – plädierte 1875 und 1887 der ältere Moltke, der sich aber gegen den von Bismarck vertretenen Primat des Politischen nicht durchzusetzen vermochte. Mit der Grundsatzentscheidung vom 8. Dezember 1912, den großen Krieg noch einmal um eineinhalb Jahre zu verschieben, danach also im Prinzip dazu bereit zu sein, fiel die Reichsleitung zuletzt auf die zweite

Alternative zurück. Mittlerweile fühlte sich das Reich stark genug, einem Kontinentalkrieg gegen Rußland und Frankreich gelassen entgegenzusehen. Es scheute nur den »Weltkrieg« unter Einschluß Englands, ohne jedoch den angemessenen politischen Preis für dessen Neutralität in einem Kontinentalkrieg zahlen zu wollen – Abstriche am deutschen Schlachtflottenbau.

Der Erste Weltkrieg als deutscher Rundumschlag gegen »eine Welt von Feinden« brachte in Ansätzen die erste Alternative zum Tragen, so oft sich Deutschland die Chance zu bieten schien, durch einen Separatfrieden an der einen oder anderen Hauptfront (Westen oder Osten) den »Endsieg« wenigstens gegen die andere Hauptfront sicherzustellen. Kompromisse mit den Gegnern im Westen oder Osten wären unabdingbar gewesen, doch schreckte die Reichsleitung im letzten Moment immer wieder davor zurück.

b) Deutschland und Frankreich, 1871–1873

Zunächst konzentrierte sich die deutsche Aufmerksamkeit ganz auf Frankreich, von dem die erste und unmittelbare Gefährdung des Reiches auszugehen schien. Solange Frankreich die für die damalige Zeit unerhört hohe Reparationszahlung von 5 Mrd. Goldfranken – das Mehrfache der im Reich zirkulierenden Geldmenge – nicht geleistet hatte, hielten deutsche Besatzungstruppen Frankreich militärisch nieder. Die für alle Welt überraschend schnelle Zahlung der Reparationen schon 1873 schuf jedoch rasch eine neue Lage, die in die Krieg-in-Sicht-Krise von 1875 einmündete.

Inzwischen entzündete sich der erste große innerdeutsche Konflikt der Bismarckzeit seit der Reichsgründung, der Arnim-Konflikt, an der Frankreich gegenüber einzunehmenden Position:[29] Bismarck favorisierte die Konsolidierung der 1870 nur provisorischen Dritten Republik, um Frankreich in einem immer noch überwiegend monarchischen Europa auch strukturell-ideologisch wirkungsvoll zu isolieren. Nach dem Scheitern der Pariser Kommune war er zuversichtlich, die innenpolitischen Rückwirkungen auf Deutschland kanalisieren zu können: durch eine Mischung von Konzessionen an die Linke (u. a. durch das schon 1867 »in die Pfanne gehauene« allgemeine Wahlrecht), notfalls auch durch Repression, vor allem gegen die Sozialdemokratie.

Demgegenüber bevorzugte der erste Botschafter in Paris nach 1871, Graf Arnim, in Fühlung mit altpreußischen Konservativen, die sowohl gegen Bismarcks Flirt mit den Liberalen als auch mit dem französischen Republikanismus waren, die Unterstützung französischer Initiativen zur Restauration der Monarchie, in der Hoffnung, diese wäre ein willfähriger Partner des deutschen Kaiserreichs. Bismarck hielt diese Hoffnung für Illusion und setzte sich nach einem erbitterten Machtkampf durch. Gleichzeitig entschied er zwei Sachfragen: 1. Deutsche Botschafter waren hinfort vom Reichskanzler und Außenminister abhängig und hatten kein Recht, auf eigene Faust Politik zu betreiben, z. B. durch direkten Appell an den Kaiser. 2. Die Politik zur Isolierung Frankreichs durch Begünstigung der Dritten Republik wurde fortgesetzt.

Der historische Rückblick enthüllt ein Patt zwischen Bismarck und Arnim: Bismarcks Strategie funktionierte etwa zwei Jahrzehnte lang, denn Frankreich blieb als Republik zunächst schwach und als Bündnispartner wenig attraktiv. Aber auf ewig ließ es sich nicht isolieren, und schließlich durchbrach es die von Deutschland auferlegte Quarantäne durch sein Bündnis mit Rußland. Andererseits ist mehr als zweifelhaft, ob Arnims Strategie ein grundsätzlich anderes Ergebnis gebracht hätte: Eine restaurierte Monarchie hätte sich als chauvinistischer erweisen können oder sie hätte früher oder später doch wieder einen republikanischen Umsturz provoziert – mit denselben außenpolitischen Konsequenzen wie bis 1914. Die einzige radikale Alternative war Bismarck aus strukturellen Gründen verwehrt und blieb daher akademisch: Stärkung der Französischen Republik durch Rückgabe Elsaß-Lothringens oder wenigstens Autonomie für Elsaß-Lothringen als gleichberechtigtes Bundesland im Deutschen Reich, also eine wirkliche Aussöhnung mit Frankreich, die jedoch republikanische Rückwirkungen auf Deutschland hätte in Kauf nehmen müssen.

Als Rückversicherung gegen republikanische Tendenzen aus Frankreich baute Bismarck statt dessen auf eine schon anachronistisch anmutende Teil-Wiederbelebung der Heiligen Allianz wenigstens für die drei konservativen Ostmonarchien. Die aristokratisch-monarchischen Strukturen der drei Kaiserreiche, die Tradition des gemeinsamen Kampfes gegen die Französische Revolution und Napoleon I. sowie die Komplizenschaft in der Teilung Polens schienen Bismarck genügend Gemeinsamkeiten zwischen Deutschland, Rußland und Österreich-Ungarn zu liefern. Einem Treffen der drei Kaiser in Berlin, dem neuen Machtzentrum Europas, im Jahr 1872 schlossen sich bilaterale Abkommen an, die 1873 im Dreikaiserabkommen einmündeten. Es war ein defensives Arrangement zur Erhaltung des Friedens gegen »jeden Umsturz von wo auch immer er ausgehen möge«[30]. Das auf dem Papier imposante Dreikaiserabkommen scheiterte jedoch schon bald an den Rivalitäten zwischen Rußland und Österreich-Ungarn auf dem Balkan, die mit der Großen Orientkrise 1875–78 aufbrachen. Rußlands Haltung gegenüber den Südslawen demonstrierte, daß Großmachtinteressen stärker waren als alle ideologischen Lippenbekenntnisse monarchischer Solidarität gegen den revolutionären Umsturz.

c) Weltwirtschaftskrise 1873 und Große Depression, 1873–1895

Mit elementarer Wucht verschärfte die zweite Weltwirtschaftskrise von 1873 mit ihren langen Nachwirkungen in der Großen Depression bis 1895 die internationalen Beziehungen. Mag auch die Existenz der Großen Depression neuerdings bezweifelt werden,[31] so ist doch unbezweifelbar, daß ein seit Jahrhunderten auf Wachstum eingestelltes Denken, das dazwischenliegende Krisen immer wieder leicht vergaß, nach der Weltwirtschaftskrise von 1873 das jahrzehntelange verzögerte oder nur geringfügige Wirtschaftswachstum, zumindest gemessen an den vorausgegangenen Jahren der Hochkunjunktur, als Katastrophe empfand.

Die politischen Rückwirkungen der Weltwirtschaftskrise und der Großen Depression waren gewaltig und sind nur mit der späteren Weltwirtschaftskrise von 1929 und deren katastrophalen Folgen zu vergleichen: Nach der Hyperspekulation und -konjunktur, die die einströmenden französischen fünf Milliarden Goldfranken noch zusätzlich angeheizt hatten, brach der »Gründerkrach« den euphorischen Optimismus seit 1871 und machte erstmals einer pessimistischen Grundstimmung Platz. Nach innen stellten sich die politischen Konsequenzen ab 1878 ein: Antisemitismus, Sozialistengesetz, Zurückschwenken Bismarcks von den Liberalen zu den Konservativen, 1879 Schutzzölle für Landwirtschaft und Industrie gegen Rußland und England mit entsprechenden außenpolitischen Fernwirkungen. Im Osmanischen Reich verschärfte die Wirtschaftskrise die ökonomische und finanzielle Misere zum Staatsbankrott von 1875. Die harte Steuereintreibung provozierte in einem Dorf der Herzegovina einen Steueraufstand, der sich rasch ausbreitete und die Große Orientkrise von 1875–78 auslöste. Ähnlich trieb Rußland unter dem Eindruck der Wirtschaftskrise zur militärischen Intervention in die Große Orientkrise zugunsten Serbiens und Montenegros. In Ägypten beschleunigte die Krise den dortigen Staatsbankrott, der schließlich zur Internationalen Finanzkontrolle, zu Kürzungen in der Armee, zu einem nationalistischen Aufstand von der Entlassung bedrohter Offiziere und zur

Besetzung Ägyptens durch England 1882 führte, die wiederum zum Ausgangspunkt für neue internationale Verwicklungen mit Rückwirkungen auf Afrika wurde. Dort hatte die Krise die Gewinnspannen für europäische Kaufleute so drastisch reduziert, daß selbst sie nunmehr ernsthaft darauf drängten, den bisherigen Freihandelsimperialismus aufzugeben und die Kontrolle über die Exportrohstoffe an der Quelle im Inland selbst zu übernehmen:[32] Erst jetzt erhielt die koloniale Aufteilung Afrikas, die mit der Besetzung Ägyptens in eine neue Phase eintrat, ihre materielle Grundlage.

4. Europäische Krisen I, 1875–1879: Das Ende der bündnislosen Phase

Nach dem plötzlichen Auftauchen der neuen Supermacht Deutschland auf dem Kontinent verblaßten die älteren historischen Konfliktfronten (England–Frankreich, England–Rußland) allmählich gegenüber der Unruhe, die fortan von Deutschland und seinem atemberaubenden Machtanstieg ausging. Die vielfältigen Spannungen und Konflikte im Europäischen System hätten auch anders zum europäischen Krieg führen können. Aber so, wie der Erste Weltkrieg tatsächlich ausbrach, zerstörte vor allem die Dynamik des kaiserlichen Deutschland das Gleichgewicht der Kräfte. Der endgültige Zusammenbruch der *Balance of Power* in der Julikrise 1914 bereitete sich in acht diplomatischen Krisen und dem Allianzsystem von 1914 vor. Der Berliner Kongreß 1878 beseitigte die akute Gefahr eines Großkrieges, leitete jedoch zum Zweibund 1879 über.

a) Acht große diplomatische Krisen, 1875–1914

Für die Zeit zwischen 1871 und 1914 lassen sich acht große internationale Krisen unterscheiden, je zwei im Westen und Osten/Südosten vor 1900 und nach 1900. Chronologisch wechselten sie einander ab, nur einmal – 1885/87 – liefen sie zeitlich parallel. In allen Krisen war Deutschland direkt oder indirekt engagiert – direkt in der Krieg-in-Sicht-Krise (1875), der 1. Marokkokrise (1905/6), der Bosnischen Annexionskrise (1908/9) und der 2. Marokkokrise (1911); indirekt in der Großen Orientkrise (1875–78), der Bulgarien- und Boulangerkrise (1885/87) sowie im 1. und 2. Balkankrieg (1912/13). Als historische Katalysatoren der Entwicklung zum Ersten Weltkrieg sind die großen diplomatischen Krisen von besonders hohem Erkenntniswert: Sie führen schon lange vor Kriegsausbruch konzentriert die Konfliktmechanismen und Konfliktstoffe vor, die später eskalierten und in die Endkrise des Juli/August 1914 einmündeten. Sie vermieden zwar oberflächlich immer wieder den großen Zusammenstoß aller Großmächte gleichzeitig. Aber vor 1900 trugen sie zu den Anfängen des europäischen Bündnissystems bei, danach verschärften sie hinter der Fassade trügerischer Kompromisse die Spannungen. Nur weil die Krisen bis 1914 ohne Großkrieg ausgingen, verliert sich in der glättenden Darstellung der Schul- und Handbücher ihre eigentliche Dramatik. Jede größere Krise spielte, zumindest in den Kanzleien der Großmächte, die Konfliktmechanismen bis zum Großkrieg durch. Alle Krisen bewegten sich bis an den Rand meist nicht ausgefochtener Kriege, weil im letzten Augenblick die eine oder andere Großmacht aus übergeordneten Erwägungen zurückschreckte. Außerdem brachten die Krisen, ihrem friedlichen Ausgang zum Trotz, Stück um Stück die Bündniskonstellation von 1914 zustande. Konfliktpotentiale wurden nur oberflächlich oder vorübergehend stillgelegt, aber nie wirklich ausgeräumt.

b) Die großen Krisen- und Konfliktfronten

Die neuen Hauptkonfliktfronten kristallisierten sich in einer Kette von internationalen Krisen schrittweise um Deutschland heraus. Sie verliefen nicht zufällig an den Grenzen Deutschlands im Westen und Osten, gegenüber Frankreich und Rußland, im Osten noch verlängert nach Südosten durch die Komplikationen der Orientalischen Frage und der Südslawischen Nationalbewegung.

Dem Grundkonflikt im Europäischen System von 1914 lag die Rivalität der Großmächte zugrunde, aber ausgelöst wurde er durch Spannungen in Südosteuropa als Teile der Orientalischen und der Südslawischen Frage. Im Konflikt der Großmächte lassen sich drei Einzelkonflikte, jeweils unter deutscher Beteiligung, unterscheiden: Den älteren Konflikt Deutschlands mit seinem »Erbfeind« Frankreich verlängerten die Annexion Elsaß-Lothringens und die Verweigerung politischer Gleichberechtigung für Elsaß-Lothringen im neuen Reich. Der neue Konflikt Preußen-Deutschlands mit Rußland entstand aus der veränderten Position der jungen Supermacht gegenüber der älteren, technisch rückständigen Vormacht Rußland; der agrarische Schutzzoll und die Option Deutschlands für Österreich-Ungarn (und damit gegen Rußland) mit dem Zweibund (1879) machten den Positionswechsel äußerlich sichtbar. Den jüngsten Konflikt mit England handelte sich Deutschland weniger durch seinen industriellen Schutzzoll oder seine Kolonialpolitik ein als durch seine ungebärdige Weltpolitik und den Schlachtflottenbau. Alle drei großen Konfliktfelder bauten sich unabhängig voneinander auf, beeinflußten sich aber gegenseitig. Gleichzeitig bildeten Zweibund/Dreibund (1879–82) und Zweibund Frankreich/Rußland (1892/94), erweitert um England mit der Entente Cordiale (1904) und der anglo-russischen Verständigung (1907) zur Triple Entente, die beiden rivalisierenden Bündnissysteme, die zusammen die beiden Hauptkonfliktfronten des Ersten Weltkriegs absteckten.

c) Westkrise I: Die Krieg-in-Sicht-Krise 1875

Die erste große internationale Krise seit 1871, die Krieg-in-Sicht-Krise, entzündete sich Anfang 1875 an der für Deutschland ältesten Konfliktfront, im Westen. Nachdem Frankreich 1873 seine horrende Kriegsentschädigung vorzeitig gezahlt hatte, mußten gemäß dem Frankfurter Frieden auch die letzten Kontingente deutscher Besatzungstruppen abziehen. Mit der Rückgewinnung der vollständigen Souveränität erholte sich die Dritte Republik ökonomisch und militärisch überraschend schnell von den Folgen der Niederlage und des Bürgerkriegs (Pariser Kommune).

Schon Anfang 1875 machten Nachrichten von massiven Pferdeeinkäufen für die französische Armee und andere Maßnahmen, die in Deutschland als Rüstung galten, die Reichsleitung nervös. Bismarck sorgte sich um eine Annäherung Österreich-Ungarns an Frankreich und Rußland, so daß vor ihm das Gespenst einer neuen »Kaunitzschen Koalition« Frankreich – Rußland – Österreich gegen Preußen-Deutschland – wie im Siebenjährigen Krieg – aufstieg. Die Geheimmission des Bismarck-Vertrauten Radowitz in Petersburg sollte Rußland mit Hilfe Deutschlands weiteren Gebietserwerb in Aussicht stellen. Nach Lage der Dinge kam dafür im Südosten des Kontinents nur Österreich-Ungarn in Frage, dessen Aufteilung die halb offizielle »Augsburger Allgemeine« schon Anfang 1874 lanciert hatte, und Belgien im Nordwesten, dessen wallonische Teile Frankreich auf dem Kompensationsweg zufriedenstellen sollten. Für Deutschland wäre logischerweise Deutsch-Österreich abgefallen. Rußland lehnte allerdings solche Ideen kühl ab.

Das Scheitern der Mission Radowitz brachte Bismarck dazu, nunmehr anstelle der nicht mehr gangbaren multilateralen Lösung (Rußland, Frankreich, Deutschland auf Kosten Österreich-Ungarns und

Belgiens) eine bilaterale Lösung durch Konfrontation direkt mit Frankreich zu suchen. Seine verdeckten Drohungen mit einem Präventivkrieg gegen Frankreich, gekoppelt mit einem Pressekrieg, den der namengebende Artikel »Ist Krieg in Sicht?« in der »Post« vom 8. April 1875 zuspitzte, ist historisch von besonderer Bedeutung wegen der Reaktion der beiden Flügelmächte Rußland und England: Beide gaben Berlin deutlich zu verstehen, daß sie eine neuerliche Niederwerfung Frankreichs durch Deutschland, wie nur wenige Jahre zuvor, nicht mehr hinnehmen würden. Bismarck zuckte sofort vor der sich abzeichnenden Koalition gegen Deutschland zurück, denn sie hätte die totale Isolierung gegenüber allen anderen Großmächten ohne auch nur einen einzigen Verbündeten bedeutet. Fortan war Bismarck gegen Präventivkriege und trat seitdem tatsächlich (und nicht nur verbal) für die Erhaltung des Friedens zwischen den Großmächten ein.

Deutschlands Zurückweichen in der Krieg-in-Sicht-Krise vor der drohenden Intervention Englands und Rußlands zum Schutz Frankreichs vermied den sonst möglichen Großkrieg, in dem ein isoliertes Deutschland keine Chance gehabt hätte. Für einen kurzen Augenblick blitzte bereits in der bündnislosen Phase der europäischen Politik die Grundkonfrontation von 1914 auf – Deutschland gegen Frankreich, Rußland und England, sollte Deutschland Frankreich abermals angreifen. Selbst ohne die späteren rivalisierenden Bündnissysteme, nur aus elementaren Machtinteressen der Großmächte an der Aufrechterhaltung des neuen, wenn auch von Deutschland veränderten Gleichgewichts der Kräfte, reagierten England und Rußland schon 1875 wie später mit der Triple Entente im Juli/August 1914. Gegenüber den realen Großmachtinteressen waren die Bündnissysteme nur sekundär und formal.

d) Ost/Südostkrise I: Die Große Orientkrise, 1875–1878

Der ersten Westkrise nach 1871 schloß sich die nächste diplomatische Krise unmittelbar an, die Große Orientkrise (1875–78).[33] Als erste Ost/Südostkrise seit der Vollendung des Europäischen Systems nach innen betraf sie Deutschland scheinbar nur indirekt. Sie mobilisierte als Teilausschnitt der Orientalischen Frage zum vorletzten Mal die seit 1829 chronische Konfliktfront zwischen Rußland und England im Machtkampf um die Zerschlagung oder Erhaltung des Osmanischen Reichs und wurde modifiziert durch den seit dem Krimkrieg aufgebrochenen Antagonismus zwischen Rußland und Österreich-Ungarn auf dem Balkan. Ferner gibt die Krise mit ihrer Eröffnung (Aufstände in

Bosnien-Herzegovina) und ihrem Eskalationsmechanismus (Interventionen Serbien/Montenegros und Rußlands) eine Vorstellung von der Julikrise 1914.

Die chronische Krise des Osmanischen Reiches, verschärft durch die Auswirkungen der Weltwirtschaftskrise von 1873, stieß seit Juni 1875 eine ganze Dominoreihe eskalierender Konflikte an: Osmanische Versuche, den Steuerdruck auf seine Bauern zu erhöhen, u. a. durch Eintreiben von Steuerrückständen, provozierten Steueraufstände im äußersten Nordwesten, zunächst in der Herzegovina[34], in unmittelbarer Nähe zur Grenze Österreich-Ungarns. Wien hatte schon Anfang 1875 in einer Geheimkonferenz die Annexion von Bosnien und der Herzegovina als Nahziel seiner Außenpolitik bezeichnet.[35] Eine diskrete Förderung der Aufstände in beiden Provinzen lag daher durchaus in der Logik traditioneller Machtpolitik. 1876 griffen die Aufstände auch auf Bulgarien über. Wechselseitige Massaker zwischen Muslims (nicht nur Türken) und orthodoxen Südslawen waren die Folge.

Im selben Jahr griffen Serbien und Montenegro – das eine in einem eindeutigen, das andere in einem unklaren, weil von Montenegro bestrittenen Verhältnis als osmanischer Vasallenstaat – zur Unterstützung der Aufständischen militärisch ein und erklärten dem eigenen Suzerän, dem Sultan, den Krieg: Beide jungen, in Rivalität stehenden Balkanstaaten wollten die südslawischen Provinzen in Konkurrenz zu Österreich-Ungarn für sich gewinnen. Durch das Abkommen von Reichsstadt mit Rußland zur gegenseitigen Begrenzung der Machtsphären auf dem Balkan sicherte sich Österreich-Ungarn 1876 insgeheim die russische Zustimmung zu einer eventuellen Besetzung der beiden aufständischen Provinzen gegen die Zusicherung freier Hand für Rußland in Bulgarien.

Als Serbien noch 1876 am Rand einer militärischen Niederlage gegen die überlegenen osmanischen Kräfte stand, rettete Rußland es vor der Katastrophe durch politischen, dann militärischen Druck auf das Osmanische Reich: Das Zarenreich eröffnete 1877 den 8. Russisch-Türkischen Krieg, schon unter dem Doppeldruck panslawistischer Agitation und erster sozialrevolutionärer Gärung. Rußland begann wieder mit einem Vorstoß über die Donau zum Balkangebirge, diesmal im Bündnis mit Rumänien, das dem übermächtigen Rußland das Durchzugsrecht für seine Truppen gegen den Sultan gestattete. Dafür ließ sich Rumänien von Rußland seine territoriale Integrität zusichern, also auch den Besitz des 1812 erstmals zu Rußland gekommenen Beßarabien, das 1856 wieder an die Moldau, somit an das spätere

Rumänien, gefallen war. Mit Hilfe Rumäniens und der aufständischen Bulgaren überwand Rußland 1877 die beiden größten militärischen Hindernisse, die türkische Festung Plewna südlich der Donau (nach anfänglichen schweren Rückschlägen) und den Schipka-Paß im Balkangebirge. Gleichzeitig siegte es in Armenien und besetzte weite Gebiete südlich des Kaukasus.

In dieser Situation schlug der seit 1829 traditionelle russisch-britische Gegensatz wieder durch. England fürchtete Rußlands Vorstoß zum Mittelmeer mit einem vom Zarenreich beherrschten Groß-Bulgarien als Speerspitze, die direkt auf Konstantinopel und die Meerengen zielte. So wiederholte sich grundsätzlich, wenn auch modifiziert, die Konstellation des Krimkrieges. England in Unterstützung des schwer angeschlagenen Osmanischen Reiches stand gegen Rußland. Frankreich war außenpolitisch noch nicht wieder voll handlungsfähig, schied also als Machtfaktor aus. Dafür hätte sich Österreich-Ungarn, wenn auch aus innerer Schwäche zögernd, England als Festlandsmacht gegen Rußland zur Verfügung gestellt. Wie Preußen 1854 hielt sich auch das neue Preußen-Deutschland im Hintergrund. Noch war es ohne konkrete materielle (ökonomische oder politische) Interessen auf dem Balkan und nicht bereit, auch nur die sprichwörtlich gewordenen »Knochen eines einzigen pommerschen Musketiers« dafür zu opfern. Zuletzt drohte der russische Sieg über das Osmanische Reich die Große Orientkrise in einen veritablen Weltkrieg zu eskalieren. Schon Ende Juni 1877 hatte England seine Flotte, verstärkt um Marineinfanterie, in Wartestellung südlich der Halbinsel Gallipoli entsandt. Auch nach dem Waffenstillstand vom 27. Januar 1878 rückte die russische Armee weiter auf Konstantinopel vor und stand vier Tage später am Marmarameer. Als Antwort auf die Bekanntgabe der russischen Bedingungen im Präliminarfrieden von Adrianopel konfrontierte der österreich-ungarische Außenminister Andrassy Rußland mit der Alternative: Krieg oder Konferenz aller Großmächte zur Vermeidung der Kriegsgefahr.

Anschließend drohten England und Österreich-Ungarn mit Krieg, sollte die russische Armee Konstantinopel besetzen. Dagegen verlangte das siegreiche Rußland vom kleinen Rumänien, entgegen der früheren Zusage der territorialen Integrität, die Abtretung Beßarabiens. Als Rumänien ablehnte, bot Rußland als Entschädigung die Dobrudscha an, die Bulgarien für sich beanspruchte. Auf die russische Ankündigung hin, in Konstantinopel einzurücken, schickte England, ohne Erlaubnis des ohnmächtigen Sultans, seine Flotte in die Dardanellen und ließ sie direkt vor dem Sultanspalast ankern. Der Aufmarsch russischer Truppen und der englischen Flotte, mit Österreich-Ungarn als kontinentalem Sekundanten beschwor endgültig die Gefahr eines Weltkrieges, in dem vielleicht das geschwächte Frankreich, aber sicher nicht Deutschland hätte neutral bleiben können. Trotzdem diktierte Rußland am 3. März den Sonderfrieden von San Stefano. Er sah die bedingungslose Unabhängigkeit für Serbien, Montenegro und Rumänien vor, sowie ein bis zur Ägäis im Süden und nach Makedonien im Westen ausgedehntes Groß-Bulgarien, das formal unter der Suzeränität des Sultans blieb, real aber als Vasallenstaat des Zaren gedacht war.

e) Der Berliner Kongreß 1878

Angesichts des drohenden Weltkrieges lenkten die Hauptkontrahenten, England und Rußland, schrittweise ein und ermöglichten den Berliner Kongreß.[36] Beide Flügelmächte scheuten letzten Endes vor dem Großen Krieg zurück: Rußland hatte sich strategisch überexponiert und fürchtete im Kriegsfall die Landung der britischen Marineinfanterie im Rücken seiner Stellungen vor Konstantinopel und damit ein erneutes militärisches Debakel. Außerdem war die sozialrevolutionäre Gärung während des 8. Russisch-Türkischen Krieges 1877/78 so weit fortgeschritten, daß zumindest weiterblickende Konservative den inneren Kollaps befürchteten, sollte ein dann isoliertes Rußland den Großen Krieg verlieren. England scheute die finanzielle Last eines Großkrieges, ähnlich wie Österreich-Ungarn, das gleichwohl einen territorialen Gewinn unter Einsatz möglichst geringer Mittel anstrebte – Bosnien-Herzegovina, den Ausgangspunkt der Großen Orientkrise.

Der Tagungsort des zur Konfliktlösung anberaumten Kongresses verweist auf die zentrale Stellung des neuen Deutschland im Europäischen System: Das Reich war zwar schon schier übermächtig, aber noch nicht festgelegt und noch ohne erkennbare expansive Ziele, schon gar nicht nach Südosten auf den Balkan, und konnte dadurch eine Mittel- und Mittlerposition einnehmen. Rußland hatte seine Zustimmung zum Kongreß davon abhängig gemacht, daß er in Berlin stattfinden würde, so daß dem konservativen Bismarck als leitendem Staatsmann der gastgebenden Großmacht automatisch das Präsidium zufiele. Von ihm und Preußen-Deutschland erhoffte sich das zaristische Rußland Dank für die Rückendeckung in den Reichseinigungskriegen und Hilfe in seiner schwierigen inneren und äußeren Lage. In vorausgegangenen bilateralen Verhandlungen stimmte Rußland auf englischen Druck einer territorialen Beschneidung Bulgariens zu. England sicherte sich am Vorabend des Kongresses vom Osmanischen Reich die Okkupation Zyperns als Lohn für die Unterstützung der Türken. Trotz dieser Vorentscheidung in der Zentralfrage Bulgarien war der Berliner Kongreß keineswegs eine so gemütliche Angelegenheit, wie es oft erscheint: In Wirklichkeit schlitterte er während seines einmonatigen Verlaufs immer wieder am Rande des Scheiterns und damit eines Weltkrieges entlang.

In der Reihe der großen internationalen Kongresse vom Wiener Kongreß 1815 über den Pariser Kongreß 1856 bis zum Pariser Friedenskongreß 1919 nimmt der Berliner Kongreß schon zeitlich eine zentrale Stellung ein. Inhaltlich stabilisierte er zwar den Frieden zwischen den europäischen Großmächten weit über die fünf Jahre hinaus, mit denen sich Bismarcks Hauptgehilfe Radowitz am Ende begnügt hätte. Aber die Kongreß-Kompromisse befriedigten im Grunde niemanden, und die daraus entspringenden Spannungen mündeten in partikulare Konflikte ein, aus denen sich der Erste Weltkrieg zusammensetzte. Gewiß hielt Deutschland 1878 die Flügelmächte England und Rußland auseinander, aber es mußte dabei notwendig Rußlands Expansion beschneiden. Bismarck tat dies in der für Rußland denkbar schonendsten Weise, so daß er sich in seinen »Gedanken und Erinnerungen« schon fast als »vierten russischen Delegierten« sah.

Der Sache nach trieben die wichtigsten Bestimmungen des Berliner Kongresses die spätere Entwicklung zum Ersten Weltkrieg weiter voran. Serbien, Montenegro und Rumänien wurden vom Osmanischen Reich unabhängig. Auf seine Weise wirkte jeder der jungen Nationalstaaten mit seiner Unabhängigkeit von nun an in erster Linie gegen Österreich-Ungarn: Serbien mit der südslawischen »Irredenta«, Rumänien mit der rumänischen »Irredenta« in Transsylvanien. Österreich-Ungarn verleibte sich mit der Okkupation Bosniens und der Herzegovina 1878, eine Generation später gefolgt von der Annexion beider Provinzen, jenen zusätzlichen nationalen Sprengstoff ein, der die Donaumonarchie zerriß – spätestens seit Sarajevo 1914 und der Niederlage 1918 an der Seite Deutschlands, wie von der »Augsburger Allgemeine Zeitung« 1878 eindrucksvoll vorausgesagt.[37]

Bulgarien und Serbien rangelten schon auf dem Berliner Kongreß um Makedonien und setzten ihren Konflikt mit anderen Mitteln im Bulgarisch-Serbischen Krieg 1885/86 fort. Die britische Okkupation Zyperns brachte England Ägypten und dem Suezkanal ein Stück näher. Als Kompensation ermutigte Bismarck Frankreich, 1881 Tunesien zu besetzen, was wiederum Italien so verprellte, daß es sich 1882 dem inzwischen gebildeten Zweibund Deutschland/Österreich-Ungarn anschloß. Vor allem aber fühlte sich Rußland durch Deutschland hintangesetzt und brüskiert.

f) Zweibund und Dreibund 1879/82

Wichtigstes unmittelbares Ergebnis des Berliner Kongresses wurde das nachhaltige Ressentiment des Zarenreichs gegen den Vermittler von Berlin, gegen Deutschland, namentlich Bismarck. Die innerrussische Kritik am Berliner Kongreß, angeführt von Katkov und den russischen Panslawisten, übersah großzügig die prekäre strategische Situation, in die sich Rußland durch sein Vorpreschen bis vor Konstantinopel, durch Überdehnung seiner Verbindungslinien und das gleichzeitige Anlaufen der sozialen Revolution im Innern selbst hineinmanövriert hatte. Eine Ausweitung des 8. Russisch-Türkischen Kriegs durch Englands Eingreifen zur Neuauflage des Krimkriegs hätte das zaristische Rußland vielleicht schon damals in den ersten sozialrevolutionären Kollaps gestürzt. Seine innere und äußere Schwäche war gerade der tiefere Grund, weshalb sein flexiblerer Vertreter auf dem Berliner Kongreß, Schuwalow, für einen geordneten Rückzug in Ehren plädiert hatte. Die panslawistischen Vertreter der russischen Expansion sahen dagegen nur den kurzfristigen Rückschlag vor Konstantinopel, in Bulgarien und in Armenien, wo Rußland – wie 1856 – die militärisch bereits eroberten Provinzen Kars und Ardahan räumen mußte.

Der aufgestaute russische Ärger entlud sich ein Jahr später im berühmten »Ohrfeigenbrief« des Zaren Alexander II. an seinen Oheim Wilhelm I. Im Kern enthielt er eine versteckte Kriegsdrohung, sollte sich Ähnliches wiederholen. Bismarck sah sich daraufhin nach einem Verbündeten um.[38] Die Vermeidung des europäischen Großkriegs durch den Berliner Kongreß provozierte so 1879 mit dem Zweibund zwischen Deutschland und Österreich-Ungarn das erste Dauerbündnis zwischen Großmächten in Friedenszeiten seit 1856. Die Zeit der Bündnisfreiheit zwischen den Großmächten war wenigstens für Deutschland vorüber.

Nach Lage der Dinge konnte sich Deutschland nur zwischen einem Bündnis mit Rußland oder mit Österreich-Ungarn entscheiden, da Frankreich und England aus grundsätzlichen Erwägungen ausschieden. Bismarck plädierte in langen Denkschriften für eine Festlegung auf die Doppelmonarchie Österreich-Ungarn, um den noch altpreußisch denkenden Kaiser zu gewinnen. Sie sind noch heute lesenswert, weil sie historische Argumente mit aktuellen politischen Prognosen eindrucksvoll verbinden: Die Donaumonarchie und das Deutsche Reich ständen sich als Fortsetzungen des alten Reichs bis 1806 historisch und kulturell näher, und Österreich-Ungarn sei zuverlässiger konservativ. Dagegen drohe in Rußland schon die »slawische« (also panslawische) »Revolution«.[39] Zwei Jahre später faßte Bismarck in einem großen Zirkularerlaß noch einmal die grundsätzlichen Motive der Option für Österreich-Ungarn und gegen Rußland zusammen.[40] Entsprechend fiel der Zweibundvertrag 1879 aus: Seine Präambel betonte den defensiven Charakter des Bündnisses. Drei Artikel (I, II, IV) lassen die Furcht vor einem Angriff Rußlands auf Österreich-Ungarn oder Deutschland als Motiv für seinen Abschluß erkennen, verständlicherweise ohne Bismarcks grundsätzliche Erwägungen noch einmal ausdrücklich aufzugreifen. In einem scheinbar untergeordneten Punkt hatte Wien schon zuvor dem späteren Zweibund vorgearbeitet, als es im Januar 1879 dem deutschen Antrag zustimmte, den Artikel V des Prager Friedens von 1866 auszusetzen, der eine Volksabstimmung im überwiegend dänisch besiedelten Nordschleswig vorsah. Die Opferung des Österreich-Ungarn ohnehin nicht geheuren Prinzips der Volksabstimmung, indirekt also des Rechts auf nationale Selbstbestimmung im fernen Norden, kam Deutschland entgegen und baute unbequemen Präzedenzfällen gegenüber den eigenen Nationalitäten vor.

Der Zweibund war zwar offiziell geheim, aber das freundschaftliche Zusammenwirken der beiden Mächte blieb natürlich nicht lange verborgen. Somit erhob sich die Frage nach weiteren Bündnissen zwischen den Großmächten. Bismarck hoffte, auch England an den Zweibund heranziehen zu können, weil er befürchtete, Rußland könnte als Reaktion auf den Zweibund Deutschland den Krieg erklären. England wich zwar zunächst aus, versprach aber immerhin durch Disraeli, Frankreich und Italien neutral zu halten, sollten Deutschland und Rußland über Orientprobleme in Krieg miteinander geraten, vorausgesetzt, daß Deutschland England im Nahen Osten unterstützte. Ein späteres Bündnisangebot Englands ließ Bismarck unbeantwortet, weil er argwöhnte, bei den nächsten Unterhauswahlen würden die Liberalen unter Gladstone gewinnen und alles Erreichte wieder in Frage stellen. Außerdem hatte Rußland inzwischen angeboten, das Dreikaiserabkommen der konservativen Ostmächte wieder zu erneuern, so daß Bismarck 1881 den neuen Dreikaiservertrag mit den konservativmonarchischen Ostmächten als scheinbar solidere Bündniskonstellation einem Bündnis mit dem parlamentarisch regierten England vorzog. Der Dreikaiservertrag wurde bald ein Opfer der großen Bulgarienkrise von 1885–87 und fand 1887 im deutsch-russischen Rückversicherungsvertrag gewissermaßen eine prekäre bilaterale Fortsetzung.

Eine weitere Fernwirkung des Berliner Kongresses trieb 1882 Italien auf der Seite Deutschlands in den Dreibund: Die französische Besetzung des von Italien beanspruchten Tunis als Kompensation für die englische Besetzung Zyperns 1878 hatte in Italien eine neue Welle der Enttäuschung und der republikanischen Agitation provoziert. Daher wandte sich die italienische Krone hilfesuchend an das mächtigere Deutschland nördlich der Alpen. Bismarck aber war keineswegs erbaut über den ihm zugelaufenen neuen Verbündeten. Ganz abgesehen von den Spannungen wegen der italienischen »Irredenta«, hatte er wenig Zutrauen in die Zukunft der Monarchie in Italien. Der liberale und parlamentarische Charakter des italienischen Systems ließ ihn fürchten, daß dort bald die Republikaner an die Macht kämen, die dann mit der Französischen Republik zusammengehen würden.[41] Die Versicherung des italienischen Botschafters, der König könnte sich auf die Armee verlassen, konterte Bismarck mit der spitzen Bemerkung, »daß ein Monarch, der Zivilkleidung trage, nicht alles tue, was von ihm abhänge, um den Zusammenhang mit seiner Armee zu sichern«.[42]

Deutschland und Österreich-Ungarn nahmen also Italien nur zögernd und mit gemischten Gefühlen als Verbündeten auf, weil sie es eher als Schwächung denn als Stärkung des Zweibundes betrachteten. Das ideologische Motiv der italienischen Krone schlug sich diesmal in der Präambel des Vertragstextes nieder: Stärkung des monarchischen Prinzips, Aufrechterhaltung der gesellschaftlichen und politischen Ordnung, also des Status quo.[43] Der Bündnisfall würde nur eintreten, wenn ein oder zwei Partner gleichzeitig von zwei oder mehr Großmächten angegriffen würden (Art. III). Art. IV gab jedoch – damals vielleicht nicht beabsichtigt – die Möglichkeit eines verdeckten Angriffskrieges an die Hand: Wenn sich einer der Partner von einer Großmacht außerhalb des Dreibundes bedroht fühlte und sich »gezwungen sehe«, den Krieg zu eröffnen (»se verrait par là forcée de lui faire la guerre«), wären die beiden anderen Partner zur Neutralität verpflichtet. Art. V verbot für den gemeinsamen Krieg einen Separatfrieden. Im übrigen ließ der Dreibund die Existenz des weiterbestehenden Zweibundes unberührt.[44]

Mit dem Scheitern der deutsch-englischen Bündnissondierungen und der Wiederannäherung Rußlands im Dreikaiservertrag von 1881 kamen für eine Erweiterung des Zweibundes nur noch kleinere Mächte in Frage. Rumänien beantragte den Anschluß, um sich vor der russischen Expansion in Richtung Bulgarien über die Dobrudscha zu schützen, nachdem Rußland auf dem Berliner Kongreß die Abtretung Beßarabiens erzwungen hatte. Nach einigem Zögern wurde Rumänien 1882 zum Zweibund zugelassen. Aber König Carol I. mußte den Vertrag sogar vor seinen eigenen Ministern geheimhalten – aus Angst vor Desavouierung durch Politik und Öffentlichkeit, die ein Bündnis mit Ungarn nicht geduldet hätte, solange es Transsylvanien behielt. So blieb der Anschluß an den Zweibund rein formal und löste sich im August 1914 mit der Neutralität, im August 1916 mit dem Kriegseintritt Rumäniens auf seiten der Alliierten.

5. Die Anfänge des Imperialismus: Koloniale Aufteilung Asiens und Afrikas, 1856–1885

Der moderne Imperialismus als höchste Stufe der Expansion Europas in Übersee vollendete die Weltherrschaft Europas.[45] Gegenüber den frühen Kolonial- und Handelsreichen hatte sich der Akzent jedoch verschoben: Die zuletzt aufgebrochene See- und Kolonialmacht, England, war mit dem Abschluß der Eroberung Indiens 1856 inzwischen zur stärksten Weltmacht aufgestiegen, gefolgt von Frankreich. Dagegen waren die frühen Pioniere – Portugal, Spanien, dann auch die Niederlande – als marginale Faktoren zurückgefallen. Industrialisierung und starke Bevölkerungsvermehrung gaben der Expansion Europas in Übersee, ergänzt um die der USA nach dem Bürgerkrieg sowie Japans, eine elementare Eigendynamik, die in die »machtfreien« Räume der kolonialen Peripherie nach Asien und Afrika drängte. Die Berliner Afrika-Konferenz 1884/85 machte den Weg frei zur kolonialen Aufteilung Afrikas und regulierte sie völkerrechtlich.

a) Kontinuität des Imperialismus

Ein kontinuierlicher Prozeß mit vielen markanten Etappen macht es schwer, einen Epochenschnitt zwischen der älteren Expansion in Übersee mit ihren frühen Handels- und Kolonialreichen und dem modernen Imperialismus anzusetzen. Englands Verlust der dreizehn nordamerikanischen Kolonien 1776–1783 oder der Wiener Kongreß 1815 gelten oft als solche Zäsuren. Dagegen liegt zwischen der amerikanischen Unabhängigkeitserklärung und dem modernen Imperialismus gleichsam quer das Jahrhundert der englischen Eroberung Indiens 1757–1856. Immerhin schuf der Wiener Kongreß mit der

Bestätigung des Erwerbs der Kapkolonie durch England für Afrika eine neue Ausgangslage: Der französischen Eroberung Algeriens 1830–44 folgten der große Treck der Buren ab 1834, der zur Gründung der beiden Burenrepubliken Oranje-Freistaat und Transvaal 1853/54 führte, und Frankreichs erste Expansion im Senegal ab 1854–58. Japans gewaltsame Öffnung durch die USA 1853/54 sprengte die Bahn frei für eine kommende imperialistische Großmacht. Die Vollendung der britischen Eroberung Indiens 1856 war ein Schlüsselereignis, dem sich sofort der Große Indische Aufstand von 1857/58 anschloß.

Eine gewisse Zäsur bedeutet die Eröffnung des Suezkanals 1869: Nach Abschluß der Eroberung des indischen Subkontinents 1856 kürzte er den Seeweg nach Indien erheblich ab. Sein Baubeginn 1859 eröffnete die aktive Einflußnahme der Westmächte auf Ägypten, seine Vollendung war das Signal für die koloniale Aufteilung Afrikas (»Scramble for Africa«). Die Auffüllung des afrikanischen Machtvakuums schuf wider Erwarten Komplikationen zwischen den Großmächten, die zu den Spannungen im Europäischen System beitrugen (z. B. die Besetzung Ägyptens durch England 1882 und ihre Rückwirkungen auf Englands Position, Faschoda 1898, der Burenkrieg, Marokko).

b) Kolonialmächte, alte und neue

Den modernen Imperialismus trugen alte Kolonialmächte und neue, die sich inzwischen gebildet hatten. England mit seinem riesigen Empire richtete seine Aufmerksamkeit vor allem auf zwei Fragen: die Verteidigung Indiens, vor allem seiner Zugänge zu Wasser (Suezkanal, Gibraltar, Aden usw.) und zu Lande (Khaiberpaß) gegen maritime Rivalen (Frankreich, später Deutschland) und kontinentale Gegner (Rußland) einerseits, die Sicherung des Mutterlandes andererseits. Die Notwendigkeit zur strategisch weiträumigen Verteidigung Indiens machte plausibel, daß sich Englands koloniale Expansion zumindest entlang der ostafrikanischen Gegenküste zu einem erheblichen Teil aus Überlegungen im Blick auf Indien speiste.[46]

Hinzu kamen andere Motive: Der Besitz einer Küste zieht eine expandierende Macht früher oder später unwiderstehlich auch ins Hinterland. Seit dem Preisverfall für Rohstoffe in der Weltwirtschaftskrise 1873 drängten sogar die bisher skeptischen englischen Kaufleute darauf, die Bezugsquellen afrikanischer Rohstoffe in Westafrika selbst unter Kontrolle zu nehmen.[47] Das Bemühen, Teile Afrikas nicht in die Hände europäischer Konkurrenten fallen zu lassen, trieb zu immer weiterer Expansion: Cecil Rhodes träumte von einer durchgehenden, von England kontrollierten Eisenbahnlinie Kapstadt-Kairo, Frankreich wollte den Sudan vom Atlantik bis Äthiopien beherrschen, Deutschland sein »Mittelafrika«.

Die koloniale Expansion verstärkte teilweise das Machtpotential der Kolonialmächte in der Welt. Die indische Armee und die Streitkräfte der weißen Kolonien (später: Dominien) verstärkten Englands Militärpotential seit dem Burenkrieg erheblich. Nach der Vollendung des »Scramble for Africa« um 1900 und der Unterwerfung der beiden Burenrepubliken 1902 blieb England, die größte und »saturierte« Weltmacht, überwiegend defensiv, auf Wahrung des eigenen kolonialen Besitzstandes bedacht.

Gegenüber England waren alle anderen Kolonialmächte zweit- bis drittrangig, selbst Frankreich, da es England 1713 und 1815 auch in Übersee unterlegen war. Auf den Landkarten der Zeit nahmen sich Frankreichs koloniale Eroberungen zwar ebenfalls imponierend aus, aber seine afrikanischen Kolonien waren dünn besiedelt, arm und lagen zudem zur Hälfte in der Sahara. Außerdem war Frankreichs koloniale Expansion nach 1871 eher kompensatorischer Art für das vorausgegangene Debakel von 1870 und beruhte auf einer schwindenden Basis im europäischen Mutterland. Gleichwohl entfaltete auch sein kolonialpolitischer Ehrgeiz eine Eigendynamik, die es mit der versuchten Expansion von Senegal quer durch den Savanne-Sahel-Gürtel des Sudan bis zum Nil 1898 in den letzten großen Konflikt mit England um Faschoda trieb, der sich in der Entente Cordiale zur Eindämmung Deutschlands auflöste. Auch Frankreich rekrutierte Kolonialtruppen für seine Kriege, zuerst Zuaven aus Algerien (das seit 1848 annektiert, also formal Teil des französischen Mutterlandes war), in beiden Weltkriegen Truppen aus Schwarzafrika und Annam.

Die Reste des spanischen und portugiesischen Kolonialreichs waren nur noch Objekte für die nachdrängenden moderneren Kolonialmächte. Spanien mußte 1898 Verluste gegenüber den USA (Philippinen, Kuba) und Deutschland (Karolinen, Marianen) hinnehmen, während Portugals Kolonien Angola und Mosambique als Kompensationsobjekte in Aufteilungsprojekten zwischen Deutschland und England hin- und hergeschoben wurden. Sie spielten bei den fehlgeschlagenen Bündnissondierungen um 1900 ebenso eine Rolle wie beim Versuch Deutschlands, noch 1914 Englands Neutralität für einen Kontinentalkrieg über marginale Probleme zu erreichen. Die Niederlande rundeten im 19. Jahrhundert ihren Kolonialbesitz zum heutigen Indonesien ab – wie üblich durch eine Kombination von ökonomischer

Penetration und militärischer Unterwerfung. Weltpolitisch blieben die Niederlande (wie Portugal) als Klientelstaat im Schatten Englands und seines Empire und entfalteten keine besondere Dynamik mehr. In den deutschen Kriegszielen des Septemberprogramms 1914 tauchte Niederländisch-Indien als willkommener Annex in einem deutschgeführten »Mitteleuropa« auf, mithin als koloniales Kriegsziel.

Drei neue Nationalstaaten des 19. Jahrhunderts engagierten sich nach ihrer Gründung kolonialpolitisch in Übersee: Belgien, Italien und Deutschland. Das kleine Belgien hatte mit dem Kongo – zunächst Privatkolonie seines Königs Leopold II. – eine im Verhältnis zur eigenen Größe überdimensionierte Kolonie.[48] Immerhin löste Leopolds Privatinitiative die diplomatischen Aktivitäten zur Einberufung der Berliner Afrika-Konferenz 1884/85 und den eigentlichen Wettlauf um die koloniale Aufteilung Schwarzafrikas aus. Zwanzig Jahre später hielten die Kongogreuel die Weltöffentlichkeit in Atem und zwangen den belgischen Staat, den Kongo 1908 als Kolonie zu übernehmen. Zuletzt nahm der Belgisch-Kongo, Herzstück kolonialer Ziele Deutschlands vor 1914 und im Krieg, einen zentralen Platz in allen Planungen zu einem deutschen »Mittelafrika« ein.[49]

Italiens Imperialismus regte sich bald nach dem Sieg des Risorgimento, vorangetrieben von linken Republikanern, den Garibaldisten. Als Gegenküsten waren die dalmatinische und albanische Küste (»altera sponda«) im Osten und der Italien gegenüberliegende Abschnitt der nordafrikanischen Küste im Süden naheliegende Expansionsziele. Da Frankreich dem italienischen Drang nach Tunesien 1881 zuvorkam, schloß sich Italien 1882 aus Angst vor den enttäuschten Republikanern dem Zweibund Deutschland/Österreich-Ungarn an und suchte anderweitig Kompensationen, wo immer es sie zu finden glaubte (Somalia, Eritrea). Weiterreichende Expansionspläne gegen Äthiopien scheiterten an französischen und russischen Waffenlieferungen, mit denen sich Äthiopien 1896 gegen eine italienische Invasionsarmee behauptete. Auf der Suche nach Kompensationen für den Fehlschlag in Ostafrika stürzte sich das liberale Italien in den Tripoliskrieg (1911/12), der die Schwächung des Osmanischen Reiches weiter vorantrieb.

Deutschland hatte als zuletzt national geeinte Kolonialmacht ab 1884 nur noch disparate Fetzen kolonialer Territorien gewonnen, drängte aber gerade deshalb mit seiner gewaltigen Energie auf weitere Expansion in Übersee – zentriert in einem deutschen »Mittelafrika«, dem Pendant zum deutschen »Mitteleuropa«. Hauptobjekte waren der Belgisch-Kongo und Teile von Angola und Mosambique. Gerade auf kolonialem Gebiet war Deutschland am wenigsten »saturiert« und wünschte daher am stärksten die Veränderung des Status quo. Andererseits wäre es übertrieben zu behaupten, kolonialpolitische Ausdehnungswünsche Deutschlands seien ein primärer Faktor für den Ausbruch des Ersten Weltkrieges gewesen: Die machtpolitischen und europäischen Faktoren und die Stellung des Deutschen Reiches im Europäischen System reichen völlig aus, um den deutschen Anteil am Kriegsausbruch 1914 zu erklären.

c) Die Aufteilung Asiens: Der Primat Indiens

England schloß 1856 ein Jahrhundert der Unterwerfung des indischen Subkontinents ab. Indien mit seinen sprichwörtlich »märchenhaften Reichtümern«, von denen viele nach England abflossen, wurde zum Kern des Britischen Empire. Die politische Reorganisation des indischen Kolonialreiches als Folge des Großen Indischen Aufstandes 1857/58 krönte Disraeli, der früheste Verfechter eines modernen britischen Imperialismus unter den britischen Premiers, buchstäblich 1877 mit der Übernahme der 1858 freigewordenen indischen Kaiserkrone der Moghul durch Königin Victoria. Die britische Monarchin war nun »Raj« (Herrscher) und Kaiser von Indien. Seit dem Burenkrieg stellte auch die Indische Armee einen erheblichen Anteil an Englands Streitmacht in Übersee.

Die Verteidigung der Zugänge nach Indien zu Wasser und zu Lande über den Khaiber-Paß erhielt von nun an Priorität in den strategischen Erwägungen der britischen Empire-Planer: Die längere Seeroute um Afrika und das Kap der Guten Hoffnung und die kürzere Variante – durch die Meerenge von Gibraltar, das Mittelmeer, über die Meerenge (ab 1869 durch den Kanal) von Suez, das Rote Meer und den Indischen Ozean – galten daher als Lebenslinien des Empire. Koloniale Stützpunkte an der Küste Westafrikas und Südafrikas aus der Zeit des liberalen Freihandelsimperialismus, der, abgesehen von Indien, sonst größere Kolonialgebiete in den Tropen zu vermeiden suchte, dienten der Sicherung des Seewegs nach Indien. Seit der Eröffnung des Suezkanals 1869 läßt sich Englands koloniale Expansion im östlichen Afrika auch als Gewinnung der westlichen Gegenküste Indiens verstehen, um die Zugänge zum Indischen Ozean von Westen her zu sichern. Eine ähnliche Funktion hatte die Besitznahme Singapurs 1819 zur Sicherung nach Osten ins Chinesische Meer wie Adens 1839 zur Kontrolle des Zugangs vom Roten Meer. Umgekehrt arbeiteten Inder, die ab 1860 als Ersatz für die mit der Sklavenemanzipation von 1834/38 nicht mehr verfügbaren Schwarzen als zeitlich befristete

Kontraktarbeiter (»Kulis«) zunächst für den subtropischen Zuckerrohranbau nach Natal gekommen waren, der späteren britischen Expansion im östlichen Afrika bis Uganda vor, denn die Inder galten als britische Untertanen.

Mit dem Vorrücken Rußlands durch Zentralasien auf Indien gewann für die Landroute der Khaiber-Paß eine entsprechende Schlüsselbedeutung, u. a. mit (für England katastrophal verlaufenden) Vorstößen bis nach Kabul, um das afghanische Vorfeld gegen das heranrückende Rußland zu sichern.[50] Neben dem Balkan und Konstantinopel wurde die britische Sorge um die Sicherung der »Northwestern Frontier« (letztlich gegen Rußland) zum dritten großen Brennpunkt anglo-russischer Friktionen im 19. Jahrhundert,[51] ergänzt seit der Entdeckung der Erdölfelder in Persien um das Machtvakuum Persien. Auch Englands Position zur späteren Bagdadbahn war zu einem erheblichen Teil von der Verteidigung Indiens bestimmt.

Im Vergleich zur indischen Problematik war alles andere in Asien zunächst nur sekundär, bis die imperialistische Aufteilung Chinas am Ende des 19. Jahrhunderts auf die Tagesordnung zu rücken schien: Burma und Ceylon gliederten die Engländer ohnehin ihrem indischen Reich als Nebenländer an. Die Holländer schufen sich ihr »Indien« im heutigen Indonesien, das sie, ausgehend von den Südmolukken (Ambon 1605) und ihrem zentralen Stützpunkt auf Java (Batavia 1619), erst im 19. Jahrhundert eroberten und zum kolonialen Flächenstaat ausbauten.

Frankreich, in Indien seit 1757 unterlegen, trauerte dem Subkontinent später immer wieder nach. Unter Napoleon III. begann es als Ersatz 1858 mit der kolonialen Unterwerfung Vietnams, zunächst vom Süden (Saigon) aus. In Erwartung des künftigen Suezkanals sicherte es sich mit Obok (dem heutigen Djibutu) im selben Jahr zur strategischen Sicherung des Seewegs nach Vietnam eine erste Kolonie am Ausgang des Roten Meeres gegenüber dem seit 1839 britischen Aden. Da Vietnam als Kaiserreich Annam damals formal der chinesischen Suzeränität unterstand, geriet Frankreich auch in Konflikt mit dem niedergehenden China und beteiligte sich 1860 an der Kollektivintervention europäischer Großmächte in den ersten chinesischen Bürgerkrieg. Zur Erzwingung der »Unabhängigkeit« bzw. Unterstellung Vietnams unter französische Suzeränität führte die Dritte Französische Republik den nächsten Krieg Chinas gegen eine europäische Macht, den Französisch-Chinesischen Krieg von 1884/85. Damit bewegte sich Frankreich ganz in Übereinstimmung mit Bismarcks kolonialer Ablenkungsstrategie von der »blauen Linie« der Vogesen.

Siam (Thailand), im Schnittpunkt englischer und französischer Interessen gelegen, konnte durch geschicktes Lavieren zwischen den Mächten seine Unabhängigkeit behaupten. Es lieferte gleichzeitig im Kleinen ein Modell für das größere China, das sich in einem viel komplexeren und langwierigeren Prozeß und im Spannungsfeld zwischen gleich sechs imperialistischen Großmächten (England, Frankreich, Deutschland, Rußland, Japan, USA) dem ihm zugedachten Schicksal kolonialer Abhängigkeit zu entziehen vermochte. Japan ging seinen eigenen Weg. Es behauptete seine nationale Identität, indem es den von den USA 1853/54 erzwungenen Anschluß an den Weltmarkt zur konsequenten Modernisierung nutzte, um selbst zu einer imperialistischen Großmacht aufzusteigen, die sich in der Logik der Geographie unvermeidlich gegen andere asiatische Nachbarn richten mußte – vor und im Ersten Weltkrieg gegen das ohnehin geschwächte China, im Zweiten Weltkrieg auch gegen Südostasien.

d) Eröffnung des Suezkanals und Englands »ägyptische Gefangenschaft«, 1869–1882

Gleichgültig ob man die Eröffnung des Suezkanals 1869 als Epocheneinschnitt für den Beginn des Imperialismus akzeptiert oder nicht, das Ereignis selbst und seine mittelbare Folge – Ägyptens Besetzung durch England – ist für die weitere Entwicklung so bedeutend, daß es eine eigene Behandlung verdient. Wie jede Landenge hatte auch die von Suez für den interkontinentalen Fernhandel eine überragende Bedeutung. Ihm trug der Necho-Kanal in der Spätphase Alt-Ägyptens ca. 600 v. Chr. Rechnung, den die Perser unter Dareios I. 490 v. Chr. vollendeten. Er funktionierte immerhin rund 750 Jahre bis in die Wirren der römischen Soldatenkaiserzeit. Später mußten Waren zwischen Mittelmeer und Rotem Meer wieder auf dem Landweg transportiert werden. Erst die moderne Technik erlaubte auf einer abgeänderten Trasse den Bau eines neuen Kanals zur Erleichterung des seit der Expansion Europas in Übersee wieder steigenden Fernhandels (jetzt im Rahmen der von England kontrollierten Weltwirtschaft).

Als kürzeste Verbindung von Europa nach Indien hatte der Suezkanal eine weltpolitische Schlüsselfunktion. Französisches Kapital und ein französischer Erbauer (Lesseps) deuten zunächst auf ein französisches Engagement. Schon im Vorfeld des Suezkanals besetzte Frankreich mit Obok 1858 am Ausgang des Roten Meeres einen Stützpunkt zur Sicherung des Seewegs nach Indochina. Nach dem Debakel von 1870/71 vermochte es jedoch seine anfänglich führende Position nicht zu behaupten, so daß England 1875 durch den Kauf der Aktienmehrheit der Suezkanal-Gesellschaft den Fuß nach Ägypten setzte.

Mit dem Bau des Suezkanals, der Eroberung des südlichen Sudan, einem Krieg gegen Äthiopien und seiner luxuriösen Hofhaltung hatte sich Khedive Ismail finanziell übernommen, und die allgemeinen Folgen der Weltwirtschaftskrise von 1873 trieben auch Ägypten in den Staatsbankrott: Der Arabi-Pascha-Aufstand nationalistischer Offiziere, die von Einsparungen bei der Armee betroffen waren, und die Weigerung, den Schuldendienst auf ägyptische Anleihen zu leisten, provozierten England 1882 zum Bombardement von Alexandria und zur Besetzung Ägyptens – notgedrungen im Alleingang, weil Frankreich im letzten Augenblick vor einer Beteiligung zurückschreckte.

England errichtete zwar seine Herrschaft in Form eines Protektorats über Ägypten, das, ebenso wie Zypern und Bosnien-Herzegovina, formal unter der Suzeränität des Sultans in Konstantinopel blieb. Aber für seine Stellung in Europa hatte die Okkupation Ägyptens eine fatale Folge: Seit dem Pariser Frieden 1856 und der Aufnahme des Osmanischen Reiches in das Konzert der Mächte mußten alle Großmächte jeglicher Veränderung im Status des Osmanischen Reiches zustimmen, territorialen Veränderungen allemal, aber auch der englischen Okkupation Ägyptens. Nach dem Mechanismus der erweiterten Pentarchie und des Konzerts der Mächte würden sich die Großmächte für die Legalisierung der englischen Position am Nil von England anderswo Kompensationen ertrotzen können. England hatte sich so mit der Okkupation Ägyptens auf Jahrzehnte gefährlich exponiert und war im diplomatischen Spiel der Kräfte lange Zeit nur noch bedingt handlungsfähig: Es hatte sich selbst in die »ägyptische Gefangenschaft« begeben und bot gegenüber diplomatischen Pressionen rivalisierender Großmächte eine offene Flanke.

In der Phase partieller Lähmung englischer Weltpolitik durch die Besetzung Ägyptens legte Bismarck 1884/85 die Grundlagen zum deutschen Kolonialreich in Afrika und im Pazifik, anfangs kurzfristig in Zusammenarbeit mit Frankreich gegen England. Später kam die Entente Cordiale 1904 als Tausch zwischen beiden Kolonialmächten zustande: Frankreich anerkannte Englands Stellung in Ägypten, England ließ dafür Frankreich freie Hand in Marokko. Im Ersten Weltkrieg versuchten zweimal deutsch-türkische Vorstöße zum Suezkanal vergebens, Englands Verbindung nach Indien zu kappen.

e) Auftakt zum »Scramble for Africa«

Die weitergehende Ausbreitung Europas und die Industrialisierung erfaßte im 19. Jahrhundert mit Schwarzafrika und Australien/Neuseeland auch die letzten isolierten Kontinente. Schwarzafrika südlich der Sahara war schon seit dem ersten Auftreten des Islam ab 634 an das System des interkontinentalen Fernhandels von China zum lateinischen Westen indirekt angeschlossen durch den Export von Gold und Sklaven.[52] Den Anfang hatten die Hafenstädte der späteren Suaheliküste Ostafrikas gemacht, die deren Handel über den Indischen Ozean dirigierten, gefolgt ab ca. 1000 von weiteren Städten am Südrand der Sahara und ihrem Handel durch die Sahara zum Mittelmeer.[53] Danach wuchs die weiträumige ökonomische Anbindung Schwarzafrikas an den Fernhandel mit Asien und Europa bzw. seit der Expansion Europas in Übersee an das neue Weltwirtschaftssystem. Gold ging nach Europa,[54] Sklaven kamen nun überwiegend nach Amerika. Das Verbot des Transatlantischen Sklavenhandels durch England (1807) und die USA (1808), die christliche Mission und der Übergang vom Sklavenhandel zum »legitimate Trade« brachten weitere Ansätze zur ökonomischen Durchdringung von der Küste. Noch vor der Kolonialherrschaft vollendete der Export agrarischer Rohstoffe für die europäische Industrie (Produkte der Öl- und Kokospalme, Erdnuß, später auch Kakao) die ökonomische Anbindung an den von Europa beherrschten Weltmarkt und reizte nach der Weltwirtschaftskrise von 1873 zur Eroberung des Inlandes.

Unterdessen breitete sich von den Rändern her, in den gemäßigten Zonen des Nordens und Südens, Siedlungskolonien als die massivste Form direkter europäischer Herrschaft aus: Frankreich eroberte Algerien in den Jahren 1830–44 und annektierte es 1848 sogar direkt. Aus älteren Anfängen der holländischen »Vereenigde Oost-Indische Compagnie« (VOC) 1652 entwickelte sich die Kapprovinz, die 1815 unter britische Herrschaft kam. Als Protest gegen die liberale britische Politik zugunsten der Afrikaner löste sich mit dem Großen Treck ab 1834 das härtere Siedlerelement der Buren und begann die Sezession in die isolierende Absonderung der späteren Apartheid. Die Entdekkung von Diamanten in Kimberley 1867 und Gold am Witwatersrand (Johannesburg) 1886 setzte neue Akzente. Einmalig in der Weltgeschichte begann eine Industrialisierung auf der Grundlage hochwertiger Ausgangsstoffe, politisch getragen von einer erobernden weißen Minderheit über eine einheimische Mehrheit, die erst allmählich in die Industriegesellschaft hineinwachsen konnte, behindert durch die Rassenschranken der Apartheid. Diamanten und Gold zogen auch die britische Kolonialmacht ins Innere: Am Zusammenstoß zwischen sich rassistisch verhärtender Buren-Minderheit und relativ liberalem englischem Imperialismus entzündete sich der Burenkrieg 1899–1902, der sich mit deutschen Kolonialinteressen und der Konstellation im Europäischen System verquickte.

Inzwischen hatte England, unter dem doppelten Druck der Großen Depression und seiner europäischen Kolonialkonkurrenten, schon längst die ältere Konzeption des Freihandelsimperialismus aufgegeben, der sich möglichst mit maritimen Stützpunkten an der Küste und kommerziellen Einflußsphären zufriedengegeben hatte – schon um die Kosten für Kolonialkriege und Verwaltung zu sparen. Selbst die Annexion der Goldküste und die erste Niederwerfung Ashantis 1874 hatten sich zunächst nur als späte Konsequenz aus dem britischen Verbot des Sklavenhandels 1807 und der Sklaverei (1834/38) ergeben, da sich das bisher sklavenjagende (und goldproduzierende) Ashanti noch nicht auf die neue Lage umstellen wollte. Der Übergang zur direkten Herrschaft von Europäern in »weißen« Flächensiedlungen setzte sich in Nordafrika mit der Okkupation von Tunis als französisches Protektorat (1881) fort, später mit der Eroberung Libyens durch Italien im Tripoliskrieg (1911/12). Südlich der Sahara breitete sie sich, ausgehend vom entstehenden Südafrika, in Rhodesien (heute: Sambia, Simbabwe), Deutsch-Südwestafrika (Namibia), Deutsch-Ostafrika (Tansania) und Kenia aus.

Die Besetzung Ägyptens durch England 1882 und die Gründung des Kongo-Freistaates durch Leopold II. 1883/84 lösten den eigentlichen Wettlauf um die koloniale Aufteilung Schwarzafrikas aus, die sich nach der Berliner Afrika-Konferenz 1884/85 bis gegen Ende des Jahrhunderts vollendete. Unterdessen war als zusätzliches ökonomisches Motiv die von einigen Forschungsreisenden genährte Annahme hinzugetreten, das Innere Schwarzafrikas sei reich an fruchtbaren Böden und Mineralien, also ein potentiell lohnender Absatzmarkt für europäische Industriegüter. Die Realität war, von wenigen Ausnahmen (Kupfer in Nordrhodesien und Katanga) abgesehen, kurz- bis mittelfristig ganz anders, so daß der Handel der Industriestaaten mit Schwarzafrika marginal blieb; im Grunde bis heute.

f) Die Berliner Afrika-Konferenz 1884/85

Die Berliner Afrika-Konferenz kam als Reflex innereuropäischer Rivalitäten und Kooperationen zustande. Frankreich und Deutschland nutzten Englands weltpolitische Teil-Paralyse durch dessen völkerrechtlich noch nicht anerkanntes Engagement in Ägypten, um die eigene Kolonialexpansion weiter zu fördern (Frankreich) bzw. zu initiieren (Deutschland) oder zumindest das bisherige koloniale Übergewicht Englands zu brechen. In der kurzlebigen Kolonial-Entente Deutschlands und Frankreichs gegen England, die sich schon auf der Berliner Konferenz selbst wieder auflöste, zeichneten sich zwei konträre Konzeptionen der Kolonialpolitik ab: Deutschland unter Bismarck wollte zunächst kaum mehr als die traditionelle Methode des Freihandelsimperialismus verlängern. Dazu dienten nach dem älteren Vorbild Englands und der Niederlande seit 1600 »Chartered Companies«, die England in dieser Phase der Kolonialexpansion bewußt wieder aufleben ließ, sowie lockere Protektorate über eher kommerzielle Einflußsphären. Dagegen übertrug Frankreich seine stärker protektonistische Zollpolitik in Europa auf sein wachsendes Kolonialreich. Ziel waren von vornherein straff organisierte, staatlich zentralisierte, durch Zollmauern nach außen abgeschirmte Kolonien, die praktisch nur der französischen Exportwirtschaft zugänglich sein sollten. Daraus entwickelte sich der moderne formalisierte Kolonialstaat in Afrika, ein System, dem sich die anderen Kolonialmächte früher oder später anschlossen.

Gleichzeitig regulierte die Berliner Afrika-Konferenz das Verfahren der Kolonisierung durch das Prinzip der effektiven Inbesitznahme: Das Hissen von Flaggen zwischen weit auseinanderliegenden Küstenplätzen sollte nicht genügen, um koloniale Besitzansprüche ausreichend zu begründen. Vielmehr mußte schon eine substantielle administrative Infrastruktur hinzukommen, um aus fiktiven Ansprüchen kolonialpolitische Realitäten zu machen. Die anfängliche Zusammenarbeit Deutschlands mit Frankreich gegen England unterstreicht noch einmal Bismarcks Strategie, europäische Spannungen – in diesem Fall Frankreichs Ressentiment über die Niederlage gegen Deutschland 1870/71 – in die koloniale Expansion abzuleiten. Andererseits sollte die Berliner Afrika-Konferenz auch koloniale Rivalitäten in Übersee soweit bereinigen oder regulieren, daß sich an der kolonialen Inbesitznahme keine mittelbare Kriegsgefahr zwischen den Großmächten in Europa entzünden würde.

Der kollektive europäische Kolonialismus konstituierte sich mit der

Berliner Konferenz förmlich. Über die Pentarchie der Großmächte hinaus waren alle Mächte mit kommerziellen und maritimen Interessen in Afrika zugelassen. Die USA nahmen als Beobachter teil. Das Osmanische Reich war in einer doppelten Funktion beteiligt, als europäische Großmacht wie als afrikanische Territorialmacht am Roten Meer (Massawa) mit formalen Ansprüchen als Suzerän über Ägypten und den von Ägypten eroberten Sudan, der inzwischen durch den Mahdi-Aufstand (1881/83) vorübergehend wieder verlorengegangen war. Die USA verhielten sich ambivalent: Einerseits plädierten sie für die Lösung der »Offenen Tür«, also den kommerziellen Zugang für alle Interessierten am afrikanischen Markt ohne zollpolitische oder gar kolonialstaatliche Behinderung. Andererseits sah ihr Vertreter in Berlin die Konsequenz der Verhandlungen, die koloniale Aufteilung Schwarzafrikas, realistisch voraus und begrüßte sie sogar.[55]

Parallel zur oder im Anschluß an die Berliner Afrika-Konferenz zogen die Kolonialmächte die Grenzen der Kolonien. Sie waren das Produkt mehrerer Faktoren: Ältere historische Interessen, wie in Westafrika mit seiner Gemengelage kolonialer Stützpunkte der verschiedensten Nationen aus der Zeit des Transatlantischen Sklavenhandels; einheimische afrikanische Interessen, die konkurrierende Kolonialmächte gegeneinander ausspielten und für sich instrumentalisierten; geographische Unkenntnis und der Ehrgeiz europäischer Kolonialoffiziere vor Ort, für ihr Land möglichst große Stücke aus dem afrikanischen Kolonialkuchen herauszuschneiden.[56] Die Macht, die am spätesten zur kolonialen Expansion aufgebrochen war, aber das stärkste Machtpotential in Europa repräsentierte, fühlte sich am wenigsten zufriedengestellt und drängte am massivsten auf koloniale Revision – Deutschland.

6. Europäische Krisen II, 1885–1887: Das Ende alter Konfrontationen und neue Spannungen

Während der Entlastungseffekt des »Scramble for Africa« für Europa durch Vollendung der kolonialen Expansion noch rund fünfzehn Jahre anhielt, bereiteten sich auf dem europäischen Kontinent neue Spannungen vor. Die älteren Gegensätze Englands zu Frankreich und Rußland schwächten sich nach Abklingen der ersten Westkrise 1875 und der ersten Ost/Südostkrise 1875–78 allmählich ab. Die nächsten West- und Ost/Südostkrisen 1885–87 beschworen für Deutschland erstmals die akute Gefahr eines Zweifrontenkrieges nach West und

Ost, gegen Frankreich und Rußland. Obwohl die Doppelkonfrontation zwischen Rußland und England über Bulgarien und Afghanistan um 1885–87 ein letztes Mal bis zum Rand des Krieges eskalierte, ging die Entfremdung zwischen Deutschland und Rußland seit dem Berliner Kongreß 1878 weiter und provozierte – trotz Rückversichungsvertrag – mit dem deutschen Lombardverbot 1887 die französisch-russische Annäherung ab 1888.

a) Die letzte Kriegsdrohung zwischen England und Rußland: Afghanistan, 1885–1887

Der östliche Teil der europäischen Doppelkrise von 1885/87 – Bulgarien und Zentralasien/Afghanistan – erklärt sich langfristig als Konsequenz aus der Kontinuität russischer Expansion, kurzfristig aus einer Folgekomplikation des Berliner Vertrags von 1878 sowie der Vollendung der englischen Eroberung Indiens 1856: Krimkrieg und Berliner Kongreß hatten Rußlands Süd-Expansion über den Kaukasus und auf dem Balkan im Westen gebremst oder gar zurückgedrängt. Daher suchte es Ersatz-Expansion nach Osten in Zentralasien und Fernost. Beide östlichen Expansionslinien Rußlands zielten auf ein älteres und ein jüngstes weltpolitisches Machtvakuum, Indien und China, und trafen auf England, das Indien gerade erst erobert und China mit dem Opiumkrieg (1839–41) in die Existenzkrise geführt hatte. Ab 1860, nur vier Jahre nach der Niederlage im Krimkrieg, nahm Rußland seine Expansion in Richtung Indien und den Fernen Osten über Zentralasien wieder auf, wo es als technisch überlegene westliche Macht auftreten und leichte Erfolge erringen konnte. Die Gründung Wladiwostoks (»Beherrsche den Osten«) 1860 demonstrierte imperiale Ambitionen im Fernen Osten gegen China, das sich seit dem Taiping-Aufstand (1851–64) und der Kollektiv-Intervention Englands, Frankreichs und Rußlands 1860 in der Agonie befand.

Nach seinem erneuten Rückschlag auf dem Balkan (Bulgarien) und dem Kaukasus (Armenien), den es auf dem Berliner Kongreß 1878 hatte hinnehmen müssen, näherte sich Rußland mit seiner Wendung zur kompensatorischen Expansion in Zentralasien Englands Stellung in Indien bedrohlich – nämlich Afghanistan und dem Khaiber-Paß, durch den seit 3500 Jahren alle Eroberer Indiens auf dem Landweg gekommen waren. Verhandlungen zwischen England und Rußland seit 1882 über die Grenzziehung zwischen Persien und Afghanistan, das sich durch Sezession von der persischen Herrschaft erst im 18. Jahrhundert gebildet hatte, waren ergebnislos geblieben. Rußlands weiteres

Vordringen nach Süden bei Penjdeh löste in England Alarm aus, der sich bis zu Sondierungen in Berlin über die deutsche Haltung zu einem Englisch-Russischen Krieg über Afghanistan steigerte.[57] England und Rußland richteten sich schon auf einen ausgedehnten Krieg gegeneinander ein; England durch Einbeziehung der Türkei gegen Rußland, Rußland u. a. durch den vorsorglichen Rückgriff auf »einige Prätendenten gegen den jetzigen Emir« von Afghanistan und durch Aktionen, »die kriegerischen Afghanen durch einen Bürgerkrieg gegeneinander aufzuhetzen«[58]. Bismarck sah eine militärische Auseinandersetzung zwischen beiden Flügelmächten nicht ungern, weil sie Deutschlands exponierte Position in der Mitte Europas entlastet und Rußland stärker in Zentralasien engagiert hätte,[59] plädierte aber für die Neutralität der Türkei, um ein Übergreifen des Krieges auf ganz Europa zu verhindern.[60] Als Alternative befürchtete er ein von den Panslawisten betriebenes Bündnis Rußlands mit England (dann auch mit Frankreich), das sich primär gegen Deutschland gerichtet hätte – wie 1914.

b) Ost/Südostkrise II: Die Bulgarienkrise, 1885–1887

Gleichzeitig leiteten sich neue Spannungen um Bulgarien vom Berliner Vertrag her: Bulgariens Zweiteilung entlang dem Kamm des Balkangebirges in ein autonomes Fürstentum Bulgarien im Norden und eine »autonome« osmanische Provinz Ost-Rumelien mit einem christlichen Gouverneur im Süden war auf Dauer nicht zu halten. Als Fürst Alexander von Battenberg unter dem Druck der bulgarischen Nationalbewegung 1885 die Vereinigung Bulgariens mit Ost-Rumelien proklamierte, brach eine langwierige europäische Krise aus, in der jede Großmacht die andere verdächtigte, in ihrem eigenen Interesse hinter der bulgarischen Revolution zu stehen. Hauptgegner waren wieder England und Rußland, aber diesmal in merkwürdiger Verkehrung der ursprünglichen Fronten auf dem Berliner Kongreß als Ergebnis innerbulgarischer Entwicklungen: Ursprünglich galt Bulgarien seit 1878 unbestritten als russisches Einflußgebiet. Die komplizierte Form seiner politischen Organisation sollte nur den direkten russischen Rückzug von der Ägäis verschleiern, ohne dem Zarenreich den indirekten Einfluß auf Bulgarien als faktischem neuen Suzerän zu nehmen. Eine massive russische Militärmission zum Aufbau der bulgarischen Armee, Verwaltung und Regierung sowie russische Minister in der Regierung würden das formal noch dem Sultan unterstehende Fürstentum Bulgarien praktisch in einen russischen Vasallenstaat verwandeln. Alles lief auf die labile Konstruktion einer Doppel-Suzeränität über Bulgarien hinaus – die formale und fiktive Oberlehensherrschaft für den Sultan, die reale für den Zaren.[61]

Die Person des ersten bulgarischen Fürsten, des Prinzen Alexander von Battenberg, schien die beste Garantie für den Bestand des spannungsreichen Arrangements zu geben. Der angeheiratete Neffe des Zaren Alexander II. aus einer morganatischen Nebenlinie des Hauses Hessen-Darmstadt besaß weder eine eigene Machtbasis, auch nicht in Deutschland, noch Verwaltungs- oder gar Regierungserfahrung. Als Fürst von Bulgarien lehnte sich Battenberg jedoch – im Widerspruch zur Berliner Vereinbarung der Großmächte – bald gegen den seinem kleinen Fürstentum zugedachten Status als russischer Klientelstaat auf und suchte zu seiner geplanten Emanzipation vom russischen Kuratel Rückendeckung bei Deutschland und England. Seine Werbung um die Hand der Hohenzollernprinzessin Victoria, der Schwester des späteren Kaisers Wilhelm II., komplizierte für Deutschland die Lage noch weiter, denn eine so hoch angesiedelte dynastische Verbindung des Battenbergers zum deutschen Kaiserhaus suggerierte machtpolitische Ambitionen Deutschlands auf dem Balkan und am Schwarzen Meer, die das Reich zu diesem Zeitpunkt noch nicht hegte. Mit der Battenberg-Heirat wäre es der russischen Expansion auf dem Balkan gefährlich in die Quere gekommen und hätte sich offen als Gegner Rußlands deklariert. Aus diesen Gründen hintertrieb Bismarck das Heiratsprojekt. Wegen seiner antirussischen Haltung gewann Battenberg aber die Unterstützung der Liberalen und Sozialdemokraten. Bismarck unterstellte Battenberg geradezu, er wolle ihn mit Hilfe der vereinigten Links-Opposition als Reichskanzler stürzen und selbst Kanzler werden.

Ähnlich wie die deutsche Linke traten auch die damals regierenden Liberalen Englands und Königin Victoria selbst für Battenberg ein, zumal sich ihr Engagement gut in die Gegnerschaft zu Rußland einordnete. Für einen Krieg gegen Rußland aber brauchte England schon aus geographischen Gründen den üblichen »Festlanddegen«. Deutschland wäre die erste Wahl gewesen. Tatsächlich hätte ein aktives Engagement des Reiches für Battenberg an der Seite Englands gegen Rußland, wie es die deutsche Linke forderte, schon 1885 einen großen Krieg bedeutet. Aus konservativen Instinkten ließ sich Bismarck aber nicht gern in einen großen Krieg unter für ihn falschen ideologischen Vorzeichen drängen. Im Grunde trauerte er der versinkenden russisch-preußischen Freundschaft nach und war noch nicht bereit, harte Konsequenzen aus dem Dahinschwinden ihrer politischen Grundlagen zu ziehen. Ein Krieg gegen Rußland, gar gestützt auf die »Reichsfeinde« Katholiken, Liberale und Sozialdemokraten, die für ein offenes Bündnis mit England plädierten, hätte ihn in eine ihm unerträgliche Schieflage gedrängt. Liberale und Sozialdemokraten wollten endlich doch noch die ihnen 1848 und 1854 entgangene Traum-Koalition gegen Rußland erreichen – jetzt über den Schutz des kleinen Bulgarien, das sich mit seinem deutschen Fürsten offensichtlich dem Westen anschließen wollte, und in Allianz mit der liberalen Seemacht England.

Bismarck ließ sich aus denselben Erwägungen, aber unter umgekehrten ideologischen Vorzeichen, auf ein solches Abenteuer nicht ein und suchte nach Alternativen. Aus den Erfahrungen der Bulgarienkrise ging schließlich Anfang 1887 die Mittelmeerentente hervor, jene lockere Verständigung zwischen England und Italien durch einen geheimen Notenwechsel, der sich Österreich-Ungarn formell anschloß. Mit der Verteidigung des Status quo im Mittelmeer (auch im Schwarzen Meer) richtete sie sich primär zwar gegen Rußland, war jedoch sekundär auch als Stützung der englischen Position in Ägypten und italienischer Tripolis-Pläne gedacht. Deutschland gab dem Arrangement, um den Dreibund nach Süden abzusichern, seinen Segen, ohne sich jedoch direkter zu engagieren.[62]

Statt zum Großen Krieg kam es 1885–86 nur zu einem Stellvertreterkrieg zwischen Serbien und Bulgarien. Serbien wollte die Machterweiterung des Rivalen auf dem Balkan durch nationale Wiedervereinigung im Stile eines bulgarischen Risorgimento nicht hinnehmen, forderte die üblichen territorialen Kompensationen und griff Bulgarien an. Nur Österreich-Ungarn bewahrte das damals von ihm abhängige Serbien nach dessen militärischer Niederlage gegen Bulgarien vor einem völligen Debakel. Rußland dagegen hielt – wegen des Konflikts mit dem Battenberger – nur höchst widerwillig seine schützende Hand über das im Augenblick so unbequeme Bulgarien, mehr aus machtpolitischen Erwägungen und im Blick auf die sonst ostentativ herausgestellten Sympathien für die slawischen und orthodoxen Brüder nördlich von Konstantinopel als aus Liebe zu Battenberg. Nach dem militärischen Sieg Bulgariens verstärkte Rußland seinen politischen Druck und ließ Battenberg 1886 durch einen erst im zweiten Anlauf erfolgreichen Militärstaatsstreich stürzen. Bismarck half Rußland aus der Patsche durch die verletzende Art, in der er Battenberg fallen ließ, sonst aber strikte »Neutralität« wahrte.

Dem Sturz Battenbergs folgte 1887 mit Ferdinand von Sachsen-Coburg-Gotha wieder ein deutscher Kleinfürst auf dem bulgarischen Thron. Die Bulgarienkrise war beigelegt, aber der Dreikaiservertrag fiel ihr zum Opfer. Vermutlich trauerte ihm keiner der Beteiligten nach. Rußland mußte Bulgarien insgesamt grollend für sich abschreiben. Bis 1944/45 bewegte sich Bulgarien im Machtbereich deutscher Großmächte, zunächst Österreich-Ungarns, seit dem Ersten Weltkrieg Deutschlands. Der 2. Balkankrieg 1912/13 und Bulgariens Kriegseintritt auf seiten der Mittelmächte gegen Serbien 1915 entsprangen der 1878 zwischen beiden Ländern nicht ausgeräumten und 1885/86 noch nicht ausgefochtenen Makedonien-Problematik, die bis heute ihre Beziehungen vergiftet.

Für einen Moment ließ die Bulgarienkrise die Möglichkeit eines »Weltkrieges« aufblitzen – das liberale England mit einem sich liberalisierenden Deutschland gegen das autokratische Rußland, das durch den Zweibund/Dreibund und die Schwäche Frankreichs seit 1871 in Europa so gut wie isoliert gewesen wäre. Andererseits tat sich vor den Deutschen erstmals ernsthaft die Perspektive eines möglichen Zweifrontenkriegs gegen Rußland und Frankreich auf. Deutschland hielt sich zugunsten Rußlands noch einmal zurück, obwohl ein Krieg zwischen England und Rußland die eigene Position gestärkt hätte. Im Windschatten des englisch-russischen Gegensatzes war Deutschland relativ sicher. Dagegen hätte jedes eigene machtpolitische Ausgreifen gegen das Zarenreich (z. B. über Bulgarien) die Feindschaft erst Rußlands und dann Englands nach sich gezogen und damit die Hauptkonfliktlinien im Europäischen System von Rußland auf Deutschland selbst umgepolt. Erst nach der Bulgarienkrise drehte Bismarck – zuletzt 1887 – doch noch an der Eskalationsschraube gegenüber Rußland, jetzt aber in Verfolgung direkter deutscher Interessen.

c) Westkrise II: Die Boulanger-Krise, 1886–1889

Bismarcks kriegsdämpfende Zurückhaltung in der Bulgarienkrise erklärt sich auch aus der gleichzeitig Frankreich und das übrige Europa erschütternden Boulanger-Krise. Auch nach der knappen Selbstbehauptung der bisher nur provisorischen Dritten Republik 1875 ging die innere Gärung in Frankreich weiter. Für die Außenbeziehungen war der große Fixpunkt natürlich das übermächtige Deutsche Reich. Da die Republikaner unter Gambetta nach dem Sturz Napoleons III. am energischsten den Verteidigungskrieg gegen die seit Sedan als Eroberer auftretenden Deutschen verfochten hatten, erhielt die nationalistische Idee einer kriegerischen »Revanche« gegen Deutschland auch in der französischen Linken – von Ex-Kommunarden und Sozialisten bis zu Republikanern – leidenschaftliche Anhänger.

In seinem Schwanken zwischen militantem Republikanismus und Zusammenarbeit mit Royalisten und Bonapartisten faßte General Boulanger als bis dahin größte innere Gefahr für die Dritte Republik vorübergehend nationalistische Teile der Linken und die Rechte zusammen. Seine Bewegung spülte die nach schweren Niederlagen üblich gewordenen antisemitischen Parolen nach oben, von denen sich Boulanger allerdings persönlich fernhielt.[63] Auf dem Höhepunkt seiner staatlichen Macht war er 1886/87 Kriegsminister in einer Regierung von Republikanern und Radikalen. Nach seinem Sturz 1887 und der Entlassung aus der Armee führte er 1888/89 als mehrfach triumphal gewählter Abgeordneter eine für Frankreich typische Rechts-Links-Sammelbewegung mit militärisch-bonapartistischer Spitze. In beiden Positionen wurde er als sprichwörtlicher »General Revanche« zum Sammelpunkt der tatsächlich (und nicht nur in der deutschen Phantasie) auf einen Revanchekrieg drängenden Kräfte Frankreichs.

Die englisch-russische Kriegsgefahr über Afghanistan und Bulgarien hätte sich leicht durch einen gleichzeitigen Französisch-Deutschen Revanchekrieg zu einer Konflagration ausweiten können. Indirekt hätte sich für die sonst in Europa noch isolierten Großmächte Rußland und Frankreich schon eine Bündnisgruppierung abgezeichnet, in der gegenüber 1914 nur noch England auf der »falschen« Seite gestanden hätte. Bismarcks Warnungen an Frankreich vor Deutschlands militärischer Stärke wirkten ernüchternd auf die besonneneren Kräfte in Frankreich, die ihrem Land außenpolitische Abenteuer ersparen wollten. Mühsam gelang es, Boulanger 1889 endgültig auszuschalten, der auf dem Höhepunkt seines Wahltriumphes in Paris davor zurückscheute, durch einen Volksputsch das Präsidentenpalais stürmen zu lassen und so die Macht an sich zu reißen.

In Deutschland aber kamen Bismarcks starke Worte verquer an und steigerten ein schon überbordendes Machtgefühl zum überspannten Chauvinismus. Namentlich sein geflügeltes Wort aus der Reichstagsrede vom 6. Februar 1887 ließ sich als Höhepunkt aus dem Zusammenhang gelöst – eine an sich nuancierende Verurteilung eines deutschen Präventiv- oder Angriffskriegs gegen Rußland oder Frankreich – leicht mißbrauchen: »Wir Deutsche fürchten Gott, aber sonst nichts in der Welt«, zumal das Ende des Satzes meist unzitiert blieb: »Und die Gottesfurcht ist es schon, die uns den Frieden lieben und pflegen läßt.«[64] Entscheidend für die damalige Kriegsgefahr wurde es, daß Bismarck im Reichstag wie gegenüber dem Generalstab, jede Anwandlung zu einem deutschen Präventivkrieg unterbinden konnte. Sein Argument hätte auch 1914 noch gelten können:

»Mein Rat wird nie dahin gehen, einen Krieg zu führen, deshalb, weil er später vielleicht doch geführt werden muß. Er kann vielleicht nach Gottes Willen, wenn er später geführt wird, unter für uns günstigeren Verhältnissen geführt werden, wie das mit Frankreich der Fall gewesen ist.«[65]

Andererseits kam aus der linken Opposition während der Bulgarienkrise eine Stimme zu Gehör, die schon auf die kommende Weltpolitik und deren intellektuelle Begründung durch den Liberalen Max Weber von 1895 verweist:

»Die brutalsten Rechtsbrüche des zarischen Despotismus ruhig hinnehmen, weil ihnen die ›Gewissenlosigkeit‹ fehlte, einen ›Krieg mit Rußland zu führen‹, das konnten die Diplomaten des deutschen Bundes wirklich auch. Wenn Deutschland in der Weltpolitik auf diese bescheidene Rolle sich beschränken wollte, dann hätte das deutsche Volk sich die Ströme von Schweiß und Blut sparen können, welche dazu gehörten, das Deutsche Reich zu gründen.«[66]

Die damalige Reichstagsmehrheit (die allerdings noch im selben Jahr vorübergehend wieder abgelöst wurde) vertrat durchaus einen populistischen Kriegswillen – gestützt auf katholisch-liberal-sozialdemokratische Ressentiments gegen die orthodox-zaristische Autokratie, die auch die Massenbasis (abzüglich der Sozialdemokratie) für die spätere deutsche Weltpolitik abgaben.

d) Der Rückversicherungsvertrag, 1887–1890

Kaum war die Bulgarienkrise mit ihren drohenden Verwicklungen zwischen Deutschland und Rußland ausgestanden, als sich die Beziehungen zwischen beiden Großmächten noch im selben Jahr aufs neue zuspitzten, diesmal über direkte bilaterale Streitfragen. Sie lenkten wieder zurück auf die elementare Bedeutung der auch in Rußland anlaufenden Industrialisierung, die die Rivalität der Großmächte und nationale Konflikte nur noch verschärfte. Beides komplizierte die seit 1864 nur noch im Untergrund rumorende Polnische Frage.

Bismarcks letzter, schon krampfhaft zu nennender Versuch, den berühmten »Draht nach Rußland« nicht abreißen zu lassen, war der berühmte geheime Rückversicherungsvertrag zwischen Deutschland und Rußland vom 18. Juni 1887.[67] Für Rußland war sein Abschluß der letzte, freilich trügerische Sieg einer schwindenden deutschfreundfreundlichen Partei am Hof. Gegenüber der rasch wachsenden panslawistischen und pro-französischen Partei, die immer stärker auf ein Bündnis mit Frankreich drängte, hatte sie schon fast keinen Rückhalt mehr. Für Deutschland war der Rückversicherungsvertrag der letzte Erfolg der Gruppierung in der Reichsführung, die bestürzende Konsequenzen aus der Reichsgründung und dem raschen Aufstieg Deutschlands zur Super-Kontinentalmacht gegenüber Rußland vermeiden wollte. Als zugleich bilateraler Ersatz für den Dreikaiservertrag, der das Opfer der Bulgarienkrise geworden war, lehnte sich der Rückversicherungsvertrag formal wie inhaltlich eng an diesen an.

Der Abschluß des Rückversicherungsvertrags (und seine spätere Nichtverlängerung zu Beginn der Amtszeit Caprivis 1890) ist vielleicht der am meisten überbewertete Vorgang der Vorgeschichte des Ersten Weltkriegs. Zunächst galt er nur für drei Jahre, war also nicht für die Ewigkeit gedacht. Jede ernsthafte Verschlechterung der Beziehungen zwischen Deutschland und Rußland hätte ihn nach 1890 beendet. Als Geheimvertrag mußte er auch vor Deutschlands Verbündetem Österreich-Ungarn verborgen bleiben und reduzierte damit automatisch seine friedenserhaltende Wirkung. Schließlich gab es einen guten Grund für die Berliner Geheimniskrämerei gegenüber Wien: Materialiter verstieß der Rückversicherungsvertrag gegen Zweibund und Mittelmeerentente, mußte also die Glaubwürdigkeit des Reichs bei seinem engsten Verbündeten erschüttern.

Beide Vertragspartner sicherten sich gegenseitige Neutralität in einem Krieg mit dritten Mächten zu, ausgenommen bei einem Angriff (Rußlands) auf Österreich-Ungarn und (Deutschlands) auf Frankreich (Art. 1). Deutschland anerkannte die »geschichtlich erworbenen Rechte Rußlands auf der Balkanhalbinsel und insbesondere die Rechtmäßigkeit seines vorwiegenden und entscheidenden Einflusses in Bulgarien und Ostrumelien« (Art. 2), ferner Rußlands Recht auf Schließung der Meerengen im Kriegsfall (Art. 3, wie im Dreikaiservertrag von 1881). Ein streng geheimes Zusatzprotokoll unterstrich Deutschlands Hilfestellung für Rußland in Bulgarien und der Meerengenfrage: Das Reich würde Rußland moralisch, diplomatisch und durch wohlwollende Neutralität unterstützen, sollte sich der Zar zur Verteidigung russischer Interessen gezwungen sehen, »den Zugang zum Schwarzen Meer« und »den Schlüssel seines Reiches zu bewahren«.[68] Deutlicher ließ sich das deutsche Desinteresse am Balkan und an den Meerengen nicht mehr formulieren. Es drückte zugleich Bismarcks verzweifeltes Bemühen aus, das (machtpolitisch normale) Bündnis zwischen Rußland und Frankreich gegen den gemeinsamen Nachbarn Deutschland noch einmal hinauszuschieben.

e) Lombardverbot und deutsche Angst vor dem Zweifrontenkrieg

In diplomatischen Vorverhandlungen zum Rückversicherungsvertrag hatte Bismarck noch Mitte Dezember 1886 betont, daß Deutschland und Rußland »viele gemeinsame und keine streitigen Interessen« hatten, »mit Ausnahme der wirtschaftlichen«.[69] Doch schon im Jahr darauf entfalteten die wirtschaftlichen Divergenzen eine Eigendynamik, die erstmals auch in politische Qualität umschlug und den Bruch zwischen beiden Großmächten endgültig sichtbar machte.[70] Wie wenig der Rückversicherungsvertrag die Spannungen zwischen Deutschland und Rußland tatsächlich dämpfte, zeigt die Entwicklung, die im Lombardverbot von 1887 kulminierte. Als Glied in einer Kette, die vom traditionellen russisch-preußischen Bündnis zum Ersten Weltkrieg führte, gebührt dem Lombardverbot ein wichtiger Platz. Es war instruktives Beispiel dafür, wie sich wirtschaftliche Differenzen zu politischen Spannungen hochschaukeln können. Aber in der Isolierung läßt es sich auch leicht überbewerten. Tatsächlich fügt sich das Lombardverbot in eine Kette eskalierender Maßnahmen und Gegenmaßnahmen auf beiden Seiten ein und ist in den breiteren historischen Kontext der Industrialisierung mit ihren konfliktproduzierenden Wirkungen auf russischer wie deutscher Seite einzuordnen.

Als Teil des mit dem antikatholischen Kulturkampf anlaufenden germanisierenden Volkstumskampfes gegen die Polen in der preußischen »Ostmark« hatte Bismarck 1886 mit der Preußischen Ansiedlungskommission für Posen und Westpreußen den Kampf um den Boden und die Zurückdrängung des polnischen Elements eröffnet. Im Gegenzug antwortete Rußland am 24. Mai 1887 mit einem kaiserlichen Befehl (Ukas), der Ausländern verbot, in den westlichen Grenzgouvernements Land zu besitzen, wodurch vor allem deutsche Aristokraten betroffen waren, die selbst oder durch ihre Ehefrauen (wie der spätere Reichskanzler Fürst Hohenlohe) Großgrundbesitz in Polen, Litauen oder Weißrußland hatten. Außerdem verschärfte Bismarck die russisch-deutschen Wirtschaftsgegensätze, indem er unter dem Druck der Agrarier die 1879 noch niedrigen Agrarzölle in den Jahren 1885–87 zu wirksamen Schutz- und Kampfzöllen gegen russisches Getreide anhob.

Gegen den Hintergrund einer deutschfeindlichen Pressekampagne in Rußland antwortete Deutschland auf den Zaren-Ukas im November 1887 mit dem Lombardverbot russischer Werte. Als finanzpolitische Maßnahme war es nur vorübergehender Natur und keineswegs so provokativ, wie es im Rückblick erscheinen mag. Von allen staatlichen Nationalbanken akzeptierte damals nur die Reichsbank ausländische Papiere als gleichwertige Sicherheiten für staatliche Anleihen. Auch waren nur relativ geringe russische Werte betroffen (ca. 37 Mio. Mark), die von deutschen Privatbanken ohnehin besser bedient gewesen wären. Aber im allgemeinen Zusammenhang, zumal nach der vorausgegangenen heftigen Kampagne in der deutschen Presse gegen russische Werte am Berliner Finanzmarkt, hatte das Lombardverbot doch die dramatische *politische* Wirkung, die die neuere Wirtschafts- und Sozialgeschichte ihr zumißt: Es lief darauf hinaus, russische Staatsanleihen vom Berliner Finanzmarkt zu vertreiben. Für Rußland war das Lombardverbot, zumal nach dem Ausbau der deutschen Getreidezölle, der letzte Tropfen, der das Faß deutsch-russischer Mißhelligkeiten zum Überlaufen brachte und ein neues Faß zu füllen begann, das der ökonomischen Rivalitäten – bis hin zu einem »kalten« Zoll- und Handelskrieg, der so oft in der Geschichte einem »heißen« militärischen Krieg vorauszugehen pflegt.

Zum Verständnis des historischen Stellenwerts, der dem Lombardverbot – seinem an und für sich geringfügigen finanztechnischen Charakter zum Trotz – tatsächlich zukommt, ist noch einmal auf die konfliktproduzierende Wirkung der Industrialisierung in Deutschland und Rußland zurückzukommen, die eben jene 1886 von Bismarck apostrophierten wirtschaftlichen Differenzen hatte entstehen lassen: In Deutschland hatte ein Ensemble wirtschaftlicher und sozialer Faktoren seit der Frühen Neuzeit die komplizierte Überkreuz-Entwicklung zwischen Ostelbien und »Westelbien« zur Reife gebracht, die zuerst Eckart Kehr und G. W. F. Hallgarten so eindringlich wie einleuchtend analysiert haben.[71] Während westlich der Elbe das Schwergewicht der deutschen Industrialisierung lag – mit einem dementsprechenden Interesse an einem niedrigen Getreide- und Brotpreis für die sich vermehrende Bevölkerung in den wachsenden Industriezentren –, verharrte Ostelbien unter der Dominanz agrarischer Interessen. Sobald die ostelbischen Agrarier aufhörten, exportorientiert und freihändlerisch zu sein, nachdem ihr Getreide zunehmend unter den Konkurrenzdruck billigerer Getreide aus dem Westen (USA) und dem Osten (Rußland) geriet, wurden sie schutzzöllnerisch, da sie nun überwiegend auf die Versorgung des eigenen städtischen Marktes angewiesen waren. Seitdem rutschten Landwirtschaft und Industrie mit ihren von 1879 bis 1887 durchgesetzten Schutzzöllen in eine politisch paralysierende Überkreuzlage zwischen divergierenden ökonomischen und ideologischen Interessen: Die Industrie, ideologisch ursprünglich am Westen (England, Frankreich) orientiert, glitt in eine ökonomische Konkurrenzsituation vor allem zum liberalen England. Die konservativen Agrarier, ideologisch-politisch am autokratischen Rußland als mächtigem Schutzherrn Preußens angelehnt, drifteten mit ihrem agrarischen Schutzzoll – u. a. gegen russisches Getreide – allmählich in wachsende ökonomische Konfrontation mit Rußland.

Rußland seinerseits war zur Aufbringung des notwendigen Kapitals für die seit dem Krimkrieg beschlossene Industrialisierung von oben auf zwei Quellen angewiesen, auf Erlöse aus dem forcierten Getreideexport von innen und ausländische Anleihen von außen. Der deutsche Getreideschutzzoll von 1879 wurde 1885–87 noch einmal erhöht und kam, obwohl im internationalen Vergleich noch mäßig, einer wirtschaftlichen Kriegserklärung auf dem für Rußland so wichtigen Sektor des Getreideexportes gleich, jedenfalls in der Wirkung. Das deutsche Lombardverbot von 1887 versetzte dem russischen Industrialisierungsprogramm auf dem nicht minder wichtigen Sektor der Auslandsanleihen einen ähnlichen Schlag. Vom deutschen Finanzmarkt vertrieben, deckte sich Rußland seinen Anleihebedarf in Frankreich, wo anlagewilliges Kapital geradezu auf die russischen Darlehenswünsche wartete. Die erste russische Anleihe in Frankreich von 1888, in Deutschland bald »Revanche-Anleihe« genannt, war die logische Folge. Hatte das Lombardverbot – trotz des nur wenigen Eingeweihten bekannten Rückversicherungsvertrags – endgültig die deutsch-russische Zusammenarbeit beendet, so eröffnete die »Revanche-Anleihe« die französisch-russische Zusammenarbeit über das Bündnis von 1892/94 bis zur gemeinsamen Kriegführung gegen Deutschland 1914–17.

Eine unmittelbare Konsequenz des Bruchs zwischen Deutschland und Rußland seit dem Lombardverbot läßt sich an der wachsenden deutschen Nervosität über einen Zweifrontenkrieg gegen Ost und West ablesen: Schon seit 1871 hatte sich Generalstabschef Moltke auf die Möglichkeit eines Zweifrontenkrieges gegen Rußland und Frankreich eingestellt. Im Winter 1887/88 drängte der preußische Generalstab erstmals auf einen regelrechten Präventivkrieg gegen das Zarenreich. Aber Bismarck wehrte das Ansinnen ab: Er wollte keinen »Selbstmord aus Angst vor dem Tode«. Die Spuren Napoleons I. in Rußland 1812 schreckten, und Bismarck wollte sich schon gar nicht in einen Winterfeldzug gegen Rußland hetzen lassen. In seiner letzten großen außenpolitischen Reichstagsrede vom 6. Februar 1888 zur Begründung der beantragten Heeresvermehrung erteilte er nachdrücklich einem deutschen Präventivkrieg eine Absage, womit er sich öffentlich vom eigenen Generalstab distanzierte. Bismarck trug im Januar 1887 seinem konservativen Amtskollegen Salisbury gar ein reguläres Militärbündnis mit England an, das den Dreibund in für Deutschland idealer Weise erweitert hätte.[72] Aber Salisbury winkte ab, schon weil Bismarck eine Ratifizierung des Bündnisvertrags durch beide Parlamente wünschte.

7. Das Auslaufen der deutschen Kontinentalpolitik, 1888/90–1895

Parallel zu weltweiten Entwicklungen bahnte sich in Deutschland eine zentrale Voraussetzung zu kommenden Konflikten an: Während der allgemeine Imperialismus an der kolonialen »Peripherie« seinem Höhepunkt zustrebte, rüstete sich das Reich zum großen Aufbruch in die Welt. Gegen Ende der bisherigen Kontinentalpolitik Bismarcks schuf sich die wilhelminische »Weltpolitik« im Übergang zu Wilhelm II. ihre personelle Grundlage. Zunächst versuchte Caprivi, auch unter dem »Neuen Kurs« des jungen Kaisers, die Kontinentalpolitik modifiziert fortzusetzen, mußte jedoch die längst überfällige Konsequenz aus Reichsgründung und deutscher Option für Österreich-Ungarn von 1879 hinnehmen, das russisch-französische Bündnis. So erscheint das Intermezzo Caprivi als Ansatz für eine denkbare Alternative zur späteren »Weltpolitik« – ein ökonomisch fundiertes »Mitteleuropa«, beschränkt auf den Kontinent.

a) Von Bismarck zu Wilhelm II., 1888–1890

Das denkwürdige Dreikaiserjahr 1888 verhängte mit dem Warten auf den Tod zweier deutscher Kaiser – Wilhelm I. und Friedrichs III. – und auf den neuen Kaiser Wilhelm II. eine Art Stillstand über die europäische Politik. Die Beendigung der Doppelkrise im Westen und Osten/Südosten von 1885–87 lenkte die deutsche Aufmerksamkeit folgerichtig auf die letzte noch wirklich ungebundene Großmacht, auf England: Dem Ersuchen Italiens und Österreich-Ungarns, England möge seine vagen Zusagen in der Mittelmeerentente präzisieren, und der Sorge um die gesamteuropäischen Verhältnisse entsprang Bismarcks Initiative gegenüber Salisbury vom 22. November 1887, die zum späteren Bündnisangebot vom 11. Januar 1889 überleitet: Ähnlich wie in seiner Reichstagsrede vom 6. Februar 1888 erläuterte Bismarck seinem britischen Amtskollegen 1887 streng vertraulich seine außenpolitischen Sorgen: Deutschland zwischen West und Ost, Labilität der inneren Zustände Rußlands als kriegstreibender Grund, um die russischen Liberalen von ihren Verfassungswünschen abzulenken. Andererseits betonte er sein Vertrauen in die militärische Stärke und Leistungsfähigkeit Deutschlands.[73]

Der »Neue Kurs« unter Wilhelm II. übersprang anschließend praktisch die mittlere Generation der an England orientierten Liberalen. Sie war, wenn es gegen Rußland ging, pro-englisch, wie die Bulgarienkrise zeigte. Da sie jedoch die spätere Flotten- und »Weltpolitik« unterstützte, ist sehr fraglich, ob sie wirklich eher geneigt gewesen wäre, die Rolle eines Juniorpartners auf der Seite Englands zu akzeptieren, wie eine weitverbreitete Spekulation glauben machen möchte. Große Konflikte im Europäischen System hätten dann anders ausgesehen, wären aber kaum vermieden worden, z. B. bei einer Wiederholung der möglichen Bündniskonstellation in der Bulgarienkrise von 1885–87.

Die erratische Person Wilhelms II., an dessen Zurechnungsfähigkeit intern schon früh (zumindest in England, bald auch in Deutschland) ernsthafte, aber öffentlich unterdrückte Zweifel entstanden, verkörperte kollektive Kräfte und Tendenzen der deutschen Gesellschaft, die sich von ihrem Kaiser durchaus angemessen vertreten fühlten[74]: Die Generation des Kaisers, die gemeinsam mit ihm zunehmend in die politische Verantwortung rückte, war in der Selbstverständlichkeit eines mächtigen Deutschen Reiches aufgewachsen und nicht gewillt, seine Grenzen und äußeren Gefährdungen als Folge deutscher Handlungen zu sehen oder gar zu akzeptieren. In einem sich überhebenden Macht- und Selbstwertgefühl fühlte sich die neue politische Klasse in Übereinstimmung mit den Kräften der Zeit: Globale imperialistische Expansion, an der Deutschland gebührenden Anteil nehmen wollte, drängte auf immer größere Machtblöcke. Die neue Art der Weltanschauung brach offen mit der »Weltpolitik« durch.

Bismarcks letzte und Wilhelm II. erste Regierungsjahre bildeten eine Zone des ungewissen Übergangs von auslaufender Kontinentalpolitik in relativer Selbstbescheidung und neuer Expansion der von ihren Trägern selbst so genannten »Weltpolitik«. In diesen sieben Jahren fielen wichtige Entscheidungen in und um Deutschland, die zum Verständnis der weiteren Entwicklung unentbehrlich bleiben. Schon als Kronprinz hatte der künftige Kaiser seiner Großmutter, Queen

Victoria, erklärt, warum sein erster Antrittsbesuch dem autokratischen Rußland und nicht dem liberalen England galt: Er halte es für nötig, nach Gefahren Ausschau zu halten, »die dem monarchischen Prinzip von demokratischen und republikanischen Parteien überall in der Welt drohen«.[75] Victorias Kommentar zu Salisbury traf den wesentlichen Punkt und verriet ihre Ablehnung der Rückkehr zu antiquierten Regierungsmethoden, die sie bei Bismarck und ihrem Enkel ausmachte (»who are bent to the oldest times of government«). Das Vertrauen in die politische Modernität des jungen Kaisers vergrößerte sich auch nicht nach seinem Regierungsantritt. Nach innen versuchte Wilhelm II., die konstitutionelle Regierungsform durch sein »persönliches Regiment« auf eine faktische Autokratie nach russischem Vorbild zurückzuwerfen, nach außen drückte er der deutschen »Weltpolitik« seinen ganz persönlichen Stempel auf – Machtsteigerung für Deutschland und Aufstieg von der kontinentalen Großmacht zur Weltmacht mit einer geheimen Sehnsucht nach einer napoleonischen Hegemonie wilhelminischer Machart.[76]

b) Von Bismarck zu Caprivi

Noch im Rahmen der auslaufenden Kontinentalpolitik bewegte sich Bismarcks letzte bedeutende außenpolitische Aktion als Reichskanzler, sein Bündnisangebot an England vom Januar 1889.[77] Der Plan schlug zwar fehl, aber als Nebenprodukt kam immerhin das Helgoland-Sansibar-Abkommen zustande, allerdings erst 1890 unter Bismarcks Nachfolger General v. Caprivi. Durch Beseitigung kolonialer Friktionen mit England wollte er Rußland isolieren und Helgoland zur strategischen Sicherung des geplanten Nord-Ostsee-Kanals gewinnen. Der Vertrag war ambivalent in seiner Natur und Auswirkung: Einerseits signalisierte der Tausch vager deutscher Ansprüche auf Sansibar und Teile Ugandas (in deutschen Darstellungen bleibt der Anspruchscharakter der deutschen Interessen meist unterschlagen) gegen die konkrete Insel Helgoland kolonialpolitische Enthaltung in Übereinstimmung mit Bismarcks Kontinentalpolitik. Der Teil der deutschen Öffentlichkeit, der sich schon auf die kommende Phase der »Weltpolitik« einzustellen begann, empfand den kolonialen »Verzicht« als so provozierend, daß sich im Protest gegen den »Ausverkauf« deutscher Kolonialinteressen durch Bismarcks »schwächlichen« Nachfolger Caprivi der Alldeutsche Verband konstituierte, nach einer Vorform 1891 endgültig 1894. Sein Programm – »Pflege und Unterstützung deutschnationaler Bestrebungen in allen Ländern, wo Angehörige unseres Volkes um die Behauptung ihrer Eigenart zu kämpfen haben, und die Zusammenfassung aller deutschen Elemente zu diesem Zweck« – wurde zur Grundlage eines reichspatriotischen Chauvinismus, der wachsenden Einfluß auf die deutsche Außenpolitik nahm.[78] Andererseits wurde Helgoland als deutsche Seefestung ein zentraler Stützpunkt für operative Überlegungen der deutschen Marine (später auch für die deutsche »Weltpolitik«). Als Eckstein der seestrategischen Defensive wandelte es sich zur Basis für eine weltpolitische Offensiv- und Expansionspolitik des Deutschen Reichs.

Bismarck stürzte zwar im Frühjahr 1890 über die Innen- und Sozialpolitik (Haltung zur SPD und gegenüber der Arbeiterschaft insgesamt). Aber im Kern ging es um die Machtfrage, ob weiterhin der Kanzler die Regierung führte oder ob der Kaiser gemäß dem Ideal seines späteren »persönlichen Regiments« selbst die Richtlinien der Politik bestimmte und durch ihm ergebene Vertraute auch tatsächlich regierte. Auslöser der Entlassungskrise war dann doch eine außenpolitische Frage, die Bewertung russischer Rüstungsmaßnahmen und die Verteilung russischer Streitkräfte nach Westen gegenüber Deutschland und Österreich-Ungarn.

Die erste außenpolitische Entscheidung von Tragweite, die Bismarcks Nachfolger Caprivi und seine Mannschaft im Auswärtigen Amt zu fällen hatten, betraf Rußland – die Nichtverlängerung des Rückversicherungsvertrages, obwohl die Russen Konzessionen anboten. Caprivi und das Auswärtige Amt hatten honorige Motive: Ihnen graute vor den Unvereinbarkeiten des Rückversicherungsvertrages mit den Bündnisverpflichtungen im Dreibund und der Mittelmeerentente. Um Deutschland aus dem Labyrinth unübersichtlicher und widersprüchlicher Engagements zu lösen, wollten sie gleichzeitig seine Glaubwürdigkeit sichern. Dennoch kam die deutsche Absage an den Rückversicherungsvertrag psychologisch einer Brüskierung Rußlands gleich, vor allem für die verbliebene deutsch-freundliche Partei, der nunmehr jede Basis entzogen war. Nach Lombardverbot 1887 und »Revancheanleihe« 1888 war nunmehr der Weg zum französisch-russischen Bündnis endgültig frei.[79]

c) Der französisch-russische Zweibund 1892/94

Obwohl sich zuletzt das französisch-russische Bündnis fast schon von selbst unwiderstehlich aufdrängte, hatte es doch beharrlicher Bemühungen auf beiden Seiten und vielfältiger unfreiwilliger Hilfestellungen durch die deutsche Politik bedurft, bis es sich endlich durchsetzen konnte. Auf beiden Seiten waren Kräfte die frühesten und energischsten Vorkämpfer der Allianz, die sich durchaus als antideutsch einstufen lassen – Panslawisten in Rußland, Befürworter eines Revanchekriegs gegen Deutschland in Frankreich. Formal und inhaltlich war der russisch-französische Zweibund als Militärkonvention eine Antwort auf den von Deutschland dominierten Zweibund/Dreibund von 1879/82: Sollte ein Mitglied des Dreibundes eine der beiden Signatarmächte angreifen, so war die andere zur sofortigen Hilfeleistung mit allen verfügbaren Streitkräften verpflichtet. Schon die Mobilmachung der Dreibundmächte insgesamt oder einer Dreibundmacht würde automatisch die Mobilmachung beider Signatarkräfte als Auftakt zum Krieg (»la mobilisation c'est la guerre«) nach sich ziehen. Für den Kriegsfall war also ausdrücklich ein Zweifrontenkrieg gegen Deutschland vorgesehen, wie er sich bereits in der Doppelkrise von 1885/87 abgezeichnet hatte. Wegen seines Mißtrauens dem republikanischen Frankreich gegenüber zögerte Zar Alexander III. mit seiner die Militärkonvention ratifizierenden Unterschrift bis zum Jahresende 1893, so daß der Vertrag erst Anfang 1894 in Kraft trat.

Mit dem Ende der machtpolitischen Isolierung Frankreichs und Rußlands beendete ihr Zweibund auch das automatische Übergewicht Deutschlands auf dem Kontinent seit der Reichsgründung, solange die Großmächte unverbunden neben- oder besser gegeneinander standen. Zugleich wurde das französisch-russische Bündnis der Kristallisationskern zur Gegenkoalition von 1914, die später England durch seine Verständigung mit Frankreich 1904 und Rußland 1907 zur Triple Entente vervollständigte. Deutschlands Position war seit 1892/94 durch die nunmehr institutionalisierte Aussicht auf einen kontinentalen Zweifrontenkrieg entsprechend schwieriger geworden. Seine Bewegungsfreiheit war eingeschränkt, denn künftig konnte sich die »Weltpolitik« nur mit noch größerer Rücksicht auf Frankreich und Rußland entfalten. Andererseits war die deutsche Führung zunächst nicht übermäßig alarmiert, weil sich das Reich gegenüber Frankreich und Rußland, solange sie allein blieben, in einem kontinentalen Defensivkrieg stark genug fühlte.

d) Das Intermezzo Caprivi: Ökonomisches »Mitteleuropa« als Alternative zur »Weltpolitik«, 1890–1894

Gewiß war Bismarcks Sturz 1890 ein tiefer Einschnitt für die deutsche Geschichte und die Entwicklung zum Ausbruch des Ersten Weltkriegs: Strukturell aber liegt die noch tiefere Zäsur erst einige Jahre später – beim Übergang zur »Weltpolitik« ab 1896. Dazwischen prägten Unsicherheit und tastende Neuorientierung die deutsche Reichspolitik. Der »Neue Kurs«, den Wilhelm II. nach Bismarcks Abgang proklamierte, mündete in die deutsche »Weltpolitik«. Bismarcks spätere Romantisierung und Idealisierung durch deutsche Reichspatrioten bald nach seinem Sturz (erst recht nach 1918, aber auch noch nach 1945) entbehrt dagegen jeder historischen Substanz: Weder die Klage über »Bismarcks Erben«, die leichtfertig oder töricht dessen großes Erbe verschleudert hätten, noch der häufige Stoßseufzer, Bismarck mit seiner großen Staatskunst hätte 1914 sicher den Ersten Weltkrieg vermieden, haben irgendeinen historischen Erklärungswert.

In Wirklichkeit hatte sich das System Bismarcks 1890 für viele deutsche Zeitgenosssen selbst überlebt. Sein Verschwinden begrüßten die meisten Deutschen als inzwischen längst überfällige Befreiung von einem unerträglichen Druck. Im neuen Reich waren seit 1871 Kräfte herangewachsen, die über Bismarcks noch relativ bescheidene kleindeutsche Lösung kontinentaler Selbstbeschränkung hinausdrängten und die ihn 1890 folgerichtig beiseite schoben, auch wenn dieser Zusammenhang erst heute im historischen Rückblick deutlicher sichtbar wird. Selbst der große Bismarck hätte sich der auf globale Expansion drängenden deutschen Dynamik nicht widersetzen können, die mit dem raschen Wachstum von Industrie und Verkehr eine elementare Wucht erhalten hatte. Der alte Bismarck, der sich – fassungslos und überwältigt von der Zusammenballung moderner Technik auf so engem Raum – im Hamburger Hafen herumführen ließ, illustriert diesen Sachverhalt besser als jedes diplomatische Schriftstück von seiner Hand. Außerdem war die Konstellation von 1914 das Ergebnis der Amtszeit Bismarcks, vor allem der Reichsgründung und seiner Politik bis 1890.

Aber im Übergang von der Kontinental- zur »Weltpolitik« erscheint wenigstens im nachhinein Caprivis damals so heftig gescholtene Politik der bilateralen Handelsverträge mit europäischen Ländern als denkbarer Ansatz für eine Alternative zur »Weltpolitik«. Bilaterale Handelsverträge mit einer Laufzeit von zehn Jahren der ökonomisch und demographisch weiter expandierenden Industriemacht mit weniger industrialisierten Ländern Kontinentaleuropas spielten in zwei Phasen ihre ökonomische Überlegenheit voll aus: 1891 mit Österreich-Ungarn, Italien, Belgien und der Schweiz, denen 1893/94 Verträge mit Spanien, Serbien, Rumänien und Rußland folgten.[80] Dahinter zeichnete sich bereits die Konzeption eines durch eine Zollunion von Deutschland ökonomisch dominierten, auf weite Sicht auch politisch geführten »Mitteleuropa« ab, das sich im Gegensatz zur »Weltpolitik« mit ihren direkt in den Ersten Weltkrieg führenden Konsequenzen jedoch mit friedlichen, politischen Methoden hätte erreichen lassen können. Caprivi machte Deutschland bewußt zu einem industriellen Exportland, das sich seine europäischen Absatzmärkte sicherte – unvermeidlich auf Kosten der am Bruttosozialprodukt relativ zurückgehenden Landwirtschaft, die politisch von den ostelbischen Agrariern dominiert blieb.

Caprivis Konzeption wurde mit seinem Sturz 1894 abgebrochen, bevor sie noch eine Chance hatte, ihre Tragfähigkeit zu beweisen. Überwiegend aus inneren Gründen fand das Caprivi-Experiment ein rasches Ende: Die Begünstigung der deutschen Exportindustrie durch die Handelsverträge hätte das delikate Gleichgewicht zwischen Landwirtschaft und Industrie in Preußen-Deutschland seit der Revolution 1848/49 und der Reichsgründung 1871 beendet, so daß gerade die agrarischen Interessen und ihre politischen Fürsprecher auf den Sturz des innenpolitisch nüchtern-redlichen Caprivi drängten. Immerhin konnte der spätere Admiral von Müller, der langjährige Chef des kaiserlichen Marinekabinetts, in einer Aufzeichnung die denkbaren Alternativen zur Begründung der von ihm gewünschten »Weltpolitik« klar umreißen.

Das Deutsche Reich vollzog den Übergang von der Kontinental- zur Weltpolitik durch den Abbruch der Caprivischen Handelsvertragspolitik offensichtlich ohne größere öffentliche oder auch nur interne Debatte innerhalb der regierenden Kreise, weil die Grundsatzentscheidung schon vor 1848, lange vor der Reichsgründung, gefallen war: Die tonangebenden Liberalen in der Paulskirche plädierten mehrheitlich für eine kontinentale Hegemoniestellung und eine aktive Welt- und Kolonialpolitik für Deutschland, war es endlich politisch geeint.[81] Vermutlich hätte sich eine auf ihre überragende Wirtschaftskraft und ein deutsches »Mitteleuropa« stützende Super-Kontinentalmacht auf Dauer doch nicht zurückhalten lassen. Mutmaßungen darüber, ob Caprivis Politik Europa den Ersten Weltkrieg erspart hätte, würden ins Reich der Spekulation führen. Es bleibt der *denkbare* Ansatz zu einer *vielleicht* friedlichen Alternative zur späteren »Weltpolitik«, die v. Müller im Rückblick aus dem Jahr 1896 mit der einzigen bisher bekannt gewordenen internen Überlegung über deutsche »Zukunftspolitik« als glücklich überwunden verabschiedete:

> »Der General von Caprivi hat an die Möglichkeit einer Weltmachtstellung für Deutschland überhaupt nicht geglaubt, und die

an seinen Namen geknüpfte Politik hat nur die Behauptung der Machtstellung auf dem europäischen Kontinent im Auge gehabt. Sie verfuhr deshalb ganz folgerichtig, indem sie im Innern auf die Stärkung der Armee hinarbeitete, die Marine auf die Rolle der Küstenverteidigung im engeren Sinne beschränkend, und indem sie gute Beziehungen zu England, dem natürlichen Verbündeten gegen das die europäische Machtstellung Deutschlands gefährdende Rußland sucht.

Die jetzt so geschmähte Caprivische Politik würde in der Geschichte glänzend gerechtfertigt dastehen, wenn das deutsche Volk sich nicht zu einer ganz anderen Auffassung seiner Expansionsfähigkeit und Expansionspflicht aufschwänge, wie sie in der bisherigen Marine- und Kolonialentwicklung ausgedrückt ist.

Auch hier heißt es ganz oder gar nicht. Mit der ganzen Kraft der Nation einsetzen, rücksichtslos, auch den großen Krieg nicht scheuen, oder aber Beschränkung auf die Kontinentalmacht. Das Mittelding, das Begnügen mit ein paar übrig gebliebenen Stücken Ostafrika und Südsee-Archipel ohne oder doch mit nur äußerst beschränkter Besiedlungsfähigkeit durch Deutsche, das Halten einer Flotte, für die engere Küstenverteidigung unnötig stark, für eine Weltpolitik viel zu schwach, bedeutet nur eine Zersplitterung der Kräfte, eine Vergeudung von personellen und materiellen Mitteln, die die Caprivische Politik logischerweise der Armee zugeführt sehen wollte.

Wird diese Politik recht behalten? Wir hoffen es nicht. Sie würde der gegenwärtigen Nation zwar bequeme Tage bringen ohne große Kämpfe und Aufregungen, aber schon mit dem Augenblick eines fühlbaren Rückgangs im Exportgeschäft würde das künstliche Wirtschaftsgebäude zu wanken anfangen und der Aufenthalt in ihm äußerst ungemütlich werden.«[82]

Andererseits hatte Caprivi schon 1891 ganz realistisch die Konstellation des Weltkriegs von 1914 vorausgesehen – Deutschland gegen England, Frankreich und Rußland.[83]

IV. Der Weg zur Selbstzerstörung des Europäischen Weltsystems, ca. 1900–1914

Vor 1900 brachte das erste Weltsystem der Geschichte durch die tendenzielle Vollendung des europäischen Imperialismus das universale Prinzip der Expansion von Macht mit einer erst jetzt tatsächlich erreichten Globalität zum logischen Abschluß: Die weltweite Expansion alter und neuer Großmächte duldete keine Machtvakuen mehr, schon um machtfreie Räume nicht machtpolitischen Gegnern zu überlassen. Industrialisierung und moderne Technik machten es möglich, mit hochtechnisierten Flotten, Eisenbahnen und festen Straßen praktisch an jedem Punkt der Erde militärisch aufzutreten.

Deutschlands Aufbruch zur »Weltpolitik« provozierte Englands Heraustreten aus der freiwilligen Isolierung seit 1856. Der Russisch-Japanische Krieg und die Agonie des Osmanischen Reiches knüpften die Konfliktstränge neu, die sich in Vollendung der Bündniskonstellation von 1914 und in einer zweiten Runde internationaler Krisen endgültig um Deutschland zentrierten.

1. Das neue Weltsystem um 1900: Höhepunkt und Vollendung des Imperialismus

Im neuen Weltsystem entsprachen sechs große Machtzentren, unter ihnen als außereuropäische Flügelmächte die USA und Japan, sechs große und einige kleinere Machtvakuen. Meist wickelten die Kolonialmächte ihre Expansion ohne größere Probleme untereinander ab. Aber an einigen kritischen Stellen der kolonialen »Peripherie« kam es um 1900 mit der Rückkehr der dorthin abgeleiteten Spannungen zu Friktionen und Konflikten, vor allem bei der Ausfüllung der Machtvakuen in Teilen Schwarzafrikas, Nordafrikas und in China durch die imperialistischen Mächte. Die peripheren Spannungen verstärkten ältere Spannungen zwischen den Großmächten in Europa, namentlich über den erwarteten Zerfall des Osmanischen Reichs und Österreich-Ungarns. Deutschland, die jüngste Kolonialmacht, blieb ein ständiger Unruheherd, da es sich im Verhältnis zu seiner dominierenden Stellung auf dem europäischen Kontinent erheblich zu kurz gekommen fühlte.

a) *Machtzentren und Machtvakuen im Zeitalter des Imperialismus*

Träger der imperialistischen Expansion waren die vier stärksten Großmächte der modifizierten europäischen Pentarchie – England, Frankreich, Deutschland und Rußland. Hinzu kamen einige mittlere und kleinere Mächte mit Zutritt zum Atlantik (Spanien, Portugal, Holland, Belgien) sowie Italien, das jedoch als Mittelmeerland für seine koloniale Expansion auf die unbehinderte Durchfahrt durch den Suezkanal angewiesen war. Unter den Großmächten sah sich nur Österreich-Ungarn, verbannt auf die Adria, von der Kolonialpolitik in Übersee ausgeschlossen; es suchte vor 1914 bescheidenen Ersatz in einer begrenzten Ausdehnung auf dem Balkan. Das Osmanische Reich war in Wirklichkeit eines der großen Machtvakuen. Zu den sieben Großmächten des (1856 erweiterten und bis 1871 modifizierten) Europäischen Systems traten vor 1900 in Übersee Japan und die USA hinzu, die aber bis zum Ersten Weltkrieg noch im Windschatten Europas blieben. Auf Weltebene war fortan mit neun Großmächten unterschiedlicher Größe und Stärke zu rechnen. Von ihnen konnten jedoch drei nicht als vollwertige Machtzentren gelten – Italien, Österreich-Ungarn und das Osmanische Reich.

So standen den sechs echten Machtzentren – vier in Europa, zwei in Übersee – auf globaler Ebene ebenfalls sechs große Machtvakuen gegenüber: Lateinamerika, Schwarzafrika, (ursprünglich) Indien, China, ferner faktisch Österreich-Ungarn und das Osmanische Reich. Kleinere regionale Machtvakuen waren Nordafrika (teilweise noch unter formaler Suzeränität der Pforte), davon getrennt Marokko, ferner Persien und Reste des noch unabhängigen Zentralasiens. Das Machtvakuum Indien war bereits durch britische Macht ausgefüllt, und die Verteidigung des indischen Subkontinents prägte die britische Weltpolitik in erheblichem Ausmaß. Lateinamerika war an der Vorgeschichte des Weltkrieges nur marginal und punktuell (Venezuela-Affäre 1902/3) beteiligt, so daß es fortan unbeachtet bleiben kann. Das Manövrieren aller rivalisierenden Großmächte um eine möglichst starke Position in noch offenen Machtvakuen erzeugte Spannungen und Konflikte, die allgemein den Rahmen für den Krieg von 1914 bildeten.

Von den sechs großen Machtvakuen sind welthistorisch vier von herausragender Bedeutung: Afrika, das Osmanische Reich, Österreich-Ungarn und China. Dem Osmanischen Reich und Österreich-Ungarn entsprang mit Sarajevo der entscheidende Funke zum Ersten Weltkrieg. Dagegen blieb das Machtvakuum China für den Ersten

Weltkrieg sekundär, lieferte aber später für den schon 1937 beginnenden ostasiatischen Teil des Zweiten Weltkrieges entscheidende Voraussetzungen, weil es mit seiner Schwäche die zur Weltmacht aufstrebende Großmacht Japan zur kontinentalen Expansion an seiner chinesischen Gegenküste verleitete. Für die folgende Analyse lohnt es sich daher, die Parallelität der beiden großen Machtvakuen auf globaler Ebene stets im Auge zu behalten – Osmanisches Reich im Mittleren Osten, China im Fernen Osten.[1]

b) Die Ausfüllung des afrikanischen Machtvakuums, 1885–1900

Schwarzafrika wurde das klassische Betätigungsfeld des Imperialismus. Das nordafrikanische Machtvakuum war eine direkte Folge des osmanischen. Ägypten, nominell noch immer osmanischer Vasallenstaat, verknüpfte es durch seine Eroberung des negriden Süd-Sudan 1874/75 auch mit dem schwarzafrikanischen Machtvakuum. Mit seiner weitgehend turkisierten Führungsschicht unter dem Albaner Mohamed Ali war es in Afrika eines der einheimischen sub-imperialistischen Machtzentren, die auf quasi-koloniale Eroberungen gingen, ähnlich wie das 1855 erneuerte Kaiserreich Äthiopien, das 1817 gegründete Sultanat von Sokoto im Norden Nigerias und Kameruns sowie im Süden Nigers und alle meist ephemeren innerafrikanischen Staatsgebilde in der Tradition der westafrikanischen Jihads seit dem 18. Jahrhundert.[2] So geriet 1898 der Sudan aus strategischen Gründen zwischen die Mahlsteine England und Frankreich, solange sie noch miteinander rivalisierten.

Die Eröffnung des Suezkanals 1869, die Besetzung Ägyptens durch England 1882 und die Berliner Afrika-Konferenz 1884/85 machten den Weg frei zur völkerrechtlich geregelten Aufteilung Schwarzafrikas.[3] Die Ausfüllung des schwarzafrikanischen Machtvakuums ging rasch über die zuvor von England und Deutschland bevorzugte Form lockerer Einfluß- und Handelssphären oder Protektorate (»Informal Empire«) hinaus. Denn der Zwang, im chaotisch fragmentierten Schwarzafrika zur erhofften ökonomischen Entwicklung den inneren Frieden, die »Pax Colonialica«, mit Gewalt herstellen und behaupten zu müssen, institutionalisierte und festigte die neue Herrschaft im kolonialen Flächenstaat. Der für Schwarzafrika neuartige moderne Fiskalstaat brachte schmerzliche Umstellungs- und Anpassungsprozesse mit sich, die wir aus der europäischen Geschichte seit den Eroberungen des Römischen Reiches an seiner barbarischen Peripherie (Spanien, Gallien, Britannien, Germanien, Dakien etc.) und der »Pax Romana« kennen. Um 1900 war fast ganz Schwarzafrika direkt oder indirekt europäischer Herrschaft unterworfen. Auch extrem isolierte Gebiete in der Sahelzone und in der Sahara wurden noch bis 1914 in die koloniale »Pazifikation« einbezogen.

Ausnahmen waren Liberia und Äthiopien, die ihre Ursprünge von außerhalb Afrikas herleiteten, gegenüber der afrikanischen Umgebung eine sub-imperialistische Expansion betrieben und ihre Herrschaft mit militärischer Macht aufrechterhielten. Das Kaiserreich Äthiopien expandierte seit 1855 auf das Doppelte seiner ursprünglichen Größe. Es war eine typisch orientalisch-afrikanische Despotie mit Sklaverei und traditionellen Formen ökonomisch-sozialer Ausbeutung der Unterworfenen. Seine koptische Staatsreligion gab dem orthodoxen Rußland ideologisch-kirchliche Anknüpfungspunkte zu einem noch verdeckten Ausgreifen,[4] das sich erst nach 1975 unter veränderten ideologischen Vorzeichen mit der sowjetischen Intervention zugunsten des inzwischen kommunistischen Äthiopien umsetzte. Französische und russische Waffenlieferungen über das französische Djibouti sowie diplomatische Unterstützung des Negus Menelik II. suchten Äthiopien als Gegengewicht zur italienischen und britischen Expansion aufzubauen. Mit militärischer Beratung durch Rußland behauptete sich das kaiserliche Äthiopien gegen den italienischen Eroberungsversuch in der Schlacht bei Aduwa 1896 und provozierte England zur Eroberung des Sudans 1898, um so seine Stellung in Ägypten zu festigen und sich die Ausgangsbasis für die Kap-Kairo-Verbindung zu schaffen. Im Ersten Weltkrieg suchte Deutschland später u. a. eine Anknüpfung an Äthiopien, die seine indirekte Herrschaft über das Osmanische Reich mit dem erträumten deutschen »Mittelafrika« räumlich verbinden sollte.[5] Mehr als Kompensation für die Demütigungen von Tunis 1881 und Aduwa 1896 nutzte Italien die Agonie des Osmanischen Reiches, um sich 1911 auf Tripolis, die Cyrenaika und den Dodekanes zu stürzen, und schwächte so das Osmanische Reich noch weiter.

c) Das Machtvakuum China vor seiner scheinbar bevorstehenden Ausfüllung

Ähnlich wie das Osmanische Reich schien das Mandschu-Reich im Fernen Osten kurz vor seiner Aufteilung durch imperialistische Mächte zu stehen.[6] Als neues Machtvakuum am Ende seines letzten dynastischen Zyklus zog China die Intervention fremder Machtzentren an, erstmals überwiegend von Übersee – Opiumkrieg 1840–42 und Kollektivintervention Englands, Frankreichs und Rußlands 1860, die mit der Besetzung Pekings und der Plünderung des kaiserlichen Palastes endete. Auch in China begann die Dekomposition von den Rändern her mit Versuchen zur Ablösung der besonders zahlreichen autonomen Nebenländer, die als Vasallen- oder Tributarstaaten einer nur lockeren Suzeränität Pekings unterstanden: Korea, Mongolei, Tibet, Vietnam (Kaiserreich Annam), dazu noch in einem Sonderverhältnis die Mandschurei, das Stammland der regierenden Mandschu-Dynastie. Vor allem Rußland betrieb, wie gegenüber den Vasallenstaaten des Osmanischen Reiches, die »Unabhängigkeit« ihm geographisch zugänglicher Gebiete von China, um sie anschließend besser dem eigenen Herrschaftsbereich angliedern zu können. Rußland drückte von Norden her auf China, ähnlich wie früher die turkmongolischen Nomadenvölker, jetzt aber mit dem ganzen Gewicht der modernen Technologie Europas. Hauptziele waren die Mandschurei und Korea, wo sich die russischen Expansionslinien mit den japanischen überschnitten, ferner Tibet, wo Rußland England ins Gehege kam, das seine indische Nordgrenze gefährdet sah.

Entsprechend verfuhr auch Japan gegenüber Korea und der Mandschurei. Es nutzte Chinas Schwäche, um die »Unabhängigkeit« Koreas zu erzwingen und es anschließend (ab 1910) zum kolonialen Nebenland herabzudrücken. Mit dem Japanisch-Chinesischen Krieg 1894/95 und dem Frieden von Shimonoseki eröffnete Japan den europäischen Mächten die Möglichkeit, sich mittels »Pachtgebieten« an der Ostküste Chinas erste Stücke aus dem großen Kuchen herauszuschneiden: Deutschland besetzte Tsing-tau (Kiautschao), England Wei-hai-wei, Rußland Port Arthur.

Als Ersatz für das im 18. Jahrhundert entgangene Indien unterwarf sich Frankreich ab 1884 Indochina, geriet damit aber in Konflikt mit dem chinesischen Suzerän über Annam und Tonking. Der Französisch-Chinesische Krieg 1884/85 war der erste reguläre Krieg einer europäischen Macht zur Ablösung eines Nebenlandes vom Chinesischen Kaiserreich. Auch die USA zielten in ihrer Expansion über den Pazifik bis zu den Philippinen auf China, zuletzt im Amerikanisch-Spanischen Krieg 1898.

China wurde somit ein kapitales Objekt imperialistischer Durchdringung. Mit seinen damals 400 Millionen Einwohnern auf einem hohen Zivilisationsniveau eigener Prägung verhieß es einen gewaltigen, mit der erwarteten Bevölkerungsvermehrung noch weiter wachsenden Markt für europäische Industriegüter. Im Unterschied zum kulturell diffusen und zivilisatorisch weit zurückliegenden schwarzafrikanischen Machtvakuum stand China den Pressionen der imperialistischen Mächte durch seine schwächer werdende Zentralregierung schier unbegrenzt offen. Andererseits war China so groß, daß es keine imperialistische Macht allein hätte übernehmen können. Weil niemand den Rivalen ein Monopol auf dem chinesischen Markt gönnte, schälte sich als Kompromiß die »Offene Tür« heraus: Alle Industrie- und imperialistischen Großmächte sollten in gleicher Weise Zutritt zum chinesischen Markt erhalten. 1884 war das Prinzip für Ostasien schon so weit anerkannt, daß Bismarck es mit der bevorstehenden Berliner Afrika-Konferenz auf Westafrika und das Kongogebiet übertragen wollte. 1900 erzwangen auch die USA, als jüngste Macht über den Pazifik reichend, sozusagen aus der Hinterhand mit ihrer »Open-Door«-Note für China die Anerkennung dieses ihren Interessen am meisten entsprechenden Prinzips.

Dennoch ging das Manövrieren um günstige Ausgangspositionen bei der doch noch erhofften Aufteilung Chinas weiter, jetzt mit kommerziellen Interessensphären im Landesinnern. So sollte der Jangtse-Vertrag zwischen England und Deutschland von 1900 Rußland fernhalten. Unkoordinierter Widerstand der »Boxer«-Bewegung in der Tradition chinesischer Geheimgesellschaften verschlimmerte seit 1899 die Lage Chinas, da die nationalistischen (»fremdenfeindlichen«) »Boxer« mit ihrem Angriff auf das europäische Gesandtenviertel und der Ermordung des deutschen Gesandten von Ketteler 1900 die kollektive Expedition der imperialistischen Mächte gegen China provozierten. Die China auferlegten Demütigungen trieben die scheinbar bevorstehende Aufteilung weiter voran, indem Rußland die Mandschurei einfach besetzt hielt.

Letzten Endes zerschlug sich die Hoffnung der imperialistischen Mächte, China zu erobern, seiner politischen Schwäche zum Trotz, und sie sahen sich seit der Chinesischen Revolution ab 1911 auf rein ökonomische Interessen verwiesen. Japans Versuch, im Schatten des Ersten Weltkrieges und des Chinesischen Bürgerkrieges ab 1931 bzw. 1937 China militärisch zu unterwerfen, blieb in den Weiten des Riesenreiches und im Zweiten Weltkrieg stecken. Aber die rivalisierenden Versuche zur Ausfüllung des chinesischen Machtvakuums durch ausländische Großmächte strahlten auf das Europäische System zurück und hatten einen größeren Anteil an der Situation von 1914, als die auf Europa fixierte Aufmerksamkeit traditioneller Diplomatiegeschichte sonst wahrnimmt.[7]

d) *Neue Großmächte: Japan und die USA*

Gegen Ende des 19. Jahrhunderts traten zwei neue Großmächte als imperialistische Mächte in die Arena der Weltgeschichte: Japan und die USA. Ihr fast gleichzeitiger Eintritt in die imperialistische Expansion erweiterte das Europäische System endgültig zum neuen Weltsystem. Als nicht-europäische Flügelmächte fügten sie sich in die Gruppierung gegen die Mittelmächte im Ersten Weltkrieg ein und manövrierten sich bereits in Ausgangspositionen für den späteren Konflikt, den sie im Zweiten Weltkrieg um die Hegemonie im Pazifik und Ostasien ausfochten. Bei aller Unterschiedlichkeit ihres historischen Hintergrundes bieten die USA und Japan manche Verknüpfungen in ihrer weiteren Entwicklung.

Die USA waren das kompakteste und mächtigste Abspaltungsprodukt europäischer Kolonisten in Neu-Europa jenseits des Atlantiks. Seit der Mitte des 19. Jahrhunderts wollten sie an der europäischen Expansion in Übersee und ihren Profiten (Handel) auf eigene Rechnung partizipieren. Die amerikanischen Expeditionen unter Commodore Perry 1853 zur erzwungenen Öffnung Japans für den amerikanischen Handel verknüpften beide Mächte gegenläufig. Den amerikanischen Ausgriff in Übersee unterbrach noch einmal für eine Generation die gewaltige innere Krise, die sich über die Sklaverei in den Südstaaten anbahnte und im Amerikanischen Bürgerkrieg (1861–65) entlud. Nach dem Bürgerkrieg und der Konsolidierung in der »Reconstruction«-Periode (1865–77) schloß der Stillstand der »wandernden Grenze« nach Westen die innere Kolonisation ab und füllte den Kontinent vom Atlantik bis zum Pazifik mit US-amerikanischer Macht. Erst danach konnten die USA zum imperialistischen Aufbruch übers Meer ansetzen – gen Süden über die Karibik als amerikanisches Hausmeer nach Lateinamerika, gen Westen über den Pazifik, im Amerikanisch-Spanischen Krieg von 1898, der beide Expansionslinien bediente. Expansion nach Übersee war wiederum die Fortsetzung kontinentaler Expansion.

Zwar beteiligten sich die USA mit Territorialerwerb auf Kosten des spanischen Kolonialreiches in der Karibik (Puerto Rico, Protektorat über Kuba) und im Pazifik (Philippinen) auf dem Wege nach China auch an der direkten imperialistischen Expansion, ferner (ebenso wie Japan) 1900 symbolisch an der Kollektiv-Expedition nach Peking zur Niederwerfung der »Boxer«-Bewegung. Aber bei passender Gelegenheit beschworen sie immer wieder pathetisch ihren antikolonialen Hintergrund und verfolgten eine ältere, zugleich moderne Variante imperialistischer Expansion. Ihre bevorzugte Politik der »Offenen Tür« im Fernen Osten wie in Schwarzafrika sollte allen Industrieländern gleichen Zutritt verschaffen – ohne Kosten für Kolonialverwaltungen und -kriege. Als schon damals weltweit größte und noch weiter wachsende Industrie- und als kommende Weltmacht hätten die USA mit ihrer demographisch-ökonomischen Dynamik den größten Vorteil von der »Offenen Tür« auf dem lukrativen chinesischen Markt gehabt. Bis 1914 wuchsen die USA eher unauffällig zur drittstärksten Seemacht heran, unterstrichen durch die Vollendung und Kontrolle des Panamakanals, der 1914, kurz vor Kriegsausbruch, fertiggestellt wurde. Ein weiteres Indiz für die wachsende Rolle der USA auf Weltebene ist ihre Vermittlerrolle bei der Beendigung des russisch-japanischen Krieges 1905. Im Ersten Weltkrieg brachten sie mit Rüstungslieferungen und Kriegseintritt als letzte noch neutrale Großmacht 1917 die Entscheidung und präjudizierten die parallele Entwicklung im Zweiten Weltkrieg (ab 1941), diesmal im Kriegszustand gleichzeitig gegen Deutschland und Japan.

Japan, die zweite Flügelmacht des neuen Weltsystems, wurzelte mit seinen historischen Voraussetzungen ganz in der traditionellen Geschichte Asiens. Schon im Frühmittelalter hatte es sich seit 645 im »Großen Wandel« (»Taika«) dem chinesischen Vorbild der Modernisierung von Staat und Gesellschaft mit intensiver Agrarproduktion und zentralisiertem, bürokratischem Kaiserstaat bewußt und systematisch angeschlossen. Jetzt wandte es sich ähnlich entschlossen in einem säkularen Kraftakt der Modernisierung und Industrialisierung nach westlichem Vorbild zu. Nach dem Schock der erzwungenen Öffnung für den Weltmarkt 1853/54 durch die über den Pazifik ausgreifenden USA war die Grundsatzentscheidung für die Modernisierung nur durch einen Bürgerkrieg zu erzwingen, der das seit 1603 formell herrschende Tokugawa-Shogunat durch die Meiji-Reformen seit 1868 ablöste. In seinem Modernisierungsdrang kombinierte Japan eklektisch die ihm am effizientesten erscheinenden Versionen der europäischen Industrialisierung, um sie auf die heimischen Verhältnisse zu übertragen.

Die Industrialisierung aus eigener Kraft erhob Japan rasch zu einem neuen souveränen Machtzentrum, das auf Expansion drängte, zunächst zur chinesischen Gegenküste bzw. nach Korea und in die Mandschurei, die immer noch der Suzeränität des zerfallenden Mandschu-Reiches unterstand. Der erste Japanisch-Chinesische Krieg von 1894/95 sah das kleinere, aber kompaktere Japan siegreich gegenüber dem in der Modernisierung zurückgebliebenen China. Der leichte militärische Sieg verleitete Japan zu überaus harten Friedensbedingungen in Shimoneseki, so daß ihm die Intervention der am Machtvakuum China interessierten europäischen Großmächte (Deutschland, Rußland, Frankreich) eine erste Lektion in den Grundregeln des nun globalen Gleichgewichts der Mächte erteilte. Erst der Kollektiv-Einspruch der Europäer erzwang die Mäßigung der Friedensbedingungen, weniger zugunsten Chinas als der imperialistischen Mächte. Japan eröffnete somit endgültig den Wettlauf um die Ausfüllung des chinesischen Machtvakuums und verschärfte die Konflikte um China und seine Nebenländer.

e) *Vollendung und Globalisierung der imperialistischen Expansion: Rückkehr der Spannungen nach Europa*

Der Aufstieg Japans und der USA sowie die Ausfüllung des afrikanischen Machtvakuums vollendeten auf dem Höhepunkt des Imperialismus das Europäische System nun auch global und schlossen bisher wandernde Expansionsgrenzen. Die Folgen waren bestürzend: Erstmalig in der Weltgeschichte hatte sich ein Mächtesystem gebildet, das seine Grenzen nur noch in sich und in der physischen Beschaffenheit der Erde als Globus fand. Fortan verschwammen traditionelle Orientierungsmarken: Europas Expansion auf der Suche nach dem Osten (Indien) war seit Columbus in Amerika gelandet und schritt gemäß dem »Manifest Destiny« der USA immer weiter nach Westen fort. Sie griff zuletzt über den Pazifik und landete auf den Philippinen, zielte aber eigentlich auf China, also den Fernen Osten. Umgekehrt war Rußland, die östliche Variante des Westens, zu seiner Expansion nach Osten über den Ural aufgebrochen, ebenfalls auf dem Wege nach China und Indien, landete über die Beringstraße in Amerika (von Alaska bis ins nördliche Kalifornien), also im Fernen Westen. Um 1900 waren bis auf China alle größeren Machtvakuen mehr oder weniger angefüllt. Es gab keine wandernde Grenze mehr. Fast zur selben Zeit, als die wandernde Grenze der USA zur Ruhe kam, endete auch auf globaler Ebene die imperialistische Expansion in machtfreie Räume weitgehend. Weitere Expansion von Machtzentren war in den rund 15 Jahren bis zum Ausbruch des Ersten Weltkriegs nur noch in Rivalität imperialistischer Mächte unter- und gegeneinander möglich. Gleichzeitig endete für das Europäische System die spannungs- und konfliktmindernde Wirkung der imperialistischen Expansion in Übersee, die Bismarck zur Dämpfung des auf Deutschland lastenden Drucks bewußt gefördert hatte.

Mit der Vollendung des Europäischen Systems in seiner hochimperialistischen Phase kehrten die nach »außen« zur Peripherie abgeleiteten Spannungen wieder ins europäische Zentrum zurück, weil es, streng genommen, auf Weltebene kein »außen«, keine »Peripherie« mehr gab, sondern nur noch »innen«. Krisen- und Spannungsmomente in »West« und »Ost« verflochten sich noch intensiver, seitdem die Welt- und Großmächte im Zeitalter globaler Machtpolitik weltweit gleichzeitig agierten und miteinander rivalisierten. Namentlich die Spannungen aus der versuchten Ausfüllung des großen Machtvakuums China im »Fernen Osten« schlugen auf Europa zurück: Die englisch-deutschen Bündnissondierungen um 1900 gingen um den Wunsch Englands, Deutschland als Gegengewicht die russische Expansion in China eindämmen zu lassen. Als Berlin ablehnte – in diesem Punkt in realistischer Bewertung seiner eigenen, so weit von der heimatlichen Basis entfernten Kräfte –, nahm das aufstrebende und näherliegende Japan die ihm zugedachte Rolle als Juniorpartner Englands gegen Rußland dankend an. Der Zusammenstoß zwischen russischer und japanischer Expansion über die Mandschurei und Korea führte zur Niederlage Rußlands im Russisch-Japanischen Krieg und zur ersten Russischen Revolution von 1905, ohne die die weitere Entwicklung zum Kriegsausbruch 1914 unverständlich bleibt.

f) Periphere Konflikte und Europa, 1898–1907: Sudan, Südafrika, Marokko, Afghanistan

An vier Stellen des Globus läßt sich um 1900 das dramatische Umkippen der spannungsmindernden imperialistischen Expansion durch die weltumspannende Vollendung des Europäischen Systems in die konfliktverschärfende Rückkehr der abgeleiteten Spannungen nach Europa besonders deutlich ablesen – im Sudan, in Südafrika, Marokko und Afghanistan. Sie alle, sonst meist nur als periphere Krisenmomente wahrgenommen, gehören zur historischen Konfliktgeographie im Vorfeld des Ersten Weltkrieges. Das Osmanische Reich in der Endphase seiner Agonie verknüpfte schließlich die halbkoloniale Peripherie mit dem Europäischen System, zuletzt passiv-leidend durch den Tripoliskrieg 1911/12 und seine machtpolitische Fortsetzung im 1. Balkankrieg 1912/13.

Der heutige Sudan erhielt erstmals einen weltpolitischen Stellenwert durch die Gründung des Mahdi-Staates 1883 und dessen Zerschlagung 1898, die ins anglo-ägyptische Kondominium einmündete. Als südliche Verlängerung Ägyptens war das obere Niltal – im krassen

Gegensatz zu seiner Armut – strategisch unentbehrlich: zur Wasserversorgung Ägyptens durch den Nil, als Verbindung nach Schwarzafrika und als Teilstück der von englischen Imperialisten wie Cecil Rhodes erträumten Achse Kap-Kairo.[8] Da Frankreich die Beherrschung des gesamten Savannengürtels zwischen der Sahara im Norden und dem Regenwald im Süden anstrebte, vom Atlantik bis zur Grenze Äthiopiens, schnitten sich am oberen Nil englische und französische Expansionslinien. Nach der Unterwerfung des Mahdi-Staates 1898 führte die Konfrontation zwischen früher eingetroffenen, aber schwächeren französischen Verbänden aus dem Westen und überlegenen britischen Verbänden aus dem Norden am mittleren Nil bei dem Dorf Faschoda 1898/99 zur letzten Kriegsdrohung zwischen England und Frankreich,[9] die sich in einem pragmatischen Arrangement 1899 und in der Entente Cordiale 1904 endgültig auflöste.

Ein aparter Sonderfall war Südafrika. Hier kollidierten beschränktere Interessen der Buren-Republiken Oranje und Transvaal mit weitläufigeren der Weltmacht England. Materiell ging es um Diamanten (seit 1867) und Gold (seit 1886), ideell um die politische Mitsprache weißer Nicht-Buren in Transvaal (»Uitlanders«) seit dem Goldrush sowie um die gedrückte Stellung der Schwarzen in den Burenrepubliken. An diesem brisanten Gemisch entzündete sich 1899 der Burenkrieg, der enorme Rückwirkungen auf die innere Entwicklung Südafrikas und auf das Verhältnis der imperialistischen Mächte untereinander hatte: Die Buren erhielten als herrschende Minderheit von den britischen Liberalen freie Hand zur Ausgestaltung der späteren Apartheid. Weltpolitisch offenbarte der Burenkrieg England schmerzhaft die Nachteile seiner selbstgewählten Isolierung in Europa.

Marokko, formal ein unabhängiges Sultanat, das seit langem von schweren inneren Krisen geschüttelt wurde, geriet nach 1900 in den Schnittpunkt zwischen französischem und deutschem Imperialismus: Frankreich wünschte die Herrschaft über das Sultanat zur Arrondierung und Absicherung seiner Position in Algerien und Tunesien nach Westen. Für Deutschlands »Weltpolitik« waren dagegen ökonomische und strategische Interessen vorrangig (Erzgruben für Mannesmann in Marokko). Die diplomatische Offensive des Reiches sollte Frankreich in Europa demütigen, gar in die Zange nehmen. Die beiden Marokkokrisen von 1905/6 und 1911 verknüpften erstmals direkt kolonialpolitisches und innereuropäisches Konfliktpotential.

Afghanistan, im Spannungsfeld zwischen russischer Expansion nach Süden gen Indien und Englands Herrschaft über Indien, blieb als

Pufferstaat zwischen Rußland und Britisch-Indien erhalten. Die Verständigung über seinen neutralen Status (ergänzt um Vereinbarungen über Persien und Tibet) bildete die materielle Grundlage zum anglorussischen Abkommen von 1907, das die Triple Entente konstituierte und so die europäische Weltkriegskonstellation von 1914 vollendete.

Ein Weltkrieg aus der Kollision Englands mit Frankreich und/oder Rußland war also denkbar, hätte dann aber ganz anders ausgesehen als der tatsächliche Weltkrieg von 1914. Nicht England stand 1914 isoliert gegen die Kontinentalmächte Frankreich und Rußland, sondern Deutschland so gut wie allein gegen (fast) den Rest der Welt. Daher kann sich die folgende Darstellung auf die zentrale Bündnisfrage für England und Deutschland konzentrieren, da sie sich als die eigentlichen Hauptkontrahenten des heraufziehenden Weltkriegs herausschälen. Beide waren jeweils die Hauptmacht ihrer Koalition, dominierten ihre Partner mehr (Deutschland) oder – erheblich – weniger (England).

g) Die beiden Haager Friedenskonferenzen, 1899 und 1907

Quer zum sich entfaltenden, zum großen Krieg drängenden Imperialismus, standen die beiden Haager Friedenskonferenzen von 1899 und 1907.[10] Als Versuch, den eskalierenden Spannungen, ausgedrückt in der wachsenden Technisierung, Modernisierung und Verteuerung der Rüstung, entgegenzusteuern, demonstriert die welthistorische Wirkungslosigkeit der beiden Haager Friedenskonferenzen zugleich auch die Schwäche der Kräfte, die wenigstens verbal für den allgemeinen Weltfrieden eintraten. Mehr als einen Ansatz zur Regulierung internationaler Beziehungen und eine Regulierung des Landkrieges kam nicht dabei heraus.

Den Anfang machte der Vorschlag des neuen Zaren Nikolaus II. aus dem Jahr 1898, eine europäische Abrüstungskonferenz der Großmächte einzuberufen. Die unmittelbare Anregung kam von dem polnisch-russisch-jüdischen Eisenbahnmagnaten und Pazifisten Johann von Bloch, der vor allem die Zerstörungskraft der modernen Waffen und die ökonomische Unerträglichkeit der wachsenden Rüstungslasten für die verschiedenen Nationalwirtschaften betonte.[11] Das eigentliche Motiv aber war Rußlands Rückstand in einer Phase des internationalen Rüstungswettlaufs, in diesem Fall auf dem Gebiet der damals neuesten Entwicklung der schweren Artillerie. Die Durchsichtigkeit des russischen Taktierens (so sinnvoll es für die Menschheit insgesamt hätte wirken können), erweckte das Mißtrauen der übrigen Großmächte und erstickte die Idee einer Abrüstungskonferenz im Keime. Als Kompromiß kam die 1. Haager Friedenskonferenz von 1899 zustande, auf der 26 Staaten, auch außereuropäische, vertreten waren.

Nachdem die Mächte Rußlands Antrag, einen begrenzten Rüstungsstillstand zu beschließen, abgelehnt hatten, blieb das Ergebnis der Konferenz auf untergeordnete Details der friedlichen Konfliktregelung und der Kriegsführung (eingeengt auf den Landkrieg) beschränkt: Der Gebrauch einiger Waffen wurde verboten (bis 1904) – Giftgase und Dum-Dum-Geschosse sowie der Abwurf von Geschossen und Sprengstoffen aus Luftschiffen. Schließlich wurden Bestimmungen zur Behandlung von Verwundeten und Gefangenen verbessert. Rußland hatte zunächst nur eine fakultative Gerichtsbarkeit vorgeschlagen, erweiterte sie aber bald nach Konferenzbeginn zum Projekt einer obligatorischen Schiedsgerichtsbarkeit. Es scheiterte am deutschen Widerstand, so daß es bei der fakultativen Schiedsgerichtsbarkeit blieb.

Auch im zweiten Anlauf auf der 2. Haager Friedenskonferenz 1907 scheiterte der Vorschlag einer internationalen Abrüstung am deutschen Widerstand. Wiederum ging die Initiative von Rußland aus, inzwischen – nach dem Russisch-Japanischen Krieg 1904/5 und der Ersten Russischen Revolution 1905/6 – eindeutig aus einer Position der Schwäche. Andererseits hatte die Kriegsgefahr der 2. Marokkokrise 1905/6 die Notwendigkeit zur Friedenssicherung durch aktive Kriegsverhinderung offensichtlicher denn je gemacht. Diesmal waren 44 Staaten vertreten, aber die höhere Teilnehmerzahl sicherte keine größere Effektivität. Lediglich die Haager Landkriegsordnung wurde zur seitdem gültigen Fassung erweitert, das Kriegs- und Neutralitätsrecht kodifiziert. Der Krieg wurde nicht gezähmt, geschweige denn abgeschafft, sondern nur in Regeln gefaßt: »Keine Abrüstung, aber Kriegsrecht«.[12] Die fakultative Schiedsgerichtsbarkeit verpuffte in ernsten Krisenzeiten wie im Juli 1914 wirkungslos.

Im Rahmen der damaligen Machtpolitik ließen sich die verschiedenen Staaten in ihrer Haltung zur »Friedenswahrung« auf den Haager Friedenskonferenzen von ganz unterschiedlichen »nationalen Interessen« leiten: Deutschland wollte seine »uneingeschränkte Handlungsfähigkeit versus ›Ochlokratie‹ der Kleinstaaten« wahren. England erhoffte sich die »Friedenssicherung zur Bewahrung der Weltmacht«. Frankreich mußte »Rücksicht auf Rußland und die Friedensbewegung« als Alternative zu ›Revanche‹-Optionen nehmen. Die kleineren Staaten hofften, gegenüber dem schwächer werdenden Konzept der Mächte als bisherige »Objekt(e) der Großmachtpolitik«

zu einem wie auch immer gearteten »Zusammenschluß« der kleineren Staaten zu kommen. Die Kräfte, die zum großen Krieg drängten, waren mächtiger als alle, die sich ihm entgegenzustellen versuchten.

2. Deutschlands Aufbruch zur »Weltpolitik«, 1896–1898

Aus der Logik der traditionellen europäischen wie der neuen globalen Machtpolitik schien einem Betrachter unmittelbar vor 1900 ein Zusammenstoß zwischen England einerseits, Frankreich und Rußland andererseits die wahrscheinlichste Möglichkeit eines kommenden Großkrieges. Immerhin richtete sich der englische Flottenbau damals noch gegen die beiden späteren Entente-Partner. Daher hatte das Bündnis mit Japan, mit dem England 1902 seine weltpolitische Isolierung verließ, zunächst eine Spitze gegen Rußland. Zu erklären ist daher, wie sich die Mächtekonstellation eines (hier nur zur Verdeutlichung angeführten) fiktiven Weltkrieges um 1900 zu der des realen Weltkrieges von 1914 änderte.

So globalhistorisch auch immer die Sicht des Ersten Weltkrieges angelegt ist, stets kehrt der Blick zur fortan zentralen Stellung Deutschlands und seiner Politik zurück: Seine machtpolitische Lage in der Welt um 1900 führte zu einer deutschen Analyse der Welt, die sich in die Grundlegung deutscher »Weltpolitik« noch vor 1900 mit weiterer Expansion in Übersee, vor allem im Nahen Osten, mit der Bagdadbahn und dem Schlachtflottenbau umsetzte. Das ältere Ideal der Bündnislosigkeit im Europäischen System versuchte die »Weltpolitik« auf das neue Weltsystem mit dem Schlagwort der »freien Hand« zu übertragen.

An eine Gesamtdarstellung über die »Weltpolitik« des wilhelminischen Kaiserreiches hat sich noch kein Historiker gewagt, obwohl sie einen so zentralen Anteil an der Entzündung des Ersten Weltkrieges von 1914 hatte. Nach älteren, apologetischen Arbeiten zur deutschen Vorkriegspolitik [13] erscheint die »Weltpolitik« im wesentlichen als Teil umfassender Darstellungen zum Zeitalter des Imperialismus [14], als Teil der Außenpolitik des kaiserlichen Deutschland [15], oder es werden nur Ausschnitte der »Weltpolitik« monographisch im Detail behandelt [16], so daß sich ein ungefähres Gesamtbild erst aus einer Zusammenfügung der verschiedenen Mosaikteile ergibt. Als Ersatz für eine zusammenfassende Monographie kann noch am ehesten eine Monographie über die deutsche Orientpolitik gelten, weil sie einen zentralen Aspekt der »Weltpolitik« für den gesamten Zeitraum abdeckt.[17] Mit Spannung wird man daher der angekündigten ersten zusammenfassenden Skizze von Wolfgang J. Mommsen entgegensehen.[18]

a) Deutschlands Position in der Welt

Schon die Reichsgründung 1871 hatte das neue Deutschland in die Position der stärksten Kontinentalmacht katapultiert und das Europäische System auf das Reich zentriert. Aus der »Großen Depression« ging Deutschland als weiter expandierende Industriemacht hervor, die von nun an auf Export angewiesen war, um ihre wachsende Bevölkerung zu ernähren: Export von Industriegütern anstelle des bisherigen Exports von Menschen (durch Auswanderung nach Amerika), wie es damals hieß. Andererseits hatte der russisch-französische Zweibund kurz zuvor Konsequenzen aus dem normalen Mechanismus machtpolitischer Konkurrenz gezogen – die Nachbarn der neuen Kontinental-Supergroßmacht Deutschland, Frankreich und Rußland, hatten 1892/94 zueinander gefunden, schon um sich gegenüber dem deutschen Giganten zu behaupten.

In die Jahre 1896–98 fällt Deutschlands endgültiger Übergang von der Kontinentalpolitik Bismarcks zur wilhelminischen »Weltpolitik«. In der Logik des Wachstums und der Expansion von Macht war der qualitative »Aufstieg« von der bescheideneren, aber auch beschränkteren Kontinentalpolitik zur höheren Ebene imperialistischer Weltpolitik an sich »normal«: Auch in der Periode des allgemeinen Imperialismus konnte sich keine Macht der Sogkraft imperialistischer Konkurrenz verschließen.

Wie die Deutsche Frage in Europa, wirkte die deutsche »Weltpolitik« auf Weltebene besonders destruktiv, weil das Reich inzwischen zur kompaktesten, in mancher Hinsicht sogar modernsten Industriemacht auf relativ engem Raum herangewachsen war: Bildung, Wissenschaft, Technik, Stand der Industrialisierung, Durchorganisierung der Gesellschaft, Sozialversicherung, Organisierung der Arbeiterschaft, führende Rolle der deutschen Sozialdemokratie in der 2. Sozialistischen Internationalen. Alles zusammengenommen verschaffte Deutschland schon auf friedlich-zivilen Gebieten eine bis dahin unerhörte wirtschaftliche, soziale und politische Dynamik. Angewandt aufs Militärische, kam die stärkste, bestorganisierte und -geführte Armee der Welt heraus. Schon beunruhigend genug für das Europäische System – die Mischung auf globaler Ebene war schlicht brisant: Als sich die stärkste Militärmacht der Welt auch noch die quantitativ zweitstärkste, aber in manchen Punkten qualitativ modernste Schlachtflotte Europas zulegen wollte, forderte sie unvermeidlich die stärkste Seemacht gegen sich heraus, England.

Zugleich sprengte die »Weltpolitik« jeden Ansatz zu einem friedlichen Weltstaatensystem, falls es ihn überhaupt je gab. Sie lenkte die wichtigsten Konfliktlinien in der Welt um, vom Spannungsdreieck England-Frankreich-Rußland auf Deutschland. In Europa hatte sich Deutschland mit der Reichsgründung schon 1892/94 die Allianz seiner beiden Nachbarn in West und Ost, Frankreich und Rußland, eingehandelt. Nun zog es sich mit seinem Aufbruch zur »Weltpolitik« auf globaler Ebene auch noch die Gegnerschaft Englands zu, das sich als »saturierte« Weltmacht selbstverständlich nicht kampflos aus seiner Vormachtstellung verdrängen ließ.

Die objektive Machtfülle der deutschen Gesellschaft um 1900 erzeugte in Deutschland ein subjektives Kraft- und Überlegenheitsgefühl, das erst den zweimaligen Machtexzeß ermöglichte. Sprichwörtlich war das Vertrauen in das »gute deutsche Schwert«, das notfalls alle Fehler der Diplomatie oder Politik ausbügeln würde, und in die deutsche Organisation: »Es klappt« war das deutsche Schlüsselwort im August 1914: Mobilmachung, Eisenbahnaufmarsch, Schlieffenplan.

Die eigene historische Perspektive lieferte dem deutschen Imperialismus um 1900 zusätzliche Energien: Der Aufstieg des ärmlichen und kleinen Brandenburg vom mittelgroßen Preußen zur kleinsten und schwächsten Großmacht in der Europäischen Pentarchie und von da zum Deutschen Reich sollte sich fortsetzen von der Kontinentalpolitik zur »Weltpolitik«, von der Kontinentalmacht zur Weltmacht, von da gar zur Weltherrschaft: »Am deutschen Wesen muß dereinst die Welt genesen« (Emanuel Geibel). Das »höchste Ziel« konnten jedoch nur extreme Chauvinisten wie die Alldeutschen offen verkünden. Sonst klang das Thema letzter Sehnsüchte nur insgeheim an, verschlüsselt wie im 1913 unter Pseudonym geschriebenen Ruedorffer Buch Kurt Riezlers [19], oder später im Kriegstagebuch desselben Kurt Riezler, der als an Max Weber geschulter Kopf die stärkste intellektuelle Potenz im ganzen Regierungsapparat des kaiserlichen Deutschlands verkörperte.[20] Am Eingang zur deutschen »Weltpolitik« steht folgerichtig jener zündende Satz in Max Webers Freiburger Antrittsrede aus dem Jahr 1895, der schlagartig zum Leitmotiv deutscher »Weltpolitik« avancierte:

»Wir müssen begreifen, daß die Einigung Deutschlands ein Jugendstreich war, den die Nation auf ihre alten Tage beging und seiner Kostspieligkeit halber besser unterlassen hätte, wenn sie der Abschluß und nicht der Ausgangspunkt einer deutschen Weltmachtpolitik sein sollte.«[21]

Max Webers Weg vom Gründungsmitglied des Alldeutschen Verbandes 1891 zum überragenden politischen Intellektuellen des Kaiserreichs, der nach innen liberal gegen die altmodischen Junker Ostelbiens, nach außen unverändert imperialistisch blieb, ist aussagekräftiger als Äußerungen eher konservativ-nationalliberaler Reichspatrioten. Wenn schon ein Kopf wie Max Weber der Faszination deutscher Macht total erlag, wie erst die vielen hunderttausend kleineren Geister. Hinzu kam die ständige Rede, die Deutschen seien bei der Verteilung der Welt zu kurz gekommen, weil sie sich erst 1871 als letzte Großmacht zum Nationalstaat zusammengeschlossen hatten und erst danach Kolonialpolitik in Übersee betreiben konnten. Aus dem Gefühl, nur noch die Brosamen von der (imperialistischen) Herren Tisch zu erhaschen, erklärt sich die moralische Naivität, mit der die »Weltpolitik« ihre Forderungen vortrug: Sie wollte »nur« Gleichberechtigung für das Reich, wollte »nur« nachziehen, wollte das Reich »nur Weltmacht unter anderen« werden lassen. Hier fehlte der Machtaspekt, der dem deutschen Drängen auf Weltmachtstellung tödliche Brisanz verlieh: Die Deutschen ignorierten, daß ihre »Gleichberechtigung« auch auf Weltebene die Verhältnisse total zu ihren Gunsten umstürzen mußte, was ohne Weltkrieg nicht zu erreichen war.

b) Die deutsche Welt-Analyse um 1900

In ihrem Kraftgefühl legten sich die politisch und geistig führenden Deutschen ihre eigene Analyse der Weltsituation zurecht: Im Europäischen System war das Reich so eingezwängt, daß es keinen Auslauf zur an sich »normalen« Expansion eines neuen Machtzentrums fand. Im neuen Weltsystem zählten für Deutschland vor allem das Britische Empire und Rußland, beide auf ihre Weise mit Attributen echter Weltmächte versehen. Hinter ihnen erhoben sich die Flügelmächte des neuen Weltsystems – im Westen die USA, im Osten Japan – als weitere Großmächte, die ungefähr gleichzeitig mit Deutschland zur imperialistischen Expansion aufbrachen.

Der unmittelbarste Druck ging für das Deutsche Reich vom Britischen Empire in Übersee und dem kontinentalen Riesenreich Rußland aus, beide scheinbar mit unbegrenzten Ressourcen und inneren Wachstumsmöglichkeiten. Die neue Phase der Industriellen Revolution im großen Stil – vom Großbetrieb bis zur flächendeckenden Industrialisierung – erforderte immer größere gemeinsame Märkte und politische Zusammenfassungen zur Sicherung des Absatzes und der Rohstoffe. Mit dem um 1900 erstmals geforderten Empire-Schutzzoll hätte das Britische Empire das Zeug zum größten Binnenmarkt der Welt gehabt. Rußland war ohnehin mit starken Zollmauern geschützt. Die USA waren der nächste große Wirtschaftsblock der Zukunft, auch er im Schutz hoher Zölle.

Gegenüber der mächtigen Konkurrenz der maritimen bzw. kontinentalen Großräume und den Wirtschaftsgiganten der Gegenwart und nächsten Zukunft könnten sich das national zersplitterte Europa und das territorial vergleichsweise kleine Deutsche Reich nur behaupten, wenn sich Kontinentaleuropa (ohne England und Rußland) wirtschaftlich wie politisch zu einer größeren Einheit zusammenschließen und umorganisieren würde: Europa als weitere Weltmacht. Selbstverständlich würde die Führungs- oder Hegemonialrolle der stärksten Macht zufallen – Deutschland, für das Europa der »natürliche« Auslauf überschüssiger deutscher Energien geworden wäre. Solche und ähnliche Überlegungen lassen sich heute aus Denkschriften führender politischer Intellektueller wie Walther Rathenau ablesen.[22]

So realistisch sich die deutsche Welt-Analyse um 1900 auf den ersten Blick theoretisch auch ausnehmen mochte, ihre Umsetzung in praktische Politik ignorierte das anti-hegemoniale Grundprinzip des Europäischen Systems: Da die machtpolitische Konsequenz aus dem Zwang zur Selbstbehauptung Europas durch Zusammenschluß unter deutscher Führung die Hegemonie des Deutschen Reiches gewesen wäre, hätte die deutsche »Weltpolitik« nur Erfolg haben können, wenn sie die denkbar sanftesten Methoden eingesetzt hätte. Ihr Rückgriff auf traditionelle Methoden der Machtsteigerung (Bau der Schlachtflotte als harter Kern der »Weltpolitik«) mobilisierte jedoch die nicht minder traditionellen Abwehrmechanismen des Europäischen Systems gegen den neuen Hegemonie-Kandidaten Deutschland. Der Versuch des Reiches, den europäischen Widerwillen gegen seine Hegemonie mit militärischen Mitteln zu brechen, machte den Ersten Weltkrieg als unmittelbare Folge deutscher »Weltpolitik« unvermeidlich.

c) *Grundlegung der »Weltpolitik«*

»Weltpolitik« als deutsche Variante des allgemeinen Imperialismus lief auf den Anspruch hinaus, das Deutsche Reich von der Kontinentalmacht zu einer mit England und dem Britischen Empire gleichberechtigten Weltmacht zu erheben. Selbst ein solcher im Verhältnis zur noch weitergehenden Weltherrschaft noch relativ bescheidener Wechsel im Machtstatus Deutschlands war eine Veränderung im Europäischen, jetzt auch globalen Mächtesystem, die nach allen historischen Erfahrungen nur im Krieg enden konnte. »Weltpolitik und kein Krieg«[23], wie zuletzt kurz vor 1914 die Parole eher friedlichgestimmter liberaler Imperialisten lautete, war bestenfalls Illusion, schlimmstenfalls Selbstbetrug. In diesem Punkt waren die sonst zu Recht vielgeschmähten Alldeutschen realistischer und ehrlicher, wenn sie sich und die Gesellschaft auf den großen Krieg als Folge deutscher »Weltpolitik« einstimmten: Ohne deutsche »Weltpolitik« kein Weltkrieg 1914.[24]

Der erste Aufruf zur »Weltpolitik« durch Max Weber 1895 war eher akademisch-gesinnungsethisch und bedachte noch nicht verantwortungsethisch die allgemeinen Folgen einer deutschen »Weltpolitik« für die Welt (oder auch ihres Scheiterns, wenigstens für Deutschland). Das sich so artikulierende Gefühl des Machtüberschusses setzte sich erstmals in der Krüger-Depesche vom 3. Januar 1896 sichtbar in politische Aktion auf Weltebene um: Der Jameson-Raid hatte einen Umsturz in Transvaal zugunsten der meist englischsprachigen »Uitlanders« herbeiführen sollen, war aber rasch gescheitert. Gegenüber der schärferen Gangart, die Wilhelm II. als Antwort auf den auch in England mißbilligten Jameson-Raid gegenüber London anschlagen wollte, war das Glückwunschtelegramm an den Präsidenten von Transvaal Krüger (»Krüger-Depesche«) ein Kompromiß, den das Auswärtige Amt seinem exaltierten Souverän mühsam abringen mußte. England empfand es jedoch als Provokation und ließ prompt die Mittelmeerentente von 1887 auslaufen.

Unmittelbar danach eröffnete Wilhelm II. die deutsche »Weltpolitik« mit seiner Ankündigung vom 18. Januar 1896 zum 25. Jubiläum der Kaiserproklamation in Versailles: »Aus dem deutschen Reich ist ein Weltreich geworden.« Das war im Augenblick nur hohle Deklamation, allenfalls eine Hülle für künftige Machtstrukturen, wie ein Schlachtschiff beim Stapellauf nur ein leerer Rumpf war, den erst Aufbauten, Innenausrüstung und Armierung einsatz-, d. h. kampffähig machten. Immerhin gab der Kaiser die allgemeine Zielrichtung vor, an die sich die »Weltpolitik« *grosso modo* auch hielt. Intern erwog noch im selben Jahr die bereits zitierte Denkschrift v. Müllers für den Prinzen Heinrich, den nominellen Chef der deutschen Flotte, die politischen Konsequenzen: Krieg gegen England gemäß der »bei uns landläufigen Ansicht«. Ziel deutscher Weltpolitik müsse das Brechen »der englischen Weltherrschaft und damit das Freilegen des notwendigen Kolonialbesitzes für die ausdehnungsbedürftigen mitteleuropäischen Staaten« sein.[25] Müller favorisierte als Alternative zwar die vorübergehende Anlehnung des Reichs an England als Juniorpartner. Aber zuletzt sah auch er den Krieg zwischen England und Deutschland um die Weltherrschaft als Aufgabe der nächsten Generation. Eine öffentliche Diskussion zum Abwägen der Vor- und Nachteile und der Konsequenzen aus dem Wechsel der Politik fand im wilhelminischen Deutschland um 1895/96 nicht statt, weil der Konsens seit 1848 fast Allgemeingut geworden war: Selbstverständlich wollte sich Deutschland nach seiner nationalen Einigung auch an der imperialistischen Expansion in Übersee beteiligen. Weitere Steigerung der eigenen Macht war die Hauptsache.

So stürzte sich 1897 das wilhelminische Reich seit der Ernennung Bernhard v. Bülows zum Staatssekretär des Äußeren und Tirpitz' zum Staatssekretär der Marine in das Abenteuer seiner »Weltpolitik«. Auch wenn »jener grandiose Plan« Bülows »in dieser Form niemals aktenkundig geworden ist«[26], war er doch in der praktischen Politik durchaus real. Der Anspruch auf Weltmachtstellung war in der deutschen Gesellschaft seit 1848 und 1871, erst recht seit ungefähr 1896 so weit verbreitet und derart selbstverständlich, daß die ausdrückliche Ausformulierung eines geschlossenen Konzepts überflüssig erschien, wie es sich in der Praxis der »Weltpolitik« und im historischen Rückblick deutlich offenbart:

> »Weltpolitik als Aufgabe, Weltmacht als Ziel, Flottenbau als Instrument werden die Schlagworte, die Wilhelm II. laut verkündet und Bülow als Kanzler geschmeidiger, aber im Kern doch ohne Widerstand, übernahm.«[27]

Die politisch relevanten Schichten des wilhelminischen Reichs waren sich in ihrem Willen zur Weltmacht weitgehend einig: Die altpreußischen Konservativen, denen schon die Reichsgründung mit ihren liberalen und latent demokratisierenden Konsequenzen (u. a. allgemeines, gleiches Wahlrecht, Tendenz zur stärkeren Zentralisierung) nicht geheuer gewesen war, maulten zwar über die »gräßliche Flotte«. Aber ihr Einspruch blieb politisch ineffektiv und reduzierte sich zuletzt (1899–1905) darauf, aus Interessenegoismus die Verlängerung des Mittellandkanals nach Berlin hinauszuzögern. Damals brachten die »Kanalrebellen« ihre monarchische Treue selbstenthüllend auf den Begriff: »Und der König absolut, wenn er unsern Willen tut!« Das weiter aufstrebende Wirtschaftsbürgertum erhielt mit der »Weltpolitik« endlich seine seit 1848/49 heißgeliebte Flotte auf damals höchstem Niveau, das teilweise schon die deutsche Technik bestimmte.

Bülow und Tirpitz als eifrigste Exekutoren des von Wilhelm II. proklamierten Kurswechsels artikulierten ebenso wie ihr redegewaltiger Kaiser nur Wünsche und Interessen der ausschlaggebenden Schichten der deutschen Gesellschaft. »Führer« und Basis standen in einem Verhältnis grundsätzlicher Übereinstimmung und wechselseitiger Beeinflussung. Reale Alternativen zeigten sich im wilhelminischen Reich nicht, selbst wenn, wie üblich, Unterschiede (in Nuancen) zwischen einzelnen Vertretern der »Weltpolitik« blieben. Schon der Versuch, den neudeutschen Willen zur »Gleichberechtigung« in der imperialistischen Betätigung mit den anderen Welt- und Großmächten umzusetzen, lief in der Wirkung unvermeidlich auf den Umsturz des globalen Gleichgewichts der Kräfte hinaus, wie es sich um 1900 eingependelt hatte.

Dagegen prallte das Unbehagen, das die SPD für den politisch aktiven Teil der Arbeiterschaft formulierte, am wilhelminischen Reich ab. Ihre Fundamentalopposition in Erwartung des »Kladderadatsch« machte die SPD ohnehin unfähig, eine konstruktive Alternative zu skizzieren oder gar politisch umzusetzen.[28] Vielleicht hätte die vor 1914 für die nächsten Reichstagswahlen ins Haus stehende Mehrheit von Liberalen und SPD eine Abkehr von der kriegerischen Variante der »Weltpolitik« bringen können. Aber sicher ist das nicht: Die Liberalen stützten mehrheitlich die »Weltpolitik«, die SPD identifizierte sich zunehmend mit dem Reich, und der Weltkrieg schnitt die denkbare innenpolitische Alternative einer linksliberal-sozialdemokratischen Koalition ab.

d) Weitere Expansion in Übersee und im Nahen Osten

Politisch konkretisierte sich die »Weltpolitik« im Verlangen nach weiterer Expansion Deutschlands in Übersee seit 1884/85 über relativ bescheidene Ansätze zu einem deutschen Kolonialreich, vor allem in Teilen Schwarzafrikas. Die Ergebnisse spektakulärer Anläufe zur Gewinnung weiterer Territorien standen jedoch in einem grotesken Mißverhältnis zum weltpolitischen Aufwand und den Irritationen, die sie provozierten: Tsingtau (Kiautschao) in China, einige Inselgruppen im Pazifik, ein Teil Samoas, einige territoriale Erweiterungen in Schwarzafrika. Die »Fühlhörner« vom Norden Kameruns zum Kongo kündigten das konkreteste deutsche Territorialziel in Übersee an – »Mittelafrika«. Es korrespondierte später mit »Mitteleuropa«, das im Ersten Weltkrieg als kontinentales Kriegsziel auftauchte. »Mittelafrika» sollte Kamerun mit Deutsch-Ostafrika verbinden. Kern wäre der Belgisch-Kongo gewesen[29], ergänzt um Teile Angolas und Mosambiques.

Die Besitzergreifung Tsingtaus 1897 (formal 1898 als Pacht auf 99 Jahre legalisiert) eröffnete den Reigen der Gebietserwerbungen unter dem Banner der neuen »Weltpolitik« und provozierte zugleich die Besetzung weiterer chinesischer Territorien durch England (Wei-hai-wei) und Rußland (Port Arthur) im Gefolge des Japanisch-Chinesischen Krieges von 1894/95. Andererseits war Tsingtau stets mit der Flotte, dem Kernstück deutscher »Weltpolitik«, verknüpft: Tirpitz hatte als Chef der ostasiatischen Kreuzerdivision schon 1896 einen geeigneten Flottenstützpunkt für Deutschland an der Küste Chinas erkundet. Nach seiner Besitzergreifung blieb Tsingtau in der Kompetenz der kaiserlichen Marine.

Eine besondere Variante deutscher Expansion war die wirtschaftliche Durchdringung des Osmanischen Reiches teilweise schon in Formen, die seit dem Zweiten Weltkrieg als »Entwicklungshilfe« gelten[30]: Mit dem spektakulären Staatsbesuch Wilhelms II. in Konstantinopel, Damaskus und Jerusalem im weltpolitischen Aufbruchsjahr 1898 begann Deutschland, das zerfallende Osmanische Reich ökonomisch zu modernisieren, um es politisch zu beherrschen. Handgreiflichster Ausdruck war der Bau der Bagdadbahn mit überwiegend deutschem Kapital und deutscher Technik seit 1899.[31] Deutschland verdrängte die älteren Schutzstaaten des Osmanischen Reiches, Frankreich (seit 1526/36) und England (seit 1829), und legte sich quer zur russischen Expansionslinie. Ein deutscher Sperriegel an den Meerengen zum Schutz Konstantinopels vor Rußland verschärfte den noch jungen deutsch-russischen Antagonismus weiter, weil durch die Meerengen der Getreideexport zur Finanzierung der russischen Industrialisierung lief. Die Jungtürken setzten zuletzt entschlossen auf die deutsche Karte, lieferten aber so das Osmanische Reich endgültig dem russischen Druck aus, ohne daß Frankreich und England noch gegensteuerten.

Da das Osmanische Reich noch bis zum Persischen Golf und kurz vor den Suezkanal reichte, erhielt die deutsche Expansion ein riesiges

Betätigungsfeld, allerdings nicht in Übersee, sondern als »Verlängerung« des europäischen Kontinents. Damit rückten der Balkan und Österreich-Ungarn als Durchgangsländer zum Osmanischen Reich für Deutschland in eine strategische Schlüsselstellung. Die Expansion im Mittleren Osten hatte zu Beginn des Weltkriegs den für Deutschland zweifelhaften Erfolg, daß sich das Osmanische Reich schon am 2. August 1914 in einem Geheimvertrag dem Deutschen Reich als Verbündeter anschloß. Nach dem Übertritt des Schlachtkreuzers »Goeben« und des kleinen Kreuzers »Breslau« folgte im November 1914 mit der zunächst unerklärten Eröffnung der Feindseligkeiten gegen Rußland im Schwarzen Meer durch die nun unter osmanischer Flagge fahrenden deutschen Kriegsschiffe auch der offene Kriegseintritt des Osmanischen Reichs.

e) Schlachtflottenbau, seit 1898

Harter Kern der deutschen »Weltpolitik« war der Schlachtflottenbau. Mit der Ernennung von Tirpitz zum Staatssekretär der Marine 1897 zeigte sie erstmals Flagge, das 1. Flottengesetz zum Bau einer deutschen Schlachtflotte 1898 ließ den neuen Kurs erkennen. Deutschlands effiziente Konkurrenz auf dem Weltmarkt und seine weitgespannten weltpolitischen Aktivitäten mochten England noch so irritieren: Ihre langfristigen Konsequenzen waren nicht gefährlich. Den englischen »Handelsneid« bauschte die deutsche Geschichtspropaganda später zum angeblich zentralen Kriegsgrund Englands gegen Deutschland auf. Als echte Bedrohung dagegen empfand England schon nach wenigen Jahren den Schlachtflottenbau. Tatsächlich war die deutsche Schlachtflotte technisch wie weltpolitisch gegen England gebaut und qualitativ wie quantitativ an ihm orientiert. Sie sollte numerisch stark genug und technisch zumindest in wichtigen Punkten überlegen sein, um bei günstigen Bedingungen zur See eine Chance zu haben, wenn es gelänge, Teile der englischen Flotte zu stellen. Beschränkt auf das »nasse Dreieck« der Nordsee, hatte die deutsche Schlachtflotte nur eine begrenzte Reichweite. Auf den Weltmeeren konnte sie nicht operieren, zumal sie die Durchfahrt zum Atlantik erst hätte erzwingen müssen. Tirpitz versuchte nach außen die anti-englische Stoßrichtung durch den Schleier der »Risikoflotte« zu verhüllen: Ein englischer Angriff auf die deutsche Flotte sollte für England zu einem untragbar hohen Risiko werden, zumal angesichts der erhofften und punktuell auch tatsächlich erreichten qualitativen Überlegenheit.

Nach innen kamen die Flottengesetze und ihre Ergänzungen (»Novellen«) einem kalten Staatsstreich gegen den sich demokratisierenden Reichstag gleich[32]: Die notwendige Erneuerung der Kriegsschiffe nach zwanzig Jahren hätte die Flotte ab 1920 automatisch modernisiert, ohne dem Reichstag Eingriffsmöglichkeiten zu lassen. Auf Schleichwegen hätte die Marine erreicht, was der preußischen Armee versagt geblieben war – ein Marine-Äternat als marinepolitisches *perpetuum mobile*. Riskant war nur die lange Durststrecke, bis die Schlachtflotte hinreichend schlagkräftig war, um einerseits einen befürchteten (von England aber nie beabsichtigten) Präventivschlag abwehren zu können[33], andererseits in Krisenzeiten auch gegen England bis hin zum Kriegseintritt voll handlungsfähig zu sein. Weltpolitisch kam allein schon der Bau der zweitstärksten Schlachtflotte durch die stärkste Militärmacht einer Kriegserklärung an England und den Rest der Welt gleich.

f) »Freie Hand« auf Weltebene zwischen England und Rußland

Die »Weltpolitik« stellte für das Reich die Bündnisfrage mit neuer Schärfe. Auch im neuen Weltsystem galt die Faustregel: Eine Welt- oder Großmacht im Aufstieg zur Weltmacht sollte zumindest einen potenten Verbündeten auf globaler Ebene haben. Frankreichs kostspielige Alleingänge gegen Europa unter Ludwig XIV. und Napoleon I. hätten die geschichtskundigen Deutschen bei ihrem Aufbruch zur »Weltpolitik« warnen müssen. Auf europäischer Ebene hatte Deutschland mit Österreich-Ungarn einen aus innerer Schwäche zwar halbwegs zuverlässigen, dafür machtpolitisch aber zweifelhaften Bündnispartner, ganz abgesehen von Italien, dessen Loyalität und militärische Stärke von vornherein fragwürdig waren. Die Erweiterung der kontinentaleuropäischen Basis um das Osmanische Reich, wie sie sich seit 1898 abzeichnete und im August 1914 bei Kriegsausbruch zu einem aufgeblähten »Mitteleuropa« der vier Mittelmächte tatsächlich auch gelang, verschaffte – strategisch nur auf dem Papier – einen Machtzuwachs.

Im Schwebezustand zwischen indirekter kontinentaler Expansion auf dem Landwege bis nach Vorderasien und überseeischer »Weltpolitik« brachte das deutsche Ausgreifen bis vor Suez und bis zum Persischen Golf zwar die Verfügung über wichtige Rohstoffe und zusätzliche Menschen, die sich im Krieg trefflich als Kanonenfutter verheizen ließen. Dafür handelte sich das Deutsche Reich gravierende Nachteile ein: Zur Sicherstellung der kontinentalen Verbindungswege sah es sich immer stärker in die ebenso komplizierten wie explosiven

Nationalitätenfragen des Balkans und Transkaukasiens (Armenien) hineingezogen. Die Kollision der Südslawischen Bewegung mit dem groß-ungarischen Assimilations-Chauvinismus lieferte in Sarajevo den auslösenden Funken für den Ersten Weltkrieg, die Armeniermassaker ab 1895/96, kulminierend im Großen Massaker von 1915/16, belasteten das verbündete Deutsche Reich auch moralisch und politisch. 1918 wurden daher die überforderten Verbündeten zu den großen Bruchzonen des Reiches. Nach dem Kollaps seines Glacis in Bulgarien, dem Osmanischen Reich und Österreich-Ungarn im September/Oktober 1918 wurde die strategische Position auch des Deutschen Reiches unhaltbar; die Ostfront hing völlig in der Luft: Für eine expansive Weltpolitik waren Österreich-Ungarn und das Osmanische Reich langfristig eher Bürden als effektive Stützen.

Frankreich und Rußland schieden als Verbündete der Weltpolitik aus den bekannten und auch weiterhin geltenden europäischen Gründen aus: Sie hatten sich gerade erst im Zweibund gegen die deutsche Kontinentalmacht im Zentrum Europas gefunden. England trat erst als Reflex der »Weltpolitik« aus seiner Bindungslosigkeit in Friedenszeiten heraus. Die beiden jüngsten Großmächte des neuen Weltsystems, Japan und die USA, erfüllten zwar in einem eher formalen Sinne ideal die Voraussetzungen als potentielle Verbündete Deutschlands: Sie waren tatsächlich Nachbarn im Rücken der europäischen und weltpolitischen Hauptrivalen Deutschlands – Japan östlich Rußlands, die USA westlich Englands, jenseits des Atlantiks. Aber beide waren geographisch so weit entfernt und durch die riesige Landmasse des euro-asiatischen Rußlands bzw. durch den Atlantik getrennt, daß schon technische Gründe ein effektives Bündnis mit der einen oder anderen Macht illusorisch machten. Beide neuen Großmächte hatten zudem ihre eigenen Expansionslinien, die sich mit denen der »Weltpolitik« schnitten, schon weil Deutschlands Kompensationspolitik scheinbar wahllos an jedem Punkt der Erde fordernd auftrat, wo immer sich eine Chance zum kolonialen Erwerb eröffnete. Die USA und Japan waren noch zu sehr frischgebackene Großmächte, als daß sich Deutschland schon ernsthaft um sie als Verbündete bemüht hätte. Sie zählten zwar schon als Großmächte in der deutschen Welt-Analyse, aber noch nicht als potentielle Verbündete.

So sah sich Deutschland zu Beginn seiner »Weltpolitik« auf England als einzigen möglichen Bündnispartner zurückgeworfen. Dennoch wirkte das Schwergewicht der traditionellen Verbundenheit Preußens mit Rußland noch soweit nach, daß anfangs die Möglichkeit eines Bündnisses mit Rußland immer wieder ernsthaft zur Diskussion stand und auch später gelegentlich als chimärenhafte Versuchung am Horizont auftauchte. Einige Jahre lang nährten die Leiter der deutschen Außenpolitik um 1900 die Illusion, sie hätten die Wahl zwischen »Wal« (England) und »Bär« (Rußland), zwischen der damals größten See- und der größten Landmacht. Deutschland könne gemäß eigenen nationalen Interessen selbst entscheiden, ob es den Aufstieg zur Weltmacht im Bündnis mit Rußland oder als Englands Juniorpartner vollziehen wollte. Admiral v. Müller hatte 1896 die eine Seite des weltpolitischen Szenarios in Gedanken durchgespielt und als Liberaler die anfängliche Option für England begründet: Mit England gegen Rußland, um anschließend mit der größeren Dynamik des nachdrängenden jüngeren Aufsteigers gegen England zur Weltherrschaft aufzusteigen.[34]

Eine Option für Rußland auf Weltebene hätte sich jedoch in Europa am Zweibund mit Österreich-Ungarn gestoßen. Deutschland hätte Österreich-Ungarn seinem neuen weltpolitischen Partner Rußland opfern müssen und sich mit Deutsch-Österreich zu Großdeutschland erweitern können. Dafür hätte es aber den slawischen, vielleicht auch den ungarischen und böhmischen Puffer gegen Rußland auf dem Balkan und die Verbindungslinie zum Osmanischen Reich eingebüßt. Rußland wäre zwar auf unabsehbar lange Zeit Absatzmarkt und Rohstofflieferant für die deutsche Exportindustrie geworden. Vermutlich machten jedoch russische Chauvinisten die gleiche Rechnung auf wie der Liberale v. Müller gegenüber England: Rußland würde mit Hilfe Deutschlands im Vorderen und Mittleren Osten weiter expandieren und sich industriell modernisieren, um dann mit dem Gewicht seiner größeren Volkszahl doch die West-Expansion gegen Deutschland wieder aufzunehmen, die das neugegründete Deutsche Reich seit 1871 zunächst blockiert hatte.

Bismarcks Option für Österreich-Ungarn von 1879 (u. a. aus gesamtdeutschen Überlegungen) ließ sich durch die »Weltpolitik« nicht umstürzen. Deutschland schreckte zwar realistisch davor zurück, als »Festlandsdegen« für England im Fernen Osten (China) auf Rußland Druck auszuüben. Aber seine eigenen Expansionslinien durchschnitten russische im Mittleren Osten (Konstantinopel, Armenien) und Südosten (Balkan).

Da die Option für England aus innerdeutschen Ressentiments, wie schon v. Müllers Analyse bestätigte, keine Mehrheit fand, griff jetzt wieder die strukturelle Unfähigkeit zur Festlegung Deutschlands zwischen Ost und West, die sich schon beim Übergang zur Schutzzollpolitik 1879 offenbart hatte.[35] Hinzu kam eine außenpolitische Überlegung aus der Logik des Mächtesystems: Die deutsche Reichsführung fürchtete subjektiv durchaus ehrlich, das Bündnis mit einer Seite, z. B. England, könnte den Angriff der anderen, z. B. Rußlands, provozieren. Die Exponenten der »Weltpolitik« versuchten daher, aus der machtpolitischen Not eine Tugend zu machen. Die Mär von Deutschlands »freier Hand« gegenüber England wie Rußland avancierte zur Lebenslüge deutscher »Weltpolitik« – der Starke ist am mächtigsten allein. »Weltpolitik« im Alleingang werde abwechselnd durch eine (damals noch nicht so genannte) Politik deutscher Stärke England oder Rußland zu Konzessionen zwingen. Sie müßten »kommen«, wie es in Überschätzung psychologischer Realitäten im Umgang mit Groß- und Weltmächten damals in Berlin gern hieß. Holstein, im Auswärtigen Amt nach Bismarcks Abgang 1890 trotz seiner formal untergeordneten Stellung bis 1909 die eigentlich treibende Kraft hinter der »Weltpolitik«, war der Hauptexponent dieser »Politik der freien Hand«.[36] Der »Weltpolitik« folgte daher, nachdem sie angetreten war, der Krieg, wie es v. Müller hellsichtig prophezeit hatte. Sie stieß Deutschland auf Weltebene in die Isolierung der sog. »Einkreisung«, die in Wirklichkeit eine selbstgeschaffene »Auskreisung« war. Der Alleingang in die »Weltpolitik« geriet 1914 zum »Deutschen Krieg« gegen die vielzitierte »Welt von Feinden«.

g) »Weltpolitik« und Haager Friedenskonferenzen

Aus den Mechanismen allgemeiner Machtpolitik wie der deutschen »Weltpolitik« erklärt sich fast schon zwangsläufig die deutsche Haltung zu den beiden Haager Friedenskonferenzen von 1899 und 1907: Das wilhelminische Reich hatte sich nicht in das Abenteuer »Weltpolitik« gestürzt, um sich anschließend internationale Fesseln für seine weltpolitische Handlungsfähigkeit anlegen zu lassen. Das Generalziel der »Weltpolitik« war, wie ihre obersten Führer insgeheim auch wußten, ohne Krieg, also ohne freie Hand in der militärischen Rüstung, nicht denkbar. Abrüstung und obligatorische Schiedsgerichtsbarkeit als Mittel zur Kriegsverhinderung hätten also der aufstrebenden Weltmacht die einzigen Mittel aus der Hand genommen, die ihren machtpolitischen Aufstieg hätten ermöglichen können oder sollen. So war nicht zu erwarten, daß das Reich seine »Weltpolitik« wieder liquidieren würde, kaum daß es sie hatte vom Stapel laufen lassen.

Wie im Übergang zur »Weltpolitik« gab es auch jetzt kaum eine Debatte in der politisch relevanten Öffentlichkeit Deutschlands. Prägnant begründeten Holstein im Auswärtigen Amt und der Kaiser die deutsche Ablehnung von Abrüstung und obligatorischer Schiedsgerichtsbarkeit – Ausgangsposition der 1. Haager Friedenskonferenz – mit einer Ideologisierung des Machtstaats und des Konfliktprinzips. Holsteins Aufzeichnung fand Eingang in die amtlichen Instruktionen für den deutschen 1. Delegierten auf der Haager Friedenskonferenz, den Grafen von Münster, war also amtliche deutsche Reichspolitik:

> »Der Staat – je größer desto mehr – betrachtet sich als Selbstzweck, nicht als Mittel zur Erreichung höherer, außerhalb liegender Zwecke. Für den Staat gibt es keinen höheren Zweck als die Wahrung seiner Interessen. Letztere werden aber bei Großmächten nicht notwendig identisch mit der Erhaltung des Friedens, sondern viel eher mit der Vergewaltigung des Feindes und Konkurrenten durch eine richtig zusammengesetzte stärkere Gruppe sein.«[37]

Des Kaisers Reaktion in Form einer Randbemerkung ist nicht minder aufschlußreich: »Die Conferenzkomödie mache ich mit, aber den Degen behalte ich zum Walzer auf der Seite.« Die deutsche Ablehnung war offen und direkt und verurteilte die 1. Haager Friedenskonferenz zur historischen Wirkungslosigkeit.

Komplizierter war das deutsche Taktieren in der zweiten großen Frage, der Schiedsgerichtsbarkeit. Rußlands erweiterter Vorschlag einer obligatorischen Schiedsgerichtsbarkeit fand allgemeine Zustimmung selbst in Österreich-Ungarn, so daß eine totale Isolierung Deutschlands für den Fall einer offenen Ablehnung drohte. Daher erhielt der deutsche Delegierte im zuständigen Unterausschuß die Anweisung, durch flexibles Taktieren gegen das »gemeingefährliche Projekt«[38] einen solch peinlichen Eindruck zu vermeiden. Namentlich erhielt er den Auftrag, »so viele Sicherheitsventile in diesen gekünstelten Apparat zu bringen, daß das Ganze nur Sand wird, den wir der öffentlichen Meinung in die Augen werfen können«. Ungeachtet der denkwürdigen Vermischung sprachlicher Bilder gelang das Vorhaben soweit, daß der russische Vorschlag wieder auf seine ursprüngliche fakultative Schiedsgerichtsbarkeit zurückgeschraubt werden konnte, ohne daß Deutschland in der Öffentlichkeit als der Schuldige für das Scheitern der obligatorischen Schiedsgerichtsbarkeit erschien.

Ein wesentliches Motiv für die deutsche Destruktivität in diesem Punkt enthüllte erst später die Publikation der deutschen Akten: Deutschland müsse sich »für alle Zeit volle Freiheit der Aktion vorbehalten und sichern«, also die Freiheit zum Kriegführen, zumal wenn in absehbarer Zukunft eine »schwache« deutsche Regierung »unter dem Drucke einer irregeleiteten öffentlichen Meinung« (also eine Regierung, der eine »linke« Mehrheit im Reichstag gegenüberstünde) sich in einer kritischen Situation einem permanenten obligatorischen Schiedsgericht unterwerfen würde.[39] Mit anderen Worten: Das Deutsche Reich wollte sich nicht nach Eintritt in seine »Weltpolitik« schon im voraus und für immer die Hände binden lassen, zur *ultima ratio*, dem Krieg, zu greifen, um seine (wie auch immer definierten) nationalen Interessen international durchzusetzen. Das meinte Wilhelm II. mit seiner Randbemerkung zum Abschlußbericht Bülows über die 1. Haager Friedenskonferenz, wenn er sich zugute hielt, dem Zaren zu einem glimpflichen Ausgang seiner ursprünglichen Anregung verholfen zu haben, dann aber hinzufügte:

> »Aber ich werde in meiner Praxis auch für später mich nur auf Gott und mein scharfes Schwert verlassen und berufen! Und sch... auf die ganzen Beschlüsse!«[40]

3. Höhepunkt und Ende der britischen »splendid isolation«, 1898–1904

Englands Position in der Welt und seine Reaktion auf ihre Veränderungen um 1900 lassen sich weitgehend als Spiegelbild der deutschen Position und Politik begreifen. Die größte See-, Flotten-, Kolonial- und Industriemacht hatte sich nach 1856 vom europäischen Kontinent weitgehend abgewandt und sich auf innere Reformen und äußere Expansion in Übersee konzentriert. Solange der Abstand zu anderen Konkurrenten noch so groß war, daß England dank seinem historischen Vorsprung seit der Industriellen Revolution ein Beinahe-Monopol der Industrialisierung hatte, fühlte es sich sicher. Daher konnte es die Veränderungen im Europäischen System durch Risorgimento und Reichsgründung verkraften: Italien als liberales Gegengewicht zu Frankreich, ein liberales Deutschland als Gegengewicht zum autokratischen Rußland. Das Fortschreiten der Industrialisierung ließ jedoch neue Industriestaaten im neuen Weltsystem auch als Konkurrenten imperialistischer Rivalität heranwachsen – mehr (Deutschland) oder weniger (Japan, USA).

a) Faschoda und Burenkrieg, 1898–1902

Da sich England 1882 mit der Besetzung Ägyptens ohne Zustimmung durch das europäische Konzert der Mächte weltpolitisch teilweise mattgesetzt hatte, fühlte es sich seit der heraufziehenden Konfrontation mit den Buren in Südafrika so isoliert, daß es die Faschoda-Krise 1898 nicht bis zum Äußersten, zum Krieg mit Frankreich, trieb. Der Burenkrieg[41] offenbarte erst recht Englands Isolierung, moralisch durch eine weltweite sentimentale Kampagne unter Liberalen und Linken zugunsten der »tapferen Buren« im Griff des englischen Imperialismus[42]. Hobsons stilprägende Imperialismus-Analyse[43] entstand damals im Geiste englischer liberaler Selbstkritik. Machtpolitisch rieben die Gedankenspiele einer anti-englischen Kontinentalliga im Burenkrieg dem Inselstaat noch einmal kräftig unter die Nase, wie allein er in der Welt stand. Damals empfand Premier Salisbury die bisherige Isolierung erstmals negativ, als »not so splendid isolation«, wie das berühmte Zitat von der »splendid isolation« ungekürzt lautet.

Schlagartig zeigte der Burenkrieg auch die militärtechnischen Grenzen der bisher unumstrittenen Weltmacht Nr. 1. Die Armee, ohnehin gegenüber der Flotte nur sekundär, erwies sich nach der langen Friedenszeit seit dem Krimkrieg (als es mit ihr auch nicht zum Besten gestanden hatte) als unzulänglich. Erstmals mußten Truppen aus inzwischen autonomen weißen Siedlungskolonien, den Dominien Australien und Kanada, dem Mutterland zur Niederwerfung der Buren in Südafrika aushelfen, ferner die indische Armee. Die Weltmacht England konnte sich militärisch im Landkrieg schon nicht mehr allein auf sich gestellt durchsetzen. Die Konsequenzen waren klar: Nach innen Reform der Armee unter (dem deutschfreundlichen) Lord Haldane nach der Regierungsübernahme durch die Liberalen, nach außen Suche nach weltpolitischen Verbündeten. Selbst England war nun auf Bündnispartner angewiesen. Als damals noch stärkste Weltmacht tat es also das, was Deutschland, die kompakteste zur Weltmacht aufstrebende Großmacht, aus inneren Strukturgründen und aus überbordendem Kraftgefühl nicht konnte oder nicht wollte – heraustreten aus der weltpolitischen Isolierung.

b) Englands Optionen

Für England ergaben sich, nur spiegelbildlich verkehrt, ähnliche Szenarien wie für das Deutsche Reich: Um 1900 waren Frankreich und Rußland noch immer die großen weltpolitischen Rivalen in Afrika und

Südostasien (Siam), im Nahen, Mittleren und Fernen Osten sowie in Zentralasien. Wenn England damals mit Krieg gegen eine europäische Großmacht rechnete, dann nicht gegen Deutschland, sondern gegen Frankreich und/oder Rußland. Der ideale Verbündete wäre daher an sich Deutschland gewesen. Sentimentale wie ideologisch-religiöse Bande sprachen für das junge Reich: Die Vettern jenseits des Kanals waren schließlich auch überwiegend protestantisch. Da Deutschland aber just zur »Weltpolitik« gegen England aufgebrochen war, um auf eigene Rechnung zur Weltmacht aufzusteigen, entfiel, wie sich rasch herausstellte, für England die deutsche Option. In dem Maße, in dem die Gefahren der deutschen »Weltpolitik« und der Schlachtflotte in England dämmerten und in dem sich Deutschland als kommende europäische Hegemonialmacht und mächtigster Herausforderer der britischen Weltmacht profilierte, konkretisierte sich Englands Anlehnungsbedürfnis auf der Suche nach Schutz vor der neuen deutschen Dynamik.[44] So sah es sich zuletzt doch auf die ungeliebten älteren Konkurrenten Frankreich und Rußland zurückgeworfen, denen vor dem dynamischeren Herausforderer Deutschland ebenfalls graute. Entgegen allen bisherigen Traditionen blieb England gar nichts anderes übrig, als sich zur Verteidigung seiner Position als Nr. 1 in der Welt mit seinen älteren, aber inzwischen relativ schwächeren Hauptrivalen in Europa zusammenzufinden.

Erst nach der Sicherung ihrer globalen Vorfelder in Amerika und dem Fernen Osten ab 1902 konnte sich die britische Politik mit aller Kraft der Sicherung der heimatlichen Basis zuwenden. Inzwischen hatten die neue Rücksichtslosigkeit deutscher »Weltpolitik« gerade gegenüber England im Osmanischen Reich (Bagdadbahn) und in der Samoa-Frage 1899[45] sowie der Umfang des Schlachtflottenbaus die Hauptspannungs- und Konfliktlinien von Frankreich und Rußland auf Deutschland verrückt. Ansätze zur Bereinigung der Verhältnisse mit der westlichen und östlichen Kontinentalmacht im Europäischen System bot deren Doppelstellung als Großmächte in der (modifizierten) Pentarchie und als imperialistische Weltmächte im neuen globalen System. England mußte sich nun innerhalb kurzer Zeit entscheiden, wo es Prioritäten setzen wollte: Was lag ihm näher – der weitere Rock imperialistischer Expansions- und Kolonialinteressen oder das Hemd des Schutzes für das Mutterland gegen den Druck vom Kontinent, inzwischen konkret nur noch vom Deutschen Reich und seiner wachsenden Flotte ausgehend? Elementare Sicherheitsinteressen und die 200 Jahre alte britische Gleichgewichtspolitik in Europa erklären, warum die Entscheidung für die heimatliche Basis fiel: Ohne ein strategisch gesichertes Mutterland wäre das stolze Britische Empire zusammengestürzt wie ein Kartenhaus.

So mußte England kolonialpolitische Flurbereinigungen mit Frankreich und Rußland in Übersee suchen, um beide als Sicherheitspartner zur »Eindämmung« des dynamischen Deutschland zu gewinnen – im Interesse aller drei älteren Großmächte und der mittleren und kleineren Staaten Europas, die eine neudeutsche Expansion schier erdrückt hätte. England hatte kurzfristig Erfolg, weil es seiner Führung gelang, die Verteidigung seiner Interpretation des Gleichgewichts der Kräfte in Europa und in der Welt mit den Interessen der Staaten und Völker zu verbinden, die sich gegen eine Hegemonie Deutschlands à la Wilhelm II. sträubten. Es vermochte eigene nationale mit »europäischen« Interessen gegen die deutsche »Weltpolitik« weitgehend in Einklang zu bringen. Umgekehrt wird zum Maßstab für das Scheitern der »Weltpolitik«, daß ihr die entsprechende Harmonisierung deutscher Machtinteressen mit denen Kontinentaleuropas nie gelang.

c) Arrangements mit den USA und Japan 1902/3

Am Anfang des Auszugs aus Englands »not so splendid isolation« standen unterschiedliche Formen des Arrangements mit den beiden jüngsten außereuropäischen Großmächten, Japan und den USA.[46] In einer großen historisch-politischen Frontbegradigung gegenüber den einst im Zorn aus dem Britischen Empire ausgeschiedenen USA entdeckten beide über die Sezession von 1776/83 hinausreichende angelsächsische und protestantische Gemeinsamkeiten. Schließlich hatten zum größten Teil englisches Kapital und englische Siedler Amerika aufgebaut, war und ist (amerikanisches) Englisch die Staats- und Hauptvolkssprache der USA.

Mit der Bereinigung des Konflikts über die Blockade Venezuelas durch europäische Seemächte 1902/3, um Schulden einzutreiben, entspannten sich die Beziehungen zwischen England und den USA so sehr, daß aus der neuen anglo-amerikanischen Harmonie die Unterstützung der Alliierten in beiden Weltkriegen durch die USA ganz logisch hervorging. England akzeptierte das Heranwachsen der schon damals quantitativ größten Industriemacht USA zu einer fast ebenbürtigen Flottenmacht, ohne sie in seine Mächte-Standardberechnungen einzubeziehen. Die Überlegung, daß die englische Flotte stärker bleiben müsse als die der beiden nächsten Flottenrivalen zusammen, galt zunächst nur für Frankreich und Rußland, später für Deutschland, also nur für Kriegsflotten europäischer Großmächte, die England unmittelbar hätten bedrohen können.

Parallel zur Auflösung nun schon 100 Jahre alter Ressentiments und Friktionen mit der westlichen Flügelmacht des neuen Weltsystems stellte England sein Verhältnis zur östlichen Flügemacht Japan auf eine ganz neue Basis. Nachdem die deutsch-englischen Bündnissondierungen um 1900 an Deutschlands Weigerung gescheitert waren, sich für England gegen Rußland im entfernten China einzusetzen, nahm das agile Japan die Chance wahr und stellte sich als kontinentales Gegengewicht zu Rußland zur Verfügung, wozu es schon geographisch viel besser geeignet war: Es konnte direkt vor Ort Druck auf Rußland ausüben, während das Reich Rußland nur indirekt im Fernen Westen hätte belästigen können. Auch fielen Japans Ausdehnungsinteressen unmittelbar mit der ihm von England zugedachten Rolle als Prellbock gegen die russische Expansion im Fernen Osten zusammen.

Dem geographisch weit entfernten Japan konnte England sogar gewähren, was es seinen europäischen Partnern bis zum Kriegsausbruch 1914 stets verweigert hatte: eine Bindung durch einen förmlichen Allianzvertrag noch in Friedenszeiten.[47] Das anglo-japanische Bündnis von 1902 beendete daher formal Englands selbstgewählte Isolierung, zunächst allerdings außerhalb Europas. Das Bündnis mit England stärkte Japan gegenüber Rußland, ohne jedoch zum entscheidenden Faktor für den Russisch-Japanischen Krieg zu werden. Dafür war die elementare Wucht imperialistischer Expansion auf beiden Seiten zu groß. Rußland und Japan strebten beide in die Mandschurei und nach Korea und dahinter lockte China als das eigentliche Ziel. Auch war das Ergebnis des Krieges nicht vorauszusehen: Alle Welt, auch England, erwartete vom Russisch-Japanischen Krieg den Sieg Rußlands und war von Japans Siegen überrascht.

Das weltpolitische Zurückstecken in den Außenbezirken seiner globalen Interessensphären signalisierte eine Selbstbegrenzung des mächtigen Britischen Empire. An die Stelle der bisher im Prinzip unbegrenzten Expansion auf dem Globus trat nun der Rückzug aus Amerika, wo England den aufsteigenden USA die Hegemonie überließ – gerade über Lateinamerika –, ältere Positionen (Kanada, Britisch-Westindische Inseln, Britisch-Guyana, Falklandinseln) jedoch beibehielt. Das Bündnis mit Japan regelte eine Arbeitsteilung gegen Rußland in China, die auch machtpolitische Grenzen des Britischen Empire zog, ohne daß es sich damals schon groß um die Eigendynamik japanischer Expansion in Richtung China kümmerte.

d) Die Entente Cordiale 1904

Wie so oft in der Geschichte entstand der Impuls zum Ausgleich zwischen England und Frankreich aus einem Konflikt, der am Rande des Krieges entlangglitt: Die Konfrontation britischer und französischer Kolonialtruppen bei Faschoda auf dem Höhepunkt der kolonialen Expansion zur Auffüllung des afrikanischen Machtvakuums 1898/99 beschwor monatelang die Gefahr eines Krieges gegeneinander, zum letzten Mal. Beide Seiten steckten jedoch aus konkreten machtpolitischen Erwägungen zurück. Frankreich wollte sich nicht von seinem Hauptziel, der »blauen Linie der Vogesen« (der machtpolitischen Revision gegenüber Deutschland) ablenken lassen. England konnte sich angesichts des bevorstehenden Burenkrieges nicht auch noch einen Krieg gegen Frankreich aufhalsen und konzentrierte seine Kräfte auf Südafrika.

Erst nach dem Burenkrieg und mit den weltpolitischen Arrangements mit den USA und Japan von 1902 im Rücken wandte sich England Frankreich energischer zu. Aus langwierigen Verhandlungen, eingeleitet mit einem spektakulären Staatsbesuch König Edwards VII. 1903 in Paris, ging im April 1904 die »Entente Cordiale« hervor, das »herzliche Einvernehmen« zwischen England und Frankreich. Es war, wie ein weitverbreitetes Mißverständnis suggeriert, keineswegs ein regelrechtes Bündnis, sondern formal nur eine Absprache über den Ausgleich weltpolitischer Interessen mit quasi-kolonialem Charakter, ähnlich wie das ihr folgende Arrangement mit Rußland von 1907. Der Kern der Entente Cordiale bestand aus einem Kompromiß über Ägypten und Marokko: Frankreich gab endlich – nach 22 Jahren – seine Zustimmung zur englischen Okkupation Ägyptens und erhielt dafür von England freie Hand für die geplante Inbesitznahme Marokkos. Noch in der Tradition der Selbstisolierung vermied es England bis zum Beginn des Ersten Weltkrieges, die lockeren Übereinkünfte mit Frankreich und Rußland schon in Friedenszeiten zu vollwertigen Bündnisinstrumenten zu erheben.

Die deutsche Führung reagierte auf die Entente Cordiale, den Auftakt zur Eindämmung Deutschlands, äußerlich gelassen. In Wirklichkeit aber war sie tief getroffen: Schon 1904 zeichnete sich das Scheitern der »Weltpolitik« und der »freien Hand« für das Deutsche Reich ab. Bis zur Julikrise 1914 läßt sich die weitere deutsche Politik als Bestreben verstehen, die Eindämmung zu sprengen, das Netz der »Einkreisung« durch eine aktivistische Politik zu »zerreißen«, bevor es sich noch weiter festigen würde. Umgekehrt wuchs der Entente Cordiale (später der Triple Entente) wegen eben dieser Vorstöße Deutschlands allmählich das Gewicht eines formellen Bündnisses zu. Im Londoner Vertrag vom 5. September 1914 wurden die Verständigungen zum Kern eines voll institutionalisierten und formalisierten Bündniswerks, wiederum in Reaktion auf deutsche Aktionen in der Julikrise 1914.

e) Das Crowe-Memorandum 1906/7: Die britische Analyse der deutschen »Weltpolitik«

Obwohl fast drei Jahre nach Abschluß der Entente Cordiale geschrieben, faßte die Denkschrift des beamteten Unterstaatssekretärs im Foreign Office, Sir Eyre Crowe, die britische Reaktion auf die deutsche »Weltpolitik« zusammen.[48] Die Crowe-Denkschrift galt in Deutschland lange als Ausfluß gehässiger Deutschfeindlichkeit.[49] Doch schrieb Crowe aus intimer Kenntnis Deutschlands und der wilhelminischen Gesellschaft: Seine Mutter und seine Frau waren Deutsche, er kannte sich bestens in der deutschen Gesellschaft und ihren politisch ausschlaggebenden Kreisen aus. Seine brillante Analyse trifft denn auch realistisch den Kern der »Weltpolitik« und ist geradezu ein britisches Gegenstück zur (sehr viel kürzeren) Denkschrift Müllers von 1896.

Crowe akzeptierte durchaus Deutschlands Beteiligung an der (imperialistischen) »Erschließung« der Welt. Aber er warnte vor dem, was in den 30er Jahren »Appeasement«-Politik hieß, vor der Beschwichtigung des machtvoll expandierenden und stürmisch in die Welt drängenden Deutschlands auf Kosten kleinerer Völker und der britischen Sicherheit. Korrekt skizzierte Crowe die historisch-politische Stimmungslage in Deutschland gegen den Hintergrund des Aufstiegs Preußens aus der Keimzelle Brandenburg zur Großmacht Deutschland. Industrialisierung und Wachsen des internationalen Handels mündeten in die »Weltpolitik«; weitere deutsche Expansion in Übersee auf Kosten schwacher Staaten, die sich nicht mehr effektiv selbst regieren könnten (gemeint war Portugal mit seinem Kolonialreich). Kaiserliche Kernsprüche wie »Unsere Zukunft liegt auf dem Wasser«, »Der Dreizack gehört in unsere Hand«, »Der Admiral des Atlantiks grüßt den Admiral des Pazifiks« (Wilhelm II. in einem Telegramm an Zar Nikolaus II.) legten für Crowe die Vermutung nahe, daß Deutschland eine größere Rolle auf der Bühne der Weltpolitik spielen wolle. Zwar begrüßte er die deutsche Konkurrenz als Belebung, sah aber auch die Bedrohung für England und andere Mächte:

> »Wenn Deutschland jedoch glaubt, daß größeres relatives Übergewicht an materieller Macht, weitere Gebietsausdehnung, unverletzbare Grenzen und die Vorherrschaft zur See die notwendigen und präliminaren Besitztümer sind, ohne die alle auf eine solche Führerschaft gerichteten Bestrebungen scheitern müssen, dann muß England erwarten, daß Deutschland sicherlich danach trachten wird, die Macht aller Rivalen zu schwächen, seine eigene Macht durch Gebietserweiterungen zu stärken, das Zusammenwirken anderer Staaten zu verhindern und schließlich das britische Reich zu zerstückeln und zu verdrängen.«

Crowe vermutete ganz realistisch,

> ». . . daß man ehrgeizige Pläne gegen seine Nachbarn in der Regel nicht offen verkündigt und daß daher das Fehlen einer derartigen Bekanntmachung und selbst die Erklärung unbegrenzten und allgemeinen politischen Wohlwollens an und für sich kein zwingender Beweis für oder gegen das Bestehen unveröffentlichter Absichten sind. Der Charakter der bisherigen deutschen Politik, auf den bereits hingewiesen wurde, würde den Glauben rechtfertigen, daß eine weitere Entwicklung nach denselben allgemeinen Richtlinien keinen Bruch mit früheren Traditionen bedeuten würde und zum mindesten für möglich gehalten werden muß. Angesichts einer solchen Möglichkeit darf man wohl fragen, ob es richtig oder auch nur klug von England wäre, irgendwelche Opfer zu bringen oder andere, befreundete Nationen geopfert zu sehen, bloß um Deutschland Schritt für Schritt das Gebäude eines allgemeinen Übergewichts aufführen zu helfen, im blinden Vertrauen, daß Deutschland bei Ausübung eines solchen Übergewichts der ganzen Welt nur reine Segnungen zuteil werden lasse und das Wohlergehen und Glück aller anderen Völker fördern werde, ohne irgendeinem unrecht zu tun. Es gibt tatsächlich gewichtige Gründe, die es England besonders schwer machen, dies Vertrauen zu hegen.«

Crowe empfahl eine politische Linie, die Deutschlands friedliches Wachstum in der Welt nicht behindern, aber energisch Widerstand leisten würde, sollte es sich über die allgemeinen Regeln der Machtpolitik hinwegsetzen. Die praktische Folge des Crowe-Memorandums war die Verständigung mit Rußland von 1907. Seine Kenntnis läßt den Kollisionskurs besser verstehen, auf dem sich England, die »saturierte« und daher defensive Weltmacht, und Deutschland, die hungrige und deshalb offensive Großmacht auf dem Sprung zur Weltmachtstellung, im sich eskalierenden »englisch-deutschen Antagonismus« (Paul M. Kennedy) befanden.

4. Der Russisch-Japanische Krieg und seine Folgen, 1904–1906

Schon zwei Monate vor Abschluß der Entente Cordiale war eine andere Konsequenz aus dem englischen Bündnis mit Japan durchgeschlagen: Der Russisch-Japanische Krieg begann am 4. Februar 1904 und stürzte Rußland 1905 in die langerwartete revolutionäre Krise nach innen und die weltpolitische Lähmung nach außen.

a) Der Russisch-Japanische Krieg 1904/5

Der Russisch-Japanische Krieg ist das erste Beispiel für massive Rückwirkungen von Konflikten an der »Peripherie« auf das Europäische System. Elementare Voraussetzung war der Zusammenstoß des russischen und japanischen Imperialismus in Korea und in der Mandschurei. Die Haltung der beiden kommenden Hauptantagonisten in der Entwicklung zum Ersten Weltkrieg, England und Deutschland, ist instruktiv: England war durchaus gegen den Krieg, schon weil es die Niederlage Japans (also eine Stärkung des vorläufig noch gefährlicheren weltpolitischen Rivalen Rußlands) fürchtete. Deutschland dagegen versuchte, gemäß seiner allgemeinen Strategie, den Druck auf das Reich durch Konflikte in andere Regionen der Erde abzulenken. Seit 1901 schürte es die schwelende Rivalität zwischen Rußland und Japan im Fernen Osten diskret zum offenen Konflikt und ermunterte im Krieg selbst Rußland zum Ausharren.[50]

Rußlands unerwartete Niederlagen zu Wasser und zu Lande veränderten schlagartig die Situation in Europa wie in Übersee: Die japanischen Blitzsiege elektrisierten die frühen Nationalbewegungen in Asien und Afrika, die Japans Aufstieg zur modernen Industrie- und Militärmacht als Fanal für eine eigene bessere Zukunft interpretierten, jedoch übersahen, daß sich Japan einfach den »weißen« imperialistischen Großmächten anschloß. Den Frieden von Portsmouth zwischen Rußland und Japan vermittelte schon die kommende Weltmacht USA durch ihren dynamischen Präsidenten Theodore Roosevelt, der auf die Stärkung der amerikanischen Seemacht und eine aktive Weltpolitik der USA drängte.[51] Allerdings hätte Japan einen längeren Landkrieg kaum führen können, zumal seine Wirtschaft nur auf Blitzkriege angelegt war, und innere Spannungen auftraten, je länger der Krieg andauerte.

Als der große Verlierer mußte Rußland Japans Kontrolle über Korea anerkennen, der fünf Jahre später die glatte Annexion als quasikoloniales Nebenland folgte. Ferner mußte es Japan die Pacht der chinesischen Halbinsel Liaotung überlassen und den Norden der Insel Sachalin, die seit 30 Jahren zwischen Rußland und Japan geteilt war, abtreten. Japan hatte sich also wichtige Ausgangspositionen zur späteren Unterwerfung Chinas gesichert, konnte aber schon nicht mehr die nach einem Sieg übliche finanzielle Entschädigung erzwingen, weil Rußland sonst den Krieg vermutlich weitergeführt hätte. Die inneren Spannungen in Japan brachen sich prompt mit Protesten und Unruhen in Tokio gegen den Verzicht auf eine Kriegsentschädigung Bahn.

b) Die Erste Russische Revolution 1905/6

Unmittelbare Folge der militärischen Niederlagen war für Rußland die bisher schwerste Krise des autokratischen Ancien Régime: die Erste Russische Revolution von 1905/6, ausgelöst durch den Petersburger »Blutsonntag« am 22. Januar 1905. Sie wurde zum Auftakt der beiden Russischen Revolutionen von 1917[52] als unmittelbare Folge der noch schwereren Niederlagen Rußlands im Ersten Weltkrieg. Nicht nur für die Geschichte der Revolution, sondern auch für die Ursachen des Ersten Weltkriegs wird die Erste Russische Revolution von 1905/6 wichtig: Sie verhinderte das volle Ausspielen der zumindest zahlenmäßigen Überlegenheit Rußlands zu Lande gegen Japan und unterstrich bzw. verlängerte so seine lähmende Schwäche als Groß- und Weltmacht für die nächsten Jahre. Da der sozialen und sozialistischen Revolution nationale Aufstände von unter Russifizierungsdruck stehenden Nationalitäten folgten, verstärkte sich die Vorstellung von der leichten Verletzbarkeit des russischen Giganten: Der »Koloß auf tönernen Füßen« schien in seiner nächsten schweren Krise auch von der »nationalen Dekomposition« bedroht. Rußlands Umwandlung in einen halbkonstitutionellen Staat mit Parlament (Duma) und verantwortlichem Ministerium, aber einem Zaren, der auf seiner theoretisch autokratischen, also ungeteilten Machtfülle beharrte, erhöhte die innere Labilität, auch nachdem äußerlich Ruhe und Stabilität wieder eingetreten waren. Nach der Erfahrung der Ersten Russischen Revolution erwartete die Welt, erwarteten Revolutionäre wie

Herrschende in Rußland selbst im Gefolge der nächsten schweren Niederlage mehr denn je die Revolution.

Seitdem erhöhte sich in kritischen Situationen bis zum Juli 1914 der zwiespältige Druck auf den Zaren Nikolaus II., der ihm zuletzt die Entscheidung über Krieg und Frieden so schwer machte: Ein großer Krieg würde der sozialen Revolution von links Auftrieb geben, erst recht nach schweren Niederlagen. Vermied der Zar aber den Krieg durch Zurückweichen vor einem äußeren Gegner, riskierte er einen staatsstreichähnlichen Sturz durch panslawistisch-chauvinistisch-großrussische Kreise. Revolution oder Umsturz würden die Unzufriedenheit der breiten Massen für sich instrumentalisieren, so daß äußere wie innere Faktoren unentwirrbar zusammenliefen. Das persönliche Dilemma des Zaren im Spannungsfeld von Frieden, Krieg, Umsturz und Revolution war zugleich das strukturelle Dilemma des zaristischen Rußland in seiner Doppelstellung als industriell unterentwikkelte Groß- und Weltmacht.

c) Rußlands vorübergehende Lähmung

Kurzfristig hinterließen Russisch-Japanischer Krieg und Erste Russische Revolution das Zarenreich für die Weltpolitik weitgehend als Machtvakuum: Armee und Flotte hatten in Krieg und Revolution so schwer gelitten, daß Rußland auf Jahre als machtpolitischer Faktor ausschied. Es brauchte Ruhe nach innen und außen, um wenigstens seine Militärkraft wiederherzustellen, gestützt auf weitere Anleihen und den Fortschritt seiner Industrialisierung sowie die durch Ministerpräsident Stolypin angestrebte Modernisierung der Landwirtschaft. Für die zentrale Frage nach Krieg und Frieden ergab sich aus dem Zwang zum Wiederaufbau des russischen Militärpotentials eine eigentümliche Ambivalenz: Die Periode russischer Schwäche würde nicht ewig anhalten. Eines Tages war Rußlands Rückkehr in der Weltpolitik als aktive Großmacht wieder zu erwarten. Bis dahin mußte es sich aber außenpolitisch zurückhalten, um seine militärische Erholung nicht zu gefährden. Noch 1912 galt für den italienischen Außenminister San Giuliano Rußland als »una grande impotenza«[53], als »große Ohnmacht«.

Andererseits war die Phase besonders kritisch, in der Rußland nicht mehr zu schwach war, Pressionen von außen nur noch um des lieben Friedens willen zu weichen, aber noch nicht stark genug, einen größeren Krieg zu riskieren. Ein letztes Mal war dieser Punkt mit der Bosnischen Annexionskrise von 1908/9 erreicht. Danach fühlte sich Rußland in einer Konfliktsituation zunehmend stark genug, es notfalls auf den Krieg ankommen zu lassen, auch wenn seine militärische Erholung noch nicht den erwünschten Höchststand erreicht hatte. In dieser Beziehung tut sich eine instruktive Parallele zum zögerlichen Kalkül Deutschlands bis zur Vollendung der eigenen Schlachtflotte gegen England auf. In beiden Fällen erwies sich der Juli 1914 als der Zeitpunkt, an dem die Fähigkeit zur Kriegsführung – noch unterhalb der Schwelle der erstrebten Hochrüstung – erreicht war. Daher war jede Politik, die nicht mit der Rückkehr Rußlands als Militärfaktor rechnete, auf Sand gebaut.

Gleichzeitig schlug die außenpolitische Lähmung Rußlands auch auf dem Balkan durch und schuf dort ebenfalls ein relatives Machtvakuum. 1903 brach das mühsam zustandegekommene Reformprogramm Rußlands und Österreich-Ungarns von Mürzsteg wieder zusammen, so daß in Makedonien eine neue Phase innerer Unruhen begann. Zusätzlich nutzte Österreich-Ungarn den ihm durch Rußlands Paralyse zugefallenen Freiraum unter seinem 1906 neu ins Amt gekommenen Außenminister v. Aehrenthal für eine begrenzte Offensive in Richtung Saloniki, also quer durch Makedonien, und für einen Handelskrieg gegen Serbien, um das seit dem Militärputsch von 1903 wieder unbotmäßige Serbien zur Räson zu bringen. Rußland konnte Serbien nicht helfen. Zuletzt demonstrierte die Bosnische Annexionskrise 1908/9 aller Welt, daß Rußland immer noch unfähig war, ein zentrales Kriterium einer Großmacht zu erfüllen: Krieg um eigene nationale Interessen führen zu können, in diesem Fall für die Interessen seines Klientelstaates Serbien notfalls auch offensiv einzutreten.

d) Deutsche Versuche, Rußland an sich zu binden, 1904/5

Noch während des Russisch-Japanischen Krieges versuchte Deutschland einen weltpolitischen Ausfall nach Osten gegen Rußland in mehreren Anläufen 1904/5, anschließend nach Westen gegen Frankreich in der 1. Marokkokrise von 1905/6. In die Zeit extremer russischer Schwäche fiel auch die Formulierung des Schlieffenplans von 1905, des Aufmarsch- und Operationsplans, mit dem Deutschland 1914 in den Ersten Weltkrieg zog. Rußlands Paralyse war für Deutschland eine einmalige Gelegenheit, die Notlage des östlichen Rivalen zum eigenen Vorteil auszubeuten und es den machtpolitischen Zielen des mächtigeren Reichs unterzuordnen. Zwei Wege boten sich unterhalb der Schwelle eines direkten Angriffs an, der auch vor 1914 nicht mehr ohne weiteres moralisch möglich war: Es traf sich günstig, daß der deutsch-russische Handelsvertrag von 1894 auslief und zur Erneuerung anstand. Die deutsche Führung hatte keine Skrupel, die Bedingungen für die ohnehin schon dominierende deutsche Industrie auf dem russischen Markt noch weiter zu verbessern, umgekehrt diejenigen für den russischen Agrarexport nach Deutschland noch weiter zu verschärfen. Kurzfristige kommerzielle Vorteile erkaufte sich das Reich im Juli 1904 durch eine wachsende Erbitterung des Nachbarn, ohne daß Rußland ökonomisch direkt von Deutschland abhängig geworden wäre, also seine ökonomische Souveränität verloren hätte.

Dem deutschen Kaiserreich schien die Aussicht attraktiv, zweimal durch diplomatischen Druck nach Osten Rußlands Schwäche direkt auszunutzen, um es wieder aus dem Bündnis mit Frankreich herauszulösen, beide Male unter maßgeblicher Beteiligung Wilhelms II.: Zunächst griff das Auswärtige Amt, angespornt durch den Kaiser, nach der Doggerbank-Affäre – Ende Oktober 1904 hatten Schiffe der russischen Ostseeflotte auf ihrer Fahrt nach Ostasien in den Untergang von Tushima nachts auf der Doggerbank irrtümlich englische Fischerboote beschossen, weil sie sie in ihrer Panik für japanische Torpedoboote hielten – die Idee des Kontinentalblocks gegen England aus der Zeit des Burenkrieges wieder auf. Schon am 27. Oktober 1904 regte Wilhelm II. in St. Petersburg ein Bündnis der Kontinentalmächte gegen England und Japan an und ließ sogar sondieren, ob die Russen einige Linienschiffe auf deutschen Werften bauen lassen wollten. Im November 1904 gediehen Vorverhandlungen bis zum Austausch von Vertragsentwürfen zwischen beiden Regierungen.

Der kritische Punkt war jedoch die mögliche Beteiligung Frankreichs an einem solchen Arrangement: Berlin wollte nur einen bilateralen Bündnisvertrag zwischen Deutschland und Rußland, dem sich Frankreich notfalls über den französisch-russischen Zweibund hätte anschließen können oder müssen. Die Möglichkeit, daß sich Frankreich geweigert und vom Zweibund mit Rußland abgekoppelt hätte, wäre so größer gewesen. Selbst in seiner weltpolitischen Misere beharrte das Zarenreich jedoch darauf, Frankreich von vornherein zu konsultieren und voll einzubeziehen, sicher um das deutsche Übergewicht zu dämpfen. Da die Russen hartnäckig blieben und sich von ihrem *modus procedendi* nicht abbringen ließen, verlor Berlin bald alles Interesse und ließ den Plan wieder fallen. Immerhin klang noch ein Echo im Februar 1905 in einer Denkschrift nach, in der Reichskanzler Bülow seinem Kaiser die Idee eines bilateralen Vertrags zwischen Deutschland und Rußland nahezubringen versuchte: Beide Mächte sollten ihr Desinteresse an einer Aufteilung Österreich-Ungarns bekunden – auch als Ausdruck monarchischer Solidarität gegen die Kräfte des revolutionären Umsturzes in Rußland wie auf dem Balkan.

Noch direkter machtpolitisch motiviert war Wilhelms II. eigenmächtiges Vorpreschen von Björkoe, mit dem er nach innen und außen sein »persönliches Regiment« gefestigt hätte, wenn ihm der geplante Coup gegenüber seinem zögernden Vetter Nikolaus II. gelungen wäre. Zwei Monate nach dem Untergang der russischen Ostseeflotte bei Tushima, als die Erste Russische Revolution noch ihrem Höhepunkt zustrebte, am 24. Juli 1905, überrumpelte Wilhelm II. den Zaren in den finnischen Ostseeschären bei Björkoe mit einem schon älteren Vertragsentwurf des Auswärtigen Amtes vom November 1904. Im zweiten Anlauf unterzeichnete der Zar sogar den Vertrag, der ein direktes Bündnis Rußlands mit Deutschland hergestellt hätte, ohne Frankreich davon zu unterrichten. Des Kaisers »historischer Erfolg«, mit dem er sich beim Auswärtigen Amt zurückmeldete, war jedoch nur eine politische Fata Morgana. Bülow und Holstein waren entschieden gegen zwei Konzessionen, die Wilhelm II. spontan eingefügt hatte, um Nikolaus II. die Unterschrift zu erleichtern: Der Vertrag sollte nur für Europa gelten, Rußland also im Falle eines gemeinsamen Krieges gegen England nicht zu einem Angriff auf Indien verpflichten, und das Bündnis würde erst nach dem Ende des noch andauernden Russisch-Japanischen Krieges in Kraft treten. Da Berlin Rußland bisher zum äußersten Widerstand gegen Japan ermuntert hatte, hätte das Auswärtige Amt im Interesse eines baldigen Kriegsendes seine bisherige Linie in diesem Punkt drastisch revidieren müssen. Reichskanzler Bülow trieb seine Opposition gegen die beiden kaiserlichen Konzessionen an Rußland so weit, daß er sogar seinen Rücktritt einreichte, der aber nicht genehmigt wurde.

Der Björkoe-Vertrag scheiterte aber schließlich an innerrussischen Widerständen: Zum Entsetzen der Reichsleitung weigerte sich die russische Regierung, die Unterschrift ihres (formal) autokratischen Souveräns zu honorieren. Sie erkannte sehr wohl, daß ein Bündnis mit Deutschland, dazu noch hinter dem Rücken Frankreichs, den russisch-französischen Zweibund entwertet und Rußland völlig in die Hand Deutschlands gegeben hätte. Um Rußland doch noch zur Ratifizierung des Vertrags zu bewegen, griff Berlin auf sein beliebtes Mittel finanzpolitischer Daumenschrauben zurück und blockierte die Beteiligung deutschen Kapitals an einer gerade anstehenden russischen Anleihe. Aber wie 1887 hatten sich die Deutschen auch 1905 wieder einmal selbst eine Grube gegraben, in die sie abermals prompt hineinfielen: Die Russen brachten 1906 ihre Anleihe hauptsächlich mit französischem Kapital zustande.

Das russische Ressentiment gegen die deutschen außen- und finanzpolitischen Pressionen in der bis dahin schwersten Krise des Ancien Régime festigte wieder den russisch-französischen Zweibund, der durch den Russisch-Japanischen Krieg arg gelitten hatte. Am Ende stand die deutsche Reichsleitung mit leeren Händen da und hatte nur den Haß gegen Deutschland und das Mißtrauen gegen die angebliche Uneigennützigkeit deutscher Absichten in Rußland verstärkt. Gleichzeitig wandte sich die deutsche Politik auch gegen Frankreich, in der Hoffnung, dort größeren Erfolg zu haben. Ferner baute der Generalstab mit dem Schlieffenplan von 1905 die Planung für einen Zweifrontenkrieg ganz auf die für unabsehbare Zeit anhaltende Schwäche Rußlands.

5. Die Agonie des Osmanischen Reiches, 1903–1914

Im letzten Jahrzehnt vor dem Ersten Weltkrieg schritt die Agonie des Osmanischen Reiches immer rascher voran. Innere Konflikte und Wirren verschärften die internationalen Spannungen, weil sich die Großmächte seit Jahrzehnten beim Verscheiden des »kranken Mannes am Bosporus« auf einen Weltkrieg im Kampf um sein Erbe eingestellt hatten.[54] Selbst letzte verzweifelte Anstrengungen der Jungtürkischen Revolution, mit Reformen die Modernisierung voranzutreiben, provozierten nur neue Konflikte oder verschärften alte Probleme nach innen wie nach außen. Vor allem die Wunde Armenien schwärte weiter, die mit der Verweigerung der Autonomie 1878 aufgebrochen war. Die Zuspitzung der Armenischen Frage durch die Eskalation von Terror und Gegenterror schwächte das Osmanische Reich zusätzlich, ist aber – im Gegensatz zu den Balkanfragen – mit dem Ausbruch des Ersten Weltkriegs nur mittelbar verknüpft. Hier setzten sich in Makedonien ältere Konflikte durch, kompliziert durch die Sandschakfrage und die neue Albanische Frage. Tripoliskrieg und Balkankriege wurden Teile der langen Lunte zum Pulverfaß, das 1914 explodierte. In Asien setzte der Niedergang des Osmanischen Reiches neue Nationalismen frei, besonders den arabischen Nationalismus. Gleichzeitig veränderte sich die Konstellation der Großmächte mit ihren unterschiedlichen Einwirkungen auf das Osmanische Reich: Die Hoffnung auf innere Genesung durch Modernisierung mit deutscher

Hilfe entfremdete die beiden traditionellen Schutzmächte Frankreich und England vom Osmanischen Reich. Vereint mit Rußland in der Triple Entente seit 1907, ließen sie den expansiven Ambitionen des Zarenreiches seit Peter dem Großen freien Lauf, um den (erst latenten, 1914 auch tatsächlichen) Bundesgenossen des Deutschen Reiches zu treffen.

a) Die Makedonische Frage

Während das deutsche Engagement im Osmanischen Reich als Teil der deutschen »Weltpolitik« noch Chancen zur Rekonvaleszenz des ehrwürdigen Patienten zu eröffnen schien, begann die neue Runde interner Konflikte mit Rückwirkungen nach außen ausgerechnet in Makedonien.[55] Auf dem Berliner Kongreß 1878 hatten die Großmächte unter Führung Deutschlands dem Osmanischen Reich das in San Stefano schon verlorene Makedonien wieder zurückgegeben, um seine Erhaltung als (wenigstens formale) Großmacht im Europäischen System zu symbolisieren: Ohne Makedonien hätte das Osmanische Reich auch Albanien, bisher eine der loyalsten Provinzen, verloren.

Makedonien hatte eine außerordentlich gemischte Bevölkerung. Neben zahlreichen kleineren Volks- und Stammessplittern lebten hier vor allem zwei Hauptgruppen – Südslawen und Griechen. Das eigentliche Problem aber schuf die genauere Festlegung, als was die Südslawen zu gelten hatten, als Serben oder als Bulgaren. So lag Makedonien im Spannungsfeld von gleich drei aufstrebenden, d. h. expandieren wollenden, jungen Nationalstaaten mit unterschiedlich begründeten historischen Ansprüchen: Griechenland, Serbien, Bulgarien. Daher wurde es klassisches Beispiel für Konflikte, die aus dem Zusammenprall konträrer Expansionstendenzen und territorialer Aspirationen auf ein und dasselbe Gebiet entstehen, alles im Namen des demokratischen Selbstbestimmungsrechts der Völker, wie es seit 1918 hieß.

Im Unterschied zu den nationalen Fragen seit dem 19. Jahrhundert ging es in der Makedonischen Frage als Ausschnitt der Orientalischen Frage nie darum, einen eigenen nationalen Staat zu bilden. Die Frage war vielmehr, zu welchem der jungen Nationalstaaten das noch immer osmanische Makedonien gehören sollte. War eine Teilung nicht zu vermeiden, so beanspruchte jede der drei Konfliktparteien einen möglichst großen Anteil an der makedonischen Beute. Indem Serbien, Bulgarien und Griechenland an Makedonien in verschiedene Richtungen zerrten, erhöhten sie notwendig die Spannungen und entluden Konflikte auf dem Balkan, die auf die Konstellation unter den

Großmächten zurückstrahlten und die Situation des Sommers 1914 vorbereiten halfen.

Schon der Berliner Kongreß von 1878 hatte eine erste Runde des Dauerkonflikts zwischen den beiden südslawischen Rivalen Serbien und Bulgarien um Makedonien eröffnet. Die diplomatische Beilegung befriedigte keinen der Kontrahenten, und der Serbisch-Bulgarische Krieg von 1884/85 war nur die Fortsetzung des Konfliktes mit militärischen Mitteln. Danach trat die Vorbereitung eines makedonischen Volksaufstandes in den Vordergrund, u. a. durch einen Schul- und Kirchenkampf, der schon seit dem Berliner Kongreß angelaufen war. Ziel waren möglichst viele vorzeigbare Angehörige der eigenen Sprach–, Kultur– und Religionsgemeinschaft, um den sich jeweils ausschließenden Ansprüchen eine materielle Basis zu schaffen.

Die Bulgaren ergriffen 1893 die Initiative durch Gründung der »Makedonischen Revolutionären Organisation« in Saloniki, die, abgestimmt mit der bulgarischen Regierung, 1895 den ersten Aufstand, den sog. Melnik-Aufstand, entfesselte. Nach seinem raschen Scheitern verbanden sich sozialistische, bald auch anarchistische Strömungen mit dem bulgarischen Insurrektions-Nationalismus für Makedonien.

Der Griechisch-Türkische Krieg von 1897, eingeleitet durch den Aufstand auf Kreta, hatte analoge Rückwirkungen auf das ähnlich strukturierte Makedonien. Gegen die sich abzeichnende Verständigung der benachbarten Großmächte über ein Reformprogramm zur inneren Sanierung des Unruheherds Makedonien entsandte das (bulgarische) Revolutionäre Komitee ab 1897 von Saloniki aus Kampfabteilungen (»ceta«) nach Makedonien, um mit gezielten Terroranschlägen die osmanische Herrschaft zu unterminieren. Im üblichen Gemisch von nationalrevolutionärem Terror – praktisch alle gegen alle – und repressivem Gegenterror eskalierten die Konflikte, wie geplant, bis zum großen Aufstand des »Oberen Makedonischen Komitees« (O. M. K.) von 1902, der auch kirchenpolitische Erfolge der Serben – die Ernennung eines Serben zum Metropoliten von Skopje – konterkarieren sollte.

Die beiden unmittelbar interessierten benachbarten Großmächte, Österreich-Ungarn und Rußland, verständigten sich daher 1903 in Mürzsteg noch ein letztes Mal darauf, notfalls durch gemeinsame Aktionen ein Überspringen des nationalrevolutionären Funkens auf den übrigen Balkan zu verhindern. Daraufhin legten die Signatarmächte des Berliner Vertrages ein Reformprogramm für Makedonien vor, das sich weitgehend mit den bereits eingeleiteten Maßnahmen der osmanischen Regierung deckte. Die O. M. K. entfesselte dagegen noch im selben Jahr (1903) einen neuerlichen Aufstand, der sich auch gegen muslimische (türkische und albanische) Bauern in Makedonien richtete. Als Antwort entsandten Serbien und Griechenland ebenfalls bewaffnete »Aufständische« (»četniks«), um dem sonst rein bulgarischen Aufstand Paroli zu bieten. Der Dreieckskampf um Makedonien war in eine neue Phase verdeckter Bandenkämpfe im Auftrag der Nachbarstaaten Bulgarien, Serbien und Griechenland eingetreten. Zuletzt griffen noch walachische Banden ein, die sich für den rumänischen Nationalismus schlugen.

b) Die Jungtürkische Revolution 1908

Die chaotisch verlaufenden Kämpfe hatten ein wichtiges Ergebnis: Nicht zufällig ging die Jungtürkische Revolution 1908 von der Garnison in Saloniki aus, also von Makedonien. Und es liegt auf der Hand, daß die brennende Aktualität der makedonischen Krise die jungtürkischen Revolutionäre gerade in Saloniki zur Aktion anspornte, um in einer letzten verzweifelten Flucht nach vorn das Osmanische Reich doch noch zu retten. Die Jungtürkische Revolution eröffnete oder verschärfte neue und alte Komplikationen. Nach innen trieben die Jungtürken die Übernahme des jakobinischen Prinzips der »nation une et indivisible« im Osmanischen Reich auf die Spitze: Sie wollten Demokratie und damit implizit (scheinbar) Gleichberechtigung der verschiedenen Nationalitäten.[56] So jedenfalls wurden sie verstanden, und sie erhielten deshalb anfangs die Unterstützung verschiedener Nationalbewegungen – Armenier, Araber, Makedonier. Aber die assimilatorischen Konsequenzen ihres jakobinischen Demokratieverständnisses zerstörten rasch alle Illusionen und eskalierten die Konflikte von neuem, bis zum Arabischen Aufstand und den Armenier-Massakern 1915.

Nach einigem Schwanken setzten die Jungtürken in ihren Außenbeziehungen entschlossen ganz auf Deutschland. Ideologisch standen sie mit ihrem demokratischen türkischen Nationalismus zwar ursprünglich der traditionellen Schutzmacht Frankreich in ihrer republikanischen Phase näher. Letztendlich entschieden sie sich aber für die mit Händen zu greifende Macht und die Modernität Deutschlands, das mit seiner wirtschaftlichen Durchdringung des Osmanischen Reiches seit dem Staatsbesuch Wilhems II. im Jahre 1898 ohnehin schon nicht mehr zu ignorierende konkrete Tatsachen geschaffen hatte. Nach dem Wechselbad des Tripoliskrieges und der beiden Balkankriege vertraute die jungtürkische Regierung daher die Verteidigung der Reichshauptstadt Konstantinopel und der strategisch sensiblen Meerengen indirekt dem Deutschen Reich an und provozierte so 1913 die letzte größere Krise vor Kriegsausbruch, die Liman-von-Sanders-Krise. Auch hier trug der Versuch zur Stärkung des Osmanischen Reiches durch eine Kombination innerer (Jungtürkische Revolution, Heeresreform) und äußerer (Kommandant Liman von Sanders) Faktoren zur Vollendung der Konstellation vom Juli 1914 bei.

Noch die geringste Komplikation brachte die Unabhängigkeitserklärung des formal von der Pforte abhängigen autonomen Vasallenstaats Bulgarien unmittelbar nach der Jungtürkischen Revolution. Explosiver waren die Rückwirkungen auf Bosnien und Herzegovina, die, seit 1878 von Österreich-Ungarn okkupiert und verwaltet, immer noch zum Osmanischen Reich gehörten. Nachdem die Jungtürken – in allerbester demokratischer Absicht – die von Abdul Hamid II. 1878 suspendierte Verfassung von 1876 wieder in Kraft gesetzt hatten, schrieben sie Wahlen für die beiden im äußersten Nordwesten fast schon verlorenen Provinzen Bosnien und Herzegovina aus, meldeten dort also zumindest indirekt den Anspruch auf auch faktische Wiederbelebung der osmanischen Souveränität an. Die Gefahr, die beiden besetzten Provinzen wieder an ein sich revolutionär erneuerndes Osmanisches Reich zu »verlieren«, trieb die Donaumonarchie dazu, den 1878 auf dem Berliner Kongreß nur zurückgestellten Plan zur Annexion von Bosnien und Herzegovina nunmehr in die Tat umzusetzen. So provozierte Wien die zweite große internationale Krise im 20. Jahrhundert, die Bosnische Annexionskrise von 1908/9. Sie mobilisierte zugleich auch den serbischen Nationalismus, der beide Provinzen für sich beanspruchte.

c) *Sandschak und Albanische Frage*

Eine weitere Komplikation brachte der Sandschak von Novibasar: Der Berliner Kongreß hatte Österreich-Ungarn das Recht auf militärische Okkupation des langgestreckten Distrikts Novibasar zugesprochen, um eine staatsrechtliche Verbindung von Serbien und Montenegro zu einem kompakteren südslawischen Staat zu blockieren. Obwohl die österreich-ungarische Staatsräson weiterhin an der Verhinderung eines groß-südslawischen Staates hing, räumte Wien im Gefolge der Bosnischen Annexionskrise 1909 den Sandschak von Novibasar. Im 1. Balkankrieg war er für die Türken militärisch unhaltbar. Das faktische Machtvakuum erleichterte den Serben 1912 die Siege über die osmanische Armee. Als Kaiser Wilhelm II. in seiner kriegerischen Phase zu Beginn der Julikrise 1914 einen Anknüpfungspunkt für den von ihm gewünschten Krieg mit Serbien suchte, empfahl er seinem Verbündeten Österreich-Ungarn in einer seiner unnachahmlichen Randbemerkungen zu einem Telegramm des deutschen Botschafters in Wien vom 10. Juli:

> »den Sandschak besetzen! Dann ist der Krakehl da! den muß Österreich unbedingt sofort wiederhaben, um die Einigung Serbiens und Montenegros und das Erreichen des Meeres seitens der Serben zu hindern!«[57]

Der Kampf um Makedonien und Serbiens Drang zum Meer – zur Adria – über das inzwischen überwiegend albanisch besiedelte Alt-Serbien, Kosovo (Amselfeld), eröffnete die Albanische Frage mit einem Rattenschwanz von Problemen, die bis in den heutigen, sich ständig verschärfenden Kosovo-Konflikt Jugoslawiens hineinreichen. Als jüngste nationale Frage ist sie für die Vorgeschichte des Ersten Weltkriegs wirklich nur von peripherer und untergeordneter Bedeutung.[58] Dennoch trug sie zur Komplizierung der Südslawischen Frage in den letzten Jahren vor 1914 bei. Die Albaner, die sich historisch auf die alten Illyrer zurückführen, hatten im Mittelalter und in der Neuzeit eine äußerst bewegte Geschichte zwischen Byzanz und dem Osmanischen Reich, die sich äußerlich in ihrer religiösen Dreiteilung in Orthodoxe, Katholiken und Muslims niederschlug. Eroberung (1419) und Annexion (1479) durch die Osmanen prägten die weitere Entwicklung in relativer Isolierung. Die partielle Islamisierung machte Albanien zuletzt zu einem Hort der Loyalität für das Osmanische Reich.

Erst als die Jungtürken anfängliche Hoffnungen der nationalen Minderheiten auf Demokratisierung und Föderalisierung durch Verschärfung der türkischen Assimilationspolitik auch gegen die immerhin teilweise muslimischen Albaner enttäuschten, brachen 1909 albanische Aufstände aus, die in die Balkankriege einmündeten. Serbien beanspruchte Albanien aus historischen Gründen (vorübergehende Zugehörigkeit zum spätmittelalterlichen Großserbischen Reich) und strategischen Motiven (Zugang zur Adria). Die Albaner, ihrerseits hoffnungslos nach Stämmen, Regionen (Küstenebenen – Gebirge) und Religionen aufgespalten und zerstritten, wehrten sich gegen den drohenden Sub-Imperialismus der südslawischen Serben. Als Kompromiß überließen die Großmächte Serbien zwar den Kosovo, aber auf Drängen Österreich-Ungarns errichteten sie 1913 einen schwachen Staat Albanien, der mit dem Prinzen von Wied 1914 – wie damals üblich – einen deutschen Fürsten erhielt. So hinterließ das Osmanische Reich auf dem Balkan beim Einsturz seiner letzten Bastionen ein Konfliktfeld, in dem sich die Spannungen bis unmittelbar zum Sommer 1914 aufbauten – Bosnien-Herzegovina, 1. und 2. Balkankrieg, Sandschak von Novibasar, Albanien und Kosovo-Problem, schließlich Sarajevo.

d) Tripoliskrieg 1911/12 und Balkankriege 1912/13

Die innere Schwächung des Osmanischen Reiches benutzte Italien unter dem Druck eines neu erwachenden Nationalismus, um sich als Ersatz für das ihm 1881 entgangene Tunesien und die demütigende Niederlage von Aduwa gegen Äthiopien 1896 im Tripoliskrieg den zentralen Teil des mediterranen Nordafrika zu erobern – Tripolis und die Cyreneika, das heutige Libyen. Bei dieser Gelegenheit sicherte sich Italien auch den Dodekanes (griechische Inseln vor der Westküste Kleinasiens). Die Niederlage der Osmanen gegen Italien ermunterte die christlichen Balkanstaaten, 1912 den Balkanbund gegen das Osmanische Reich zu bilden – unter der Schirmherrschaft Rußlands, das damit wieder aktiv auf dem Balkan eingriff.

Im 1. Balkankrieg fiel der Balkanbund 1912 über das Osmanische Reich her, allerdings gegen den Willen Rußlands, das unübersehbare Konsequenzen für das Gleichgewicht der Mächte fürchtete, weil es sich militärisch noch nicht genügend erholt fühlte.[59] Zentrales Objekt war nach wie vor Makedonien, im Osten flankiert von Thrakien, dessen Westen überwiegend griechisch, dessen Osten um Adrianopel (Edirne) überwiegend türkisch besiedelt war, und Albanien im Westen. Nachdem das Osmanische Reich im 1. Balkankrieg auch aus ganz Thrakien bis vor die Mauern Konstantinopels vertrieben war, eröffnete ihm der Kampf der siegreichen Balkanstaaten um die Beute Makedonien im 2. Balkankrieg 1912/13 die Chance, wenigstens das nun türkische Ost-Thrakien wieder zurückzugewinnen. Als letzte große Vorkriegskrise sind die beiden Balkankriege zusammen noch einmal gesondert zu behandeln.

e) Nationalismen in der asiatischen Türkei: Armenische und Arabische Frage

Wieder eine besondere nationale Frage war die Armenische, die im allgemeinen nur punktuell behandelt wird. Geographisch jenseits Europas gelegen, gehörte Armenien seit dem Eintritt des Osmanischen

Reiches ins Konzert der Mächte und durch die Garantie seines Bestandes und Territoriums auf dem Pariser Kongreß 1856 politisch zum Europäischen System. Daher sind Struktur, Prozesse, Mechanismen und Wirkungen der Armenischen Frage durchaus mit den europäischen Nationalismen vergleichbar – mit Nachwirkungen bis heute: in der Türkei wie neuerdings auch in der Sowjetunion.

Die Armenier waren im Osmanischen Reich eine der als »millet« offiziell anerkannten großen Religionsgemeinschaften, nach Beginn des Griechischen Unabhängigkeitskrieges 1821 gar das besonders »loyale millet«. In der Agonie des Osmanischen Reiches kam es jedoch auch in Armenien ab 1861 zu ersten Aufständen. Bei der nächsten großen Krise des Osmanischen Reiches, im 8. Russisch-Türkischen Krieg, erhoben Armenier die Forderung nach Autonomie auf einem weitgespannten Territorium, erstmals – vergeblich – vorgetragen am Rande des Berliner Kongresses 1878. Seitdem Rußland einen Teil der von Persien eroberten Gebiete Armeniens erobert und annektiert hatte (1813, 1828), benutzte es die armenische Nationalbewegung südlich des Kaukasus – ähnlich wie die der orthodoxen Südslawen auf dem Balkan – zur Schwächung des Osmanischen Reiches. Im Wechsel von Aufständen, assimilatorischer Repression und Massakern eskalierte die Armenische Frage zu einem der inneren Gründe für den Untergang des Osmanischen Reiches nach dem Ersten Weltkrieg.

6. Vollendung der Bündniskonstellation von 1914 und Eskalation der Vorkriegskrisen, 1906–1911

Mit Englands Heraustreten aus der weltpolitischen Isolierung vollendete sich die Bündniskonstellation von 1914 gegen Deutschland in drei Stufen – anglo-japanisches Bündnis von 1902 (noch gegen Rußland gerichtet); anglo-französische Entente Cordiale 1904; anglo-russische Verständigung 1907. Die Triple Entente formierte sich, wie einst der von Deutschland dominierte Zwei- bzw. Dreibund von 1879/82, als Reaktion der drei Mächte auf die Politik einer anderen Großmacht – Deutschlands – in der 1. Marokkokrise. Englands neue weltpolitische Arrangements trugen dazu bei, spätere internationale Krisen zu verschärfen, die jedoch, in immer rascherer Folge, von Österreich-Ungarn (Bosnische Annexionskrise 1908/9) oder Deutschland (2. Marokkokrise 1911) ausgingen.

a) *Internationale Krisen – Erprobung der Eskalationsmechanismen im Kleinen*

Nach zwanzig Jahren relativer Ruhe im Europäischen System signalisierte die letzte Serie großer internationaler Krisen seit 1905 endgültig die Rückkehr der einst vom Imperialismus an die »Peripherie« abgeleiteten innereuropäischen Spannungen. Inzwischen waren sie zusätzlich aufgeladen durch kolonial- und weltpolitische Energien. Wie bis 1885/87 wechselten sie zwischen West und Ost/Südost: 1. Marokkokrise 1905/6, Bosnische Annexionskrise 1908/9, 2. Marokkokrise 1911, die beiden Balkankriege zusammengenommen als letzte große Ost/Südostkrise 1912/13. Dazwischen erhöhte der italienische Tripoliskrieg 1911/12 die Spannungen. Sie alle mündeten mit beklemmender Folgerichtigkeit in die Julikrise 1914.

Scheinbar rettete die Diplomatie nach jeder Krise noch einmal den europäischen Frieden. Tatsächlich bewegten sich die großen Krisen stets wie ihre Vorgänger vor 1900 am Rande des großen Krieges. Seit der 1. Marokkokrise fraßen die Krisen zunehmend den Kompromißstoff zwischen den Großmächten auf, so daß es im Juli 1914 keine Verständigungsmöglichkeit mehr zu geben schien. Die Art, wie die Mächte nach 1900 die Krisen beendeten, macht deutlich, daß sie so den Frieden nicht noch einmal bewahren konnten: Deutschlands Zurückweichen auf der Algeciras-Konferenz 1906 vor der internationalen Isolierung, das den Weg zur Beendigung der 1. Marokkokrise freigegeben hatte, konnte sich nicht wiederholen, weil Deutschland fortan jede internationale Konferenz zur friedlichen Lösung von Krisen verweigerte. Ein Zurückweichen Serbiens und Rußlands vor der deutschen Drohung mit Krieg wie am Ende der Bosnischen Annexionskrise im März 1909 schied fürderhin aus, wie sogar Bülow 1909 erkannte. Ein deutsches Zurückweichen vor Englands drohender Intervention wie auf dem Höhepunkt der 2. Marokkokrise 1911 war seit dem gesteigerten Einfluß der Alldeutschen schwer vorstellbar. Eine erneute Zurückhaltung Österreich-Ungarns gegenüber Serbien im 2. Balkankrieg durch deutschen Druck, da sich Deutschland für die bevorstehende große Auseinandersetzung noch nicht genügend vorbereitet glaubte, war schwerlich zu erwarten, wenn sich Deutschland genügend gerüstet wähnte. Die Macht, die jeweils unter Druck vor dem Krieg zurückgewichen war, würde in vergleichbaren Situationen den Rückzug nicht mehr wiederholen. Im Juli 1914 gab es, nachdem Deutschland beschlossen hatte, es auf den Kontinentalkrieg ankommen zu lassen, keinen Raum mehr zu Kompromissen.

Ferner trug jede große Krise auf ihre Weise zum weiteren Aufbau der Spannungen bei, auch nach ihrer scheinbaren Lösung. Sie beeinflußte die Haltung der Großmächte in der entscheidenden Julikrise, als alle Spannungen und Konfliktpotentiale zusammenflossen. So erwiesen sich die Vorkriegskrisen seit 1905 als Einübung der Mechanismen für den Ernstfall der Julikrise 1914 jeweils in West und Ost/Südost entlang den späteren militärischen Hauptfronten des Ersten Weltkriegs.

b) Westkrise III: Die 1. Marokkokrise 1905/6

Deutschland nutzte die Gunst der Stunde zu einem Coup gegen Frankreich, zumal die Dritte Republik auch nach innen gespalten war und geschwächt erschien: Die Folgen des Dreyfus-Skandals, der Frankreich fast an den Rand des Bürgerkrieges (von Wilhelm II. schadenfroh begrüßt und nach Kräften geschürt) getrieben hatte, waren noch nicht überwunden, und schon drohte der Kampf um die Trennung von Kirche und Staat zur nächsten Zerreißprobe zu eskalieren. Das war die außenpolitisch günstige Situation, die später immer wieder als Beweis der deutschen Geschichtspropaganda für die grundsätzliche Friedfertigkeit der deutschen Reichspolitik galt. Wäre Deutschland wirklich so kriegslüstern gewesen, wie es nach 1914 oder 1918 hingestellt wurde, so hätte es sich damals durch einen Krieg gegen das isolierte Frankreich leicht gewaltige Vorteile verschaffen können.

Die historische Wirklichkeit war natürlich komplizierter: Selbstverständlich war Deutschland nicht andauernd und von vornherein darauf aus, einen Weltkrieg zu entfesseln. Das verhinderte schon ein Gebot elementarer Klugheit: Niemand konnte im voraus wissen, wie ein solcher Krieg ausgehen würde. Daher schied ein direkter und offener Angriff auf Frankreich aus, weil er Deutschland als Aggressor auch damals schon moralisch zu stark belastet hätte. Lohnender erschien der Umweg, jetzt einen »Anknüpfungspunkt« (Bismarck) für die erhoffte Demütigung Frankreichs – ohne oder mit Krieg – nach Westen über Marokko zu suchen. Marokko war als (formal) unabhängiges Sultanat eines der letzten größeren Machtvakuen am Rande des Europäischen Systems, das noch nicht ausgefüllt war.

Der Russisch-Japanische Krieg und die erste Russische Revolution 1905/6 veränderten jäh das Gleichgewicht der Kräfte in Europa: Das Zarenreich, durch militärische Niederlage und Revolution außenpolitisch gelähmt, fiel in Europa als Machtfaktor für mehrere Jahre praktisch aus. Sein Verbündeter Frankreich sah sich auf dem Kontinent dem übermächtigen Deutschland wieder so gut wie allein gegenüber, nur gestützt von England durch die gerade abgeschlossene Entente Cordiale, deren Wert als Bündnisersatz aber noch fraglich war. Deutschland nutzte die Gunst der weltpolitischen Lage und provozierte die 1. Marokkokrise, um durch Druck auf das isolierte Frankreich die Entente Cordiale wieder zu sprengen. Die sog. »Geiseltheorie« wollte Frankreich als »Geisel« Deutschlands auf dem Kontinent anstelle des schwerer zu fassenden Rußland, später auch des nicht minder unangreifbaren England, demütigen und schwächen, um das russisch-französische Bündnis zu entwerten oder gar zu sprengen.

Allerdings hatte England Frankreich für das Eindringen in das von Aufständen geschüttelte Marokko mit der Entente Cordiale soeben freie Hand gegeben. Nach außen berief sich die deutsche diplomatische Offensive, formal korrekt, auf geltendes Völkerrecht: den multilateralen Madrider Vertrag von 1880, der für Marokko erstmals das Prinzip der »Offenen Tür« festgelegt hatte. Mit der ostentativen Landung Kaiser Wilhelms II. in Tanger – gegen dessen Willen, nur auf Drängen des Auswärtigen Amtes – wollte das Reich gleichsam Flagge zeigen. Die Rede des Monarchen, der Sultan von Marokko als Souverän könne jederzeit auf den deutschen Kaiser als Freund zählen, war eine gezielte Provokation Frankreichs. Hinter dem deutschen Drängen standen mit den Interessen der Gebrüder Mannesmann aus Düsseldorf an marokkanischen Erzgruben handfeste ökonomische Motive.

Die deutsche Offensive zielte auf zwei Schwachstellen Frankreichs – auf die tatsächliche Verletzung des Madrider Vertrags nach außen und die Konflikte in Frankreich um die Durchsetzung der Laiengesetze zur endgültigen Trennung von Kirche und Staat nach innen. Eine internationale Konferenz auf deutschen Antrag sollte Frankreichs Vorgehen in Marokko als Bruch des Völkerrechts vor der Weltöffentlichkeit bloßstellen und verurteilen. Das außenpolitisch fast isolierte Frankreich stand unter enormem deutschen Druck, der sich auf eine Person konzentrierte, den französischen Außenminister Delcassé. Als französischer Hauptarchitekt der Entente Cordiale sollte er, stellvertretend für die »Geisel« Frankreich, politisch büßen.

Delcassés Sturz, der so symbolischen Charakter gewann, verschaffte Frankreich jedoch wider Erwarten außenpolitischen Handlungsspielraum, weil er Frankreichs Schwäche dramatisch offenbarte: Seine internationale Verurteilung auf der Algeciras-Konferenz scheiterte am Mißtrauen der übrigen Mächte vor weiterreichenden Absichten des Deutschen Reiches gegen Frankreich. So blieb Deutschland auf der Algeciras-Konferenz isoliert – nur Österreich-Ungarn hielt zum deutschen Verbündeten und avancierte gar in einem Danktelegramm des Kaisers nach Wien zum »brillanten Sekundanten« des Deutschen Reiches. Obwohl Deutschland eine formelle Besitzergreifung Marokkos durch Frankreich mit seinem Vorstoß noch einmal abwehren konnte, hinterließ die faktische Niederlage von Algeciras bei der Reichsführung eine traumatische Nachwirkung: Fortan war Deutschland gegen größere internationale Konferenzen zur Beilegung von Spannungen und Krisen – auch in der Julikrise 1914. Weitere Komplikationen in und um Marokko führten zudem zur 2. Marokkokrise von 1911.

c) Die Folgen: Festigung der Entente Cordiale und Schlieffenplan

Anders als von Deutschland erwartet, schmiedete die 1. Marokkokrise die gerade abgeschlossene Entente fester zusammen. Gegen das deutsche Drängen auf Demütigung Frankreichs eröffneten die Ententemächte geheime Generalstabsgespräche, weil sie eine deutsche Aggression befürchteten. Auch machten sie sich schon Sorgen um die Neutralität Belgiens, obwohl ihnen der Schlieffenplan, der damals gerade erst Gestalt annahm, noch nicht bekannt war. Nach der 1. Marokkokrise begannen sich die beiden Ententepartner also auf genau den Krieg einzustellen, der Anfang August 1914 ausbrach – deutscher Angriff auf Frankreich, quer durch das neutrale Belgien.

Im Verlauf ihrer immer enger werdenden militärischen Kooperation, die nach der 2. Marokkokrise auch auf die Planung des kommenden Seekrieges übergriff, stellte sich somit das Gegenteil dessen ein, was das deutsche Reich mit ihrer diplomatischen Offensive der 1. Marokkokrise beabsichtigt hatte: Aus einem anfänglich nur lockeren Arrangement, primär für die koloniale Peripherie gedacht, wuchs die Entente Cordiale zu einem Quasi-Bündnis gegen Deutschland heran, zumal nach seiner Erweiterung durch den Anschluß Rußlands zur Triple Entente 1907.

Eine andere weitreichende Wirkung der 1. Marokkokrise war der Schlieffenplan.[60] Er entstand in einer für Deutschland außergewöhnlich günstigen Situation: Rußland war durch Niederlage und Revolution geschwächt, Frankreich außenpolitisch isoliert. Aus dem Schlieffenplan, gefördert durch Deutschlands weltpolitisch günstige Lage zur Zeit der 1. Marokkokrise, sprach ein grenzenloser Glaube an die eigene Tüchtigkeit und militärische Überlegenheit: zunächst Blitzkrieg gegen das kleinere, geographisch dem deutschen Zugriff eher zugängliche Frankreich innerhalb von sechs Wochen, sodann Niederwerfung Rußlands, ebenfalls in sechs Wochen. Zu Weihnachten sollten die deutschen Armeen wieder zu Hause sein.

Als militärisch-strategische Umsetzung der deutschen »Geiseltheorie« gegenüber Frankreich war der Schlieffenplan eine spezifisch wilhelminische Variante weltpolitischen Vabanquespiels. Er setzte alles auf die eine Karte der raschen militärischen Niederwerfung Frankreichs durch den Traum vom strategischen Super-Cannae.[61] Ein blitzartiger Vorstoß durch das neutrale Belgien, Luxemburg sowie Holland sollte die französische Festungslinie in Lothringen von Norden umfassen, sogar noch Paris einschließen, und die französische Feldarmee gegen die eigene Festungsfront im Osten von Westen zerschmettern. An ein Scheitern oder auch nur Stocken durch örtliche Niederlagen war erst gar nicht gedacht.

Auch waren, zur Überraschung der Kriegsgegner, alle Reservekorps von vornherein in die erste Frontlinie gestellt – der Schlieffenplan kannte keine strategische Reserve. Noch gravierender: Schon vor dem Ersten Weltkrieg hantierte der Generalstab des 2. Reiches mit Geisterarmeen, ähnlich wie am Ende des Zweiten Weltkriegs Hitler mit der nur auf dem Papier existierenden Geisterarmee Wenck im schon umkämpften Berlin. Schlieffen sah für seinen Blitzkrieg gegen Frankreich 40 Armeekorps vor, von denen 1905 aber nur 34 bestanden. Das Defizit von immerhin sechs Armeekorps vermochte die militärische Führung bis zum Kriegsausbruch selbst durch die große Heeresvermehrung von 1913 mit zusätzlich zwei Armeekorps nicht mehr wettzumachen. Der Schlieffenplan scheiterte also schon an seiner inneren Unzulänglichkeit. Auch stellte er nicht genügend den Druck der deutschen Öffentlichkeit in Rechnung, die eine kampflose Preisgabe Ostpreußens nicht so leicht hinnahm, wie sie Schlieffen kühl einkalkuliert hatte: Noch vor der entscheidenden Marneschlacht wurden zwei Armeekorps vom Westen nach Osten abgezogen, die zum deutschen Sieg bei Tannenberg allerdings zu spät kamen.

Der Schlieffenplan besiegelte im kaiserlichen Deutschland das Übergewicht des Militärs über die politische Reichsführung: Die militärische Führung hielt ihn gegenüber dem Reichskanzler und dem Auswärtigen Amt so gut wie geheim. Als Bethmann Hollweg in der Krisenstimmung des Jahres 1912 vage von ihm erfuhr, erhob er keinerlei Einspruch, sondern fügte sich der strategischen Planung. Seitdem bestimmte nicht mehr der Kanzler die Richtlinien der Reichspolitik, sondern der Generalstab gab strategische Ziele vor, für deren Erfüllung die Reichspolitik die günstigsten diplomatischen und politischen

Rahmenbedingungen zu schaffen hatte. Moralische Skrupel über die geplanten Neutralitätsverletzungen kamen nicht auf.

Dem jüngeren Moltke, Schlieffens Nachfolger ab 1906, war der sichere Kriegseintritt Englands als Konsequenz des deutschen Durchmarsches durch Belgien, dessen Neutralität das Deutsche Reich als Rechtsnachfolger Preußens immerhin völkerrechtlich garantierte, etwas unheimlich. Deshalb nahm er Holland aus den deutschen Durchmarschplänen heraus, schon um die Weiterversorgung des Reiches über die holländischen Rheinhäfen nicht zu gefährden. Zum Ausgleich fügte er eine für den Erhalt des Friedens besonders riskante Operation ein, die blitzschnelle Einnahme der Festung Lüttich durch kriegsbereite Truppen in Aachen. Um den zügigen Durchmarsch über die Maas nach Frankreich zu sichern, galt es, Lüttich aus dem Stand noch vor dem allgemeinen Aufmarsch der Armeen zu erobern. Die Planung lag in den Händen von Oberst Ludendorff, der im August 1914 provisorisch das Kommando vor Lüttich übernahm.

Daneben ließ der deutsche Generalstab den sog. Ostaufmarsch weiter bearbeiten und fortschreiben. Für den immer unwahrscheinlicheren Fall, daß Deutschland einen Krieg nur gegen Rußland zu führen hätte, blieb damit wenigstens noch eine Alternative zum Schlieffenplan. Erst 1913 ließ der Generalstab die Weiterbearbeitung des Ostaufmarsches einstellen.[62] Dennoch hätte er sich noch im August 1914 bei Bedarf reaktivieren lassen.

Eine andere Form weltpolitischen Vabanquespiels war die Annahme, Rußland bliebe auf unabsehbare Zeit militärisch so schwach wie 1905. Den Schlieffenplan starr fortzuschreiben, ohne Rücksicht auf die früher oder später doch wieder in das weltpolitische Machtkalkül einzusetzende Erholung Rußlands, kam einer atemberaubenden Leichtfertigkeit der Verantwortlichen im Deutschen Reich gleich: Als nach Rußlands militärischer Erstarkung Anfang 1914 dem deutschen Generalstab endlich dämmerte, welches Potential sich da aufbaute, geriet er mit der Forderung nach baldigem »Präventivkrieg« in offene Panik. Nach der Modifizierung durch den jüngeren Moltke und der Kassierung des Ostaufmarschs im Jahr 1913 war der Schlieffenplan der alleinige Kriegsplan Deutschlands. Mit ihm scheiterte das Reich 1914 prompt schon im ersten Ansturm an der Marne.

d) Die anglo-russische Verständigung von 1907: Vollendung der Triple Entente

Die Logik der englischen Weltpolitik seit dem Heraustreten aus der nicht mehr »so splendid isolation« und die Konsequenz der Entente Cordiale, wie sie das Crowe-Memorandum analysiert hatte, drängten zum nächsten Schritt, der Hinwendung Englands zu Rußland.[63] Wie die Entente Cordiale mit Frankreich 1904 war die anglo-russische Verständigung von 1907 zunächst nur eine punktuelle Absprache über bisherige Reibungspunkte an der Peripherie der imperialistischen Expansion, um Konfliktfelder in Asien wenigstens vorübergehend stillzulegen. In Afghanistan, Persien und Tibet waren englische und russische Interessen aufeinandergeprallt. Zur Festigung ihrer Stellung in Europa gegenüber Deutschland einigten sich die seit achtzig Jahren miteinander rivalisierenden Flügelmächte des Europäischen Systems nun auf Kompromisse: Afghanistan blieb als neutralisierter Pufferstaat zwischen der Nordwestgrenze Indiens und Rußland in Zentralasien erhalten; beide Seiten verpflichteten sich, auf weitergehende Expansion zu verzichten. Persien hatte im Gefolge der Ersten Russischen Revolution Unruhen gegen die Autokratie des Schahs mit dem Ziel einer konstitutionellen Monarchie erlebt (entsprechend seinem Entwicklungsstand aber diffuser als im zaristischen Rußland). England und Rußland nutzten die weitere Schwächung Persiens und teilten sich faktisch das Land: Den Norden übernahm Rußland, den Süden mit den gerade entdeckten Ölquellen England als Einflußzone. Nur für die Mitte, um die Hauptstadt Teheran, konzedierten beide Mächte eine »persische« Zone mit beschränkter Souveränität. In Tibet anerkannten England und Rußland die Suzeränität Chinas, also die weitgehende Autonomie des Landes im Rahmen des zerfallenden Chinesischen Reiches, und verzichteten, ähnlich wie für das unabhängige Afghanistan, auf eine imperialistische Durchdringung.

Das bilaterale Arrangement schloß weitergehende Friktionen und Irritationen zwischen England und Rußland an Ort und Stelle nicht aus, vor allem in Persien. So blieb das grundsätzliche Mißtrauen zwischen den unterschiedlich strukturierten imperialistischen Weltmächten erhalten, das eine geschicktere deutsche Außenpolitik durchaus für eigene Interessen hätte ausbeuten können.[64] Statt dessen festigte die nur geringfügig modifizierte deutsche »Weltpolitik« in den folgenden Jahren die anglo-russische Verständigung (ähnlich wie die Entente Cordiale im Westen).

Auch die anglo-russische Verständigung war kein formeller Bündnisvertrag. Dennoch vollendeten ihre lockeren kolonialpolitischen Absprachen die Triple Entente. Als Gegenstück zum älteren Dreibund Deutschland/Österreich-Ungarn/Italien setzte sie sich aus heterogenen Komponenten zusammen: So sah England Rußlands Aktivitäten in Persien mit großer Sorge, hielt aber weitgehend still, um die Triple Entente nicht zu gefährden. Allen Irritationen gegenüber Rußland zum Trotz blieb Deutschland für England die größere Gefahr.[65]

Den harten Kern der Triple Entente bildete der Zweibund Frankreich/Rußland von 1892/94. Nur er war ein formeller Vertrag, der staatsrechtlich durch Ratifizierungen auf beiden Seiten sanktioniert war. Seine eigentliche weltpolitische Bedeutung erhielt er jedoch erst durch Englands Arrangements mit Frankreich und Rußland, mit denen der größten See- und Kolonialmacht auch die weltpolitische Führung innerhalb der neuen Dreier-Koalition zufiel: Weil sich England nicht *vertraglich* festgelegt hatte, konnte es theoretisch jederzeit selbst entscheiden, ob sich der eine oder andere Partner der Triple Entente aggressiv verhielt, bzw. konnte mit seiner Drohung, im Kriegsfall jegliche Unterstützung zu verweigern, auf Rußland und/oder Frankreich mäßigend einwirken. In der Realität beschränkte die Festigung der Triple Entente zu einem Quasi-Bündnis, gerade auch als Reaktion auf die deutsche »Weltpolitik«, den englischen Handlungsspielraum. Sich intensivierende Generalstabsgespräche seit der 1. Marokkokrise, zuletzt auch Admiralitätsgespräche zur Koordinierung eines möglichen Krieges zu Lande und zu Wasser, gaben der Triple Entente immer mehr die Qualität eines faktischen Bündnisses. Im Juli 1914 hoffte die deutsche Reichsleitung als Minimalziel, die Triple Entente mit der Niederwerfung Serbiens durch Österreich-Ungarn sprengen zu können. Die Folge war der Krieg, zu dessen Beginn an die Stelle der lockeren Triple Entente vom 5. September 1914 der Londoner Vertrag als formelles Bündnis trat.

e) Eindämmung oder »Einkreisung« Deutschlands

Die Triple Entente vollendete, was im Bewußtsein der Deutschen als »Einkreisung« fortlebte, für England dagegen »Eindämmung« des ungebärdigen Herausforderers Deutschland gemäß dem Crowe-Memorandum war. Das Wort »Einkreisung« stammt vermutlich von Holstein. Reichskanzler Bülow führte es mit seiner Reichstagsrede vom 14. November 1906 (in Antwort auf eine Anfrage des Nationalliberalen Bassermann) zuerst in die große Politik ein, als er sich gegen die kommende Triple Entente wandte. Bülow warnte davor, »Deutschland einzukreisen, einen Kreis von Mächten um Deutschland zu bilden, um es zu isolieren und lahmzulegen«.[66] Im Januar 1909 veröffentlichte Schlieffen, der auch nach seinem Abschied 1906 und bis zu seinem Tod 1913 der einflußreichste Militär im wilhelminischen Deutschland blieb, einen Artikel in der »Deutschen Revue«. In ihm faßte er mit einem eingängigen Bild die Vorstellung von der »Einkreisung« Deutschlands zusammen:

> »Es ist nicht ausgemacht, daß diese Leidenschaften und Begehrlichkeiten sich in gewaltsames Handeln umsetzen werden. Aber das eifrige Bemühen ist doch vorhanden, alle diese Mächte zum gemeinschaftlichen Angriff gegen die Mitte zusammenzuführen. Im gegebenen Augenblick sollen die Tore geöffnet, die Zugbrükken herabgelassen werden und die Millionenheere über die Vogesen, die Maas, die Königsau, den Njemen, den Bug und sogar über den Isonzo und die Tiroler Alpen verheerend und vernichtend hereinströmen. Die Gefahr erscheint riesengroß. Sie verringert sich etwas, wenn man ihr nähertritt.«[67]

Stimmte Schlieffens Analyse, so folgte aus der Logik seines militärischen Denkens, das in der deutschen Gesellschaft weit verbreitet war, daß sich Deutschland über heruntergelassene »Zugbrücken« früher oder später mit einem Ausfall gegen die »Feinde« ringsum Luft verschaffen würde. »Englischer Handelsneid«, russischer Panslawismus, französische »Revanchelust« und italienische »Treulosigkeit« wurden später populäre Schlagworte, um der deutschen Einkreisungspsychose scheinbar rationale Plausibilität zu verleihen. Hinter dieser subjektiven Wahrnehmung standen durchaus objektive Faktoren. Sie erschienen jedoch teils in der deutschen Optik verzerrt (englischer Handelsneid, italienische Treulosigkeit) bzw. waren auf die deutsche Politik selbst zurückzuführen (französische Revanche). Der russische Panslawismus war zwar objektiv eine schon ältere Realität, jedoch reagierte die deutsche Politik subjektiv auf sie denkbar irrational, sprich: friedensgefährdend. Alle diese Komplexe zusammen waren eher Projektionen der politischen Mentalität in Deutschland selbst. Seine politische und militärische Führung wurde sich in steigendem Maße bewußt, daß die »Weltpolitik« das Reich in die Sackgasse geführt hatte, aus der nur ein gewaltsamer Ausbruch Rettung zu verheißen schien. Umgekehrt gab es zahlreiche Stimmen aus höchsten Regierungskreisen, die deutlich machten, daß Deutschland von außen keine ernsthafte Gefahr drohte. Dagegen galt der Krieg immer wieder als günstig für Deutschland.[68] Das Reich würde ihn aber schon selbst herbeiprovozieren müssen, wie zu Recht die Alldeutschen meinten, da andere Mächte das Deutsche Reich nicht angreifen würden.

f) Ost/Südostkrise III: Die Bosnische Annexionskrise 1908/9

Die nächste Krise im Osten/Südosten folgte ein Jahr nach der Bildung der Triple Entente. Die Bosnische Annexionskrise ging zwar formal auf eine Bestimmung des Berliner Kongresses von 1878 zurück und wurde durch Fernwirkungen der Orientalischen Frage und der Jungtürkischen Revolution von 1908 ausgelöst. Aber erst die deutsche Intervention im März 1909 zu ihrer abrupten Beendigung hob die an sich nur regionale Krise auf globale Ebene und machte sie zu einem Vorspiel des Kriegsausbruchs 1914.

Innerhalb wie außerhalb der Doppelmonarchie elektrisierte die Annexion die Südslawen: Serbien protestierte heftig und ausdauernd, weil es beide Provinzen für sich beanspruchte und auf Rußlands Hilfe im Ernstfall baute. Da Rußland 1908 immer noch unter den Folgen von Niederlage und Revolution litt, konnte es Serbien nicht effektiv unterstützen. Andererseits wagte Österreich-Ungarn im Bewußtsein seiner Schwäche keineswegs, auf sich allein gestellt Serbiens Einspruch militärisch zu überwinden. So zog sich die Krise in einem quälenden Patt hin, bis Bülow sie im März 1909 durch einen scheinbaren Befreiungsschlag zugunsten Österreich-Ungarns jäh beendete: Serbiens Widerstand gegen die Annexion Bosnien-Herzegovinas brach Deutschland erst durch eine massive (wenn auch verschleierte und indirekte) Kriegsdrohung gegen Rußland. In seiner militärischen Schwäche wich Rußland, noch ohne ausreichende Deckung durch die anglo-russische Verständigung von 1907, vor dem faktischen Ultimatum zurück und zwang Serbien ebenfalls zum Nachgeben gegenüber Österreich-Ungarn.

Bülow hatte den letzten Triumph seiner Außenpolitik. Aber Deutschland zahlte einen hohen Preis: Die öffentliche Demütigung durch das übermächtige Reich ließ Rußland, schneller als ursprünglich geplant, militärisch wieder aufrüsten – zu Lande, und so schwer es ihm finanziell auch fiel, zu Wasser, vor allem in der Ostsee, d. h. gegen Deutschland. Zum von Deutschland leichtfertig provozierten maritimen Rüstungswettlauf mit England trat nun ein doppelter Rüstungswettlauf zu Lande hinzu, zwischen Deutschland und Rußland einerseits, Deutschland und Frankreich andererseits. Die neue Landrüstung erzeugte Angstkomplexe, jeweils nach Osten: Deutschland hatte Angst vor der »russischen Dampfwalze«, Frankreich vor der (so nie genannten) »deutschen Dampfwalze«. Das doppelte »Dampfwalzen«-Syndrom lud das Klima von Furcht und Mißtrauen in den letzten Vorkriegsjahren weiter auf. Namentlich in Deutschland wurden massive russische Rüstungen zum gängigen Argument für einen deutschen Präventivkrieg, bevor Rußland seine Rüstungen um 1916 abschließen konnte, zuletzt verlangt von Generalstabschef Moltke gegenüber Staatssekretär v. Jagow wenige Wochen vor Sarajevo.[69]

Wie riskant die deutsche Methode zur Beendigung der Annexionskrise war, bewies Bülow selbst: Bei seiner Verabschiedung wenige Monate nach Abschluß der Krise will er seinen Nachfolger Bethmann Hollweg dringend vor der Wiederholung seines Vorgehens gegen Rußland gewarnt haben.[70] Der scheidende Kanzler hätte somit selbst erkannt, wie wenig friedenserhaltend seine rabiate Beendigung der Annexionskrise wirklich war. In der Tat vergaß die russische Politik die Demütigung durch Deutschland nicht, schon gar nicht in der Julikrise 1914, als sich Rußland einer ähnlichen Alternative gegenübersah – Zurückweichen vor einem deutschen Ultimatum oder Krieg.

g) *Westkrise IV: Die 2. Marokkokrise 1911*

Die letzte Westkrise brach Deutschland über die Intervention Frankreichs in die inneren Wirren Marokkos vom Zaun. Der berühmte »Panthersprung« – die Entsendung des deutschen Kanonenboots »Panther« vor den südmarokkanischen Hafen Agadir – eröffnete im Juli 1911 die 2. Marokkokrise. Formal wollte Berlin nur gegen den französischen »Marsch auf Fez« protestieren, nachdem Paris auf den Hilferuf des marokkanischen Sultans Truppen gegen aufständische Berberstämme entsandt hatte. Tatsächlich legte der »Marsch auf Fez« die militärische Grundlage zum französischen Protektorat über Marokko als besondere Variante der schon länger angestrebten Kolonialherrschaft. Andererseits zielte das deutsche Vorgehen vordergründig auf Westmarokko mit seinen reichen Erzvorkommen, zumindest als Kompensations- und Druckmittel gegen Frankreich, letzten Endes aber auf Frankreich selbst und seine Stellung in Europa. In Wiederauflage der Pressionen zur Zeit der 1. Marokkokrise wollte Deutschland die »Geisel« Frankreich gefügig machen, bevor sich Rußland in absehbarer Zeit militärisch wieder erholte.

Erstmals stand die deutsche Reichsleitung unter wachsendem

Druck der chauvinistischen und offen kriegerisch gesinnten Alldeutschen, dem sie sich durch taktisches Zusammenspiel zwischen Staatssekretär v. Kiderlen-Wächter im Auswärtigen Amt und Alldeutschen leichtfertig selbst ausgesetzt hatte: In verdeckter Rollenverteilung sollten extreme Forderungen der Alldeutschen die Forderungen der Regierung als relativ gemäßigt erscheinen lassen, um so ihre Durchsetzung zu erleichtern.[71] Die Reichsleitung begann den gefährlichen Ritt auf dem alldeutschen Tiger. Bis in die Reichsspitze vorgedrungen war inzwischen »die echt deutsche idealistische und richtige Überzeugung, daß das Volk einen Krieg nötig hat«, eine Ansicht, die laut Riezler der Kanzler teilte.[72] Staatssekretär Kiderlen-Wächter steuerte das Reich bewußt auf Kollisionskurs mit Frankreich, während sich Reichskanzler Bethmann Hollweg treiben ließ. Erst Englands Drohung mit der Intervention zugunsten Frankreichs durch Lloyd Georges Mansion-House-Rede ließ Wilhelm II. die politische Offensive abbrechen, so daß sich Deutschland mit einigen kolonialen Kompensationen im Kamerun äußerlich zufriedengab. Der Rückzug des Kaisers trug ihm bei den Alldeutschen den Vorwurf der Feigheit ein (»Guillaume le timide«), während sein Sohn Kronprinz Wilhelm konsequent alldeutsch eingestellt war. Bassermann beklagte in der Reichstagsdebatte über die Beendigung der 2. Marokkokrise, daß die Regierung die Kriegserwartung in Deutschland enttäuscht habe:

> »Als dann bald darauf die Kunde kam, daß wir in Marokko keine Territorialerwerbungen beabsichtigen, ist in Deutschland eine große Enttäuschung eingetreten. Das Nationalgefühl war mächtig aufgeflammt, man rechnete mit der Möglichkeit eines Krieges. Man kann wohl sagen: Kaum jemals ging durch alle Schichten unserer Bevölkerung eine so entschiedene Kriegsentschlossenheit wie damals. Da kommt plötzlich die Mitteilung: Wir suchen nur Kompensationen, und zwar nicht etwa in Marokko, sondern im Kongo.«[73]

Wesentlich war die Konsequenz, die die Reichsleitung sowie die von den Alldeutschen aufgepeitschte Rechtspresse und die Rechtsparteien zogen: Das Ziel einer allseitig anerkannten Weltmachtstellung für das Reich war ohne großen Krieg offenbar nicht zu erreichen. Schon die Entente Cordiale und ihre Erweiterung zur Triple Entente hatten in Deutschland als »Einkreisung« gegolten, als Auftakt zum Überfall »neiderfüllter« Konkurrenten auf das junge Deutsche Reich, das sich bei der Aufteilung der kolonialen Welt unter die imperialistischen Mächte benachteiligt fühlte. Nun schlug sich das offensichtliche Scheitern einer friedlichen Weltpolitik als wachsende Kriegsbereitschaft nieder. Die internationalen Krisen spornten den zuletzt mit Händen zu fassenden Willen immer weiter an, eine zusätzliche Machtsteigerung Deutschlands notfalls durch Krieg zu erzwingen. Seit der 2. Marokkokrise wurde dieser Zusammenhang in Deutschland offen ausgesprochen, in internen Beratungen der Reichsspitze ebenso wie auf dem rechten Flügel der öffentlichen Meinung.[74]

In Frankreich provozierte die 2. Marokkokrise einen neuen Patriotismus (»nouvel esprit«) und eine weitere Runde von Rüstungsanstrengungen, vor allem den innenpolitisch umstrittenen Übergang von der zweijährigen zur dreijährigen Dienstpflicht als Antwort auf die deutsche Heeresvermehrung von 1912.[75]

Zugleich verstärkte sich in den Ländern der Triple Entente der Nationalismus, aber auch der resignierende Realismus, daß der Zusammenstoß mit dem expandierenden Deutschland, das sich auf keine allgemeinen Spielregeln festlegen ließ, unvermeidlich sei. Den militärischen Absprachen zwischen England, Frankreich und Rußland lag jedenfalls allein das Szenario des Kriegsausbruchs von 1914 zugrunde – der deutsche Angriff auf Frankreich.

7. Maritimes Wettrüsten: Der deutsch-englische Antagonismus, 1905–1912

Inzwischen war eine zentrale Wirkung der »Weltpolitik«, der Schlachtflottenbau, gegenüber der Weltmacht voll durchgeschlagen, gegen die eine deutsche Schlachtflotte in der Hauptsache gedacht war – England. Im letzten Jahrzehnt vor Kriegsausbruch 1914 spitzten sich die Spannungen spektakulär auf den vielzitierten »deutsch-englischen Gegensatz« zu, symbolisiert im atemberaubenden Rüstungswettlauf zur See zwischen den beiden damals am stärksten industrialisierten Großmächten Europas. In den Schlachtflotten ballten sich moderne Technik und Macht im höchsten Ausmaß zusammen. Gerade die deutsche Schlachtflotte wurde zur handgreiflichen Herausforderung Englands. Dessen Antwort ergab sich aus dem Dilemma zwischen der Priorität für Außen- oder Innenpolitik – Selbstbehauptung als Weltmacht nach außen oder Sozialreformen nach innen. Für Deutschland dagegen stand die strategische Bedeutung einer britischen Neutralität im Mittelpunkt des Interesses. An der deutschen Weigerung, den einzig angemessenen Preis für eine solche Neutralität zu zahlen – Abstriche am Bau der Schlachtflotte – scheiterten alle Versuche Englands, mit Deutschland zu einem kostensparenden Flottenarrangement zu kommen.

a) Die Bedeutung des Wettrüstens zur See

Das maritime Wettrüsten vor 1914 war gewiß kein historischer Zufall, sondern Ausdruck zweier Mechanismen: Flotten waren stets das wichtigste Instrument maritimer Machtpolitik, erst recht seit der Expansion Europas in Übersee und dem Imperialismus. Die Industrialisierung, die dem Imperialismus seine selbstzerstörerische Dynamik gab, stellte mit der modernen Technik auch die komplizierteste, aufwendigste und teuerste Form moderner Rüstung bereit, die Hochseeflotte, mit der allgemeinen Tendenz zum Anwachsen aller kritischen Größen – Tonnage, Panzerung, Bewaffnung, Anzahl, Kaliber und Reichweite der Schiffsartillerie, Geschwindigkeit, Aktionsradius der Hochseeflotte, Dauer des möglichen Einsatzes jenseits der Heimatbasis. Auf dem Höhepunkt des Imperialismus wurde die Schlachtflotte Symbol und Index für den Stand der Industrialisierung sowie für die industrielle und finanzielle Leistungsfähigkeit eines Landes schlechthin, eine Art schwimmende Industriemesse. Im deutschen Fall sprang die permanente Werbung für den deutschen Schiffsbau und für Krupp heraus: Panzerplatten und Schiffskanonen warben zur hohen See für Deutschland (und Krupp) über alles. Daher hatte es eine beklemmende Logik, daß Deutschland, die aufstrebende Industriegroßmacht und Möchtegern-Weltmacht, zum Flottenwettlauf gegen England, die »saturierte« und defensive Weltmacht, den Pionier der Industrialisierung, antrat.

Alle übrigen Großmächte beteiligten sich an diesem Wettlauf nach Maßgabe ihrer eigenen industriellen Potenz: Die USA, die kommende Weltmacht Nr. 1, legten sich eine Schlachtflotte zu, gefolgt von Frankreich, Japan und Rußland. Rußlands Seemacht war durch ihr Engagement in drei unzusammenhängenden Seegebieten zersplittert – Ostsee, Schwarzes Meer, Ferner Osten. Niederlagen gegen Japan 1904/5 und die Erste Russische Revolution (Revolte auf dem Panzerkreuzer »Potemkin«) hatten der russischen Flotte schwere Schläge versetzt. In den letzten Jahren vor Kriegsausbruch legte die russische Seerüstung aber qualitativ wie quantitativ dermaßen zu, daß in naher Zukunft die russische Seehegemonie in der Ostsee gegen Deutschland und im Schwarzen Meer gegen das Osmanische Reich wahrscheinlich war.[76] In noch weiterem Abstand folgten Italien, Österreich-Ungarn, Spanien,

Portugal, Schweden, Dänemark, die Niederlande, Belgien, zuletzt das Osmanische Reich, das wenige Jahre vor Kriegsausbruch noch modernste Schlachtschiffe in England bestellt hatte, die aber nicht mehr ausgeliefert wurden. Der dramatische Flaggenwechsel des deutschen Panzerkreuzers »Goeben« und des kleinen Kreuzers »Breslau« in den ersten Augusttagen 1914 findet so eine plausible Erklärung – Ersatz für die entgangenen Schlachtschiffe aus England, um dem drohenden Übergewicht Rußlands im Schwarzen Meer Paroli zu bieten.

b) Die deutsche Herausforderung

Die deutschen Flottengesetze von 1898 und 1900 samt den nachgeschobenen Flottennovellen schufen allmählich eine über zwei Jahrzehnte kumulierende Stärke der kommenden deutschen Schlachtflotte, die England zutiefst erschreckte: 60 moderne Schlachtschiffe bzw. Schlachtkreuzer bis 1920, die fortan automatisch ergänzt und modernisiert werden würden! Technisch war die Flotte (von der Ostsee gegen das maritim noch schwache Rußland abgesehen) nur auf der Nordsee einzusetzen – gegen England. Ihr Aktionsradius war so beschränkt, daß sie nur bis zur Ostküste Englands und wieder zurückfahren konnte. So erwartete und hoffte die deutsche Seekriegsplanung, England werde im Kriegsfall die sog. »enge« Blockade gegen Deutschland verhängen, also eine Blockade der Mündungen von Elbe, Weser und Ems. Die deutsche Schlachtflotte sollte die englische Blockadeflotte im Idealfall bei Helgoland stellen, so daß die Küstenartillerie von Helgoland in die Seeschlacht eingreifen könnte. Offenbar kam niemand in Deutschland auf die Idee, daß England eine »weite« Blokkade verhängen könnte, also die Absperrung der Nordsee auf der Linie Schottland–Südnorwegen im Norden und des Kanals auf der Linie Dover–Calais im Süden. Die deutsche Schlachtflotte blieb von Kriegsbeginn an im »nassen Dreieck« der Nordsee mattgesetzt, konnte noch nicht einmal die britische Sperrflotte zwischen Schottland und Norwegen angreifen.

Der Bau der Schlachtflotte war ein gewaltiges Unternehmen, das sich in den Dimensionen nur mit dem Bau großer Panzerarmeen und riesiger Luftflotten vor und im Zweiten Weltkrieg vergleichen läßt, später mit dem Bau von Atomwaffen, Raketen, neuerdings mit SDI.[77] Die Hochrüstung zu See band enorme finanzielle, materielle und personelle Ressourcen, die an anderer Stelle fehlten, vor allem zu Lande. Die Folgen für die deutsche Rüstungspolitik waren gravierend: Die Armee mußte von ihrem Ruf als beste der Welt (seit 1871) zehren und stagnierte weitgehend, quantitativ wie qualitativ. Von der letzten großen Heeresvermehrung vor dem Übergang zur »Weltpolitik« im Jahr 1893 bis zur Heeresvermehrung 1912 mußte die Armee auf der Stelle treten, weil alle verfügbaren Finanzmittel in den Ausbau der Schlachtflotte gesteckt wurden.[78] Gleichzeitig erschöpfte sich Deutschland finanziell, unfähig, den von ihm selbst eröffneten Rüstungswettlauf zur See durchzuhalten. Es geriet in finanzielle Atemnot und hatte auf dem Geldmarkt keine Reserven zur Finanzierung einer flexibleren Weltpolitik, z. B. Anleihen für Balkanstaaten, um sich so politischen Einfluß zu »kaufen«.[79]

Die massive Seerüstung, für die sich das wilhelminische Reich zur materiellen Fundierung seiner »Weltpolitik« entschied, war in ihrer Wirkung zunächst durchaus zwiespältig: England »kam« nicht, unter dem Druck des deutschen Schlachtflottenbaus, um sich mit deutschen weltpolitischen Wünschen zu arrangieren. Aber bis die Schlachtflotte ein absolutes Minimum an Schlagkraft gewonnen hatte, um mit Aussicht auf Erfolg gegen England bestehen zu können, mußte sich die deutsche Reichsleitung in der Frage von Krieg und Frieden zurückhalten. In allen großen internationalen Krisen bremste daher Admiral Tirpitz jede Kriegsbereitschaft der Armee mit einem stereotypen Votum, das Wilhelm II. bald auf die Nerven ging: »Die Flotte ist noch nicht fertig.« Aber schon Mitte 1909 schälte sich, orientiert an pragmatischen Sachzwängen (Tirpitz 1909: »Erweiterung des Kaiser-Wilhelm-Kanals und Fertigstellung der Helgolandposition«), ein Kompromißtermin zwischen dem für 1920 angepeilten Höchststand der komplettierten Schlachtflotte und ihrem bis dahin chronisch unfertigen Ausbaustand für ungefähr 1915 heraus.[80] Bis dahin schien eine Verständigung mit England erwünscht, da selbst Moltke im Juni 1909 einsah, »daß wir keinerlei Chance haben, einen Konflikt mit England erfolgreich auszufechten«. Und er fuhr fort, ergänzt durch Reichskanzler Bülow:

> »Eine ehrenvolle Verständigung, etwa auf der Basis einer Verlangsamung des Bautempos, scheine daher auch ihm erstrebenswert. Dabei dürfe man sich freilich nicht verhehlen, daß ein Scheitern von Verständigungsversuchen den Krieg bedeuten könnte.
>
> Der Reichskanzler weist wiederholt auf die Gefahren der Situation hin. Die einzige schwarze Wolke lagere zur Zeit über Nordsee, aber sie sei gewitterschwer.«

Allerdings setzte sich Tirpitz damals wie in späteren Verhandlungen durch, der eine solche Verständigung nur zu deutschen Bedingungen zulassen wollte – keine grundsätzlichen Abstriche am deutschen Schlachtflottenbau, für Deutschland günstige Abmachungen gegenüber dem Kontinent. Der »Kriegsrat« vom 8. Dezember 1912 bestätigte und präzisierte den Termin marinetechnischer Sachzwänge auf Mitte 1914. In der Tat waren Mitte Juni 1914 zwei wichtige Bauvorhaben der Marine abgeschlossen – die Erweiterung des Nord-Ostsee-Kanals zur Aufnahme auch modernster Schlachtschiffe und der Ausbau Helgolands zur Seefestung, die in der erträumten Seeschlacht zwischen Helgoland und deutscher Nordseeküste einen Rückhalt zum Sieg über die englische Blockadeflotte geben sollte.

Andererseits gewann der deutsche Schlachtflottenbau eine Eigendynamik, die mit dem Beharren auf Erfüllung eines forcierten Bautempos (u. a. zur kontinuierlichen Auslastung der deutschen Werften) jegliche Ansätze zu einer deutsch-englischen Verständigung zerschlug, obwohl sie zuletzt durchaus auch im Interesse einer flexibler werdenden deutschen »Weltpolitik und kein Krieg« gelegen hätte. Die kurz- und mittelfristig kriegsdämpfende Wirkung des Schlachtflottenbaus auf deutscher Seite, solange die Hochseeflotte noch keine Chance gegen England hatte, war also nur von seestrategischen Sachzwängen diktiert. Sie schlug ins Gegenteil um, sobald sich die Schlachtflotte dem kritischen Punkt näherte, von dem aus sie sich Chancen gegen England errechnete – seit Juni 1914. Von da an wirkte der ungehemmte Schlachtflottenbau nur noch spannungs- und konfliktproduzierend gegen England, die Vormacht der Welt-Koalition.

c) *Die britische Antwort: Triple Entente, Heeresreform, »Dreadnought«*

Auf diplomatischem und machtpolitischem Gebiet bestand Englands Antwort in der Bildung der Entente Cordiale 1904 und der Triple Entente von 1907, mithin in der Eindämmung Deutschlands. Zunächst unabhängig von der deutschen »Gefahr« lief nach den Erfahrungen des Burenkrieges in England eine Heeresreform an. Seit der 1. Marokkokrise 1905/6 stellte sich England zuletzt immer stärker auf die Eventualität einer britischen Beteiligung am Landkrieg mit einem Expeditionskorps ein. Aber auch zur See zog England Konsequenzen, die sich auf die weitere Entwicklung zum Ersten Weltkrieg auswirkten.

Der wichtigste Schritt war, noch eingeleitet von der durch den Burenkrieg »verbrauchten« Regierung der Konservativen, der sog. »Dreadnought«-Sprung: 1905 hob England mit dem Schlachtschiff »Dreadnought« den von Deutschland eröffneten Rüstungswettlauf zur See auf ein neues qualitatives Niveau der Rüstungs- und Waffentechnik. Für die damalige Zeit war die Wasserverdrängung der »Dreadnought« von 17500 t eine Sensation, ebenso die Armierung mit zehn 30,5 cm-Geschützen. Mit einem Schlag waren die älteren Kriegsschiffe aller Flotten deklassiert.[81] Der »Dreadnought«-Sprung zwang Deutschland, im kostspieligen Wettrüsten zur See mitzuhalten, um nicht das Zusammenbrechen des »Tirpitz-Plans« und der deutschen »Weltpolitik« zu riskieren.

Entgegen einer älteren Ansicht, die in diesem Fall allzu unkritisch die Sprachregelung der deutschen Reichsleitung weiterführte, war der »Dreadnought«-Sprung durchaus keine englische Fehlkalkulation. Nur auf dem Papier schuf er gleichsam die neue Ausgangsbasis einer *tabula rasa* für alle Teilnehmer am Rüstungswettlauf zur See – also auch für Deutschland –, da natürlich auch die älteren britischen Flotteneinheiten gegenüber den noch zu bauenden ausländischen Schlachtschiffen vom »Dreadnought«-Typ entwertet waren. In Wirklichkeit stürzte der »Dreadnought«-Sprung die deutsche Marineleitung in ärgste Probleme, technische wie finanzielle: Die notwendige Erweiterung der Werft-, Hafen- und Kanalanlagen ließ die deutsche Flotte weiter hinter England herhinken. Noch gravierender: Finanzielle Engpässe zwangen Deutschland, für die schwere Schiffsartillerie stets unerhalb der britischen Maximalkaliber und Reichweite zu bleiben. Die Forcierung des U-Boot-Baus durch das Deutsche Reich kam daher einem Eingeständnis der Schwäche gleich: Nur der Schwächere wich von sich aus unter die Seeoberfläche aus. Auch der Übergang der englischen Schlachtflotte von der Kohle- zur Ölfeuerung, vorangetrieben von Winston Churchill als Marineminister, verschaffte England einen entscheidenden seestrategischen wie seetaktischen Vorteil gegenüber der auch in diesem Punkt nachhinkenden deutschen Konkurrenz. Mit dem persischen Öl hatte England zudem den leichteren Zugang zu einem immer wichtigeren Rohstoff.

Durch die Festigung der Triple Entente zu einem Quasi-Bündnis vereitelte England eine weitere stille Hoffnung der deutschen Reichsleitung: Wegen seiner weltweiten Verpflichtungen würde England dem Konkurrenten Deutschland den Gefallen tun und seine Flotte weiterhin über den ganzen Erdball verzetteln. Nach der 2. Marokkokrise zog England die dem Landkrieg entsprechende Konsequenz für den künftigen Seekrieg. Die anglo-französische Marinekonvention von 1912 ermöglichte die weitgehende Konzentrierung der britischen Schlachtflotte in den heimischen Gewässern, während die französische Flotte (im wesentlichen allein) die Sicherung des Mittelmeeres übernahm, ergänzt um britische Einheiten, die ebenfalls im Mittelmeer blieben. Auch übernahmen die britischen Dominien größere Rüstungslasten zu Lande wie zur See, so daß England sich überwiegend auf den Schutz der heimatlichen Basis in Europa konzentrieren konnte. Die britische »Home Fleet«, in ihrer neuen Basis Scapa Flow an der Ostküste des nördlichen Schottland jedem denkbaren Zugriff durch die deutsche Hochseeflotte entzogen, blieb weiter überlegen. So signalisierte die Konzentration der britischen Schlachtflotte auf die heimischen Gewässer zum Schutz seiner Weltmachtstellung in Europa den Beginn des weltpolitischen Rückzuges des britischen Empire auf dem Höhepunkt seiner Ausdehnung: Die Arrangements mit den USA und Japan, die rüstungspolitische Entlastung durch die Dominien und die seestrategische Arbeitsteilung mit Frankreich waren tatsächlich schon der Anfang zum späteren Abstieg Englands nach dem Zweiten Weltkrieg zu einer europäischen Mittelmacht.

d) Das britische Dilemma: Flottenrüstung oder Sozialreformen

Zudem schuf der »Dreadnought«-Sprung für die neue liberale Regierung ein folgenschweres Dilemma, das bis in das deutsch-britische Verhältnis durchschlug. Es ist zugleich klassisches Beispiel für die Verknüpfung innerer und äußerer Faktoren und die Unmöglichkeit, irgendeinen »Primat« zusprechen zu können:[82] Die neue Regierungspartei hatte einen imperialistischen Flügel unter dem Außenminister Sir Edward Grey[83], der Ausbau und Verteidigung der britischen Weltstellung als Selbstverständlichkeit betrieb, und einen sozialreformerischen Flügel, der Konsequenzen aus der Industrialisierung ziehen wollte, ironischerweise nach dem Vorbild der deutschen Sozialgesetzgebung. Im Angesicht der deutschen Schlachtflotte mußten sich die britischen Liberalen für die eine oder andere Seite des Dilemmas entscheiden oder eine Kompromißlösung finden. Der Verzicht auf die Verteidigung des Empire (nach 1900) durch eine moderne Schlachtflotte hätte umstürzende Rückwirkungen im Innern gehabt. Jedoch kostete eine moderne Schlachtflotte so viel Geld, daß Sozialreformen als Spätfolge der Industrialisierung unter den Vorzeichen des Manchester-Liberalismus nicht mehr zu finanzieren gewesen wären. Von den Konservativen hatten die Liberalen den »Dreadnought«-Sprung geerbt und wären ihn gern wieder losgeworden, nachdem sich die finanziellen Lasten eines hemmungslosen Rüstungswettlaufs mit Deutschland auf der neuen qualitativen Ebene schwerer Schlachtschiffe abzeichneten. Der Verzicht auf Sozialreformen hätte jedoch ebenfalls das gesamte System bedroht, wie innere Konflikte im Zusammenhang mit »People's Budget«, Streiks und schwere Zusammenstöße zwischen Demonstranten und der Polizei in England nahelegten.

In der Zwickmühle zwischen Innen- und Außenpolitik suchten die Liberalen mit Deutschland ein Arrangement, das die Flottenrüstung auf beiden Seiten in einem für England erträglichen Verhältnis hielt, also den Schlachtflottenbau in Tempo und Ausmaß reduziert hätte. Das war der Sinn englischer Vorstöße ab Sommer 1909, die in Deutschland mit dem Wechsel von Reichskanzler Bülow zu Bethmann Hollweg zusammenfielen: Die ältere Formel vom »two-power-standard« – die englische Flotte müßte so stark sein wie die der beiden folgenden Seemächte zusammen – hatte sich ursprünglich noch gegen Frankreich und Rußland gerichtet. Inzwischen sah sich England von Deutschland bedroht und wollte durch einvernehmliche Beschränkung des Schlachtflottenbaus auf *beiden* Seiten genügend Geld einsparen, um Sozialreformen, wenn auch in reduziertem Umfang, finanzieren zu können. Die Kompromißlösung sollte also beides ermöglichen: begrenzte Rüstung zur See gegen Deutschland zum Schutz der heimatlichen Basis für das Britische Weltreich *und* begrenzte Sozialreformen zu Hause. Die Hartnäckigkeit, mit der Tirpitz und Wilhelm II. auf dem vollen Bauprogramm gemäß dem »Tirpitz«-Plan bestanden, machte jedoch einen dicken Strich durch die britische Kompromißrechnung.

e) Das deutsche Kalkül: Neutralität Englands im Kontinentalkrieg

Triple Entente 1907 und »Einkreisung« (=Eindämmung) Deutschlands stellten Berlin vor die peinliche Alternative: Preisgabe der »Weltpolitik«, um den Weltfrieden, soweit er an Deutschland hing, zu retten, oder Fortsetzung der »Weltpolitik« ohne Rücksicht auf Verluste, auch mit dem Risiko eines Weltkrieges. Da die Reichsleitung an der »Weltpolitik« festhielt, blieb ihr nur die Möglichkeit, die politischen Bedingungen für den von nun an unvermeidlichen Weltkrieg zu schaffen, da die Mächte Deutschlands Aufstieg zu einer auch nur mit England gleichberechtigten Weltmacht niemals kampflos hinnehmen würden. Allerdings wußte die Reichsleitung, daß das Deutsche Reich einen Weltkrieg allein nicht gewinnen konnte. Deshalb war England, das im Europäischen System eine Schlüsselposition einnahm, tunlichst vorher zu neutralisieren. Bethmann Hollwegs Linie erweist sich auch hier als die von ihm selbst so definierte »Politik der Diagonale«: Beibehaltung der »Weltpolitik«, auch auf die Gefahr eines Weltkrieges, aber kombiniert mit dem Versuch, England aus dem drohenden Globalkonflikt herauszuhalten. Eine Verständigung über den Flottenbau hätte der zentrale Punkt sein müssen, ergänzt um eher periphere Fragen wie Kolonien, Handel und Bagdadbahn.

Jenseits aller Prestigepolitik lag für die deutsche Reichsleitung der Kern des politischen Kalküls somit in der Neutralität Englands in einem (als immer wahrscheinlicher angenommenen) Kontinentalkrieg. Gegen Rußland und Frankreich setzte Deutschland auf seine militärische und industriell-technische Überlegenheit; nur England sollte, möglichst von vornherein und vertraglich fixiert, neutral bleiben. In der Tat hatte Deutschland nur eine Chance, wenn der »Große Krieg« auf das Niveau eines Kontinentalkrieges, also unterhalb der Schwelle des Weltkrieges, beschränkt blieb. Unter Bethmann Hollweg versuchte die deutsche Reichspolitik in immer neuen Anläufen, diese eine zentrale Voraussetzung zur Führbarkeit eines Kontinentalkriegs für das Reich zu schaffen. Hinter allem äußeren Zickzack des wilhelminischen Kurses in den letzten Vorkriegsjahren blieb dieses Minimalziel deutscher Reichspolitik konstant.

Noch kurz vor seinem Rücktritt als Reichskanzler trug Bülow in einer Geheimkonferenz der politischen und militärischen Spitzen die entscheidenden Argumente vor:[84] England fürchte sich nur vor der deutschen Flotte. Eine Verständigung bis zur Vollendung der Schlachtflotte sei nötig, um die Risikostrecke abzusichern. Tirpitz nannte schon im Juni 1909 einen Zeitraum von »5 oder 6 Jahren«, vielleicht 1915, wenn der Kaiser-Wilhelm-Kanal erweitert und Helgoland befestigt wäre, bis die Bedrohung aus England vorüber sein würde. Aufgrund derselben Berechnung wagte umgekehrt Admiral Fisher, Tirpitz' Gegenspieler als britischer Marineminister, die erstaunlich hellsichtige Prognose, Deutschland werde im September oder Oktober 1914 England den Krieg erklären.[85] Das Foreign Office kommentierte die Ansicht des US-Präsidenten Taft, die deutsche Nation sei durchaus friedlich gestimmt, mit realistischer Skepsis:

> »But still however pacific the German Emperor and German nation may be at present, the danger lies in the fact that their possessing a Navy strong enough to enable them to go in for a war-like policy at any moment, when they may feel less pacific. There is

> the risk that when they have got their big fleet they will be strongly tempted to try and make somebody else pay for it.«

Und Außenminister Sir Edward Grey fügte hinzu:

> »Yes; and it is natural that till they have a big fleet they should quiet apprehensions.«

In seinem ersten außenpolitischen Bericht als Reichskanzler vom 13. August 1909 verknüpfte Bethmann Hollweg die Flottenfrage wiederum mit einer politischen Verständigung, die ausdrücklich die Neutralität Englands als Kern nannte.[86] Und in einer Instruktion an den deutschen Botschafter in London umriß das Auswärtige Amt seine Bedingung: Wenn England ein Flottenarrangement wünscht, muß es einen politischen Preis zahlen. Gemeint war, wie aus Bethmann Hollwegs Stellungnahme hervorgeht, das Versprechen der Neutralität. Beides – Flottenabkommen und politisches Abkommen – wäre zu veröffentlichen. Alles andere (Bagdadbahn, weitere deutsche Kolonien) war demgegenüber sekundär. Deutschland wollte Englands Neutralität für den Fall eines Angriffs von Frankreich und/oder Rußland, oder falls Deutschland Österreich-Ungarn in Erfüllung seiner Bündnispflicht gegen einen Angriff Rußlands beistehen müßte. Da die Wahrscheinlichkeit eines französisch-russischen Angriffs gering war, blieb nur die Konstellation des Juli 1914: Deutschland sah die zumindest indirekte Aggression des von Rußland gestützten serbischen Nationalismus gegen Österreich-Ungarn als *casus foederis*. Für diese Konstellation sollte England schon vorher vertraglich seine Neutralität gegenüber Deutschland zusichern.

f) Englands letztes Angebot: Das Scheitern der Haldane-Mission, Februar 1912

In späteren Sondierungen, die meistens über Albert Ballin[87] von der HAPAG und den jüdischen Bankier deutscher Abstammung, Sir Ernest Cassels, in London liefen, verfolgte Deutschland stets das Hauptziel – Englands Neutralität, allen taktischen Modifizierungen zum Trotz. Ein solches Ergebnis hätte auch die Triple Entente verstört, vielleicht sogar zerstört. Das deutsche Verhandlungsziel lief auf die vertraglich zugesicherte »freie Hand« für das Reich auf dem Kontinent hinaus – auch gegenüber Frankreich und Rußland – und hätte dem Reich die Hegemonie indirekt zugesichert, also ein Grundprinzip des Europäischen Systems außer Kraft gesetzt. Solange England noch ungeschlagene Weltmacht war, konnte es auf ein derartiges Ansinnen unmöglich eingehen.

Zur Sondierung der deutschen Absichten entsandte die liberale Regierung daher Anfang Februar 1912 ihren Verteidigungsminister, den an sich deutschfreundlichen Lord Haldane, nach Berlin. England war bereit, Deutschland dasselbe wie allen anderen Mächten (einschließlich Rußland und Frankreich) anzubieten, die »Verpflichtung zur Neutralität, solange Deutschland von einer anderen Macht angegriffen wird; wenn aber Deutschland der Angreifer sei, müsse England freie Hand behalten«.[88] Gegen die englische Formel stellte Tirpitz seine eigene harte Forderung, mit der er sich in der Reichsleitung auch durchsetzte:

> »Politische Forderung: England darf sich an keinem Kriege zwischen Deutschland und Frankreich beteiligen, ganz gleich, wer der ›Angreifer‹ ist. Können wir diese Garantie nicht bekommen, dann müssen wir eben weiter rüsten, um der englisch-französischen Entente gewachsen zu sein, die de facto den Charakter eines Offensivbündnisses trägt. Unsere maritime Forderung: England muß eine feste Relation 2:3 zugestehen, weil nur bei einem solchen Verhältnis unsere Zukunft politisch und militärisch gesichert ist. Tut das England nicht, dann müssen wir weiter rüsten.«[89]

Tirpitz und der Kaiser torpedierten die Haldane-Mission, indem sie am Tage vor Haldanes Ankunft eine neue Flottennovelle veröffentlichten, die den Rüstungswettlauf weiter anheizte. Zugleich zwangen sie den Reichskanzler, der eine flexiblere Haltung gegenüber britischen Avancen einnehmen wollte, ihrer harten Linie zu folgen. Dem Kaiser galt schon die britische Forderung nach Reduzierung des deutschen Schlachtflottenbaus als Schlag gegen die Souveränität und das Prestige des Reichs, mithin als Kriegsgrund. Das Scheitern der Haldane-Mission und die deutsche Flottennovelle von 1912 beseitigten auf englischer Seite eine elementare Hemmung gegen weitere konkrete Vorbereitungen auf einen möglichen Krieg mit den »Vettern jenseits des Kanals«: Die Rückberufung der britischen Mittelmeerflotte in die Heimatgewässer und französisch-englische Generalstabsgespräche blieben allerdings immer noch unterhalb eines formalisierten Bündnisses zwischen England und Frankreich.[90]

8. Europäische Krisen IV, 1912–1914: Letzte Krisen und Ansätze zur deutsch-englischen Verständigung

Beide Balkankriege führten Europa wieder an den Rand des großen Krieges, ließen sich jedoch durch enge diplomatische Zusammenarbeit zwischen Deutschland und England lokalisieren und in ihren Wirkungen scheinbar begrenzen. In Wirklichkeit schwelten die nur äußerlich ausgeräumten Konflikte weiter. Dagegen engagierten sich Rußland und Deutschland 1913 direkt über Konstantinopel in der Liman-von-Sanders-Krise. Am Vorabend des Ersten Weltkrieges schien die deutsche Strategie, mit England wenigstens über gemeinsam interessierende Probleme an der Peripherie des Europäischen Systems ins Geschäft zu kommen, endlich erste Früchte zu tragen: Bagdadbahn und portugiesische Kolonien in Afrika könnten den Weg zur Neutralisierung Englands auf dem Kontinent eröffnen.

a) Ost/Südostkrise IV: 1. und 2. Balkankrieg 1912/13

Als letzte große Vorkriegskrise lassen sich die beiden Balkankriege (1912/13) zusammenfassen. Sie komplettierten die Ausgangskonstellation bei Kriegsausbruch 1914 unter den großen und kleinen Mächten Europas jetzt auch auf dem Balkan. Der 1. Balkankrieg gab die vorletzte Antwort der jungen Balkan-Nationalismen auf die Orientalische und Südslawische Frage: Die Staaten des Balkanbundes – Serbien, Montenegro, Bulgarien, Griechenland – wollten die definitive Vertreibung des Osmanischen Reichs aus Europa vollenden, wenn auch zu diesem Zeitpunkt und mit den gewählten kriegerischen Mitteln gegen den Willen des russischen Schirmherrn, der internationale Komplikationen zum eigenen Schaden befürchtete. Der rasche militärische Zusammenbruch des Osmanischen Reiches warf die Türken in Europa auf das unmittelbare Umland ihrer Reichshauptstadt Konstantinopel zurück. Als das Osmanische Reich die Vermittlung der europäischen Großmächte anrief, drohte der 1. Balkankrieg zum allgemeinen Krieg auszuufern.

Das Debakel der Türken im 1. Balkankrieg milderte sich durch den 2. Balkankrieg, den Bulgarien schon einen Monat nach dem Londoner Frieden vom 30. Mai 1913 im Streit über die Beute Makedonien gegen Serbien und Griechenland provozierte. Da auch Rumänien und das Osmanische Reich gegen Bulgarien eingriffen, unterlag es hoffnungslos isoliert. Im Bukarester Frieden von 1913 gewann das Osmanische Reich immerhin Ost-Thrakien um Adrianopel zurück. Serbien ging als größter Gewinner auf dem Balkan hervor: es erhielt mit Alt-Serbien den Kosovo und den größten Teil Makedoniens.

Gerade die plötzliche Vergrößerung Serbiens auf das Doppelte seiner bisherigen Größe machte aus dem Regionalkonflikt auf dem Balkan eine europäische Großkrise. Mit der langerwarteten, immer wieder von interessierten Großmächten hinausgezögerten Verdrängung des Osmanischen Reiches aus Europa zeichnete sich dessen baldiger Kollaps jetzt auch in Asien ab. Die allgemeine Aussicht eines »Weltkrieges« beim Zusammenbruch des Osmanischen Reiches war schon düster genug. Zusätzlich ließ der schier unaufhaltsame Aufstieg Serbiens in Wien und Budapest die Alarmglocken schrillen. Serbien war seit dem Sturz der Obrenović-Dynastie 1903 zur Speerspitze der südslawischen Bewegung avanciert, gestützt vom russischen Panslawismus und dem Zaren. Nach der Vertreibung der Türken aus Europa richtete sich die ganze Wucht des südslawischen Nationalismus gegen den dynastischen Vielvölkerstaat Österreich-Ungarn. Daher blokkierte Österreich-Ungarn gegen Jahresende 1912 mit seinem Veto Serbiens Vorstoß über den Kosovo zur Adria, auch auf die Gefahr eines Großkrieges hin.

Deutschland aber hielt Österreich-Ungarn zurück, weil es, wie der »Kriegsrat« vom 8. Dezember 1912 nahelegt, für einen Großkrieg zu Wasser noch nicht hinreichend gerüstet war. Auch wäre ein Weltkrieg um den kleinen albanischen Adriahafen Djakova als Kriegsgrund zu unbedeutend, also dem deutschen Volk nicht zu vermitteln gewesen. Italien unterstützte in diesem Punkt ausnahmsweise Österreich-Ungarn, weil Rom seit dem Sieg seines Risorgimento selbst Ambitionen auf die »altera sponda« und Albanien hegte. So gelang 1912 noch einmal die Erneuerung des immer brüchiger gewordenen Dreibundes. Umgekehrt hatte England den neuen Partner in der Triple Entente, Rußland, gewarnt, daß ein Krieg um Serbiens Ausdehnung bis zur Adria keine Unterstützung in England finden werde. Allein gegen Österreich-Ungarn und Deutschland wäre Rußland 1912 immer noch zu schwach gewesen, selbst wenn Frankreich gegen die Mittelmächte mitgezogen hätte.

Später wiederholte sich die Kriegsgefahr auf dem Balkan. In den 2. Balkankrieg im Sommer 1913 hätte Österreich-Ungarn am liebsten direkt militärisch eingegriffen, um die Katastrophe für das isolierte Bulgarien abzuwenden. Gemäß dem Nachbar-Feind-Prinzip erschien Bulgarien im Rücken des unbequem expandierenden Serbien als geeigneter Klientelstaat Österreich-Ungarns, um Serbien zu neutralisieren. Nur energische Warnungen der beiden Dreibundpartner Deutschland und Italien – aus unterschiedlichen Motiven – hielten Österreich-Ungarn von einer bewaffneten Intervention gegen Serbien zurück. So hatte Deutschlands mäßigendes Einwirken auf Österreich-Ungarn bzw. Englands auf Rußland die Eskalation der Balkankriege zum Weltkrieg verhindert; die dominierenden Mächte beider Bündnisgruppen hatten ihren kriegerisch gesinnten Partner gebremst. Ein wichtiges Instrument war zum letzten Mal die Londoner Botschafterkonferenz, die das Konzert der Mächte über einen Folgekonflikt aus der Orientalischen Frage noch einmal wiederzubeleben schien.[91]

b) Europa nach den Balkankriegen

Für die Erhaltung des allgemeinen Friedens in den beiden Balkankriegen hatte das Europäische System einen hohen Preis zu zahlen: Wie in den vorausgegangenen großen Krisen nach 1900 würde sich ein ähnlicher Konflikt nicht wieder mit denselben Methoden lösen lassen. Rußland konnte Serbien nicht noch einmal fallenlassen, ohne dessen enttäuschte Abkehr und einen irreparablen Prestigeverlust als Schutzmacht des südslawischen Nationalismus zu riskieren; Deutschland konnte Österreich-Ungarn gegen Serbien nicht noch einmal zurückhalten, ohne befürchten zu müssen, Wien könnte sich anderweitig orientieren.

Generell setzte sich vor allem im 2. Balkankrieg der blutige Bandenkrieg irregulärer Verbände, der Komitatschi, seit dem verdeckten Krieg um Makedonien ab 1903 fort und trat mit ausgedehnten Massakern an der jeweils »feindlichen« Zivilbevölkerung aus dem bisherigen Untergrund ins helle Licht der Weltöffentlichkeit. Als südslawischer Bürgerkrieg tobte der inoffizielle Nebenkrieg härter als der offizielle Krieg zwischen den verfeindeten Balkanstaaten. Mit seinen Haßausbrüchen, die sich zu einem regelrechten Blutrausch steigerten, zerstörte er alle Illusionen über angebliche Gemeinsamkeiten zwischen südslawischen »Bruder«völkern. Im Ersten Weltkrieg dienten die Grausamkeiten der Komitatschi in deutschen Regierungskreisen intern als Argument für eigene »national«politische Härte zur Durchsetzung von Kriegszielen.

Noch friedensgefährdender war ein neuer Rüstungsschub der kontinentalen Großmächte während und nach den beiden Balkankriegen. Unter ihrem Eindruck erhöhte Österreich-Ungarn 1912 die (bisher relativ niedrige) Friedensstärke seiner Armee von 385000 Mann auf

470000, außerdem verstärkte und modernisierte es seine Artillerie. Wien setzte damit eine wahre Kettenreaktion in Gang: Rußland antwortete mit einer zusätzlichen Heeresvermehrung um 220000 Mann von dem zahlenmäßig schon hohen Niveau (1,2 Millionen) auf 1,42 Millionen Mann, die bis 1917 auf 1,8 Millionen ansteigen sollten. Anleihen für den beschleunigten Ausbau strategischer Eisenbahnen in Polen zum rascheren Aufmarsch gegen die Mittelmächte sowie eine russisch-französische Marinekonvention zur Vorbereitung gemeinsamer Flottenoperationen ergänzten den russischen Rüstungsschub. Deutschland antwortete auf die russische Heeresvermehrung mit der letzten großen Heeresvermehrung vor dem Krieg, die die Landarmee bis 1915 um 136000 Mann verstärken sollte. Bei Kriegsausbruch 1914 hatte die Friedensstärke schon das hohe Niveau von 748000 Mann erreicht. Frankreich wiederum reagierte auf die deutsche Heeresvermehrung mit dem innenpolitisch heiß umkämpften Übergang von der zwei- zur dreijährigen Dienstpflicht, so daß Frankreich 1914 750000 Mann unter Waffen hatte, also zahlenmäßig gleich stark war wie Deutschland mit seiner um die Hälfte größeren Bevölkerung. England setzte unter Haldane den Ausbau seiner Landstreitkräfte gemäß der Heeresreform seit dem Burenkrieg fort und verstärkte seine Flottenmacht, indem es den größten Teil der Schlachtflotte als »Home Fleet« in die heimischen Gewässer zurückzog.

Auch machtpolitisch hinterließen die Balkankriege ein verheerendes Erbe, das direkt oder indirekt in die Konfliktmasse der Julikrise 1914 einging: Nach seiner fast vollständigen Verdrängung aus Europa war das Osmanische Reich so gut wie am Ende. Seine Verluste in Europa eskalierten nun auch in Asien explosive nationale Bestrebungen – erneut (Armenien) oder erstmals wirklich existenzbedrohend (Kurden, Araber). Ihre drohende Sezession hätte das Osmanische Reich auf seinen nationalen türkischen Kern reduziert und damit den Großkrieg um seine Aufteilung nähergerückt. Entsprechend erschöpfte sich die spannungslindernde Funktion territorialer Abtretungen aus dem osmanischen Reichskörper, da es fast nichts mehr zu verteilen gab.

Der drohende Zerfall des Osmanischen Reichs warf zwei Probleme mit neuer Brisanz auf – die ältere Meerengenfrage, gekoppelt mit dem russischen Streben nach Konstantinopel, und die jüngere Frage der Bagdadbahn. Beide Fragen engagierten Deutschland, die Meerengen-/Konstantinopelfrage indirekt, die Bagdadbahn direkt. Das deutsche Interesse an der Bagdadbahn setzte den Zusammenhalt wenigstens der asiatischen Türkei in ihren Grenzen von 1912 voraus und erforderte die Abwehr des wieder steigenden russischen Drucks auf die Meerengen und Konstantinopel. Für die Bagdadbahn zeichnete sich zuletzt ein Arrangement zwischen England und Deutschland ab, das jedoch der Kriegsausbruch überholte: Das Reich überließ Ausbau und Kontrolle des Endabschnitts von Bagdad nach Basra England mit Rücksicht auf englische Empfindlichkeiten in Richtung Indien.[92]

Für die Meerengenfrage fand sich jedoch keine konstruktive Lösung. Ihrem Kompromiß entsprang die allerletzte Krise vor den Ereignissen des Juli 1914, die Liman-von-Sanders-Krise 1913. Beide Komplexe zusammen verstärkten die Hinwendung der Jungtürken zu Deutschland, dessen intensiviertes Engagement das Osmanische Reich fast schon zum deutschen Klientelstaat herabdrückte. Daher fühlten sich die traditionellen Schutzmächte des Osmanischen Reiches, Frankreich und England, herausgedrängt und hatten nun kein Interesse mehr, den Dritten im Bunde der Triple Entente, Rußland, mit seinem traditionellen Drang nach Süden weiterhin zurückzuhalten. Der Erste Weltkrieg als Endphase der Orientalischen Frage fiel tatsächlich mit dem Untergang des Osmanischen Reiches zusammen, wenn auch chronologisch und somit kausal in umgekehrter Reihenfolge als ursprünglich erwartet: Nicht der Zerfall des Osmanischen Reiches führte zum Weltkrieg, sondern der Weltkrieg führte zum Zerfall des Reiches.

Ähnlich trieben die Balkankriege im zweiten großen, aber noch verschleierten Machtvakuum Österreich-Ungarn die Agonie weiter voran: Seit der Vertreibung der Türken aus Europa traf die Wucht der südslawischen Nationalbewegung, angeführt vom dynamischen Serbien, direkt nur noch Österreich-Ungarn, indirekt nun auch Deutschlands machtpolitische Stellung in Europa und in der Welt.

c) Der »Kriegsrat« vom 8. Dezember 1912

Für die Vorgeschichte des Ersten Weltkrieges noch wichtiger wurde die Reaktion der deutschen Reichsspitze auf die Gefahr einer europäischen Konflagration am Ende des 1. Balkankrieges, denn Berlin trat seinerseits eine politische Lawine los, die sich mit anderen Konfliktpotentialen zur Katastrophe des Juli/August 1914 vereinigte:[93] Reichskanzler Bethmann Hollweg hatte am 2. Dezember 1912, am Vorabend des Waffenstillstandes zwischen der Türkei und den Staaten des Balkanbundes, im Reichstag Rußland vorsorglich vor einem militärischen Eingreifen zugunsten Serbiens gegen die Donaumonarchie gewarnt. Die Erklärung war eigentlich mehr zur internen Beruhigung des durch das deutsche Bremsen verunsicherten Österreich-Ungarn gedacht. Aber England hörte nur die Gefahr eines Kontinentalkrieges heraus. Schon am 3. Dezember warnte der britische Außenminister Grey Deutschland vor den Folgen eines österreich-ungarischen Angriffs gegen Serbien. Die beiden Zwischenetappen (Krieg Rußlands gegen Österreich-Ungarn zum Schutz Serbiens, Deutschlands gegen Rußland gemäß dem Dreibund) überspringend, kam Grey sofort zu der ihn vor allem interessierenden Konsequenz: England werde eine erneute Niederwerfung Frankreichs durch Deutschland nicht dulden, schon um sich nicht einer den Kontinent beherrschenden Hegemonialmacht gegenüber zu sehen. Die Kontinuität der britischen Politik zur 2. Marokkokrise von 1911, sogar zur Krieg-in-Sicht-Krise 1875, war offensichtlich.

Des Kaisers Reaktion auf die britische Warnung war der sog. »Kriegsrat« vom 8. Dezember 1912, in dem Wilhelm II. mit seinen höchsten militärischen Beratern den Kurs absteckte: verstärkte Rüstung zu Lande, diplomatische und psychologische Vorbereitungen in Deutschland auf einen zumindest begrenzten Kontinentalkrieg gegen Rußland und auch gegen Frankreich. Erst aber sollte die Flotte einen Rüstungsstand erreichen, der einen Krieg gegen England nicht von vornherein aussichtslos machen würde. Tirpitz erinnerte an den schon älteren Termin, von dem an Deutschland im Prinzip zum Krieg bereit war: U-Boot-Hafen Helgoland, Erweiterung des Kaiser-Wilhelm-Kanals. Beide Projekte waren Mitte Juni 1914 abgeschlossen, zwei Wochen vor dem Attentat von Sarajevo.

Die spätere Kassierung des Ostaufmarschs 1913 und die große Heeresverstärkung erklären sich daher durchaus als praktische Folgen aus dem Programm des 8. Dezember 1912. Der Reichskanzler, der an dem von ihm ironisch so genannten »Kriegsrat« nicht beteiligt war, erhielt nur die kaiserliche Anweisung, »durch die Presse das Volk darüber aufzuklären, welche großen Interessen auch für Deutschland bei einem durch den österreich-serbischen Konflikt entstehenden Krieg auf dem Spiele ständen«. Denn:

> »Das Volk dürfe nicht in die Lage versetzt werden, sich erst bei Ausbruch eines großen europäischen Krieges die Frage vorzulegen, für welche Interessen Deutschland in diesem Kriege zu kämpfen habe. Das Volk müsse vielmehr schon vorher mit dem Gedanken an einen solchen Krieg vertraut gemacht werden.«[94]

Die patriotischen Feiern zum 25jährigen Regierungsjubiläum Wilhelms II. und der 100. Jahrestag der Befreiungskriege nehmen sich wie der Vollzug des kaiserlichen Auftrags aus: Schaffung der günstigsten Bedingungen nach innen und außen für den Krieg. Zur taktischen Zurückhaltung Deutschlands bis zum günstigsten Augenblick paßt durchaus Berlins energische Warnung vom 10. Februar 1913 an Wien, es nicht über Skutari zum Krieg gegen Serbien und Montenegro und damit auch gegen Rußland kommen zu lassen.[95] Im Juli 1914 schienen die am 8. Dezember 1912 genannten marinetechnischen Daten, mit dem Attentat von Sarajevo auch die im Februar 1912 als Voraussetzung genannte slawische Aggression erfüllt. Damit entfielen mäßigende Ratschläge Berlins nach Wien.

d) Die Liman-von-Sanders-Krise 1913

Während das erfolgreiche Zusammenspiel zwischen England und Deutschland in den Balkankriegen noch konkrete Ansätze zur Milderung, gar Überwindung des deutsch-englischen Antagonismus zu liefern schien, ebnete im folgenden Jahr die Liman-von-Sanders-Krise den Weg zum Krieg zwischen Rußland und Deutschland um ein weiteres Stück. Sie erwuchs aus der Logik der Ost/Südostkrise IV, den Balkankriegen und ihren Folgen: Dem Prestige Deutschlands versetzte der militärische Zusammenbruch des Osmanischen Reichs zu Beginn des 1. Balkankriegs einen schweren Schlag, denn die neue Schutzmacht hatte seit rund zwanzig Jahren Ausbildung und Ausrüstung der türkischen Armee weitgehend in Händen. Dennoch betrauten die regierenden Jungtürken nach dem Debakel Deutschland als stärkste Militärmacht der Welt nun gerade mit der Modernisierung der Armee. Symbol wurde die Berufung des deutschen Generalleutnants Liman von Sanders zum Generalinspekteur der osmanischen Armee mit einer Reihe von Funktionen, die er in Personalunion ausüben sollte: Kommandeur aller Heeresschulen und Kommandierender General des I. Armeekorps, dem die Verteidigung Konstantinopels und der Meerengen zugewiesen war.

Ein deutscher General in Konstantinopel faktisch als Kommandeur der gesamten osmanischen Armee schuf für Rußland schlagartig eine neue Situation: Deutschlands verstärktes Engagement zur militärischen Sanierung des Osmanischen Reiches rückte jede Aussicht, Konstantinopel und die Meerengen für Rußland zu gewinnen, wieder in weite Ferne. Darüber hinaus warf der deutsche Sperriegel an den Meerengen konkrete wirtschaftliche Fragen auf. Rußlands Getreideexport von Odessa ins Mittelmeer zur Finanzierung seiner Industrialisierung war nunmehr, zumal nach den Erfahrungen im Tripoliskrieg, als die Meerengen vorübergehend für russische Getreideschiffe gesperrt waren, indirekt abhängig vom deutschen Willen. Rußland erhoffte sich zunehmend den baldigen Zerfall des Osmanischen Reiches, um sich Konstantinopels bemächtigen zu können. Aber in der politischen Führung überwog die Einsicht in die eigene innere Schwäche, die einen europäischen Krieg zur Katastrophe für das Zarenreich machen würde. Eine Konferenz am 13. Januar 1914 auf höchster Ebene kam zu dem resignierenden Schluß, daß ein handstreichartiges Unternehmen gegen Konstantinopel wegen der zu erwartenden internationalen Konsequenzen (Neutralität Englands) auf unabsehbare Zeit nicht in Frage käme.[96] Die Eroberung Konstantinopels, so erwünscht sie auch war, wurde zunächst *ad graecas calendas* vertagt.

Nach heftigen Kontroversen zwischen Deutschland und Rußland, begleitet von feindseligen Pressekampagnen auf beiden Seiten, fand sich noch einmal eine mühsame Kompromißlösung: Liman von Sanders wurde zum türkischen Marschall befördert und konnte durch diese Rangerhöhung nicht mehr Kommandeur eines Armeekorps sein. Gegen seine Funktion als Heeresinspekteur konnte Rußland nichts einwenden, da der Oberbefehlshaber der osmanischen Flotte ein englischer Admiral war. Der Pressekrieg auf beiden Seiten enthüllte aber schon die wechselseitigen Feindbilder: Rußland beschwor den germanischen »Drang nach Osten«, der damals in Wirklichkeit noch ein »Drang nach Südosten«, ins Osmanische Reich, war; Deutschland die Angst vor dem russischen Panslawismus, der namentlich Österreich-Ungarn mit Hilfe des aufstrebenden Serbiens zersetzen würde.

So plausibel vom deutschen und österreich-ungarischen Standpunkt aus die Alpträume vor dem Panslawismus unter russischer Führung auch erscheinen mochten, die russische Realität von 1914 erlaubt es nicht, automatisch auf einen aktiven Kriegswillen Rußlands gegen die Mittelmächte zu schließen, auch wenn die russischen Rüstungen 1916 und 1917 abgeschlossen gewesen wären. Zumindest England hätte einen Offensivkrieg Rußlands gegen Deutschland und/oder Österreich-Ungarn durch Druck auf Frankreich zu verhindern versucht. Der russische Faktor hätte sich von einer wirklich friedlichen Außenpolitik des Deutschen Reichs politisch rational behandeln lassen können, u. a. durch ein realistischeres Urteil über die Stärken und Schwächen des zaristischen Rußland. Statt dessen schwankte das deutsche Rußlandbild zwischen Angst vor seiner übertriebenen Aggressionslust und genüßlichem Ausmalen seiner inneren Schwächen. Der »Koloß auf tönernen Füßen« wurde in Deutschland ein beliebtes Wunschbild. Noch vor dem Krieg sahen starke Rechtskreise – nach Kriegsausbruch auch die Reichsleitung – im Angstgegner Rußland ein Objekt künftiger deutscher Expansion. Innerhalb weniger Jahrzehnte seit 1879 war die Entfremdung zu Rußland total. Aus der faktischen Abhängigkeit Deutschlands und Preußens bis zur Reichsgründung war eine prinzipielle Feindschaft geworden, auf deutscher Seite ideologisch verbrämt mit liberalen Parolen, um u. a. bei Kriegsausbruch den traditionellen antizaristischen Affekt zu mobilisieren, den die deutsche Sozialdemokratie von den Liberalen der Revolution 1848/49 geerbt hatte.

e) Deutsche Vorbereitungen auf den Krieg

Trotz ihrer äußeren Zurückhaltung in beiden Balkankriegen zog die Reichsleitung, gestützt auf weite Teile der deutschen Öffentlichkeit, den Schluß, daß der große Krieg, ausgelöst durch den Zusammenstoß zwischen »Germanen und Slawen«, unvermeidbar sei. Auf dem Höhepunkt der Spannung im 1. Balkankrieg zeigte der »Kriegsrat« vom 8. Dezember 1912, wie sich Deutschland auf diesen Krieg einzurichten begann. Zugleich brach schon ein Stück des Eskalationsmechanismus in der Julikrise 1914 durch: Auf die Stärkung Serbiens durch kriegerische Expansion reagierte Österreich-Ungarn durch die Drohung mit militärischer Intervention. Rußland antwortete mit einer (nicht sehr energischen) Ankündigung, Serbien im Kriegsfall gegen die Donaumonarchie zu unterstützen. Daraufhin warnte Deutschland durch die Reichstagsrede des Reichskanzlers vom 2. Dezember 1912 öffentlich vor einem russischen Eingreifen, provozierte damit aber nur Englands Warnung durch Haldane und Grey vor einer deutschen Intervention. Die britische Warnung wiederum löste den »Kriegsrat« vom 8. Dezember 1912 aus, der diskrete Maßnahmen zur Vorbereitung Deutschlands auf den nun als immer wahrscheinlicher angesehenen Kriegsfall besprach und einleitete.

Selbst wenn der Teil der deutschen Forschung, der die Bedeutung des »Kriegsrates« herunterspielen möchte, weil der Reichskanzler an ihm nicht beteiligt war, recht hätte, bleiben objektiv der Eskalationsmechanismus, den die Konferenz des Kaisers mit seinen obersten militärischen Beratern in Gang setzte, und die Ergebnisse, die durchaus substantiell waren: Die Armee, im Prinzip jederzeit zum Losschlagen bereit, war für den baldigen Krieg gegen Rußland. Tirpitz dämpfte wieder, weil die Flotte noch nicht fertig war, wiederholte aber den konkreten Termin, ab wann ein aussichtsreiches Minimum an Kriegsbereitschaft gegen England erreicht wäre – Juni 1914. Die kaiserliche Instruktion an den Reichskanzler, das deutsche Volk psychologisch auf den großen Krieg einzustimmen, wirft ein charakteristisches Licht auf die Stimmung in Deutschland, selbst wenn der Reichskanzler ihre Ausführung sabotiert oder verhindert hätte, wie die apologetische Interpretation suggeriert.[97]

In Wirklichkeit gaben die großen Feierlichkeiten im Jubiläumsjahr 1913 – 100 Jahre Befreiungskriege, 25jähriges Regierungsjubiläum Wilhelms II. – reichlich Gelegenheit zur psychologischen Vorbereitung der deutschen Öffentlichkeit, weiter angeheizt durch die Liman-von-Sanders-Krise. Die große Heeresvermehrung (»Wehrvorlage«) mit ihrer Finanzierung durch den »Wehrbeitrag« reihte sich in die Eskalation europäischer Rüstungsmaßnahmen seit den Balkankriegen ein. Deutschland war mit seiner bisherigen »Weltpolitik« sichtlich an der Eindämmung der Triple Entente aufgelaufen und wollte nun den Ring der »Einkreisung« durch eine aktivistische Politik auf dem Kontinent durchbrechen. Die inzwischen zur Konstante aufgestiegene Politik der Durchdringung des Osmanischen Reiches bot sich als bequemster Ausweg, weil das Osmanische Reich geographisch wie machtpolitisch Kontinental- und »Weltpolitik« aufs trefflichste zu verbinden schien.

Die massive Stärkung der Armee – zwar immer noch nicht ausreichend, um in Friedenszeiten das Soll des Schlieffenplans zu erfüllen – zu Lasten der Flotte unterstrich die Rückwendung zum europäischen Kontinent, aber auch die knappe Finanzdecke: Deutschland konnte nicht zu Lande und zu Wasser gleich intensiv aufrüsten. Die Rüstungsfinanzierung durch Anleihen (im Gegensatz zu England, wo Steuern überwogen) steigerte die schon massive Verschuldung des Reiches[98] bis zum drohenden Kollaps. Nach außen hin unsichtbar blieb eine weitreichende Maßnahme im Jahr 1913: Die Kassierung des sog. Ostaufmarsches durch den preußischen Generalstab signalisierte, daß die politisch an Gewicht zunehmende militärische Führung nicht mehr an die Möglichkeit eines isolierten Krieges gegen Rußland und damit an eine Anfangsoffensive nach Osten glaubte.[99] Der Generalstab setzte nur noch auf die Bank des Schlieffenplans – sofortige Offensive gegen Frankreich (und Belgien). Für den Doppelschlag nach West und Ost in jeweils sechs Wochen waren keine großen wirtschaftlichen Vorbereitungen nötig, die nur verräterisch hätten wirken können. Der Bankrott der »Weltpolitik« kündigte sich schon hinter den Kulissen an.

Nach den Balkankriegen umwarb die deutsche Führung wieder Österreich-Ungarn, als Ausgleich für die taktisch bedingte Zurückhaltung des Bundesgenossen in der vorausgegangenen Krise. Als sich Serbien im September 1913 weigerte, seine Truppen aus Nordalbanien zurückzuziehen, drohte Österreich-Ungarn mit einem Ultimatum den Krieg gegen Serbien an, diesmal mit ausdrücklicher Rückendeckung Deutschlands[100] und unterstrichen durch Mobilmachung gegen Serbien. Zumindest der Kaiser war jetzt bereit, bis zum Kriegsrisiko durchzuhalten. Bei der Feier zur Einweihung des Völkerschlachtdenkmals am 18. Oktober 1913, dem Tag des Wiener Ultimatums an Serbien, ermunterte Wilhelm II. den österreich-ungarischen Generalstabschef Conrad von Hötzendorf, das Haupt der Kriegspartei in der Donaumonarchie, Serbien anzugreifen und Belgrad in wenigen Tagen einzunehmen. Den Bericht des deutschen Geschäftsträgers in Wien über die jüngste Entwicklung vom 18. Oktober 1913 bedachte Wilhelm II. mit seinen enthüllenden Randbemerkungen. Die Aussicht, Serbien könnte vor dem Ultimatum aus Wien abermals zurückweichen und so den Krieg vermeiden, kommentierte der Kaiser:

> »Das wäre sehr zu bedauern! Jetzt oder nie! Es muß mal da unten Ordnung und Ruhe geschaffen werden!«[101]

»Jetzt oder nie!« – Das ist bereits wörtlich die kaiserliche Sprachregelung zur Eröffnung der Julikrise 1914 nach Sarajevo. Serbien wich tatsächlich vor dem österreich-ungarischen Ultimatum noch einmal zurück, und der europäische Friede blieb ein letztes Mal erhalten. Aber der Eskalationsmechanismus zum Krieg war bereits bis in die kaiserliche Spitze hinein vorgezeichnet.

Inzwischen drängten im Innern die Alldeutschen auf Krieg, indem sie über den ihnen nahestehenden Kronprinzen direkte Pressionen auf den Reichskanzler wie auf den Kaiser ausübten. Unter dem Eindruck des Wahlsieges der SPD bei den Reichstagswahlen vom Januar 1912, der die Sozialdemokraten nunmehr auch im Reichstag zur stärksten Partei machte, plädierten die Alldeutschen für die Flucht nach vorn: Ein erfolgreicher Krieg zur Sanierung der innenpolitischen Verhältnisse im alldeutschen Sinn sollte die für die nächsten Reichstagswahlen ins Haus stehende sozialdemokratisch-linksliberale Reichstagsmehrheit unterlaufen. Da aber niemand Deutschland angreifen würde, müßte Deutschland selbst aktiv werden, um den angeblich unvermeidbaren Krieg zu provozieren.

Das alldeutsche Kalkül wirft ein bezeichnendes Licht auf die innerdeutsche Gemütslage kurz vor Kriegsausbruch 1914, denn es war in zwei Punkten durchaus realistisch: Ohne den bisher immer noch verpaßten Durchbruch zur unbestrittenen Weltmachtstellung für das

Deutsche Reich brauchte es keinen großen Krieg zu geben. Würde die Triple Entente gegen die überwältigend große Macht des Reiches nicht zum angeblich befürchteten Offensivkrieg schreiten, so mußte Deutschland die Initiative zum Krieg schon selbst ergreifen. Ein »Präventivkrieg« gegen Rußland, scheinbar plausibel gemacht durch den dynamischen Panslawismus im Bunde mit der südslawischen Nationalbewegung sowie Rußlands von nun an rasche militärische Erholung von den Rückschlägen der jüngsten Vergangenheit, sollte nach innen die Bedrohung von links abwenden, nach außen die »Weltpolitik« aus ihrer Sackgasse befreien.

f) Letzte Anläufe zur deutsch-englischen Verständigung: Bagdadbahn und portugiesische Kolonien

Als Kontrapunkt zur Konfliktverschärfung durch Balkankriege und Liman-von-Sanders-Krise bemühte sich Deutschland, mit England wenigstens Reibungen an der Peripherie abzubauen. Berlin wollte endlich den Durchbruch zu einer wirklich erfolgreichen »Weltpolitik« erreichen, notgedrungen nun doch in der bisher stolz verschmähten Rolle als britischer Juniorpartner. Zugleich eröffnete das konstruktiv-friedliche Zusammenwirken Deutschlands und Englands zur Erhaltung des Weltfriedens während der beiden Balkankriege die Chance, über Arrangements in Übersee längerfristig vielleicht doch noch zu einer Verständigung mit England *in Europa* zu kommen. Ziel wäre hier das Neutralitätsabkommen gewesen, das 1909 und 1912 gescheitert war, weil Deutschland am ungeschmälerten Schlachtflottenbau festgehalten hatte. »Freie Hand« für Deutschland auf dem Kontinent beim Großen Krieg hatte oberste Priorität, denn ohne Englands sofortiges Engagement hätte Deutschland vermutlich jeden Kontinentalkrieg gewonnen. »Deutsche Weltpolitik und kein Krieg«, jedenfalls kein Weltkrieg durch Einschluß Englands, lockte als nächste große Etappe für die deutsche »Weltpolitik«.

Ansatzpunkte zur »Verständigung mit England« waren für Deutschland die Bagdadbahn und »Mittelafrika« als Arrondierung, Zusammenfassung und Erweiterung des zerstreuten Kolonialbesitzes in Schwarzafrika. In langwierigen Verhandlungen schien das Reich im Juni 1914 die erste Etappe seines diplomatischen Kraftaktes erreicht zu haben: Verträge mit England waren paraphiert, hätten also nach formeller Unterschrift und Ratifizierung bald in Kraft treten können. Die größte Konzession hatte Deutschland zur Bagdadbahn gemacht: Entgegen der früheren Position, sie als deutsches Unternehmen bis zum Persischen Golf mit Endpunkt Kuweit zu vollenden, beschied sich Deutschland jetzt mit Basra als Endpunkt und mit der britischen Kontrolle des Endabschnittes von Bagdad nach Basra. So schien der Weg frei zu einer vertrauensvolleren Zusammenarbeit zwischen Deutschland und England im Osmanischen Reich.

Über die portugiesischen Kolonien einigten sich die beiden Rivalen in Fortschreibung des ineffektiv gebliebenen Vertrags von 1898 zur eventuellen Aufteilung der portugiesischen Kolonien. Das Deutsche Reich verzichtete auf einen Teil Timors und erhielt dafür einen größeren Anteil an den portugiesischen Kolonien in Schwarzafrika. Zusammen mit Belgisch-Kongo hätten die anvisierten Kolonialerwerbungen die Verbindung zwischen Kamerun, Deutsch-Südwestafrika und Deutsch-Ostafrika hergestellt: Schon vor Kriegsausbruch kündigte sich »Mittelafrika« als Pendant zum erst im Weltkrieg als deutsches Kriegsziel konkretisierten »Mitteleuropa« an.

Auch ohne deutsches Einlenken in der Flottenfrage schien sich die Möglichkeit zu eröffnen, doch noch die verbesserten deutsch-englischen Beziehungen von der Peripherie auf das europäische Zentrum zu übertragen. Solche Hoffnungen ließen Bethmann Hollweg vor und in der Julikrise 1914 zwischen der Illusion, England auch ohne Flottenabkommen in einem Kontinentalkrieg neutral zu halten, und der realistischen Einsicht, daß England durch seine Neutralität eine deutsche Hegemonie auf dem Kontinent nicht würde hinnehmen können, hin- und herschwanken.

V. Der Sprung ins Dunkle, 8. Juni – 4. August 1914

In den beiden letzten Friedensjahren erlebte Europa den Wechsel von Krisen am Rande eines Großkrieges mit Phasen scheinbarer Entspannung. Den Balkankriegen 1912/13 und der Liman-von-Sanders-Krise 1913 standen 1914 Ansätze zu einer deutsch-englischen Verständigung gegenüber. Die zuletzt trügerische Ruhe des Frühsommers 1914 beendete jäh das Attentat von Sarajevo. Es entzündete sich am Zusammenprall der Südslawischen und Österreich-Ungarischen Frage, die beide tief in der Geschichte verwurzelt waren. Als dramatische Zuspitzung eines säkularen Konfliktes lieferte das Attentat von Sarajevo den Funken zur Konflagration des Ersten Weltkrieges: Es enthüllte schlagartig einen vielschichtigen Komplex machtpolitischer Dilemmata, in die sich die wichtigsten Akteure beim Kriegsausbruch 1914 verstrickt hatten. Aber erst Deutschlands Druck auf Österreich-Ungarn, das lästig gewordene Serbien militärisch auszuschalten, verschärfte alte Dilemmata und eskalierte die in ihnen enthaltenen Spannungen in der Julikrise 1914 – vom Lokalkrieg zum Globalkonflikt des Ersten Weltkrieges.

1. Die Südslawische Frage

Die Schüsse von Sarajevo waren keineswegs eine historische Zufälligkeit oder Belanglosigkeit in einem obskuren Balkannest. Entgegen der im deutschen Sprachraum lange vorherrschenden Dämonisierung des südslawischen Nationalismus, verengt auf das Attentat und dessen unmittelbare Vorgeschichte, steht auch Sarajevo in einer historischen Tiefendimension, die nur dem nationalstaatlich fixierten Blick der am Kriegsausbruch 1914 beteiligten Großvölker bisher weitgehend verborgen blieb. So war der Zusammenprall der Südslawischen Nationalbewegung mit dem dynastischen Vielvölkerreich Österreich-Ungarn nur ein Ausschnitt aus einer breiteren historischen Tendenz. Ein südslawischer Staat auf den Trümmern des Osmanischen Reiches und Österreich-Ungarns war eine jener großen Veränderungen, die ohne Krieg nicht zu haben waren. Daher erzeugte der südslawische Nationalismus Spannungen und aktivierte Konfliktpotentiale, die zur Auslösung des Globalkonfliktes Erster Weltkrieg ausreichten.[1] Jenseits aller bisher dominierenden Kriminalisierung oder Glorifizierung, je nach historisch-politischem Standort, sind die konfliktproduzierenden Wirkungen der Südslawischen Bewegung und ihrer Konsequenzen herauszuschälen, schon weil dieselben Mechanismen auch nach dem Ersten und Zweiten Weltkrieg anhielten, wenn auch modifiziert nach Ort, Zeit und Ideologie. Die Dynamik zwischen der aufsteigenden Nationalbewegung und der zuletzt bis zur Reformunfähigkeit erstarrten Donaumonarchie erklärt den grundsätzlichen Konflikt – Südslawische gegen Österreich-Ungarische Frage.

Die Südslawische Frage stellte sich seit dem 1. Serbischen Aufstand von 1804 im Kontext der Orientalischen Frage. Motor der Südslawischen Bewegung war seit der Anerkennung seiner Autonomie 1817 als osmanischer Vasallenstaat Serbien. Anfangs richtete sich die Sprengkraft der Südslawischen Frage gegen das Osmanische Reich, zuletzt jedoch ausschließlich gegen Österreich-Ungarn. Rückhalt fand die Südslawische Nationalbewegung bei Rußland, das sie als Speerspitze gegen das Osmanische Reich zur Förderung der russischen Expansion unter dem Deckmantel »brüderlicher Hilfe« für slawische Blutsbrüder und orthodoxe Glaubensgenossen einsetzte.

a) Der Mythos der südslawischen Einheit

Einer der konfliktproduzierenden Faktoren war die Idee der südslawischen Einheit. Positiv seit dem Plan des serbischen Außenministers Garašanin 1844 von Südslawen vertreten, negativ stets von Österreich als Schreckgespenst bekämpft, trieb der Traum vom südslawischen Nationalstaat Serbien und die Attentäter von Sarajevo zur Aktion gegen das Osmanische Reich und Österreich-Ungarn. Umgekehrt fürchtete Österreich-Ungarn den Zusammenschluß der Südslawen als Todesurteil über die Donaumonarchie. Die Zeitgenossen von 1914 waren von der unwiderstehlichen Stoßkraft des Südslawischen Nationalismus beeindruckt, der 1912 schon das Osmanische Reich aus Europa gefegt hatte und danach die Doppelmonarchie bedrohte. Sie sahen damals weniger (durchaus schon vorhandene) Symptome, die auf eine tiefe innere Zerrissenheit der Südslawen schließen ließen. Nach ihrem zweimaligen Sieg durch zwei Weltkriege erweist sich heute die südslawische Einheit mehr denn je als Mythos, auf den die Südslawen selbst und die Welt 1914 hereinfielen – mit tragischen Konsequenzen.

Im Gegensatz zum tönenden Einheitspathos des Südslawischen Nationalismus zeigt sich heute ein ganz anderes Bild: Von allen größeren Nationalbewegungen Europas im 19. und frühen 20. Jahrhundert war die südslawische Bewegung vielleicht die diffuseste und künstlichste.

Außer der engen Verwandtschaft ihrer Sprachen, die mit wachsender Entfernung von Slowenien nach Makedonien ohnehin abnahm, hatten die Südslawen kaum wirkliche Gemeinsamkeiten: Sie hatten weder eine gemeinsame Geschichte noch einen gemeinsamen südslawischen Staat, auf den sich moderne Nationalisten hätten berufen können. Statt dessen warf die historische Erinnerung an sich zeitlich abwechselnde und territorial in Makedonien überschneidende Reiche der Bulgaren und Serben im Mittelalter von vornherein Sprengstoff zwischen Serben und Bulgaren, die größten südslawischen Völkern außerhalb der Donaumonarchie. Nur die Serben hatten eine konkrete historische Erinnerung, die Stoff für romantische Balladen und ambivalente Nostalgie abgab, den Veitstag (serbisch: »Vidovdan«), den 28. Juni 1389. An diesem Tag ging zwar der letzte souveräne serbische Staat in der Schlacht auf dem Amselfeld unter, aber die Serben rissen wenigstens den siegreichen Sultan Mehmed II. mit ins Grab. Seitdem war der Vidovdan unter den Serben ein gespaltener inoffizieller Gedenktag – voll nationaler Trauer einerseits, aber voller Genugtuung über die Ermordung des Sultans andererseits.

Da sich die Südslawen bei ihrer Landnahme nach Auslaufen der germanischen Völkerwanderung in die vorgegebenen Strukturen der Römischen Reichsteilung von 395 zwischen lateinischem Westrom und griechischem Ostrom eingepaßt hatten, entwickelten sich von vornherein über mehr als ein Jahrtausend tiefgreifende strukturelle Unterschiede zwischen den römisch-katholisch geprägten Südslawen im Norden und den griechisch-orthodox geprägten Südslawen im Süden. Sie verstärkten sich schon im Mittelalter durch die staatliche Zugehörigkeit der nördlichen Südslawen zu Ungarn (Kroaten) und den kulturell-staatlichen Einfluß Italiens, vor allem Venedigs (Adriaküste, Dalmatien), während die Südslawen des Südens zwischen der Zugehörigkeit zu Byzanz und Phasen der Unabhängigkeit schwankten.

Danach verschärften die osmanischen Eroberungen seit dem Spätmittelalter noch einmal für ein halbes Jahrtausend die strukturellen Unterschiede zwischen den Südslawen: Die meist orthodoxen südlichen Südslawen hatten von nun an eine doppelte Orientierung nach Konstantinopel.[2] Zum griechisch-orthodoxen Patriarchen von Konstantinopel kam politisch der osmanische Sultan, unter dem gerade »Süd-Südslawen« in der Aufstiegsphase zu wichtigen Stützen des Osmanischen Reiches avancierten, als hohe Würdenträger wie als Janitscharen. Umgekehrt fielen die »süd-südslawischen« Gebiete in der Niedergangsphase des Osmanischen Reiches ökonomisch und sozial weit zurück, zumindest gegenüber dem sich gleichzeitig modernisierenden, später auch industrialisierenden lateinischen Europa von inzwischen überwiegend protestantischer Prägung. Dagegen sahen sich die nördlichen Südslawen nach der Katastrophe des mittelalterlichen Ungarn 1526 auf die deutschen Habsburger zurückgeworfen, bei denen sie Schutz vor den osmanischen Türken suchten. In der Neuzeit partizipierten sie an der Industrialisierung, um so mehr, je näher sie geographisch den Deutschen Österreichs standen. So erklären sich tiefgreifende Struktur-, Bildungs- und Mentalitätsunterschiede zwischen lateinisch geprägten Slowenen/Kroaten und orthodoxen Serben/Montenegrinern/Makedonen, die heute selbst ein föderalistisches Jugoslawien zu zerreißen drohen.

Mit dem Schwinden der türkischen Gefahr seit 1683 entfiel langfristig ein Faktor für die weitere Anlehnung an das deutsche Habsburg, nur vorübergehend aufgehalten von der ersten Welle eines groß-ungarischen Chauvinismus in der Revolution 1848/49. Da aber der Ausgleich von 1867 mit der Fast-Souveränität für Groß-Ungarn im Rahmen der Doppelmonarchie dem ungarischen Assimilations-Chauvinismus freie Hand gab, kappte Ungarn selbst die Bande südslawischer Loyalität gegenüber den deutschen Habsburgern, die Könige von Ungarn blieben. Die Folgen machten sich erst bemerkbar, als sich 1905 in Österreich-Ungarn eine Koalition der strukturell so ungleichen Serben und Kroaten bildete und damit den südslawischen Sprengstoff im Innern der Donaumonarchie aktivierte.

Dem Ideal der Vereinigung aller Südslawen in einem einzigen großen Staat stand die Realität untergeordneter regionaler Nationalismen entgegen. Religiöse Unterschiede umschrieben auch kulturelle und nationale Differenzen – überwiegend orthodoxe Serben, Montenegriner, Bulgaren, geprägt von Byzanz und dem Osmanischen Reich einerseits, überwiegend katholische Kroaten, Dalmatiner, Slowenen andererseits. Tiefgreifende Strukturunterschiede zwischen orthodoxen und katholischen Südslawen ließen sich nicht einfach durch die Ideologie eines gemeinsamen südslawischen Gesamtnationalismus überspielen. Ferner zeichneten sich Differenzen zwischen dem Anspruch großserbischer Nationalisten mit zentralisierenden Tendenzen unter der Führung Serbiens und der föderalistischen Konzeption der Attentatsgruppe von Sarajevo ab. Seit dem Serbischen Aufstand von 1804 war Österreich strikt gegen einen gesamtsüdslawischen Staat. Zuletzt betrachtete es die ständige Vergrößerung Serbiens in den beiden Balkankriegen und die sich abzeichnende Union zwischen dem größeren Serbien und dem kleineren Montenegro als *casus belli*, um einen gesamtsüdslawischen Staat im Keim zu ersticken.

Zu dem ein Jahrtausend alten strukturellen Gegensatz zwischen lateinischen Nord- und griechisch-orthodoxen Süd-Südslawen trat ein nicht minder konfliktträchtiger Gegensatz zwischen den beiden politisch aktivsten Völkern der orthodoxen Süd-Südslawen, Serben und Bulgaren. Historisch nur von untergeordneter Bedeutung war die Rivalität zwischen Serbien und Montenegro. Von vornherein stand also der südslawische Nationalismus unter dreifacher Spannung zwischen tönendem gemeinsüdslawischen Pathos und harten Realitäten. So gab es vielfältige Gegensätze: Die lateinischen, sich industrialisierenden Nord-Südslawen, orientiert an Rom und Wien, standen in Spannung zu den orthodoxen unterentwickelten Süd-Südslawen, die sich lange an Konstantinopel orientierten, am griechisch-orthodoxen Patriarchen wie seit 1453 am Sultan. Die süd-südslawischen Serben und Bulgaren rangen zudem noch um die Balkanhegemonie. Der Konflikt zwischen großserbischem Zentralismus subimperialer Prägung und südslawischem Föderalismus komplizierte die Entwicklung noch weiter.

Untereinander waren die orthodoxen Serben politisch noch einmal in zwei rivalisierende Dynastien gespalten – Karadjordjević und Obrenović. Zwischen 1804 und 1903 wechselten sie mehrfach in Morden und blutigen Umstürzen. Beide Dynastien vertraten seit ihrer Gründung unterschiedliche politische Konzeptionen, die die innere und äußere Entwicklung der Serben noch weiter komplizierten: Karadjordj, der Führer des ersten Serbischen Aufstandes von 1804, und seine Dynastie kämpften militanter und rücksichtsloser für die sofortige nationale Unabhängigkeit (seit 1903 angelehnt an Rußland). Miloš Obrenović ging dagegen nach dem ersten Scheitern des Karadjordj durch die osmanische Rückeroberung 1813 sehr viel behutsamer vor und begnügte sich zunächst mit der 1817 errungenen Autonomie als osmanischer Vasallenstaat. Zuletzt lehnten sich die Obrenović, seit 1882 Könige des 1878 unabhängig gewordenen Serbien, an Österreich als Schutzmacht an, das die Dynamik der südslawischen Nationalbewegung Serbiens im Interesse der eigenen Staatsräson zu bremsen suchte.

b) Serbien und Bulgarien, 1804–1903

Die tiefe Zerklüftung der südslawischen Nationalbewegung erschließt sich in ihrem vollen Ausmaß erst nachträglich im Rückblick auf die innerjugoslawische Krise zwischen den beiden Weltkriegen und in der unmittelbaren Gegenwart. Dagegen ging 1914 vom ungebrochenen Aufstieg des kleinen und ärmlichen Serbien in einem knappen Jahrhundert eine positiv wie negativ empfundene Faszination aus: Nach dem Erreichen der Autonomie Serbiens unter Miloš Obrenović 1817 faßte schon 1844 der serbische Außenminister Garašanin den ehrgeizigen Geheimplan, Serbien zum Kristallisationskern eines großen gesamtsüdslawischen Staates zu machen. Sein »grand dessein« entpuppte sich spätestens mit Bulgariens eigenständigem Auftreten als Illusion. Zunächst regte sich der bulgarische Nationalismus kirchenpolitisch mit der Gründung des Bulgarischen Exarchats 1870, als Vorstufe zur späteren politisch-territorialen Konstituierung mehr gegen Griechen und Serben als gegen den Sultan. Schon mit dem Bulgarischen Aufstand von 1876 politisierte sich der bulgarische Nationalismus und beanspruchte im Vorfrieden von San Stefano als erbitterter Rivale die Hegemonie auf dem Balkan durch Errichtung eines Groß-Bulgarien.

Von vornherein konkurrierte also der serbische mit dem bulgarischen Nationalismus in einer denkwürdigen Verschränkung historischer Anciennität und politischer Dignität: Die beiden langlebigeren mittelalterlichen Reiche der Bulgaren (680–969, 1185–1330) lagen chronologisch vor dem nur ephemeren Großserbischen Reich unter Stepan Dušan (1330/50–1355). Dafür waren die Serben in der Neuzeit mit ihrem Aufstand von 1804 erheblich früher zur nationalen Unabhängigkeit aufgebrochen, die sie schon 1878 erlangten, als Bulgarien gerade erst eine prekäre, anfangs noch gespaltene innere Autonomie als osmanischer Vasallenstaat erreichte. Seitdem stritten der bulgarische und serbische Nationalismus um die Hegemonie unter den Südslawen und auf dem Balkan, beide unterschiedlich gestützt vom zaristischen Rußland.

Von Garašanins strategischer Grundsatzentscheidung aus dem Jahr 1844 blieb nur die in ihr enthaltene chronologische Reihenfolge der national-revolutionären Aktion realistisch: Erst sollte sich die südslawische Nationalbewegung gegen das Osmanische Reich wenden, anschließend gegen Österreich. Der Krieg Serbiens gegen das Osmanische Reich 1876/77 (im Bündnis mit Montenegro) und die Unabhängigkeit, dank der militärischen Unterstützung Rußlands im

8. Russisch-Türkischen Krieg 1877/78, durch den Berliner Kongreß waren die nächsten großen Etappen. Nach seiner Erhebung zum Königreich 1882 unterstellte sich Serbien unter den Obrenović Österreich-Ungarn faktisch als Klientelstaat, wofür die Donaumonarchie nach dem Debakel im Serbisch-Bulgarischen Krieg 1885/86 ihre Hand schützend über Serbien hielt. Auf Dauer ließ jedoch der serbische Nationalstolz die demütigende Unterordnung unter Österreich-Ungarn und den Verzicht auf die »historische Mission« Serbiens – Befreiung und Einigung der Südslawen – nicht zu. Mit dem blutigen Umsturz von 1903, als die Obrenović in einem Militärstaatsstreich ermordet wurden, kehrte Serbien zu seiner inzwischen angestammten Rolle als Motor der Unruhe der Südslawischen Bewegung zurück: Die jungen Offiziere des Militärcoups stützten sich auf Rußland, das für Serbien, ohne gemeinsame Grenze, fern war und aus der Distanz leicht idealisiert wurde. Umgekehrt war für Rußland Serbien der natürliche Verbündete im Rücken des Gegners, der Donaumonarchie.

c) *Serbiens Radikalisierung und Aufstieg zum Piemont des südslawischen Risorgimento, 1903–1914*

Die Vereinigung aller Südslawen in einem Staat, gar unter serbischer Führung, also die großserbische Lösung, verstieß gegen die Staatsräson Österreich-Ungarns. Seit dem Umsturz von 1903 in Belgrad wandte sich die Donaumonarchie energischer als je zuvor gegen eine weitere Stärkung Serbiens, auch gegen eine staatsrechtliche Union zwischen Serbien und Montenegro. Zur Bestrafung bzw. Eindämmung des unbequemen Serbien griff Österreich-Ungarn 1906 zum Mittel des Handelskriegs, der militärischen Konflikten oft vorauszugehen pflegt. Anlaß war die serbische Weigerung, neue Gebirgskanonen nicht mehr in Österreich-Ungarn (bei Škoda) zu bestellen, sondern in Frankreich (bei Schneider-Creusot). Auch im Interesse ungarischer Agrarier verhängte Wien 1906 gegen den mit Ungarn konkurrierenden serbischen Agrarexport bis 1911 ein Embargo, das vor allem serbische Schweine traf.[3]

Wirtschaftlich wie politisch war der »Schweinekrieg« für Österreich-Ungarn ein Fehlschlag: Nach großen Anfangsschwierigkeiten fand der serbische Agrarexport eine Alternative im westlichen Europa über Saloniki und das Mittelmeer. Für die industrielle Ausrüstung sprang Deutschland ein und unterlief damit kaltblütig die außenpolitische Strategie seines Verbündeten um kurzfristiger wirtschaftlicher Vorteile willen. Politisch war der »Schweinekrieg« für die Donaumonarchie noch verheerender: Österreich-Ungarn selbst stieß die serbischen Bauern förmlich in die Politisierung eines sich radikalisierenden Nationalismus. Mochte für sie die südslawische Einigung nur ein abstraktes Ideal gewesen sein, so traf die Donaumonarchie mit dem »Schweinekrieg« unmittelbar ihr wirtschaftliches Eigeninteresse. Anschließend entfachte die Bosnische Annexionskrise einen Sturm der Entrüstung in Serbien und förderte einen sich nun verstärkt territorialen Zielen zuwendenden serbischen Nationalismus, der sich um Bosnien-Herzegovina betrogen sah.

In der Erregung der Annexionskrise bildete sich in Serbien mit der »Narodna Odbrana« (»Volkswehr«) schon vor dem erwarteten Krieg eine Art offizielle Partisanenorganisation: defensiv zur Verteidigung Serbiens gegen eine damals befürchtete Invasion Österreich-Ungarns, offensiv zur Befreiung von Bosnien-Herzegovina. In der nationalen Depression nach Ende der Annexionskrise zog sich die Regierung zurück, so daß die »Narodna Odbrana« praktisch aufhörte zu existieren. Mit einem Neubeginn 1910 änderte sie ihren Charakter. Sie wurde nun ein Propaganda- und Erziehungsverein mit nationalrevolutionären, auch allgemeinen erwachsenenbildnerischen Zielen, vor allem durch ihren Kampf gegen den Analphabetismus. Politisch dominierte die Agitation zur Vereinigung aller Südslawen. Die »Narodna Odbrana« war in rund 400 lokale Komitees untergliedert und hielt im Untergrund Verbindung zur nationalrevolutionären Opposition in Bosnien-Herzegovina. Im Ultimatum vom 23. Juli 1914 forderte Österreich-Ungarn die Auflösung der inzwischen relativ gemäßigten »Narodna Odbrana«, nicht dagegen die der extremeren »Schwarzen Hand«.

Weit radikalere Konsequenzen hatte die Annexionskrise später in Serbien und Bosnien-Herzegovina selbst: Mit Gründung der radikalnationalistischen »Ujedinjenje ili Smrt« (»Einheit oder Tod«) im August 1911, im Volksmund auch »Schwarze Hand« genannt, formierte sich in Serbien der extremste Flügel der südslawischen Nationalbewegung. Er bestand vor allem aus Offizieren, die schon den Staatsstreich von 1903 ausgeführt hatten, und Intellektuellen. Ihrem Charakter als Geheimgesellschaft zum Trotz hatte die »Schwarze Hand« eine eigene Zeitschrift als politisches Organ mit dem programmatischen Titel »Pijemont«. Historische Botschaft und politische Stoßrichtung waren klar: Serbien war das Piemont eines südslawischen Risorgimento und damit eine gezielte Provokation gegen Österreich-Ungarn. Haupt der »Schwarzen Hand« war der Chef des serbischen militärischen Geheimdienstes, Oberst Dragutin Dimitrijević, nach seinem Decknamen auch als »Apis« bekannt. Er und die »Schwarze Hand« verfochten die großserbische Variante des südslawischen Nationalismus mit allen Mitteln. In ihrem gewalttätigen Aktionismus nach innen und außen forcierte die »Schwarze Hand« den Endkampf gegen die Donaumonarchie zur Befreiung der südslawischen Irredenta mit kompromißloser Härte. Sie darf daher als die serbische Kriegspartei gelten, in Parallele zur ebenfalls extremen Kriegspartei in Österreich-Ungarn unter Hötzendorf. Wie die österreichische Kriegspartei ohne deutsche Rückendeckung nicht losschlagen konnte, so war auch die serbische auf die Hilfe einer Großmacht angewiesen – Rußland.

Aber selbst Apis' innerserbischer Gegenspieler, der »Grand Old Man« des serbischen Nationalismus, der Alt-Radikale und langjährige Ministerpräsident Nikola Pašić, der mit zunehmendem Alter bei einer bedächtigeren Gangart zur Erreichung der südslawischen Ziele angelangt war, sah deutlich die langfristigen Konsequenzen des serbischen Nationalismus. Die vorübergehende Lähmung der russischen Machtpolitik auf dem Balkan durch die Russische Revolution wendete er positiv, wie aus einer von den Österreichern 1909 abgefangenen vertraulichen Stellungnahme hervorgeht: In Rußland, »auf dem Wege zu einer gesunden Demokratisierung«, werde eine weitere »Umgestaltung«, also die Revolution, nicht mehr lange auf sich warten lassen, und dann würden die Beziehungen zu Serbien noch enger, weil »wir es jetzt unmittelbar mit dem russischen Volke zu tun« haben:

> »Österreich ist unter uns Serben und Südslawen eingedrungen. Wir werden es in die Luft sprengen, denn wir sind Sprengstoff. Ich sehe diesbezüglich der Zukunft mit großer Zuversicht entgegen.«[4]

d) Der innerserbische Machtkampf 1913/14

Auch in Serbien eskalierte die Interaktion der Extremen auf beiden Seiten – »Schwarze Hand« gegen Alt-Radikale – die Spannungen bis zum offenen Konflikt. Nach dem 2. Balkankrieg trieb die »Schwarze Hand« den (an sich normalen) Gegensatz zwischen militärischer und politischer Führung zum offenen, wenn auch teilweise verdeckt geführten Konflikt nach innen. Nachdem sich Serbien durch die beiden Balkankriege mit seinen Eroberungen in Makedonien und des Kosovo territorial fast auf das Doppelte vergrößert hatte, ging es im innerserbischen Machtkampf scheinbar nur um taktische Differenzen gegenüber dem neuen gemeinsamen Hauptgegner Österreich-Ungarn. Aber beide Seiten führten den internen Machtkampf mit der üblichen

Heftigkeit, wenn Nuancen in der Taktik sehr wohl zu erheblichen politischen Differenzen über das Gesamtziel führen.

Andererseits bahnte sich damals eine tragische Ironie an, die erst heute deutlich wird: Während für Österreich-Ungarn noch die Zeitbombe Bosnien-Herzegovina tickte, die die Doppelmonarchie mit Sarajevo und dem Ersten Weltkrieg wenige Jahre später tatsächlich zerriß, verleibte sich das aufstrebende Serbien mit dem überwiegend albanisch besiedelten Kosovo den zusätzlichen Explosivstoff selbst ein, der das heutige Jugoslawien, Erbe des vergrößerten Serbien, ähnlich zu zerreißen droht. Beide historischen Sprengstoffe sind mit einer Person verknüpft, Vaso Čubrilović, dem letzten überlebenden Attentäter von Sarejevo. In der Zwischenkriegszeit war er als jugoslawischer Landwirtschaftsminister Exponent eines Volkstumskampfes gegen die Albaner in Kosovo, der sich heute gegen die Serben wendet. Die Rolle des österreichischen Gymnasiums in Mostar für die junge Intelligentsia Bosnien-Herzegovinas spielt inzwischen die von Jugoslawien für die Albaner eingerichtete Universität in Pristina, der Hauptstadt des Kosovo.

So war Serbien seit seinen großen militärischen und politischen Erfolgen in den letzten Monaten vor Kriegsausbruch nach innen gespalten und wie gelähmt. Der innerserbische Konflikt entzündete sich äußerlich an der Frage, ob die in den beiden Balkankriegen neueroberten Gebiete einer Militärverwaltung (damit indirekt der extremen »Schwarzen Hand« über den Chef des militärischen Geheimdienstes Apis-Dimitrijvić) zu unterstellen seien oder einer Zivilverwaltung (damit der gemäßigten politischen Führung des Landes). Dahinter stand die Streitfrage, wie die nächsten Etappen zur Erringung der südslawischen Einheit aussehen sollten. Nach der Verdrängung der Türken und der Schwächung der Bulgaren würde sich der Kampf unvermeidlich gegen das noch immer stärkere Österreich-Ungarn richten. Doch ohne die Hilfe Rußlands konnten auch die aktivistischen Extremisten nicht handeln. Zauderte Rußland wie bisher aus übergeordneten Gesichtspunkten gesamtrussischer Interessen, so konnte der extreme großserbische Aktionismus immerhin durch gezielte Provokationen eine Lage schaffen, in der sich auch ein zögerliches Rußland gegen die Donaumonarchie mitreißen ließe. Aus solchen strategischen Überlegungen drängte sich das Attentat von Sarajevo geradezu zwingend auf.

Zunächst endete der innerserbische Machtkampf zwischen Pašić und Apis, zwischen vorsichtigerem und rücksichtsloserem großserbischem Nationalismus, im innenpolitischen Patt, das vorgezogene Neuwahlen im Juni 1914 auflösen sollten. Parallel zum Agieren auf der offenen politischen Bühne von Wahlen und Parteikämpfen setzte sich im Untergrund der erbitterte Machtkampf zwischen gemäßigten Alt-Radikalen und aktivistischer Fundamentalopposition fort. Auf einer mittleren Linie fanden sich beide Kontrahenten gegen den gemeinsamen Feind, als die Regierung den Vidovdan erstmals zum offiziellen serbischen Nationalfeiertag erhob und am 28. Juni 1914 begehen ließ. Von da führte der Weg nach Sarajevo, zur Hauptstadt Bosniens, denn das Element südslawischer Propaganda im neuen serbischen Nationalfeiertag war unübersehbar.

Propaganda ganz anderer Art, die der »Tat«, d. h. politischen Mord, hatte inzwischen Apis von Belgrad aus für Sarajevo geplant, organisiert und finanziert. Ausführende allerdings waren junge Untertanen Österreich-Ungarns aus Bosnien-Herzegovina. Mitten in den serbischen Wahlkampf platzte das Attentat von Sarajevo hinein. Als Instrument des extremen Nationalismus großserbischer Prägung war es eine gezielte Provokation Österreich-Ungarns, um durch politischen Mord nach außen die innere Paralyse Serbiens aktivistisch zu überwinden.

2. Die Österreich-Ungarische Frage

Spiegelbildlich verkehrt zur Südslawischen Frage nimmt sich die historische Dimension für das Verhältnis der Habsburger Monarchie zu den Südslawen aus: Paternalistische Unterordnung der Südslawen schlug allmählich im Aufstieg des anfangs so kleinen Serbien in panikartige Angst vor der nationalen Dekomposition (= »Zersetzung«) durch die südslawische Nationalbewegung um. Im Zeitalter von Revolutionen, Nationalismus und Industrialisierung wandelte das südslawische Risorgimento mit seiner »Irredenta« die multinationale Donaumonarchie zur Österreich-Ungarischen Frage um. Parallel zum letzten Aufbäumen der Donaumonarchie ab 1906 rückte Serbien allmählich ins deutsche Feindbild, das seit Oktober 1913 voll durchschlug. Erst von da an begann sich die deutsche Reichsleitung in den letzten Vorkriegsmonaten auf die Eliminierung des aus verschiedenen Gründen als sperrig empfundenen Serbien einzustellen.

a) *Österreich und die Südslawen*

Insgesamt hatte Habsburg ein ambivalentes Verhältnis zu den Südslawen inner- und außerhalb der Monarchie. Die nördlichsten Südslawen, die Slowenen, waren ohnehin seit dem Mittelalter eng an die Deutschen angelehnt und schon früh in die österreichischen, zuletzt Habsburger Herzogtümer Krain und Kärnten integriert. Kroatien war traditionell Ungarn untergeordnet und wurde von Habsburg nach dem Zusammenbruch des mittelalterlichen Ungarn 1526 aus dessen Erbmasse übernommen. Aus den frühen Abwehrkämpfen gegen die Osmanen seit 1522/26, in deren Reihen viele »Süd-Südslawen« kämpften, war die österreichische Militärgrenze ab 1535 hervorgegangen. In ihr spielten »Nord-Südslawen«, meist Kroaten, eine tragende Rolle als Wehrbauern entlang der Grenze zur Türkei. Mit dem Zurückgehen der Türkengefahr seit dem 7. Türkenkrieg (1737–39) symbolisierte die schrittweise Auflösung der Militärgrenze ab 1851 eine wachsende Differenz der »Nord-Südslawen« zur Monarchie: 1804 hatte Österreich aus monarchischer Solidarität gegenüber dem Sultan im Zeitalter der Französischen Revolution und des beginnenden Nationalismus Hilfe für den Serbischen Aufstand abgelehnt, sogar das Angebot Karadjordjs, Serbien anschließend Österreich zu unterstellen.

Indem Napoleon I. 1805/9 die »Illyrischen Provinzen« einrichtete, initiierte er eine zunächst vage südslawische Nationalität. Aus der bonapartistischen Konkursmasse erbte Metternich 1815 das Konzept des »Illyrismus« als romantische Umschreibung einer proto-südslawischen Kulturbewegung auf dem Boden der Donaumonarchie. Metternich beschränkte den »Illyrismus« ganz aufs Kulturelle, um ihn politisch gegen zwei damals stärkere rivalisierende Kräfte auszuspielen, Ungarn und Italiener, die seit Jahrhunderten über Venedig die dalmatinische Küste sprachlich-kulturell geprägt hatten. 1848/49 wehrten sich Kroaten und Serben gegen den groß-ungarischen Chauvinismus, trugen zum Scheitern der ungarischen Revolution bei und stützten somit zumindest indirekt die Habsburger Monarchie ein letztes Mal. Der Ausgleich mit Ungarn 1867 eröffnete die Entfremdung der Südslawen vom Hause Habsburg, da der Habsburger Kaiser Franz Joseph als König von Ungarn dem magyarischen Reichschauvinismus den Weg zur repressiven Magyarisierung auch der Südslawen hatte freigeben müssen.

b) *Die neue Österreichisch-Ungarische Frage*

Der Ausgleich trieb die neue Doppelmonarchie in die Paralyse innenpolitischer Reformunfähigkeit, so daß es für Österreich-Ungarn immer schwerer wurde, seinen formalen Status als europäische Großmacht zu behaupten. Die Doppelmonarchie geriet auf die schiefe Bahn einer europäischen Groß-Frage, potentiell nicht minder explosiv als die berüchtigte Orientalische Frage: Österreich-Ungarn wurde zum kranken Mann Europas Nr. 2, nur noch zusammengehalten durch die Dynastie und den alten Kaiser Franz Joseph. Nach seinem Tod erwartete die Welt das Ende der Doppelmonarchie mit den üblichen Folgen – Krieg um die Verteilung der Erbstücke.

Der Ausgleich als mühsame Kompromißlösung verhinderte zunächst die offene Sezession der Ungarn in die Souveränität. Aber der Preis für die nochmalige Rettung der Habsburger-Monarchie war tödlich – freie Hand den Ungarn in ihrem fast souveränen Groß-Ungarn (»Trans-Leithanien«) für eine Politik erzwungener Assimilierung gegenüber allen nicht-ungarischen Minderheiten. In Cis-Leithanien waren die Deutschen, denen mit 1866 ihr nationalpolitisches Rückgrat gebrochen war, ohnehin zu schwach, um ihre früher dominierende Herrschaftsposition gegenüber den nicht-deutschen Minderheiten weiter zu behaupten. Unter dem Druck von Tschechen, Italienern und Polen entwickelte sich eine Art unsystematisierter Sub-Föderalismus, der aber nie konsequent und einheitlich war. Namentlich die Polen Galiziens verweigerten den von ihnen als Bauern sozial abhängigen Ruthenen (= West-Ukrainern) im östlichen Galizien entsprechende politische oder auch nur kulturelle Rechte.

Andererseits provozierte das unkontrollierbare Vordringen vormals unterdrückter Nationalitäten bei einem Teil der Deutschen ein groß- und alldeutsches Ressentiment in Deutsch-Österreich wie in den Randgebieten Böhmens und Mährens, dem späteren »Sudetenland«. Die österreichischen Groß- und Alldeutschen blickten voll Sehnsucht zum mächtigen deutschen Kaiserreich im Norden und schwächten so die Donaumonarchie doppelt: nach innen durch ihren Haß gegen die nicht-deutschen Nationalitäten, den die Deutschen bis zu ersten Stufen des vielzitierten Volkstumskampfes eskalierten, nach außen durch ihre Anschlußneigungen an das Reich. Dabei zerschlugen sie zaghafte Ansätze, Cis-Leithanien zu einem geregelten und konsequenten Föderalismus für wirklich alle Nationalitäten als Alternative zum repressiven Assimilations-Chauvinismus Groß-Ungarns weiterzuentwickeln. Im häufigen Wechsel innenpolitischer Systeme des »Fortwurschtelns« seit der Revolution 1848/49 half das allgemeine Wahlrecht 1907 für Cis-Leithanien nicht mehr: Das parlamentarische Chaos der national gespaltenen großen politischen Strömungen ratifizierte nur die Unregierbarkeit auch des österreichischen Teils der Doppelmonarchie.

Schwächten die Groß- und alldeutschen Österreichs die Donaumonarchie eher indirekt, so legten die magyarischen Chauvinisten Groß-Ungarns in Trans-Leithanien direkt die Axt an den Doppelstamm Österreich-Ungarn: Ihr repressiver Assimilations-Nationalismus trieb die ungarischen Südslawen, Kroaten und Serben (erst recht im seit 1908 annektierten Bosnien-Herzegovina) geradezu in die Arme des von Serbien ausgehenden südslawischen Nationalismus. Die Serbo-Kroatische Koalition im Königreich Ungarn seit 1905 brachte die neue Grundstimmung im politischen Raum erstmals spektakulär zum Ausdruck, zumal nach der Bosnischen Annexionskrise drei Jahre später.

Gewiß war das Niveau direkter Gewaltanwendung in Ungarn gleich Null, auf jeden Fall sehr viel niedriger als im Osmanischen Reich seit 1878 oder in den meisten Nachfolgestaaten zwischen den beiden Weltkriegen. Aber in einem sich im Prinzip weiter liberalisierenden und rechtsstaatlich entwickelnden Europa reichten die Methoden einer bürokratisch exekutierten assimilierenden Repression, um jahrhundertealte Loyalitäten der Südslawen gegenüber dem Haus Habsburg, das sie vor den Türken weitgehend geschützt hatte, zu zerstören. Schließlich konnten die Südslawen vor 1914 nicht ahnen, was ihnen ihr politischer Sieg über Österreich-Ungarn nach 1918 an neuen Problemen bescheren würde, denen gegenüber sich das »Völkergefängnis« der Donaumonarchie im nostalgischen Rückblick für manche Betroffene heute fast schon als traute Idylle ausnimmt.[5]

Mit der Okkupation Bosnien-Herzegovinas 1878 (vom Berliner Kongreß beschlossen am selben historischen 28. Juni, an dem auch Serbien und Montenegro ihre Unabhängigkeit erhielten) hatte sich jedoch die Donaumonarchie jene zusätzliche kritische Masse an südslawischem Sprengstoff einverleibt, den sie dreißig Jahre später mit der Annexion der beiden bisher immer noch nominell osmanischen Provinzen selbst aktivierte. Die Spannungen blieben so lange verdeckt oder schienen stillgelegt, wie sich Österreich-Ungarn außenpolitisch noch zurückhielt. Aber selbst in den letzten Jahren außenpolitischer Passivität konnte Außenminister Graf Goluchowski als Grundaxiom der österreichisch(-ungarisch)en Staatsräson gegenüber den Südslawen formulieren:

»Er [d. h. Goluchowski] würde auch niemals die Bildung eines Groß-Serbiens oder Groß-Montenegros zulassen; ebenso könne keine Rede sein, daß Konstantinopel an Rußland falle. Von dem Augenblick an, wo Rußland in Konstantinopel stünde und zwischen Adria und Donau ein großer slawischer Staat sich bilde, sei Österreich-Ungarn nicht mehr zu regieren. Die zentrifugalen Elemente würden es auseinandersprengen. Bevor Österreich die eine oder andere dieser Eventualitäten zuließe, würde es lieber an das Schwert appellieren.«[6]

Noch massiver brach die selbstzerstörerische Dialektik innen- und außenpolitischer Faktoren auf, als die Donaumonarchie unter Aehrenthal 1906 zu ihrer begrenzten Expansion gen Saloniki ansetzte. So konnte Conrad von Hötzendorf in seinem Brief an Erzherzog Franz Ferdinand vom 14. Dezember 1912, also auf dem Höhepunkt der Krise im 1. Balkankrieg, die Alternativen klar und zutreffend so umreißen:

»Der Zusammenschluß der südslawischen Rasse ist eine jener völkerbewegenden Erscheinungen, die sich nicht wegleugnen und nicht künstlich verwehren lassen. Es kann sich nur darum handeln, ob dieser Zusammenschluß innerhalb des Machtgebiets der Monarchie – also auf Kosten der Selbständigkeit Serbiens – oder ob er sich unter der Ägide Serbiens auf Kosten der Monarchie vollziehen wird. Diese Kosten bestünden für uns im Verlust der südslawischen Länder und damit fast des ganzen Küstengebiets. Territorial- und Prestigeverlust würden dabei die Monarchie zu einem Kleinstaat herabdrücken.«[7]

c) Österreich-Ungarns Flucht nach vorn, 1906–1914

Nach Jahrzehnten außenpolitischer Zurückhaltung seit der Okkupation Bosnien-Herzegovinas (1878) nutzte Österreich-Ungarn das relative Machtvakuum auf dem Balkan nach dem Russisch-Japanischen Krieg und der Ersten Russischen Revolution unter dem sozialen Aufsteiger Baron v. Aehrenthal 1906 zur vorletzten Phase eines außenpolitischen Aktionismus. Aehrenthals Expansion nach Saloniki stürzte die Donaumonarchie jedoch in ein Wespennest sich überschneidender Ambitionen von Türken, Griechen, Bulgaren, Serben und Russen. Seitdem steigerte sich das letzte Aufbäumen der Doppelmonarchie gegen das drohende Schicksal des Osmanischen Reichs zur hektischen Flucht nach vorn in den »Präventivkrieg« gegen das dynamischere Serbien. Denn bei allem taktischen Schwanken gegenüber Serbien blieb ein Dogma der österreichischen Staatsräson im 19. und frühen 20. Jahrhundert erhalten – kein gesamtsüdslawischer Staat. Die Okkupation Bosnien-Herzegovinas und des Sandschak von Novibasar (1878–1908) diente dem negativ formulierten Staatsziel ebenso wie alle weiteren außenpolitischen Aktionen seit Aehrenthal: »Schweinekrieg«, Annexion Bosnien-Herzegovinas, Widerstand gegen eine sich abzeichnende Union von Serbien mit Montenegro, die zuletzt schon als Kriegsgrund galt.

Andererseits schmiedete Thronfolger Franz Ferdinand Pläne, um nach seiner Thronbesteigung die südslawische Gefahr durch einen radikalen Umbau der Doppelmonarchie zu einem Trialismus Deutsche-Ungarn-Südslawen zu entschärfen. Unabhängig von der Frage, ob Franz Ferdinand je seine Träume hätte realisieren können – die Gerüchte um sie genügten schon, ihm die tödliche Feindschaft von zwei Seiten einzutragen: Die Ungarn befürchteten, ein Trialismus mit den Südslawen würde ihren großungarischen Zentralismus in Trans-Leithanien schwächen und den Weg zu einer konsequenten Föderalisierung der einstigen Doppelmonarchie freigeben, so daß die Magyaren zu einer (wenn auch noch immer großen) Nationalität unter anderen, dazu noch in einem territorial verkleinerten Ungarn, absinken würden. Andererseits befürchteten extreme südslawische Nationalisten, eine national-politische Befriedung der Südslawen in einer trialistischen oder föderalisierten Donaumonarchie könnte ihrem südslawischen Nationalismus den Boden entziehen. Die Feindschaft extremer südslawischer Nationalisten gegenüber den Projekten Franz Ferdinands außerhalb wie innerhalb der Donaumonarchie mündete logisch ins Attentat von Sarajevo. Die Gegnerschaft der Magyaren offenbarte sich in der kühlen bis erleichterten Reaktion auf die Ermordung des ungeliebten Thronfolgers in Sarajevo.

Geradezu besessen von der fixen Idee eines »Präventivkrieges« – abwechselnd gegen den unzuverlässigen Dreibundpartner Italien und gegen Serbien – war der k. u. k. Generalstabschef Baron Conrad von Hötzendorf. Er wollte die Donaumonarchie von ihren inneren Übeln befreien, bevor die südslawische Agitation Österreich-Ungarn von innen und außen vollends zersetzen würde. Damit kam Hötzendorf jedoch den Trialismusplänen Franz Ferdinands in die Quere und mußte 1911 vorübergehend seinen Posten räumen. Seine Rückkehr ins Amt signalisierte die tatsächliche Stärke einer Kriegspartei, die Österreich-Ungarn aus Angst vor der eigenen Schwäche in außenpolitische Abenteuer stürzen wollte. So trieb Wien nach 1906 alle größeren Krisen bis zur Kriegsdrohung gegen Serbien voran, die Bosnische Annexionskrise 1908, die beiden Balkankriege 1912/13, zuletzt noch im Oktober 1913 in den Nachwehen des 2. Balkankrieges. Je mehr sich Rußland militärisch erholte und als handlungsfähige Groß- und Weltmacht zurückkehrte, desto größer wurde die Wahrscheinlichkeit, daß es seinen neuen Schützling Serbien einmal wirklich unterstützen würde.

d) Deutschland und die Österreich-Ungarische Frage

Die unübersehbaren Auflösungserscheinungen in der Donaumonarchie warfen auch für das mächtige Deutsche Reich bange Fragen auf: Aufgelaufen mit seiner »Weltpolitik« an der selbstgeschaffenen Isolierung im Europäischen System wie im neuen Weltsystem, war Österreich-Ungarn tatsächlich der letzte halbwegs zuverlässige Bündnisgenosse, ohne den jede Aussicht auf Erfolg der »Weltpolitik« dahinschwinden mußte. Politisch zuverlässig im deutschen Sinn funktionierten aber nur noch die politische Führung in der Doppelmonarchie und die beiden führenden Reichsvölker, Deutsche und Ungarn, während die Loyalität der meisten Nationalitäten, vor allem der Südslawen, immer fraglicher wurde.

Die neue Österreich-Ungarische Frage konfrontierte das Reich mit einem unlösbaren Dilemma: Eine Konservierung der Donaumonarchie mit politischen Mitteln war nur denkbar, wenn Deutschland die Föderalisierung Österreich-Ungarns selbst auf die Gefahr demokratischer Konsequenzen stützte. Damit hätte sich das Reich aber gegenüber der Doppelmonarchie in die Aporie, die paralysierende Unfähigkeit zur klaren Aktion, getrieben: Seit Bismarcks Drohung mit der ungarischen Revolution 1866 im Rücken Österreichs und dem Ausgleich von 1867 funktionierte die Achse Berlin-Budapest zwischen ostelbischen Agrariern und magyarischen Großgrundbesitzern mit vergleichbaren sozio-ökonomischen Strukturen und ideologischen Zielsetzungen. Der Zweibund Deutschland/Österreich-Ungarn beruhte geradezu auf der politisch-ideologischen Kooperation des preußischen Ostelbien mit Ungarn. Eine deutsche Präferenz für eine Föderalisierung der Donaumonarchie hätte die ungarische Basis für den Zweibund weggesprengt. Aber ohne Föderalisierung (gegen Ungarn) war eine Erhaltung der Doppelmonarchie nicht denkbar. Die Föderalisierung mit deutscher Unterstützung schied daher als denkbare Möglichkeit aus, nicht zuletzt weil sie unerwünschte Rückwirkungen auf nicht-deutsche Minderheiten in strategisch empfindlichen Grenzgebieten des Reiches gehabt hätte. Vor allem ein nationales Selbstbestimmungsrecht der Polen hätte auf die Dauer, wie Bismarck schon 1848 sah, mit dem Verlust Posens und Westpreußens die Verbindung zwischen Ostpreußen und Schlesien und damit die Ostgrenze des Reiches destabilisiert.

So drängte sich ein verlockender Ausweg aus dem deutschen Dilemma gegenüber Österreich-Ungarn auf, die Versuchung zu seiner Aufteilung: Deutsch-Österreich, evtl. erweitert um das fast deutsch eingekreiste Böhmen und Mähren, würde zu Deutschland kommen, das sich so die großdeutschen Träume der Paulskirche von 1848/49 hätte erfüllen können. Dadurch wäre ein mächtiges, national nahezu homogenes Großdeutschland entstanden, in der Defensive schier unüberwindlich. Die Möglichkeit einer Aufteilung Österreich-Ungarns blitzte immerhin in einem Privatschreiben des deutschen Botschafters von Tschirschky an Staatssekretär von Jagow am 22. Mai 1914, also nur fünf Wochen vor Sarajevo, auf. Sie drängte sich aus der anhaltenden Schwäche Österreich-Ungarns folgerichtig von selbst auf:

> »Wie oft lege ich mir in Gedanken die Frage vor, ob es sich wirklich noch lohnt, uns so fest an dieses in allen Fugen krachende Staatengebilde anzuschließen und die mühsame Arbeit weiter zu leisten, es mit fortzuschleppen. Aber ich sehe noch keine andere politische Konstellation, die uns einen Ersatz für das immerhin noch vorhandene Plus bieten könnte, das in der Allianz mit der mitteleuropäischen Macht liegt. Denn *ohne* diese Allianz müßte unsere Politik notgedrungen auf eine Aufteilung der Monarchie hinzielen. Ob wir dafür carte blanche von England erhalten würden, selbst wenn dieses mit uns in ein wirklich festes Verhältnis hätte gebracht werden können, ist zu bezweifeln, ebenso auch, ob eine Angliederung der deutschen Provinzen an uns auf die Dauer für uns günstig wirken würde. Die Frucht muß, wie mir scheint, noch weiterreifen. Die Zeit wird am besten zeigen, ob es jemandem noch gelingen wird, die disparaten Kräfte der Länder der Monarchie wieder stärkend zusammenzufassen. Mißlingt dieser Versuch, so wird dann sicherlich die Decomposition sehr schnell vor sich gehen und wir müssen dann unsere Politik danach einrichten.«[8]

Allerdings hätte sich Deutschland mit Rußland arrangieren und ihm freie Hand auf dem Balkan sowie gegen Konstantinopel zugestehen müssen. Das Deutsche Reich hätte sich damit jedoch von seiner bisherigen Expansionslinie ins Osmanische Reich selbst abgeschnitten und seine materiellen und ideellen Investitionen in der Türkei abschreiben müssen.

e) Deutschland und die Südslawische Frage: Serbien als Hindernis der »Weltpolitik« 1913/14

Unabhängig von allen Plänen und Gegenplänen – militärischen wie politischen – in der todgeweihten Donaumonarchie lag die letzte Entscheidung über Krieg und Frieden im Europäischen System schon nicht mehr bei Österreich-Ungarn, sondern beim Deutschen Reich, dem mächtigsten Partner des Dreibundes. Was auch immer Österreich-Ungarn gegen Italien oder Serbien vorhatte, wegen der zu erwartenden außenpolitischen Komplikationen mußte Deutschland stets den letzten Ausschlag geben. Schon einen Krieg gegen das kleine Serbien konnte Österreich-Ungarn nicht allein durchstehen, wenn die militärische Intervention Rußlands drohte.

Die deutsche Haltung gegenüber der Südslawischen Frage, besonders gegenüber Serbien, machte einige wichtige Veränderungen durch: Solange die Deutschen noch mit sich selbst und ihrer eigenen Deutschen Frage beschäftigt waren, hatten sie keine Interessen am Balkan. Vages Gerede deutscher Liberaler von »deutscher Mission« Österreichs und deutscher Ordnung bis Konstantinopel um 1848 blieb unterhalb der Ebene staatlicher Verlautbarungen. Für Marx und Engels – mithin für die deutsche Arbeiterbewegung – gehörten die Südslawen ohnehin zu den geschichts- und staatenlosen Gesellschaften minderen Ranges gegenüber den großen Kultur- und Machtnationen Europas.

Die Reichsgründung brachte scheinbar keine Veränderung. Noch in der Großen Orientkrise 1875-78 waren die ökonomischen Interessen Deutschlands auf dem Balkan tatsächlich sehr gering. So konnte zumindest der deutsche Konsul in Mostar 1876 auf entsprechende Anfrage des Auswärtigen Amtes für seinen Amtsbezirk Herzegovina melden, daß keine deutschen Reichsangehörigen dort lebten,[9] also auch keine ökonomischen Interessen vertraten. Für Bismarcks Kontinentalpolitik blieb der Balkan jenseits des Betätigungsfeldes, das für das junge Reich als legitim gelten konnte. Aber schon Deutschlands beginnendes Engagement im Osmanischen Reich veränderte langfristig die deutsche Sicht des Balkans. Den Anfang hatten 1883 noch unter Bismarck die Entsendung deutschen Personals und der Bau der Anatolischen Bahn (ab 1888) gemacht.[10] Der Übergang von der Kontinental- zur »Weltpolitik« unter Caprivi, gar die »Weltpolitik« selbst, kulminierend im Bau der »deutschen« Bagdadbahn ab 1899, beendete das deutsche Desinteresse am Balkan.

Zunächst dauerte es geraume Zeit, bis die deutsche Politik die objektiven Veränderungen auch subjektiv wahrnahm und daraus Schlüsse in Übereinstimmung mit ihrer »Weltpolitik« zog. Deshalb schwankte die deutsche Politik anfangs zwischen ökonomischer Hilfe für Serbien im »Schweinekrieg«, die Deutschland an Stelle Österreich-Ungarns zum größten Handelspartner Serbiens machte,[11] und politischer Unterstützung für Österreich-Ungarn gegen Serbien am Ende der Bosnischen Annexionskrise im März 1909. Während der Balkankriege setzten sich die Unsicherheiten fort. Anfangs zeigte selbst der Kaiser Verständnis für die nationalen Aspirationen der Südslawen.[12] Doch gab Generalstabschef Moltke gegenüber seinem Kollegen in Wien, Conrad von Hötzendorf, schon im Februar 1913 die Parole vom kommenden Krieg des »Germanentums« gegen das »Slawentum« aus,[13] mit der Deutschland tatsächlich 1914 in den Krieg zog.

Mit dem zuletzt immer intensiveren Engagement des Reichs in der Türkei erhöhte sich entsprechend die Bedeutung des Balkans und der Donaumonarchie als strategische Durchgangsländer für die deutsche Expansion nach Südost ins Osmanische Reich. Die »deutsche« Bagdadbahn verlangte logisch die Fortsetzung der Eisenbahnlinie von Konstantinopel nach Berlin oder Hamburg, wie es damals meist hieß. Mit der drohenden Dekomposition Österreich-Ungarns unter der Wucht der südslawischen Bewegung von innen und außen erhöhte sich zugleich der machtpolitische Wert des letzten sicheren Verbündeten: Ohne Österreich-Ungarn würde Deutschland jede territoriale Basis seiner »Weltpolitik« in Europa verlieren.

Je mehr sich die innere Unlösbarkeit der Österreich-Ungarischen angesichts der Südslawischen Frage offenbarte, desto mehr rückte Serbien im letzten Vorkriegsjahr immer eindeutiger in die Position eines störrischen Hindernisses deutscher »Weltpolitik«. Auf dem Weg zu einer durchgängig vom Reich kontrollierten Eisenbahnstrecke Hamburg-Konstantinopel war Serbien schon geographisch ein Stolperstein. Vollends unerträglich wurde es als Hort der südslawischen Agitation – eine geballte Ladung panslawischen Sprengstoffs, der die Doppelmonarchie in die Luft sprengen würde, zugleich im Interesse des hinter ihm stehenden Rußland und seiner traditionellen Expansion. Spätestens seit Oktober 1913 schwenkte der Kaiser auf einen von da an konstant anti-serbischen Kurs ein: Auf dem Schlachtfeld von Leipzig ermunterte er am 18. Oktober 1913 Conrad von Hötzendorf bei seinem Besuch auf Konopischt in Böhmen, am 23. Oktober Franz Ferdinand und am 26. Oktober in Wien Außenminister Graf Berchtold zu einem harten Vorgehen gegen Serbien – Krieg. Längst vor Sarajevo fielen in Berlin – intern und gegenüber Österreich-Ungarn – alle wesentlichen Argumente für einen baldigen Blitzkrieg gegen Serbien: Serbien als Gefährdung Österreich-Ungarns ist zu beseitigen, notfalls mit Gewalt. Auch die internationalen Konsequenzen waren Berlin klar: Eingreifen Rußlands, Kontinentalkrieg unter Einschluß Deutschlands und Frankreichs, vermutlich auch Intervention Englands, also Weltkrieg.

3. Das Attentat von Sarajevo, 28. Juni 1914

Das gängige Bild von Sarajevo als Funke, der das Pulverfaß Balkan explodieren ließ und damit die Konflagration des Ersten Weltkriegs auslöste, verweist wieder zurück in das Labyrinth südslawischer Geschichte bis zum 28. Juni 1914. Zugleich führt die unmittelbare Vorgeschichte zwei extreme Hauptstränge des südslawischen Nationalismus zusammen: die großserbische »Schwarze Hand« in Belgrad, die das Attentat organisierte und finanzierte einerseits, und »Jung-Bosnien«, die föderalistisch orientierte Attentätergruppe von Sarajevo aus der k. u. k. Doppelmonarchie andererseits, die das Attentat ursprünglich vorschlug und es in letzter Instanz auch selbst ausführte. In panischer Existenzangst verbanden die Führer der Donaumonarchie die Konfliktpotentiale der Österreich-Ungarischen mit denen der Südslawischen Frage. Die österreich-ungarischen Staatsmänner vom Juli 1914 hatten offenbar die weise Resignation ihrer Vorgänger sechzig Jahre zuvor vergessen oder verdrängt, die der Monarchie aus Einsicht in die katastrophalen Folgen eines jeden Großkriegs für den labilen Vielvölkerstaat 1854 die Teilnahme am Krimkrieg erspart hatte. Da der Erste Weltkrieg nun einmal über Serbien begann, bleibt nur noch die Frage, wie Österreich-Ungarn den letzten ausschlaggebenden Anstoß erhielt, der die Welt kopfüber in die Katastrophe des globalen Krieges stürzte. Eine realistische Sicht des Ersten Weltkrieges und seiner Vorgeschichte muß aber auch die Motive der Attentäter von Sarajevo durch historische Einordnung ihres Wollens ernst nehmen.

Ende Juni 1914 waren die Dominoreihen schon aufgestellt, in Berlin und Wien klarer und bewußter als bei der Triple Entente. Allen Beteiligten waren die Mechanismen deutlich, die zum Weltkrieg führen würden, auch der Ausgangspunkt der Kettenreaktion, die sich schon, für alle sichtbar, durch eine Serie internationaler Krisen aufgebaut hatte – Krieg Österreich-Ungarns gegen Serbien. Die Absicht zum

Lokalkrieg gegen Serbien hatte Wien, diplomatisch verpackt durch Ultimaten und Mobilmachungen, schon mehrfach zu erkennen gegeben. Es fehlte nur noch der letzte Mut der Verzweiflung zum Sprung in den Abgrund, der vorgeblich die Donaumonarchie durch einen raschen Sieg über das kleine Serbien noch einmal sanieren sollte.

a) Bosnien-Herzegovina und seine neue Intelligentsia

Die Attentätergruppe von Sarajevo, »Jung-Bosnien«, stand in einer Tradition des gewaltsamen Widerstandes, der sich bis 1875 nur gegen das Osmanische Reich, seit 1878 auch gegen Österreich-Ungarn richtete: Gavrilo Princips Vater und Großvater gehörten zu den Aufständischen von 1875.[14] Durch Zugang der jungen Generation zur modernen Bildung und den Anschluß an moderne politische Strömungen war die einheimische Widerstandstradition gleichsam intellektualisiert und internationalisiert worden. Ihre Tat war geboren aus Verzweiflung über die weitgehende Rechtlosigkeit ihrer Heimat Bosnien-Herzegovina ohne nennenswerte Autonomie. »Jung-Bosnien« trat zwar für eine föderalistische Variante zur Beantwortung der Südslawischen Frage ein, ließ sich aber für das Attentat finanzieren, ausbilden und ausrüsten vom extremen Flügel des großserbischen, antiföderalistischen Nationalismus in Serbien selbst, der »Schwarzen Hand«.

Die Bevölkerung Bosnien-Herzegovinas bestand überwiegend aus Südslawen, aber ihre religiöse Dreiteilung – ungefähr je ein Drittel Orthodoxe, Katholiken und Muslims – komplizierte politisch-ethnisch die Situation noch weiter: Ungefähr deckte sich, wenn auch mit vielen lokalen Abweichungen, als grobe Erstorientierung die Zugehörigkeit zur Orthodoxie mit dem Serbentum, die zum Katholizismus mit dem Kroatentum (mit Überlappungen, wie das Beispiel der katholischen Serben Princip im Nordwesten der Herzegovina beweist). Dagegen waren die Muslims zwar überwiegend ebenfalls Südslawen, aber noch so stark türkisch geprägt, daß sie oft als »Türken« galten. Die komplexe Bevölkerungsstruktur Bosnien-Herzegovinas nach Religion und »ethnischer« Zugehörigkeit macht die föderalistische Variante der südslawischen Nationalbewegung plausibel, wie sie »Jung-Bosnien« vertrat. Andererseits erleichterte es die religiös-ethnische Zerrissenheit – noch verstärkt durch den niedrigen sozio-ökonomischen Entwicklungsstand beider Provinzen – Österreich-Ungarn, der Bevölkerung politische Mitbestimmung zu verweigern. Seit der Okkupation 1878 hatte Bosnien-Herzegovina innerhalb der Donaumonarchie einen Sonderstatus, der dem der »Reichslande« Elsaß-Lothringen nach 1871 im Deutschen Kaiserreich nachempfunden war. Der langsame Anschluß an die Modernisierung, u. a. mit einer ersten Schmalspureisenbahn von Sarajevo über Mostar nach Dubrovnik zur Adria, bot langfristig keinen Ersatz für die äußerst beschränkte regionale Autonomie beider Provinzen.[15]

Der jüngere Widerstand gegen Österreich-Ungarn brach erstmals in den Kämpfen gegen die österreich-ungarische Okkupation 1878 aus, kurz darauf im Aufstand in der Herzegovina von 1882, der auch auf Teile Bosniens übergriff, als Protest gegen die zumindest kurzfristige Verschlechterung der Lebensverhältnisse für die südslawischen Bauern.[16]

Wie üblich ging die Initiative von einer heranwachsenden Generation aus, die alle Vorteile des neuen Systems wahrnahm – moderne Bildungschancen und Freizügigkeit als Teil einer allgemeinen Modernisierung in einem grundsätzlich rechtsstaatlichen System. Andererseits sah und verabsolutierte sie die Nachteile der historischen Situation, die faktische Rechtlosigkeit ihrer Heimat. Ausgangspunkt für die sozialgeschichtliche Einordnung des Attentats von Sarajevo ist daher die neue Intelligentsia. Sie ging in Mostar, der Hauptstadt Herzegovinas, durch das erste und bis dahin einzige (humanistische) Gymnasium, das die Österreicher 1893 eingerichtet hatten. Schüler, Studenten und junge Lehrer hielten enge Verbindung zu dem Land, von dem sie kamen, schon weil sie in den Schulferien, nach dem Abitur oder nach dem Studium immer wieder ins heimatliche Dorf zurückkehrten, wenn sie arbeits- und einkommenslos waren. Die österreichischen Behörden verboten den Gymnasiasten in Mostar jegliche Organisierung oder öffentliche Betätigung, sogar den Besuch von Gerichtsverhandlungen. Als natürliche Reaktion auf derart strikte Verbote organisierten sich die jungen Leute ab 1899 insgeheim im Untergrund und radikalisierten sich.

Aus geheimen Lesezirkeln, die den Schülern subversive Literatur zugänglich machten, entstand in Mostar allmählich ein Zentrum südslawischer serbo-kroatischer Literatur. Von vornherein politisch war die Geheimorganisation »Sloboda« (»Freiheit«), deren Mitglieder teils groß-serbischen Nationalismus, teils föderalistische Ideen propagierten. Trotz ihrer relativen Isolierung standen sie in Verbindung zur national- und sozialrevolutionären Gärung in Europa zu Beginn des 20. Jahrhunderts. Die Erste Russische Revolution von 1905 hinterließ einen tiefen Eindruck und verstärkte die Hinwendung zur Agrarfrage auch in Bosnien und Herzegovina, die dort noch immer das drängendste soziale Problem war. Tschernischeswki, Bakunin, Herzen, Dostojewski und Gorki waren die einflußreichsten Autoren. Besonders prägend waren Mazzini und das italienische Risorgimento als geographisch näher liegendes Vorbild für die Vereinigung der Südslawen. Aufenthalte und Studien im Ausland stärkten bei Absolventen des Gymnasiums in Mostar die Bereitschaft, revolutionäre bis anarchistische Ideen aufzunehmen.

Elektrisierend wirkte die Annexion Bosnien-Herzegovinas: Jede Chance zur weitergehenden Mitbestimmung schien damit abgeschnitten. Serbiens Erfolge in den beiden Balkankriegen lenkten die Aufmerksamkeit verstärkt auf den größten und am längsten unabhängigen Staat unter den Südslawen. Gleichzeitig suchten aus Frustration immer wieder neue Gruppen und Individuen die Lösung der Probleme im gezielten politischen Mord. So wuchs eine moderne Tradition des Tyrannenmordes als Teil des Südslawischen Nationalismus heran.

b) »Jung-Bosnien« und die »Schwarze Hand«

Aus der brodelnden Gärung kristallisierte sich zuletzt »Jung-Bosnien« als ausschlaggebende Gruppe heraus. Auch ihre Angehörigen waren durch das stilprägende Gymnasium von Mostar gegangen, junge Intelligentsia der ersten Generation, Bauernsöhne aus Bosnien und Herzegovina. Der Name ihrer Organisation »Jung-Bosnien« weist auf Mazzinis Vorbild und Tradition: Die nationalrevolutionäre Befreiung der Heimat sollte sich als Teilglied einem größeren Bunde befreiter Nationen in einem demokratisch erneuerten Europa einfügen. Hinein verwoben sich historische Regionaltraditionen und aktuelle politische Strömungen. Bäuerlicher Widerstand in Bosnien und Herzegovina, zunächst gegen Türken, dann gegen Österreich-Ungarn einerseits, anarchistische Tendenzen mit der »Propaganda der Tat«, also gezielte Terror- und Mordaktionen gegen ausgewählte Repräsentanten des herrschenden Staates andererseits, ergaben eine brisante Mischung.

Über verschiedene Umwege kam eine Verbindung zur »Schwarzen Hand« in Belgrad zustande, der die jungen, auf Taten drängenden Aktivisten gerade recht kamen. Die »Schwarze Hand« setzte sich aus heterogenen Kräften zusammen, wie sich erst aus der Erfahrung des Weltkrieges und der unmittelbaren Nachkriegszeit zeigte, als ihre früheren Anhänger in nationalistische und kommunistische Richtungen auseinanderfielen. In Serbien führte sie spätestens seit 1913 einen erbitterten Machtkampf gegen die etablierte politische Führung der Alt-Radikalen unter Ministerpräsident Pašić, dessen Politik zur Befreiung der südslawischen »Irredenta« in Österreich-Ungarn ihnen zu gemäßigt erschien. Die Organisierung des Attentats von Sarajevo entsprang daher innen- wie außenpolitischen Motiven. Für den Chef des serbischen Geheimdienstes Dimitrijević-Apis endete der Machtkampf 1917 im durch die Eroberung Serbiens erzwungenen Exil in Griechenland mit dem Geheimprozeß von Saloniki und vor dem Erschießungskommando. Zur Last gelegt wurden ihm die für Serbien verheerenden Rückwirkungen des Attentats von Sarajevo.

Daß die bosnischen Nationalrevolutionäre von einem föderalistischen Südslawien (»Jugoslawien«) träumten, brauchte die arrivierten großserbischen Techniker der Macht in Belgrad im Augenblick nicht weiter zu stören: Die Offiziere und Profis hatten Macht, Geldmittel, Waffen und Untergrundwissen. Die jungen Leute waren die geeigneten Instrumente, Österreich-Ungarn »zu Tode« zu provozieren, um die behäbigen Alt-Radikalen um Pašić und das zögerliche Rußland endlich in die befreiende Tat zu stoßen. In Belgrad erhielten die Attentäter von der »Schwarzen Hand« die nötige Ausbildung, Waffen und Geld.

c) Das Attentat

Die Proklamation des Vidovdan 1914 durch Serbien zum serbischen Nationalfeiertag hatte eine fatale Wirkung: Erzherzog Franz Ferdinand, ohnehin zu Manövern in Bosnien, erhielt aus Wien den politischen Auftrag, als Gegengewicht zum serbischen Vidovdan in Sarajevo, der Hauptstadt Bosniens, Flagge zu zeigen, um der serbisch-südslawischen Propaganda durch seine physische Präsenz entgegenzutreten. Indem sich der Thronfolger, der bei den extremen südslawischen Nationalisten wegen seiner Trialismuspläne verhaßt war, am 28. Juni auf dem ersten offiziellen Besuch der beiden Provinzen überhaupt in Sarajevo dem Volk zeigte, exponierte er sich als Zielscheibe entschlossener Attentäter.

Die »Schwarze Hand« mit ihrer ausgedehnten Infrastruktur schleuste die Attentätergruppe über die Grenze nach Bosnien, also ins Gebiet der Donaumonarchie. Unterwegs erreichte sie ein Gegenbefehl von Apis: Gerüchte über ein geplantes Attentat liefen im kleinen Serbien um und erreichten auch die dortige Regierung, die ebenso vage wie wirkungslos über diplomatische Kanäle Warnungen nach außen weiterleitete. Apis schien nunmehr das Attentat doch nicht mehr opportun und er blies das ganze Unternehmen ab. In dieser Situation ließen sich die Aktivisten von »Jung-Bosnien« aber nicht mehr von ihrem Mordplan abbringen. Sie setzten das Unternehmen fort, nunmehr auf eigene Faust und politisch auf eigene Rechnung.

Ein erster Attentatsversuch am Sonntag, dem 28. Juni, mit einer Handgranate scheiterte. Im zweiten Anlauf hatte Gavril Princip mehr »Erfolg«: Er erschoß den Thronfolger Erzherzog Franz Ferdinand und, allerdings unbeabsichtigt, dessen neben ihm im Auto sitzende Gattin. Die sieben Attentäter wurden rasch verhaftet und nach Kriegsbeginn vor Gericht gestellt. Da sie bis auf einen noch minderjährig waren, blieb sechs von ihnen die Todesstrafe erspart.

4. Die explosive Kumulierung von Zwangslagen: Europa im Juli 1914

Die Schüsse von Sarajevo trafen ein Europa, in dem sich über Jahrzehnte hinweg Spannungen bis zur Konfliktreife aufgeladen hatten, primär zwischen den europäischen Großmächten, aber letzten Endes – auslösend – zwischen einer Großmacht und einer kleineren Macht, Österreich-Ungarn und Serbien. Die Stimmung am Vorabend der Julikrise 1914 war zwiespältig, und dieser Zwiespalt setzt sich auch in der historischen Literatur fort: Einerseits betonte sie die sommerliche Friedlichkeit im Juni 1914, andererseits die Last der wachsenden, ja unerträglichen Spannungen, die sensible Politiker und Künstler in allen Ländern auf ihre Weise ausdrückten.[17]

Vergessen waren die einsamen Warner rechts (der ältere Moltke) und links (Engels), die eine Generation zuvor den nächsten Großkrieg als langwierige Auseinandersetzung zwischen hochgerüsteten und militarisierten Industrienationen vorausgesagt hatten. Allgemein überwog der Traum vom kurzen, »frisch-fröhlichen Krieg«, der nach einigen Entscheidungsschlachten bald zu Ende wäre:[18] »Zu Weihnachten seid ihr zu Hause«, wie es in Deutschland im Vertrauen auf das »Klappen« des Schlieffenplanes zuversichtlich hieß.

Entgegen dem weitverbreiteten Abscheu vor einem allgemeinen europäischen Krieg (= Weltkrieg) zwischen den »zivilisierten« Mächten – im Unterschied zu kleinen Kolonialkriegen in der je eigenen imperialistischen Machtsphäre – wuchs in einigen westlichen Ländern die Militarisierung zumindest von Teilen der öffentlichen Meinung, Agitationsverbänden usw. Nur so lassen sich die lautstarken Eruptionen kriegsfreudiger Begeisterung in allen kriegführenden Mächten unmittelbar nach Kriegsausbruch verstehen: »Burgfrieden«, »Augusterlebnis«, »Union Sacrée«, wie auch immer der gemeinsame Nenner hieß, er übertönte die leiseren Stimmen der Opposition. Autoren, zunächst in England und Frankreich, zuletzt auch in Deutschland, berauschten sich und ihr jeweiliges Publikum am Ausmalen künftiger Kriegsszenarien in Science-Fiction-Utopien jeweils gemäß der außenpolitischen Situation ihrer Länder.[19] Italienische Futuristen und deutsche Expressionisten schrieben förmlich den Krieg herbei.[20]

Ähnlich kompliziert wie die Gemütslage in Europa vor und bei Kriegsausbruch war auch die reale Situation: Alle Mächte, große und kleine, hatten ein Geflecht von innen- und außenpolitischen Faktoren zu berücksichtigen, waren zwar noch immer gespalten, handelten aber letzten Endes im entscheidenden Augenblick nach außen einheitlich. Wie generell vor Ausbruch (zumindest großer) Kriege und Revolutionen, sahen sich auch im Juli/August 1914 alle beteiligten Mächte unlösbaren Zwangslagen gegenüber: Was auch immer sie taten oder unterließen, geriet ihnen zum Nachteil, zumindest kurzfristig und in der damaligen Sicht ihrer Machtinteressen. Alle sahen sich von der Entwicklung und dem machtpolitischen Rivalen an die Wand gedrückt, so daß sie glaubten, zur *ultima ratio*, dem Krieg, greifen zu müssen. Bei näherem Zusehen läßt sich die internationale Lage in der Julikrise 1914 als Komplex von Dilemmata beschreiben, aus denen die Beteiligten versuchten, das für sie geringste Übel zu wählen, jedenfalls in der damals üblichen Definition traditioneller Machtpolitik, für die die Erhaltung des (europäischen) Friedens noch kein allgemein anerkannter Wert an sich war. Das jeweilige »nationale« Dilemma war das Produkt innerer wie äußerer Zwänge, ökonomischer wie sozialer, politischer, militärischer, ideologischer und psychologischer Faktoren. Historische Traditionen, frühere Aktionen und Vorgänge hatten ihr Eigengewicht; ältere Krisen und von ihnen geschaffene Fakten wirkten in die damalige Gegenwart vielfältig hinein. Zwangslagen konnten auch langfristige Konsequenzen eigenen Tuns in der Vergangenheit sein, das sich nun gegen die jeweilige Macht wandte. Das mögen Kurt Riezler und sein Kanzler Bethmann Hollweg gemeint haben, wenn sie unmittelbar vor dem Krieg von den großen, dunklen Zwängen sprachen, die Europa unwiderstehlich in den Krieg hineinzögen.[21]

Schreitet man die Dilemmata der an der Julikrise 1914 Beteiligten in der Reihenfolge ab, wie sie in historische Aktion traten – nach den Attentätern von Sarajevo und ihren Hintermännern in der »Schwarzen Hand« Serbien, Österreich-Ungarn, Rußland, Deutschland, Frankreich, England, Italien – so ergibt sich ungefähr folgendes Bild:

a) Die Attentäter und Serbien

Die Attentätergruppe von Sarajevo, »Jung-Bosnien«, kannte noch kein ernsthaftes politisches Dilemma, es sei denn das der persönlichen Selbstachtung als Nationalrevolutionäre, wären sie dem Befehl aus Belgrad gefolgt und hätten das Unternehmen, wie von ihnen verlangt, abgebrochen. Aber schon die »Schwarze Hand« und Apis als extremste Variante des südslawisch-großserbischen Nationalismus standen vor einer Zwangslage, in der sie das Attentat in letzter Minute aufgeben wollten: Angesichts der umlaufenden Gerüchte über ihr Vorhaben erschienen ihnen plötzlich die innen- wie außenpolitischen Weiterungen des Mordplanes unkalkulierbar, eingeklemmt zwischen den Aktivisten von »Jung-Bosnien« und der Alt-Radikalen Regierung Păsić.

Ganz gewiß aber sah sich die serbische Regierung Păsić nach Sarajevo einem schier unlösbaren Dilemma gegenüber: als gemäßigte südslawische Nationalisten nach innen zwischen der extremen »Schwarzen Hand«, nach außen zwischen Rußland als Schutzmacht Serbiens und Österreich-Ungarn. Die Konsequenzen der Südslawischen Bewegung bedrohten zwar langfristig die Donaumonarchie, die aber 1914 gegenüber dem kleinen Serbien militärisch immer noch übermächtig war. Eine glatte Unterwerfung unter die Bedingungen des österreich-ungarischen Ultimatums hätte vermutlich den Sturz der Regierung Pašić ausgelöst, ohne Serbien den Krieg gegen Österreich-Ungarn zu ersparen. Andererseits konnte sich Pašić nach der Erfahrung aus der Beendigung der Bosnischen Annexionskrise vom März 1909 nicht sicher sein, ob sich Rußland inzwischen hinreichend militärisch gestärkt fühlte, um Serbien nicht wieder zum Rückzug zu zwingen. Aus diesem Dilemma erklärt sich das insgesamt vorsichtige Lavieren der serbischen Regierung in der Julikrise 1914, ohne daß sie sich zu der (ihr innenpolitisch blockierten) völligen Annahme des Ultimatums hätte durchringen können.

b) Österreich-Ungarn

Österreich-Ungarn war in einer Zwangslage, die für Machtstrukturen kurz vor ihrem Untergang typisch ist: Die südslawische Nationalbewegung, zugespitzt im Attentat von Sarajevo, bedrohte den Vielvölkerstaat tatsächlich, da er sich durch Magyarisierung und Erstarrung bis hin zur Reformunfähigkeit selbst langfristig zum Untergang verurteilt hatte. Ein passives Hinnehmen von Sarajevo mußte das Prestige der

Donaumonarchie jedoch noch weiter sinken lassen, bei den eigenen Nationalitäten, den Südslawen außerhalb ihrer Grenzen wie bei den anderen Großmächten. Andererseits kam die Flucht nach vorn in den Krieg zur Niederwerfung des widerspenstigen Serbiens dem »Selbstmord aus Angst vor dem Tode« gleich. Das österreich-ungarische Dilemma verstärkte sich durch die Angst vor dem Panslawismus unter Rußlands Führung und dem Druck des mächtigen Deutschen Reiches, in dem zumindest die Alldeutschen (ähnlich wie die Panslawisten Rußlands) auf den Zerfall der Doppelmonarchie lauerten.

So wenig war die Führungsschicht Österreich-Ungarns ihrer selbst sicher, daß sie den Beschluß zum Krieg gegen Serbien von der Rükkendeckung Deutschlands gegen Rußland abhängig machte. Deutschland drängte seinerseits auf den Krieg gegen Serbien, schon damit sich Österreich-Ungarn als Großmacht und Deutschlands würdiger Bundesgenosse nach Jahren der inneren Schwäche wieder rehabilitieren würde. Die innere Gespaltenheit der Donaumonarchie läßt sich auch an der unterschiedlichen Haltung seiner Völker zum Krieg ablesen: Die beiden Reichsvölker, Deutsche und Ungarn, waren im wesentlichen für den Krieg und trugen bis zuletzt die Kriegsanstrengungen. Die übrigen Nationalitäten verhielten sich mehr oder minder abwartend bis ablehnend, vor allem die Tschechen, die bei sich bietenden Gelegenheiten aus politischen Gründen massenhaft zu den Russen überliefen.

c) *Rußland*

Das zaristische Rußland war ähnlich wie Österreich-Ungarn und das Osmanische Reich ein Vielvölkerstaat, hatte aber, anders als die Donaumonarchie, mit der Ersten Russischen Revolution von 1905/6 gerade eine schwere Erschütterung durchgemacht, die unheilverheißend in die Zukunft wies. Zwischen Autokratie einerseits, der latenten sozialen und nationalen Revolution andererseits, getrieben von der Dynamik einer jahrhundertealten territorialen Expansion und des großrussischen Chauvinismus, sah sich Rußland nach Sarajevo einem andersgearteten Dilemma gegenüber: Überließ es Serbien einer Rache- und Strafaktion Österreich-Ungarns, so verlor Rußland die seit dem Serbischen Aufstand von 1804 traditionelle Rolle als Schutzherr der Südslawen. Der enorme abermalige Prestigeverlust konnte die Abwendung der enttäuschten Balkanvölker nach sich ziehen. Der Weg für die Expansion Österreich-Ungarns und des hinter ihm stehenden, noch mächtigeren Deutschland auf dem Balkan wäre frei geworden. Ein Sperriegel der Mittelmächte zum Osmanischen Reich würde Rußland endgültig vom Mittelmeer fernhalten. Das Bündnis mit Frankreich wäre entwertet gewesen. Ein isoliertes Rußland hätte sich der weiter erstarkten Supermacht Deutschland ausgeliefert gesehen, mit ungewissen Zukunftsaussichten.

Die Konsequenzen nach innen waren abzusehen: Verschärfung des sozialrevolutionären Drucks, vielleicht auch ein Wiederaufleben nationaler Unruhen unter den nicht-russischen Nationalitäten wie in der Revolution 1905/6, im Extremfall die Ukrainer eingeschlossen. Rußlands Stellung als Groß- und künftige Weltmacht wäre gefährdet. Andererseits blieb sich die russische Führung bis zuletzt ihrer inneren Schwächen bewußt, vor allem der finanziellen, wirtschaftlichen und rüstungstechnischen, und zumindest im Juli 1914 hätte sie den großen Krieg gern noch vermieden. So erklärt sich das vielfache Schwanken vor allem der politischen Führung und des Zaren, während die militärische Führung darauf drängte, die österreichisch-deutsche Herausforderung anzunehmen. Die historischen Folgen des Ersten Weltkriegs gaben vordergründig dem Zaren und seinen zivilen Beratern recht: Die Niederlagen in der geographischen Isolierung führten 1917 zum Sturz der Autokratie und der Monarchie durch die Revolution in zwei Etappen. Aber die Revolution schuf dialektisch auch die Voraussetzungen zum späteren Aufstieg des revolutionierten Rußland als UdSSR. Viele Angehörige der zaristischen Elite, Militärs wie Zivilisten, schlossen sich der Oktoberrevolution an oder stellten sich in ihren Dienst aus Patriotismus und verwundetem Stolz über die Niederlage Rußlands. Großrussischer Chauvinismus und Mißtrauen gegen das Ausland blieben – allem internationalistischen Pathos zum Trotz – stärkste Kontinuitätselemente vom zaristischen Rußland bis zur UdSSR (erst recht nach dem Aufstieg durch die Leiden des Zweiten Weltkriegs hindurch zur Weltmacht Nr. 2, die gegenwärtig ihre Existenzkrise erlebt).

d) Deutschland

Das deutsche Dilemma war noch kompliziert durch das österreichungarische. Nach innen mußte das Reich seinen ökonomischen Aufstieg mit einer strukturellen Schwäche durch wachsende Polarisierung zwischen seinem industriellen und agrarischen Sektor bezahlen: Sozial vertiefte sich der Gegensatz zwischen der wachsenden Industriearbeiterschaft und dem sich an seine ökonomischen und politischen Privilegien klammernden Junkertum Ostelbiens, politisch zwischen wachsender Sozialdemokratie, die zusammen mit den Linksliberalen schon bald die Mehrheit im Reichstag erreichen könnte, und einer sich weiter radikalisierenden extremen Rechten mit Ausstrahlungen bis weit in die bürgerliche Rechte hinein. Alldeutsche, Antisemiten und Völkische als rechtsextreme Opposition im Zweiten Reich waren zugleich Vorboten des Nationalsozialismus, der künftigen Mehrheit im Dritten Reich. Der latente Konflikt zwischen eher friedens- oder ausgleichsbereiten und chauvinistisch-kriegerischen Kräften führte in die verfassungspolitische Stagnation und Reformunfähigkeit, die keinerlei Anpassung der politischen Institutionen an die sich durch die Industrialisierung weiter verändernde soziale Wirklichkeit im Reich zuließ. Noch nicht einmal eine Anpassung der Reichstagswahlkreise an die Bevölkerungsverschiebungen vom Land in die Städte erfolgte, geschweige denn Parlamentarisierung des Reichs, Ministerverantwortung oder Aufhebung des preußischen Dreiklassenwahlrechts bzw. ähnlicher Mehrklassenwahlrechte in anderen Bundesstaaten des Deutschen Reiches oder gar Preisgabe der konfliktproduzierenden »Weltpolitik«.

Vor allem Reichskanzler Bethmann Hollweg bemühte sich mit seiner »Politik der Diagonalen« bewußt um eine wenigstens deklamatorische Verständigung auf einer Zwischenposition, die aber (gemäß dem tatsächlichen Übergewicht eher rechter und konservativer Kräfte in Hof, Regierung, Armee, Marine, Bürokratie, Universitäten und Kirchen) traditionellen Kräften immer noch näherstand als der vereinigten sozialdemokratischen/linksliberalen Opposition. Besonders der Wahlsieg der SPD vom Januar 1912 spornte die extreme Rechte, repräsentiert durch die Alldeutschen, dazu an, einen erfolgreichen Angriffskrieg auf dem Kontinent zur Stabilisierung der von innen bedrohten Ordnung zu fordern.[22] Dagegen war die Haltung der Arbeiterschaft und der SPD bei einem Angriffskrieg unsicher. Nur bei einer klar von Rußland ausgehenden Aggression bestand Aussicht, die Loyalität der Linken im Großen Krieg zumindest für die Anfangsphase zu gewinnen.

Die widerstreitenden Kräfte im Innern, das Eigengewicht deutscher Expansions- und Machtpolitik seit der Reichsgründung und die dadurch in Europa entstandene neue Lage schufen ein kompliziertes Dilemma des Deutschen Reichs im Juli 1914: Ein Nachgeben hätte Österreich-Ungarn ins Rutschen gebracht und zum Verlust der territorialen Basis für die bisherige und künftige »Weltpolitik« geführt. Als Alternative bot der Krieg die Aussicht, den Rang einer Weltmacht endlich zu erringen, jedoch auch das Risiko, bei einem Scheitern alles bisher Erreichte aufs Spiel zu setzen.

Die objektive Bedrohung Österreich-Ungarns durch den Südslawischen Nationalismus, zugespitzt durch das Attentat von Sarajevo, die von Deutschland geförderte Reformunfähigkeit der Doppelmonarchie (unbedingtes Festhalten am Dualismus, d. h. der Doppelherrschaft von Deutschen und Magyaren) und die Furcht vor der Dynamik der hinter dem Südslawischen Nationalismus stehenden Expansion Rußlands auf dem Balkan ließen in den Augen der deutschen Reichsleitung keinen Raum für weitere Kompromisse: Die so oder so befürchtete Auflösung Österreich-Ungarns – friedlich von innen durch Föderalisierung als Vorstufe zu einem späteren Zerfall, gewaltsam durch Eruptionen vor allem bei den südslawischen Nationalitäten – hätte dem Reich, wie es in der offiziellen Kriegs- und Geschichtspropaganda seitdem immer wieder hieß, gewiß den einzigen halbwegs zuverlässigen Verbündeten geraubt. Der wahrscheinliche Gewinn zumindest der ans Reich angrenzenden deutschsprachigen Gebiete Österreichs hätte in den Augen deutscher Weltpolitiker nicht den Nachteil aufgewogen, daß eine weiterausgreifende Expansion Deutschlands über Österreich-Ungarn und den Balkan bis ins Osmanische Reich (d. h. bis nach Sinai und zum Persischen Golf) von den gleichzeitig expandierenden südslawischen Staaten und der damit einhergehenden Machtsteigerung Rußlands auf dem Balkan blockiert worden wäre. Der Mittlere Osten erschien als das aussichtsreichste Betätigungsfeld für die ökonomisch-politische Expansion Deutschlands im Zeichen der »Weltpolitik«. Bagdadbahn und deutsche Militärberater im Osmanischen Reich unterstrichen deutsche Ansprüche.

Es fügte sich gut, daß das kleine Serbien, das für die deutsche Politik als südslawisches »Piemont« zuletzt ohnehin zur Quelle allen Übels auf dem Balkan avanciert war, gleichzeitig das letzte fehlende Glied in der erträumten, von Deutschland kontrollierten durchgehenden Eisenbahnlinie von Hamburg bis Bagdad war. Die rasche Niederwerfung des widerspenstigen Serbiens unter Ausnutzung der Empörung über das Attentat von Sarajevo durch den Verbündeten Österreich-Ungarn sollte für Deutschland mit einem Schlag mehrere Probleme lösen: Der erwartete militärische Erfolg durch »Aushebung« des »Anarchistennestes Belgrad« würde den maroden Verbündeten Österreich-Ungarn nach innen sanieren, die Lücke in der von Deutschland beherrschten Eisenbahnlinie zum Orient schließen und Rußland zwingen, sich der Auseinandersetzung mit Deutschland zu einem Zeitpunkt zu stellen, an dem es mit seinen Rüstungen noch nicht fertig war und durch Sarajevo psychologisch geschwächt schien.

Die deutsche Führung war entschlossen, die oben skizzierte Zwangslage zum eigenen Vorteil zu wenden: Gab Rußland nach, weil es sich militärisch noch zu schwach fühlte, so erlitt sein Prestige auf dem Balkan, aber auch gegenüber Frankreich einen schweren Schlag, so daß wenigstens das französisch-russische Bündnis arg strapaziert würde. Nahm jedoch Rußland den Fehdehandschuh auf, so hatte Deutschland 1914 die Chance, es militärisch zu besiegen, selbst im Bündnis mit Frankreich. Nur ein sofortiger Kriegseintritt Englands wäre für Deutschland peinlich geworden. Die Reichsführung schwankte in der Julikrise 1914 daher zwischen der realistischen Erwartung, daß England sofort gegen Deutschland in den Krieg eintreten werde, und der Hoffnung, England doch noch neutral halten zu können, aber wiederum (wie in der Flottenfrage) ohne Bereitschaft, einen angemessenen politischen Preis zu zahlen.

In der selbstgeschaffenen Zwangslage – Preisgabe der bisherigen »Weltpolitik« und Bescheidung mit dem Status einer (wenn auch vermutlich weiter verstärkten) europäischen Großmacht oder europäischer Krieg mit allen Ungewißheiten des Ausgangs – entschied sich das Reich für ein Offenhalten weiterer Expansionsmöglichkeiten durch die Flucht nach vorn: Deutschland zwang dem im Bewußtsein seiner eigenen inneren Schwäche zögernden Verbündeten Österreich-Ungarn praktisch den lokalen Krieg gegen Serbien auf und provozierte so den Kontinentalkrieg gegen Rußland und Frankreich, der sich mit dem Kriegseintritt Englands sofort zum Weltkrieg ausweitete.

e) *Frankreich*

Frankreichs Dilemma gegenüber der deutschen Politik war einfacher und korrespondierte mit dem russischen: Verweigerte Frankreich dem Verbündeten Rußland Unterstützung in der heraufziehenden Krise, so mußte es befürchten, dem durch einen zumindest diplomatischen Sieg enorm gestärkten Deutschland wieder allein auf dem Kontinent gegenüber zu stehen, ohne Bündnis mit Rußland, dessen Wertlosigkeit Frankreich durch seine Passivität selbst demonstriert hätte. Auch innenpolitisch wäre die Lage der französischen Regierung unhaltbar geworden: Als Reaktion gegen den »nouvel esprit« seit der 2. Marokkokrise und der sich verschärfenden Aufrüstung Frankreichs gegen das erstarkte Deutschland hatte nach Neuwahlen im Mai 1914 gerade erstmals eine Mehrheit von Sozialisten (außerhalb der SFIO) und Radikalsozialisten die Regierung übernommen (u. a. getragen von einem weitverbreiteten Widerwillen in der Arbeiterschaft und im Bürgertum gegen die zuvor eingeführte 3jährige Dienstzeit). Die neue linksliberale Koalition war zwar am ehesten zu einem Ausgleich mit Deutschland bereit, aber nicht um jeden Preis, schon gar nicht um den, die Interessen Frankreichs, wie sie der nationale Konsens definierte, aufzugeben, vor allem nicht das Bündnis mit Rußland. So war der innenpolitische Spielraum der Links-Regierung Viviani vielleicht noch enger als der einer Rechts-Regierung, weil jedes gravierende Abweichen vom nationalen Konsens in Krisenzeiten ihr als Verrat angelastet worden wäre. Die Rolle Frankreichs in der Julikrise 1914 war daher weitgehend zurückhaltend und mehr auf den Gang der Ereignisse reagierend als selbst aktiv hervortretend, zumal seine obersten Repräsentanten, Staatspräsident Poincaré und Ministerpräsident und Außenminister Viviani, in der entscheidenden Woche nach dem Ultimatum nicht in Paris anwesend waren, sondern sich auf der Rückreise von einem Staatsbesuch in Rußland befanden.

f) England

Englands Dilemma ergab sich als Produkt aus inneren Faktoren (soziale Konflikte, Irische Frage) und äußeren Faktoren: aus seiner Position als ehemals führendes Land im Industrialisierungsprozeß sowie als Weltmacht, die 1914 scheinbar auf dem Gipfel ihres weltpolitischen Einflusses stand, in Wirklichkeit aber schon im Niedergang begriffen war. Als Industriemacht war England bedroht vom aufstrebenden Deutschland, als Weltmacht zusätzlich bedrängt vom (seit 1907 faktisch) verbündeten Rußland. England konnte seine Weltmachtstellung nicht mehr aus eigener Kraft behaupten, sondern nur noch defensiv durch Arrangements und Bündnisse, vor allem auf dem Kontinent gegen die dort drohende neue Hegemonialmacht Deutschland. Ließ England in der Julikrise 1914 die beiden mit ihm faktisch verbündeten Partner der Triple Entente gegenüber dem stärkeren Deutschland fallen, so sah sich das Inselreich in folgender Zwangslage: Entweder drohte die offene deutsche Hegemonie als Basis für noch weitergehende deutsche Weltmachtaspirationen nach einem Kontinentalkrieg, den Deutschland wahrscheinlich gewinnen würde, oder Rußland und Frankreich würden, enttäuscht über Englands Passivität, eventuell ermuntert durch Deutschland, England Schwierigkeiten auf dem weiten Feld seiner kolonialen Besitzungen machen – Frankreich in Afrika, Rußland in Asien, vor allem Zentralasien. Alle diese Überlegungen trugen dazu bei, daß England Anfang August 1914 nicht neutral blieb. Den letzten Ausschlag, auch in der breiten Öffentlichkeit, gab die Verletzung der belgischen Neutralität durch Deutschland.

Den defensiven Grundzug des britischen Imperialismus nach 1900 illustriert auch die Alternative Sozialpolitik (zur Dämpfung des internen sozialen Konflikts als Folge der weitergehenden Industrialisierung) oder Wettlauf im Flottenrüsten mit Deutschland, den sich England unter den Liberalen hoffte ersparen zu können. Unmittelbar vor Kriegsausbruch war Englands Aufmerksamkeit zudem fast völlig von der Zuspitzung der Irischen Frage absorbiert, die schon bis zum Aufmarsch bewaffneter Bürgerkriegsarmeen in und um Ulster gediehen war. Erst die Überreichung des österreich-ungarischen Ultimatums in Belgrad am 23. Juli 1914 verdrängte jäh die Irische Frage aus den Schlagzeilen, und der Kriegsausbruch legte sie vorerst auf Eis – bis zum Osteraufstand in Dublin 1916.

g) Italien

Italien schließlich, formal Partner des Dreibundes, fühlte sich aus historischen und ideologischen Gründen als liberaler Nationalstaat mit seiner Tradition des Risorgimento dem Südslawischen Nationalismus näher als dem Bündnispartner Österreich-Ungarn.[23] Zwischen formaler Bündnisloyalität und innenpolitischen Pressionen blieb es zunächst neutral und entschied sich erst später zum Kriegseintritt gegen die Mittelmächte – unter dem Druck einer interventionistischen Kampagne, mit angeführt von Mussolini, der sich darüber vom linken Sozialisten zum ersten Faschisten wandelte.

5. Europäische Krisen V: Julikrise und Kriegsausbruch 1914

Nach langer Vorbereitung entzündete die Julikrise 1914 die rund um Deutschland und Österreich-Ungarn angesammelten Konfliktpotentiale zum Ersten Weltkrieg.[24] Während Europa anfänglich nur diffus auf Sarajevo reagierte, bereiteten hinter den Kulissen Wien und Berlin mit dem Ultimatum an Serbien die gewaltsame Entladung der Spannungen vor: Der lokale Krieg Österreich-Ungarns gegen Serbien eskalierte – Deutschlands Fiktion, den Krieg »lokalisieren« zu können, zum Trotz – seit der österreichischen Kriegserklärung an Serbien vom 28. Juli rasch zum Kontinentalkrieg. Die deutschen Kriegserklärungen an Rußland und Frankreich vom 1. und 3. August machten aus dem Lokalkrieg den Kontinentalkrieg, Englands Kriegserklärung an Deutschland vom 4. August vollendete den Weltkrieg.

Als letzte europäische Großkrise vor dem Ersten Weltkrieg bündelte die Julikrise 1914 die Konfliktlinien der diplomatischen Vorkriegsfronten, denn Deutschland schloß die auslösende Südost-/Ostkrise und die entscheidende Westkrise zur Explosion des Globalkonflikts kurz. Gleichzeitig schossen ältere historische Faktoren zusammen, potenzierten sich in ihrer Wirkung und eskalierten die Abschlußkrise des Juli 1914 zum Weltkrieg.

Gegen den breiteren historischen Hintergrund des Kriegsausbruchs liest sich die Julikrise 1914 wie ein gewaltiges historisches Resümée der Vergangenheit mit tödlicher Brisanz. Allerdings traten seit dem Attentat von Sarajevo die historischen Faktoren mit ihrer politischen Wirkung zumeist in umgekehrter chronologischer Reihenfolge ein. Der historische Film lief gleichsam rückwärts ab: Serbien und die Südslawische Frage – Österreich-Ungarische Frage – deutsch-russischer Gegensatz – deutsch-französischer Gegensatz. Der deutsch-englische Gegensatz war zwar jüngeren Datums, aber das britische Veto gegen eine deutsche Hegemonialstellung auf dem Kontinent verfocht gegen das Deutsche Reich mit seiner »Weltpolitik« und ihren kriegerischen Konsequenzen das antihegemoniale Prinzip des Europäischen Systems.

a) *Europa nach Sarajevo*

Die Nachricht vom Attentat von Sarajevo löste in Europa einen tiefen Schock aus, am besten abzulesen in den verschiedenen Hauptstädten. In Serbien herrschte tiefe Beklommenheit: Bevölkerung und Regierung befürchteten eine harte Reaktion der Donaumonarchie, zumal niemand wußte, welchen Grad serbischer Mittäterschaft eine Untersuchung ans Licht bringen würde. Bei aller Antipathie gegen Habsburg – eine so extreme Aktion wie das Attentat hätten die wenigsten Serben befürwortet, schon gar nicht bei einem derart hohen Risiko.

In Österreich-Ungarn offenbarte sich eine gespaltene Reaktion. Sie reichte von tiefer Betroffenheit, zumindest in der deutschen Bevölkerung, bis zur klammheimlichen Schadenfreude über das Attentat bei den Tschechen. In Bosnien kam es zu pogromartigen Ausschreitungen gegen Serben, die teilweise an Galgen erhängt wurden, vielleicht aus dumpfer Angst vor den Konsequenzen, die mit dem Weltkrieg tatsächlich auch eintraten. Im krassen Gegensatz zu den offiziellen Trauerbekundungen, die den politischen Mord sogar zum Vorwand für den Krieg gegen Serbien machten, stand in offiziellen Kreisen hinter vorgehaltener Hand die Erleichterung über das Verschwinden des unbequemen oder ungeliebten Thronfolgers. Franz Joseph war seinem Neffen stets gram wegen dessen morganatischer Ehe, wie des Kaisers erste Reaktion auf die Nachricht von Sarajevo zeigt:

> »Entsetzlich! Der Allmächtige läßt sich nicht herausfordern! ... Eine höhere Gewalt hat wieder jene Ordnung hergestellt, die ich leider nicht zu erhalten vermochte.«[25]

Ähnlich bigott verhielt sich der ungarische Ministerpräsident Graf Tisza:

> »Der liebe Herrgott hat es so gewollt, und dem lieben Herrgott müssen wir für alles dankbar sein.«[26]

Der Rummel des Wiener Praters ging selbst am 28. und 29. Juni 1914 lustig weiter, und auch zwei ungarische Magnatenfamilien sahen keinen Anlaß, wegen der Ermordung Franz Ferdinands eine rauschende Hochzeit abzubrechen. Schon Zeitgenossen fiel die amtliche Kälte des formalen Staatsbegräbnisses »dritter Klasse« (Karl Kraus) auf. Selten in der Weltgeschichte war die Diskrepanz zwischen tatsächlichen Gefühlen herrschender Kreise, kaltblütiger Instrumentalisierung berechtigter Emotionen (Empörung über den Doppelmord) zu einem Krieg (gegen Serbien) und welthistorischer Wirkung (Erster Weltkrieg) so groß wie nach Sarajevo.

Bei den übrigen Mächten verband sich ehrliche Anteilnahme mit der Hoffnung, daß es über der Bluttat von Sarajevo nicht zum Krieg kommen werde. Namentlich Rußland sah sich durch das Attentat in große Verlegenheit gestürzt: Generelle Sympathie für die südslawische Sache durfte nicht wie Billigung des politischen Mordes aussehen. Andererseits wollte Rußland keine Vernichtung Serbiens durch Österreich-Ungarn hinnehmen, auch nicht mehr zu einem Zeitpunkt, da es sich militärisch noch ungenügend gerüstet fühlte.

b) Die Vorbereitung des Ultimatums an Serbien, 7.–23. Juli

Machtpolitisch stürzte das Attentat die politische Führung der Donaumonarchie in tiefe Verwirrung. Alle internen Gegensätze brachen zunächst auf: Außenminister Graf Berchtold, trotz seines deutschen Namens Ungar und relativ gemäßigt, wollte durchaus keinen Krieg. Er stand aber unter Druck der Kriegspartei, angeführt von Hötzendorf und nominell Untergebenen im eigenen Amt. Zumindest die deutschösterreichische öffentliche Meinung kreidete ihm sein Zurückweichen in der letzten Phase der Balkankrise noch immer als unverzeihliche

Schwäche an.[27] Anfangs versuchte Berchtold, den auf Krieg drängenden Hötzendorf zu besänftigen, u. a. mit dem Hinweis auf die Zurückhaltung Tiszas und des österreichischen Ministerpräsidenten Graf Stürgkh, der auch »für Bewahrung kalter Nerven« war. Tisza fürchtete, Rußland werde in einen Krieg Österreich-Ungarns gegen Serbien militärisch eingreifen, ohne daß Deutschland der Donaumonarchie zu Hilfe käme. Hötzendorf konnte sich dem Argument nicht verschließen, da er wußte, daß die k. u. k. Armee allein Rußland nicht standhalten konnte. Für eine definitive Entscheidung Österreich-Ungarns gab somit die Haltung des mächtigeren Deutschen Reiches den Ausschlag.

Auch in Deutschland herrschte anfangs Unsicherheit, wie auf Sarajevo zu reagieren sei: Die politische Führung war eher dafür, Österreich-Ungarn im Zusammenwirken mit den anderen Großmächten bei der Durchsetzung ausreichender Satisfaktion gegenüber Serbien zu unterstützen, jedoch mit friedlichen Mitteln. Der Generalstab aber drängte darauf, die »goldene Chance«, die sich mit Sarajevo bot, zum (schon spätestens seit Ende Mai/Anfang Juni 1914 geforderten) »Präventivkrieg« gegen Rußland auszunützen, den die politische Führung bisher verweigert hatte.[28] In der Situation des Patts zwischen vorwärtsdrängender Kriegspartei und Zurückhaltung der politischen Führung gab Kaiser Wilhelm II. tatsächlich – und nicht nur deklamatorisch – den Ausschlag für den Kurs des deutschen Reichsschiffes. Tschirschkys Bericht über die ersten Reaktionen in Wien vom 30. Juni kommentierte der Kaiser mit der Wiederholung seiner Parole vom 18. Oktober 1913: »Jetzt oder nie... Mit den Serben muß aufgeräumt werden, und zwar bald.«[29]

Die österreich-ungarische Anfrage in Berlin, die Hoyos-Mission, beantwortete Wilhelm II. anschließend in der trügerischen Ruhe eines Sommersonntags am 5. Juli mit dem sog. »Blankescheck«. In Wirklichkeit schrieb er dem Verbündeten Österreich-Ungarn vor, was er zu tun hatte, wenn er in deutschen Augen noch als bündnisfähig gelten wollte – rasche Niederwerfung Serbiens, dessen Komplizenschaft als sicher galt. Erst danach suchte der Kaiser noch am selben Nachmittag bei seinen militärischen und politischen Beratern mit kurzfristig anberaumten, getrennten Besprechungen im Potsdamer Neuen Palais politische Rückendeckung und verfassungsrechtliche Sanktion seines Alleingangs: Alle, diesmal auch Reichskanzler Bethmann Hollweg, stimmten zu, ohne Wenn und Aber. Von da an waren alle Unklarheiten in der deutschen Reichsführung grundsätzlich beseitigt. Nur gegen Ende der Julikrise kamen vorübergehend noch einmal taktische Differenzen zwischen dem Kaiser und der politischen und militärischen Führung auf.

Entgegen der späteren propagandistischen Behauptung, Wien habe Berlin mit dem Ultimatum vor ein *fait accompli* gestellt, war die deutsche Regierung nach dem »Blankoscheck« vom 5. Juli über alle Phasen des österreich-ungarischen Entscheidungsprozesses voll und so rechtzeitig informiert, daß sie jederzeit ihr Veto gegen zu weitgehende, den Frieden gefährdende Maßnahmen hätte einlegen können. Nichts dergleichen geschah. Warum auch hätte Berlin irgend etwas widerrufen sollen? Die deutsche Reichsleitung verlangte vom schwächeren Verbündeten genau das, was die deutsche Geschichtspropaganda später leugnete – die rasche Eliminierung Serbiens, notfalls durch Gewalt, also durch einen lokalen Krieg. Das deutsche Drängen auf eine Blitzaktion gegen das kleine Serbien war der stärkste Einzelfaktor, der in der Julikrise 1914 den Weltkrieg auslöste, denn es diente dem alleinigen Zweck, den Lokalkrieg gegen Serbien auf jeden Fall sicherzustellen.

In Wien waren zunächst noch einige Hürden zu nehmen. Tisza fürchtete, mit der Niederwerfung und evtl. folgenden Annexion Serbiens noch mehr Serben in die Donaumonarchie als unerwünschte Staatsbürger aufnehmen zu müssen, so daß ein Trialismus schließlich unumgänglich würde, auch nachdem das Schreckgespenst mit Franz Ferdinands Tod glücklich verscheucht schien. Ferner beharrte Tisza auf deutsche Rückendeckung gegen Rußland und einem rechtsstaatlichen Vorgehen gegen Serbien, lehnte also einen offenbar angeregten überfallartigen Angriff *»sans crier gare«* eindeutig ab. Am 7. Juli legte der Gemeinsame Ministerrat die Linie gegenüber Serbien fest: Krieg, diplomatisch eingeleitet durch ein Ultimatum, das jedoch von vornherein unannehmbar sein sollte. Auch die Mobilmachung wurde bereits besprochen: 16 Tage waren bis zum Abschluß des Aufmarsches vorgesehen.

In den folgenden Tagen wartete das deutsche Auswärtige Amt ungeduldig auf die österreichische »Aktion«, unglücklich über jede Verzögerung. Zuletzt verschob Wien den Termin auf den 25. Juli, um sicherzustellen, daß der französische Staatspräsident Poincaré und sein sozialistischer Ministerpräsident Viviani bei ihrem Staatsbesuch in Rußland ihre Politik nicht mit den russischen Gastgebern koordinieren könnten. Auf deutschen Wink wurde der Übergabetermin auf den 23. Juli vorgezogen, nachdem sich Staatssekretär von Jagow den genauen Abreisetermin Poincarés aus Rußland hatte telegraphisch melden lassen – 23. Juli.

Unterdessen gaben sich wichtige Persönlichkeiten in Deutschland und Österreich-Ungarn ihrer sommerlichen Erholung hin und woben am trügerischen Schleier, hinter dem die politisch-militärischen Vorbereitungen auf den kommenden Konflikt anliefen: Kaiser Wilhelm II. trat seine routinemäßige Nordlandfahrt an, Moltke blieb in Karlsbad zur Kur, Tirpitz im Urlaub, die beiden ranghöchsten Militärs im Generalstab, die für die Mobilmachung zuständig waren, gingen ebenfalls auf Urlaub. Reichskanzler Bethmann Hollweg blieb auf seinem Gut Hohenfinow bei Berlin, von wo er bei Bedarf diskret nach Berlin pendelte. Der Staatssekretär des Innern Clemens von Delbrück, zuständig für die zivile Seite der Mobilmachung, brauchte seinen Urlaub nicht zu unterbrechen, wurde aber bei einem kurzen Zwischenbesuch in die »Aktion« eingeweiht. Waldersee kehrte passend am 23. Juli nach Berlin zurück.

Der Zweck der konspirativen Ferienstimmung war klar: »Das Heer war, wie immer, bereit.«[30] Waldersee blieb an seinem Ferienort »sprungbereit; wir sind im Generalstabe fertig, einstweilen ist von uns ja nichts zu veranlassen«.[31] Auch Staatssekretär Delbrück war der Meinung:

> »Wir müßten alles vermeiden, was die Auffassung erwecken könnte, als wenn wir uns auf einen Krieg vorbereiteten.«[32]

Auch in Wien gingen Generalstabschef Conrad von Hötzendorf und der k. u. k. Kriegsminister Krobatin in den ostentativen Urlaub, damit »in jeder Hinsicht ein durchaus friedliches Gepräge zur Schau getragen« werde.[33] Die deutsch-österreich-ungarische Geheimhaltung gelang perfekt. Nur der Übereifer, die europäische Öffentlichkeit schon vor dem Ultimatum auf die spätere Lokalisierung eines Krieges gegen Serbien einstimmen zu wollen, brachte die deutsche Regierung dazu, in einer Erklärung der amtlichen »Norddeutschen Allgemeinen Zeitung« vom 19. Juli den Schleier des Geheimnisses schon vorzeitig etwas zu lüften.

c) Der Lokalkrieg gegen Serbien, 23.–28. Juli

Erst das österreich-ungarische Ultimatum vom 23. Juli verlieh der Julikrise 1914 die Dimension einer wirklichen europäischen Krise. Zuvor war die Diplomatie weitgehend nur auf die beiden Mittelmächte Deutschland und Österreich-Ungarn beschränkt gewesen. Jetzt aber schreckte das Ultimatum auch die übrigen Mächte auf. Frankreich war außenpolitisch fast gelähmt: Staatspräsident Poincaré sowie Ministerpräsident und Außenminister Viviani waren zu Schiff auf der Rückreise von Petersburg; Funkverbindungen nach Paris waren noch unsicher. Das Ultimatum an Serbien hatte eine Laufzeit von ganzen 48 Stunden. Obwohl sich Wien alle Mühe gegeben hatte, seine Bedingungen möglichst unannehmbar zu machen, brachte die serbische Regierung das Kunststück fertig, mitten im Wahlkampf fristgerecht eine Antwort vorzulegen, die fast alle Forderungen erfüllte und nur in der Wahrung der serbischen Souveränität (Beteiligung von k. u. k. Untersuchungsbeamten auf serbischem Boden) einen Punkt ablehnte (Punkt 7) bzw. einen Vorbehalt erhob (Punkt 6).

Unterdessen bemühten sich die Mächte der Triple Entente, vor allem England, zunächst um die Verlängerung der äußerst knappen Frist des Ultimatums. Wien, unterstützt von Berlin, lehnte ab. Deutschland propagierte die Idee einer »Lokalisierung« des Krieges, in der schon das Eingeständnis steckte, daß es unbedingt zum Krieg gegen Serbien kommen sollte. Dagegen warnten alle Ententemächte – am energischsten England – Deutschland vor der Illusion einer Lokalisierbarkeit. So wie Bethmann Hollweg am 10. Februar 1913 gegenüber Wien argumentiert hatte, um es damals von einem Krieg gegen Serbien zurückzuhalten, weil er im Krieg mit Rußland enden würde, verwies jetzt Sir Edward Grey wiederholt auf die Eskalationskette, die unweigerlich vom lokalen über den kontinentalen zum Weltkrieg führen mußte. Den britischen Vorschlag einer europäischen Konferenz zur Beilegung der Spannungen erstickte Berlin schon im Keim – Erinnerungen an Algeciras schreckten. Zuletzt drückte Berlin sogar noch beim Verbündeten auf das Tempo zur Übergabe der Kriegserklärung an Belgrad, um die »Welt vor ein *fait accompli* zu stellen«[34] und »der Gefahr der Einmischung dritter tunlichst vorzubeugen«[35], forderte also »größte Schnelligkeit in militärischen Operationen und baldigste Kriegserklärung«[36] an Serbien.

Da der k. u. k. Gesandte Giesl strikte Anweisung hatte, nur eine vorbehaltlose Annahme des Ultimatums als positive Antwort anzunehmen, brach er am 25. Juli nach Durchlesen der serbischen Antwort umgehend die Beziehungen ab und verließ Belgrad. In Erwartung dieser äußersten Reaktion hatte Serbien schon drei Stunden zuvor die Mobilmachung verfügt, die im wesentlichen aus der militärischen Räumung der exponierten Hauptstadt bestand: Belgrad lag im Schußfeld vorgeschobener österreichischer Batterien, die schon zumindest eine Woche zuvor »für den Fall einer eventuell stattfindenden Beschießung Belgrads... mit genauen Stadtskizzen versehen« worden waren.[37] Die Beschießung Belgrads begann tatsächlich schon am 29. Juli, dem Tag nach der österreich-ungarischen Kriegserklärung.

Unterdessen komplizierte die Reaktion des unberechenbaren Kaisers auf die neueste Entwicklung den internen Entscheidungsprozeß in Berlin. Nach seinem kriegerischen Ausbruch Anfang Juli zeigte sich Wilhelm II. am 26. Juli von zwei Vorgängen beeindruckt: der serbischen Antwort auf das Ultimatum und der Gefahr eines britischen Eingreifens gegen Deutschland. Wie in der 2. Marokkokrise plädierte er nun plötzlich für Mäßigung und stürzte den Kanzler in weiterer Verfolgung der von ihm ursprünglich befohlenen harten Linie damit in arge Schwierigkeiten. Mit seiner eigenmächtigen Rückkehr von der Nordlandreise nach Potsdam am 27. Juli brachte er zusätzlich Unruhe in die Regierungszentrale des Reichs. Am irrlichternden Kaiser vorbei blieb der Kanzler dagegen bei dem am 5. Juli eingeschlagenen Kurs. Den kaiserlichen Wunsch, Wien solle gegenüber Serbien einlenken, gab der Kanzler erst weiter, als er wußte, daß inzwischen die Kriegserklärung Wiens an Belgrad abgegangen, also ein Zurückweichen Österreich-Ungarns nicht mehr möglich war.[38] Außerdem ließ er Wien ermuntern, englische Vermittlungsvorschläge dilatorisch zu behandeln, wiederum bis vollendete Tatsachen geschaffen waren.[39]

Bis zur tatsächlichen Kriegserklärung Österreich-Ungarns an Serbien ließ Deutschland daher alle Vermittlungsvorschläge der Triple Entente an seiner Entschlossenheit abprallen, Serbien auf jeden Fall durch Österreich-Ungarn »züchtigen« zu lassen. Deutschland wehrte eine Vermittlung der Mächte zwischen Wien und Belgrad ab und wollte nur eine spätere Vermittlung zwischen Wien und Petersburg zulassen, also nachdem ein Krieg Österreich-Ungarns gegen Serbien bereits ausgebrochen wäre. Gegenüber früherer Planung, bis zum Aufmarsch der österreich-ungarischen Armee gegen Serbien zu warten, also 16 Tage nach der Mobilmachung vom 25. Juli, verlegte Wien auf deutsches Drängen hin die Kriegserklärung auf den 28. Juli. Einen Tag später eröffneten die vorgeschobenen Batterien auf der Donauinsel vor Semlin die Beschießung Belgrads.

d) Vom Lokalkrieg zum Kontinentalkrieg, 28. Juli bis 1. August

Mit der Sicherstellung des lokalen Krieges gegen Serbien setzte Deutschland den entscheidenden Eskalationsmechanismus in Gang. Wie die Triple Entente vorher warnend vorausgesagt hatte, ließ sich der allgemeine Krieg jetzt nicht mehr aufhalten, waren einmal eine Großmacht (Österreich-Ungarn) direkt und eine andere Großmacht (Rußland) indirekt engagiert. Die Mechanismen der Mobilmachungen beschleunigten nur noch den Absturz in den Krieg, nachdem Wien und Berlin den »Sprung ins Dunkle« (Bethmann Hollweg) vollzogen hatten. Schon am 29. Juli drängte Generalstabschef Moltke gegenüber dem Kanzler auf Klärung der Frage, ob sich Rußland und Frankreich an einem Krieg gegen Deutschland beteiligen würden, sollte Deutschland dem Verbündeten Österreich-Ungarn gegen Rußland beistehen:

> »Je weiter die Vorbereitungen unserer Nachbarn fortschreiten, um so schneller werden sie ihre Mobilmachung beendigen können. Die militärische Lage wird dadurch für uns von Tag zu Tag ungünstiger und kann, wenn unsere voraussichtlichen Gegner sich weiter in aller Ruhe vorbereiten, zu verhängnisvollen Folgen für uns führen.«[40]

Am 29. Juli verfügte Rußland die Teilmobilmachung gegen Österreich-Ungarn als Antwort auf die Beschießung Belgrads. Auf einen dringenden Appell Wilhelms II. hin ließ der Zar die Generalmobilmachung noch einmal aussetzen. Für Deutschland rückte dennoch der *casus foederis* näher. In einem komplizierten Manövrieren galt es jetzt für die politische Reichsleitung, zwei einander ausschließende Ziele gleichzeitig zu erreichen: Einerseits wollte der Reichskanzler die militärische Forderung erfüllen, die deutsche Mobilmachung möglichst rasch eintreten zu lassen. Andererseits sollte Deutschland mit Rücksicht nach außen und innen als von Rußland zu diesem Schritt getrieben oder gezwungen erscheinen. Potentiell neutrale Länder, namentlich England, wollte der Kanzler für Deutschland gewinnen bzw. neutral halten, während er nach innen auf den traditionellen liberal-sozialistischen Affekt gegen den Zarismus spekulierte.

Die Schuld für den Ausbruch des Kontinentalkrieges sollte also auf Rußland fallen. Angelpunkt der deutschen Strategie wurde nunmehr die russische Generalmobilmachung. Sie sollte unbedingt der deutschen – im Vertrauen auf deren überlegene Schnelligkeit – vorausgehen. Dazu mußte Bethmann Hollweg dem Drängen des Militärs standhalten, aber nicht bis zum militärtechnisch ungünstigsten Termin. Am 29. Juli ließ sich der preußische Kriegsminister von Falkenhayn vom Kanzler noch einmal hinhalten. Am Abend des 30. Juli, als in Petersburg gleichzeitig die endgültige Entscheidung für die Generalmobilmachung (also gegen Deutschland) fiel, legten die Militärs den Kanzler darauf fest, am nächsten Tag mittags die endgültige deutsche Entscheidung zu treffen. Von da an lief ein internes Ultimatum der Militärs an die ihnen nur noch nominell übergeordnete politische Reichsleitung – 31. Juli, 12 Uhr mittags. Passend für das deutsche Kalkül traf die Meldung von der russischen Generalmobilmachung buchstäblich 10 Minuten vor 12 bei den im Zimmer des Reichskanzlers wartenden Militärs ein. Man kann sich das Gefühl der Erleichterung vorstellen: Jetzt konnte die deutsche Generalmobilmachung ruhigen Gewissens anlaufen. Der bayerische Kriegsbevollmächtigte traf im Berliner Kriegsministerium

> »Überall strahlende Gesichter, – Händeschütteln auf den Gängen; man gratuliert sich, daß man über den Graben ist. Gerüchte von dem Ultimatum auch an Frankreich – einer meint, ob dies denn nötig sei, sich auch Frankreich aufzupacken, das sich doch wie ein Karnickel drücke; General v. Wild meinte: ›Nun, wir möchten die Brüder doch auch dabei haben.‹«[41]

Noch am 31. Juli wurde der »Zustand drohender Kriegsgefahr« proklamiert, der für Deutschland faktisch schon der Generalmobilmachung in anderen Ländern gleichkam. 24 Stunden später, also am 1. August, folgte automatisch die formelle Mobilmachung.

Zum Schluß stellten sich noch zwei unerwartete Komplikationen ein: Nach dem Schlieffenplan richtete sich der deutsche Angriff – also auch der deutsche Aufmarsch – zuerst im Westen gegen Frankreich, mit dem sich Deutschland aber am 1. August noch gar nicht im Kriegszustand befand. Kriegs- und politische Planung drohten auseinanderzuklaffen. Das Reich mußte sich zunächst in den Krieg mit Rußland stürzen zur Verteidigung Österreich-Ungarns, das aber erst am 6. August in den Krieg gegen Rußland eintrat. Frankreich verfügte (wie gegenüber Rußland seit 1894 vertraglich verpflichtet) keineswegs automatisch seine Mobilmachung als Antwort auf die österreich-ungarische, sondern orientierte sich an der deutschen Mobilmachung. Die deutsche Regierung versuchte, ihrem selbstgemachten Dilemma zu entrinnen, indem sie Rußland am 31. Juli ein Ultimatum stellte, das Rußland in Erinnerung an den März 1909 ablehnte. So konnte Deutschland am 1. August – passend zur deutschen Mobilmachung – Rußland den Krieg erklären und selbst die Mechanik des französisch-russischen Zweibundes in Gang setzen. Um ganz sicher zu gehen, erklärte Deutschland am 3. August auch Frankreich den Krieg, gestützt auf Falschmeldungen über angebliche Grenzverletzungen französischer Truppen. Außerdem wurde die längst geplante Verletzung der belgischen Neutralität mit französischen Offensivmaßnahmen begründet, die nicht stattgefunden haben konnten, weil Frankreich noch gar nicht mobilgemacht hatte.

Noch am 29. Juli übersandte das Auswärtige Amt die sog. »Sommation« (faktisch ein Ultimatum an Belgien) an den deutschen Gesandten in Brüssel mit der Anweisung, sie auf besondere telegraphische

Anweisung der belgischen Regierung zu überreichen. Die Sommation selbst hatte Moltke schon am 26. Juli dem Auswärtigen Amt eingereicht[42] – das Militär nahm buchstäblich das Heft in die Hand. Selbstverständlich waren die angeblichen Vorgänge, auf die sich Moltkes Ultimatum berief, am 26. Juli erst recht völlig aus der Luft gegriffen.

Der Kontinentalkrieg war da. Jetzt blieb nur noch die Frage nach der Position Englands.

e) Vom Kontinentalkrieg zum Weltkrieg, 1.–4. August

Zum Verständnis der weiteren Eskalation vom Kontinental- zum Weltkrieg wird es erforderlich, noch einmal auf den 29. Juli zurückzugehen, als Deutschland die Weichen zum Krieg gegen Rußland und Frankreich so gut wie gestellt hatte. In dieser Situation bemühte sich Reichskanzler Bethmann Hollweg in einem verzweifelten Gambit offiziell um Englands Neutralität. England war von der Ulsterfrage so absorbiert, daß es bis zum Bekanntwerden des österreichischen Ultimatums an Serbien die internationale Krise noch nicht recht wahrgenommen hatte. Greys ausgleichende Schritte – Fristverlängerung, Vermittlung zwischen Wien und Belgrad – lagen in der Konsequenz der britischen Linie während der Balkankriege. Hier versuchte nun Bethmann Hollweg anzuknüpfen, ohne allerdings die entsprechende mäßigende Einwirkung auf den Verbündeten einzubringen wie zuvor 1912/13. Der Kanzler wollte nur den Krieg gegen Serbien retten, war also keineswegs bereit, ihn zu verhindern.

Daher stellte Bethmann Hollweg am 29. Juli abends dem britischen Botschafter Goschen die Frage nach der britischen Neutralität für den Fall des Kontinentalkrieges,[43] der nach Lage der Dinge aus dem lokalen Krieg gegen Serbien entspringen mußte. Gab England, wie erhofft (sonst hätte der Kanzler den riskanten Schritt sicher nicht getan), eine positive Antwort, so wäre das deutsche Risikokalkül aufgegangen. Verweigerte sich England aber, so konnte die deutsche Anfrage enthüllen, daß Deutschland am 29. Juli mit einem Krieg gegen Rußland und Frankreich rechnete. Genau das durchschaute Crowe im Foreign Office sofort. Der Kanzler beteuerte zwar unter Verweis auf die traditionelle britische Politik des europäischen Gleichgewichts, keine »Zerschmetterung Frankreichs« zu beabsichtigen, versprach aber England »voraussätzlich dessen neutrale(r) Haltung« nur, »daß wir selbst im Falle eines siegreichen Krieges keine territoriale Bereicherung auf Kosten Frankreichs in Europa anstreben«.[44] Diese Formel schloß eine deutsche »territoriale Bereicherung auf Kosten Frankreichs« außerhalb Europas, also vor allem in Afrika, nicht aus. Mehr noch: Sollte England doch in den Krieg gegen Deutschland eintreten, so entfiel Deutschlands Selbstbindung gegenüber Frankreich auch in Europa. Indirekt kündigte der Kanzler damit in der Nacht des 29. Juli schon die späteren deutschen Kriegsziele an.

Gegenüber Belgien enthüllte der Kanzler unbeabsichtigt noch mehr. Er behauptete, nicht zu wissen, »zu welchen Gegenoperationen uns die Aktion Frankreichs in einem etwaigen Kriege nötigen könnte«, obwohl ihm natürlich klar war, daß das deutsche Ultimatum schon unterwegs an den Gesandten in Brüssel war. Nur wenn »Belgien nicht gegen uns Partei nimmt, würden wir auch für diesen Fall uns zu einer Versicherung bereit finden, wonach Belgiens Integrität nach Beendigung des Krieges nicht angetastet werden darf«. Damit war die Katze aus dem Sack gelassen. Deutschland gab durch seinen Reichskanzler verdeckt zu verstehen, die belgische Neutralität verletzten zu wollen. Sollte sich Belgien, wie es ihm sein Neutralitätsstatus völkerrechtlich zwingend vorschrieb, gegen seine Verletzung zur Wehr setzen, sind für diesen Fall aus der Erklärung des Kanzlers spätere Kriegsziele gegenüber Belgien seit der Septemberdenkschrift vom 9. September 1914 zumindest indirekt abzulesen: Bei belgischem Widerstand ließ er sich freie Hand, »Belgiens Integrität nach Beendigung des Krieges« anzutasten. Die Neutralität Hollands werde Deutschland solange respektieren, »als diese von unseren Gegnern respektiert wird«.

England lehnte das deutsche Ansinnen ab. Die Verletzung der belgischen Neutralität durch Deutschland seit dem 3. August 1914 provozierte England zum Kriegseintritt gegen Deutschland. Nun war auch der »Weltkrieg« da.

f) Jenseits der »Kriegsschuldfrage«

Gerade der vergleichende Blick auf die verschiedenen Zwangslagen der am Kriegsausbruch 1914 beteiligten Mächte unterstreicht noch einmal die zentrale und ausschlaggebende Rolle Deutschlands: Die Spannungen vor 1914 waren zu einem erheblichen Teil auf Deutschland zurückzuführen – seit 1871 indirekt oder direkt, ungewollt oder gewollt. In der Julikrise 1914 war das Deutsche Reich der aktivste Teil, dessen Aktionen den Gang der Ereignisse bestimmten. Nach anfänglichem Zögern drängte es Österreich-Ungarn dazu, das Attentat von Sarajevo zum lokalen Blitzkrieg gegen Serbien auszunutzen. Eventuelle Komplikationen – mögliche militärische Intervention Rußlands zur Rettung Serbiens – versprach die Reichsleitung abzuwehren durch Drohung mit Krieg (wie 1909) oder durch Krieg selbst. Vermittlungsaktionen zwischen Wien und Belgrad wurden durch Berlin verhindert. Dadurch eröffnete das Reich – wenn auch indirekt durch das verbündete Österreich-Ungarn – den tödlichen Eskalationsmechanismus. Genau deshalb warnten die übrigen Mächte Deutschland vor der Illusion eines begrenzten, lokalisierten Krieges: Rußland half Serbien gegen Österreich-Ungarn, Deutschland half Österreich-Ungarn gegen Rußland, worauf Frankreich und Deutschland in Konflikt gerieten.

Die deutsche Führung hoffte, bei einem Kontinentalkrieg mit Hilfe des Schlieffenplans erst Frankreich, dann Rußland in zwei »Blitzkriegen«, wie es einen Weltkrieg später hieß, niederwerfen zu können: Die Hegemonie Deutschlands auf dem Kontinent wäre somit erreicht. Um dieses Ergebnis zu verhindern, trat England gegen Deutschland und Österreich-Ungarn in den Krieg ein, obwohl es formal durch keine Bündnisverpflichtungen an Frankreich und Rußland gebunden war. Nur eine derartige Ausweitung des zumindest in Kauf genommenen Kontinentalkriegs zum Weltkrieg war der deutschen Reichsführung unangenehm. Trotzdem tat sie nichts, um den anlaufenden Kontinental- und Lokalkrieg im letzten Augenblick abzublasen. Im Gegenteil: Die im Schlieffenplan einprogrammierte Verletzung der belgischen Neutralität beseitigte in England die letzten Hemmungen zum Kriegseintritt am 4. August 1914.

Zur angemessenen Versachlichung einer einst hochemotionalen Problematik sind für Juli/August 1914 zwei fundamentale Unterscheidungen zu treffen: 1. zwischen eskalierenden Stufen des Krieges (Lokalkrieg, Kontinentalkrieg, Weltkrieg); 2. zwischen absichtlicher Auslösung oder bloßer Verursachung der einen oder anderen Kriegsstufe. So ergibt sich ein flexibles Instrument zur Analyse des Anteils der fünf Großmächte am Kriegsausbruch 1914.

Danach hatte die deutsche Reichspolitik in der Julikrise 1914 – als Produkt von Deutschland ausgehender Faktoren seit der Reichsgründung, potenziert seit der »Weltpolitik« – den größten Anteil am Ausbruch des Ersten Weltkriegs. Er läßt sich emotionsfrei auch ohne die Kategorie »Kriegsschuld« erklären, ohne die Suche nach einem unbedingten Willen in Deutschland zum Weltkrieg (historisch ohnehin unwahrscheinlich genug, wissenschaftlich kaum beweisbar) oder auch nur zum Kontinentalkrieg. Wenn schon juristische Kategorien erforderlich sind, um die Verknüpfung von Ursache und Wirkung auf eine knappe Formel zu bringen, so erscheint, auch im Anschluß an das (seinerzeit amtlich unterdrückte) Gutachten von Hermann Kantorowicz zur Kriegsschuldfrage 1914 aus der Zeit um 1930, eine abwägend differenzierende Position noch am angemessensten: unbedingter Vorsatz (*dolus directus*) Deutschlands zum Lokalkrieg Österreich-Ungarn gegen Serbien; bedingter Vorsatz (*dolus eventualis*) zum Kontinentalkrieg, der durch den Lokalkrieg auch provoziert wurde; fahrlässige Herbeiführung des Weltkriegs, der aus dem Kontinentalkrieg hervorging.[45]

Ausblick

So entstand der Erste Weltkrieg aus einem Knäuel von Spannungen und Konflikten der modernen Welt, die sich seit der Reichsgründung 1871 immer deutlicher in und um Deutschland gebündelt und verdichtet hatten. Deutschlands erster »Griff nach der Weltmacht« brachte zwar die weltweiten Spannungen zur Entladung, ausgelöst durch den zündenden Funken von Sarajevo. Aber als erster wirklich globaler Großkonflikt der Geschichte sog der Erste Weltkrieg ältere Regionalkonflikte in sich auf, die sich nach Kriegsende 1918 in der einen oder anderen Form fortsetzten, wie den griechisch-türkischen, serbo-bulgarischen oder anglo-irischen. Andere setzte er durch den Untergang der beiden dynastischen Vielvölkerreiche Österreich-Ungarn und Osmanisches Reich sowie durch die vorübergehende Schwächung Rußlands und Deutschlands erst richtig frei, vor allem den nach dem Zweiten Weltkrieg zum chronischen Nahostkonflikt eskalierenden jüdisch-arabischen Gegensatz in und um Palästina, aber auch die Konflikte um neue Nationalstaaten, besonders das neue Polen. Das militärische Eingreifen der USA in Europa brachte keineswegs die ersehnte Ära eines demokratischen Friedens. Vielmehr öffnete der Erste Weltkrieg die Büchse der Pandora zu kommenden Auseinandersetzungen, für die die europäische Neuordnung von Versailles der große Ausgangspunkt wurde.

In den beiden größten Verliererstaaten des Ersten Weltkriegs provozierte der militärische Zusammenbruch – 1917 in Rußland, 1918 in Deutschland – die Revolution, aus denen ganz unterschiedliche totalitäre Regime hervorgingen, in Rußland direkt der linkstotalitäre Kommunismus, in Deutschland indirekt, als Reaktion gegen die Weimarer Republik und auf die Weltwirtschaftskrise von 1929, der rechtstotalitäre Nationalsozialismus 1933. Die komplexe Mischung von grundsätzlicher ideologischer Todfeindschaft und punktueller pragmatischer Zusammenarbeit gegen Polen kulminierte im August 1939 im Hitler-Stalin-Pakt zur Entfesselung des Zweiten Weltkrieges. Dennoch prägte die Konfrontation zwischen beiden den Zweiten Weltkrieg, den zweiten deutschen »Griff nach der Weltmacht«: »Blitzkriege« gegen Polen und den Westen sollten freie Bahn für den eigentlichen Großkrieg schaffen, gegen die UdSSR zur Vernichtung der kommunistischen Konkurrenz und Schaffung von »Lebensraum« für die Deutschen im europäischen Osten. Gleichzeitig steigerte der deutsche Nationalsozialismus im Schatten des Zweiten Weltkriegs seine totalitäre Massaker-Praxis zum Weltverbrechen Auschwitz.

Als mittelbare Folge des Ersten Weltkriegs standen am Ende des Zweiten Weltkriegs weitreichende Folgen – die Polarität zwischen den beiden neuen Weltmächten USA und UdSSR im Kalten Krieg, die »Auflösung der Kolonialreiche« (Franz Ansprenger) als Konsequenz der weltweiten Dekolonisation, der Beginn der nuklearen Technologie, eingeleitet durch Hiroshima und Nagasaki. Der junge Nationalismus in den Kolonialländern der heutigen Dritten Welt hatte durch den Ersten Weltkrieg einen mächtigen Anstoß erhalten. Nach 1945 setzte die Schaffung post-kolonialer Nachfolgestaaten Spannungen in und zwischen den jungen Nationalstaaten frei, ähnlich wie nach 1945 in und zwischen den Nachfolgestaaten Ost-/Mittel- und Südosteuropas. In den post-kolonialen Nachfolgekonflikten der Dritten Welt nimmt der Nahostkonflikt eine ebenso zentrale wie brisante Stellung ein, gelegentlich bis zum Rande eines drohenden Dritten Weltkrieges.

Als erster industrialisierter Großkrieg gab der Erste Weltkrieg der Industrialisierung weltweit einen fatalen zusätzlichen Schub, den der Zweite Weltkrieg fortsetzte und steigerte: Riesige Materialschlachten, Gaskrieg, Motorisierung des Krieges zu Lande, zu Wasser und in der Luft belasteten die Natur in einem bis dahin unbekannten Maße. Nur wenige helle Köpfe registrierten damals schon die Umweltbelastung durch den Krieg, wie Kurt Riezler, der engste Mitarbeiter Bethmann Hollwegs in seinem Kriegstagebuch an einigen Stellen, die sich heute besonders bewegend lesen. Steigerung, Ausweitung und Verallgemeinerung der Umweltbelastungen durch Hyper-Industrialisierung, dramatisch zugespitzt in absichtlichen und unabsichtlichen Kernexplosionen von Hiroshima bis Tschernobyl, unterstreichen nur die globale Gefahr der technischen Selbstzerstörung der Menschheit und schufen erstmals ein Gefühl für die Dringlichkeit, der globalen Selbstauslöschung konstruktiv zu begegnen.

Wo auch immer wir gegen Ende unseres Jahrtausends mit konkreten Problemen der Gegenwart und nahen Zukunft zu ringen haben, überall begegnen wir auf Schritt und Tritt Hinterlassenschaften des Ersten Weltkrieges, gleichsam wie in einem Feld nicht geräumter Minen. Vielleicht gibt die Kenntnis der Prozesse und Mechanismen, die die »Urkatastrophe des 20. Jahrhunderts« herbeiführten, einen Fingerzeig dafür, wie sich seine langfristigen Folgewirkungen doch noch friedlich auffangen lassen, im Interesse einer globalen Koexistenz der Menschheit zu menschenwürdigen Bedingungen.

Anmerkungen

Anmerkungen zum Vorwort:

1 Imanuel Geiss: Der polnische Grenzstreifen 1914–1918. Ein Beitrag zur deutschen Kriegszielpolitik im Ersten Weltkrieg. Historische Studien 376. Hamburg, Lübeck 1960; ders.: Julikrise und Kriegsausbruch 1914. Eine Dokumentensammlung. 2 Bde., Hannover 1963/64; ders., Hg.: Juli 1914. Die europäische Krise und der Ausbruch des Ersten Weltkriegs. dtv 2921. München 1965, ³1986; Das Deutsche Reich und die Vorgeschichte des Ersten Weltkriegs. München 1978, ³1985; Das Deutsche Reich und der Erste Weltkrieg. München 1978, ³1985, u. a.

2 Solomon Wank u. a., Hg.: The Mirror of History. Essays in Honor of Fritz Fellner. Santa Barbara, Oxford 1988, S. 33–50.

3 I. Geiss: Handeln und Entscheiden in Krisen: Vorkriegskrisen und Kriegsausbruch 1914, in: Hanspeter Neuhold/Hans-Joachim Heinemann, Hg.: Krise und Krisenmanagement in den internationalen Beziehungen. Internationale Beziehungen. Veröffentlichungen des Studienkreises Internationale Beziehungen, Bd. 1. Wiesbaden 1989, S. 31–60.

4 I. Geiss: Das Deutsche Reich und die Vorgeschichte des Ersten Weltkriegs. München 1978, ³1985; ferner The Congress of Berlin 1878: An Assessment of Its Place in History, in: Bela K. Kiraly/Gale Stokes, Hg.: War and Society in East Central Europe, XVII: Insurrections, Wars and the Eastern Crisis in the 1870s. New York 1985, S. 343–357; World War I and East Central Europe: A Historical Assessment, in: Bela K. Kiraly/Nándor F. Dreisziger, Hg.: War and Society in East Central Europe, XIX: East Central European Society in World War I. New York 1985, S. 27–42.

Anmerkungen zur Einleitung

1 Pierre Renouvin: Les origines immédiates de la Guerre. Paris 1925; Bernadotte E. Schmitt: The Coming of the War 1914. 2 Bde., New York 1930, Nachdr. 1966.

2 Harry E. Barns: The Genesis of The World War. An Introduction to the Problem of War Guilt. New York 1927 (dt. 1928); Sydney D. Fay: The Origins of The World War. 2 Bde., New York 1928 (dt. 1930);

Alfred von Wegerer: Der Ausbruch des Weltkrieges 1914. 2 Bde., Hamburg 1939.

3 William L. Langer: European Alliances and Alignments 1871–1890. New York 1931. Neudr. 1951, ^{2}1977; ders.: The Diplomacy of Imperialism 1890–1902, 2 Bde., New York 1935.

4 Luigi Albertini: Le origini della guerra del 1914. 3 Bde., Mailand 1942/43; englisch: The Origins of the War 1914. London 1952/57, ^{2}1966.

5 Dies gegen Wolfgang Schieder, der die schon ältere, vielleicht noch nicht optimal gegen Mißdeutungen abgesicherte Würdigung Albertinis durch den Vf. so umdeutete, als wäre dem Vf. die politische Dimension bei Albertini unbekannt geblieben. Vgl. Wolfgang Schieder: Erster Weltkrieg. Ursachen, Entstehung und Kriegsziele. NWB 32. Köln 1969, S. 21. Ziel seiner Kritik war die von ihm in seinem Sammelband aufgenommene Passage des Vf. aus Julikrise und Kriegsausbruch 1914, S. 21f.: »Die bisher letzte – und soweit das in der Wissenschaft überhaupt möglich ist – auch abschließende Studie über den Kriegsausbruch 1914 stammt, wie schon oben erwähnt, von dem italienischen Historiker Luigi Albertini. In ihr ist sicherlich das höchste Maß an Objektivität unter allen bisher erschienenen Arbeiten erreicht, obwohl Albertini als Chefredakteur des liberalen ›Corriere della Sera‹ im Juli 1914 gegen die Beteiligung Italiens am Krieg auf Seiten der Mittelmächte aufgetreten und daher auch politisch engagiert war. Aber in der Zeit der Achse Rom–Berlin, in der er sein Buch schrieb, war ein primäres politisches Ziel nicht direkt zu erkennen, das Albertini mit seiner Studie hätte erreichen können.« Daraus machte Schieder durch entstellende Kürzungen: »Und daß Albertini in seinem Buch *Le origine della guerre del 1914* das ›höchste Maß an Objektivität‹ unter allen bis dahin erschienenen Arbeiten erreicht habe, da bei ihm ein ›primäres politisches Ziel‹ nicht bestanden hätte, kann nur aus Unkenntnis der politischen Rolle Albertinis im Weltkrieg und unter dem Faschismus behauptet werden.« Gemeint war natürlich 1963: »ein primäres politisches Ziel«, bezogen auf den Ersten Weltkrieg, über eine persönliche Rechtfertigung seiner damaligen Haltung hinaus. Das andere, indirekte politische Ziel Albertinis bezog sich natürlich auf den Zweiten Weltkrieg.

6 Gerhard Ritter: Staatskunst und Kriegshandwerk. Das Problem des Militarismus in Deutschland. 4 Bde., II, vor allem in einschlägigen Anmerkungen zu Kap. X, S. 378ff.; für eine erste deutsche Kritik vgl. I. Geiss: Julikrise I, S. 25f., ferner II, S. 12, Anm. 1; S. 79, Anm. 1; S. 167, Anm. 2; S. 236, Anm. 3; S. 286, Anm. 3; S. 298, Anm. 3; S. 336, Anm. 1.

7 Griff nach der Weltmacht. Die Kriegszielpolitik des kaiserlichen Deutschland 1914/18. Düsseldorf 1961, [3]1964.

8 Als neueste zusammenfassende Analyse: Gregor Schöllgen: Griff nach der Weltmacht? 25 Jahre Fischer-Kontroverse, in: Historisches Jahrbuch 1986, S. 386–406, mit detaillierten Literaturangaben; als älterer eigener Beitrag vgl. I. Geiss: Die Fischer-Kontroverse. Ein kritischer Beitrag zum Verhältnis zwischen Historiographie und Politik in der Bundesrepublik, in: ders.: Studien über Geschichte und Geschichtswissenschaft. es 569, Frankfurt/Main 1972, [2]1974, S. 108–198; Arnold Sywottek: Die Fischer-Kontroverse. Ein Beitrag zur Entwicklung historisch-politischen Bewußtseins in der Bundesrepublik, in: I. Geiss/Bernd J. Wendt, Hg.: Deutschland in der Weltpolitik des 19. und 20. Jahrhunderts. Düsseldorf 1973, S. 19–47; Jacques Droz: Les causes de la Première Guerre mondiale. Essai d'historiographie. Paris 1973, S. 69–164; John A. Moses: The Politics of Illusion. The Fischer Controversy in German Historiography. London 1975.

9 F. Fischer: Wir sind nicht hineingeschlittert. Das Staatsgeheimnis der Riezler-Tagebücher. Eine Streitschrift. Reinbek 1983; Bernd Sösemann: Die Tagebücher Kurt Riezlers. Untersuchungen zu ihrer Echtheit und Edition, in: HZ 236/1983, S. 327–370; Karl Dietrich Erdmann: Zur Echtheit der Tagebücher Kurt Riezlers. Eine Antikritik, ebenda, S. 371–402; Agnes Blänsdorf: Der Weg der Riezler-Tagebücher. Zur Kontroverse über die Echtheit der Tagebücher Kurt Riezlers, in: GWU 35/1984, S. 651–684; B. F. Schulte: Die Verfälschung der Riezler-Tagebücher. Ein Beitrag zur Wissenschaftsgeschichte der 50er und 60er Jahre. Frankfurt/Main 1985. Gegen die sensationelle »Verfälschung«s-These spricht schon die einfache Überlegung, daß der von Erdmann abgedruckte Text für deutsche Reichspatrioten, die der Kriegsunschuldthese Deutschlands anhingen (und das waren so ziemlich alle), schon so ungeheuerlich sein mußte, daß ein härterer »Ur-Riezler«, wie man die gesuchte angeblich unverfälschte Version nennen könnte, gar nicht nötig war, um das von verschiedenen Seiten überlieferte Entsetzen in der amerikanischen Emigration während des Zweiten Weltkrieges zu erklären.

10 Als zusammenfassende Dokumentationen: Ernst W. Graf Lynar, Hg.: Deutsche Kriegsziele 1914–1918. Ullstein 616, Berlin 1964 (schnell vergriffen und leider nicht wieder aufgelegt); Wolfgang Schieder, Hg.: Erster Weltkrieg.

11 Erwin Hölzle: Die Selbstentmachtung Europas. Das Experiment des Friedens vor und im Ersten Weltkrieg. Göttingen 1975.

12 Zara S. Steiner: Britain and the Origins of the First World War. London 1977; John F. V. Keiger: France and the Origins of the First

World War. London 1983; Dominic C. B. Lieven: Russia and the Origins of the First World War. London 1983; James Joll: The Origins of the First World War. London 1984; Volker R. Berghahn: Germany and the Approach of War in 1914. London 1973; Robert Bosworth: Italy and the Approach of the First World War. London 1983.

13 C. J. Lowe: The Reluctant Imperialists. British Foreign Policy 1879–1902; ders. / M. L. Dockrill: The Mirage Of Power. British Foreign Policy 1902–1914, jeweils mit einem Dokumentenband, London 1972; Francis R. Bridge: From Sadowa to Sarajevo. The Foreign Policy of Austria-Hungary, 1866–1914. London 1972; C. J. Lowe/ F. Marzani: Italian Foreign Policy 1870–1940. London 1975; I. Geiss: German Foreign Policy 1871–1914. London 1976.

14 So z. B. Samuel R. Williamson: The Politics of Grand Strategy: Britain and France Prepare of War, 1904–1914. Cambridge, Mass. 1969; David French: British Economic and Strategic Planning 1905–1915. London 1982; Paul Michael Kennedy, Hg.: The War Plans of the Great Powers, 1880–1914. London 1979.

15 Teilweise angeregt durch Fritz Fischers Initiative: Joachim Remak: The Origins of World War I, 1871–1914. New York 1967; Jerry M. Cooper: Causes and Consequences of World War I. New York 1972; H. W. Koch. Hg.: The Origins of the First World War. Great Power Rivalry and War Aims. London 1972; Charles Petrie: The Drift to World War, 1900–1914. London 1968; L. C. F. Turner: Origins of the First World War. New York 1967; P. Renouvin: La crise européenne et la première guerre mondiale (1904–1918). Paris 1969; Laurence Lafore: The Long Fuse. An Interpretation of the Origins of World War I. London 1966; Raymond Poidevin: Les origines de la première Guerre mondiale. Paris 1975; jüngstens der Sammelband von Richard J. W. Evans/Hartmut Pogge v. Strandmann, Hg.: The Coming of the First World War. Oxford 1988.

16 F. R. Bridge/Roger Bullen: The Great Powers and the European States System 1815–1914. London 1980, [5]1985; Richard Langhorne: The Collapse of the Concert of Europe. International Politics 1890–1914. London 1981; L. L. Farrar, Jr.: Arrogance and Anxiety. The Ambivalence of German Power, 1848–1914. Iowa City 1981; David Schoenbaum: Zabern 1913: Consensus Politics in Imperial Germany. London 1982; David Calleo: The German Problem Reconsidered. Germany and the World Order, 1870 to the Present. Cambridge 1978. Legende und Wirklichkeit der deutschen Gefahr. Neue Aspekte zur Rolle Deutschlands in der Weltgeschichte von Bismarck bis heute. Bonn 1980.

17 I. Geiss: Geschichte griffbereit, 6 Bde., Reinbek 1979–83, vor allem Bände 4 (»Begriffe«) und 6 (»Epochen«), alles noch einmal zusam-

mengefaßt in ders.: Geschichte im Überblick. Daten und Zusammenhänge der Weltgeschichte. Reinbek 1986, ^{2}1989.

18 Vgl. oben Anm. 13.

19 Wolfgang J. Mommsen: Imperialismus. Seine geistigen und wirtschaftlichen Grundlagen. Ein Quellen- und Arbeitsbuch. Hamburg 1977.

20 G. Ritter: Dämonie der Macht. Betrachtungen über Geschichte und Wesen des Machtproblems im politischen Denken der Neuzeit. 6. umgearbeitete Auflage. München 1948; es handelte sich hier um eine den Zeitläuften nur mäßig angepaßte historisch-politische Kampfschrift Ritters gegen England aus dem Zweiten Weltkrieg, die ursprünglich unter einem anderen Titel erschien: Utopie und Machtstaat. Vom Streit um die Dämonie der Macht seit Machiavelli und Morus. München 1943.

Anmerkungen zu Kapitel I:

1 Der Begriff auch schon bei Laurence Lafore: The Long Fuse, S. 34, 55.

2 Derrek McKay/H. M. Scott: The Rise of the Great Powers 1648–1815. London 1983.

3 R. Schück: Brandenburg-Preußens Kolonialpolitik. Leipzig 1889.

4 Gerhard Ritter: Geschichtliche Erfahrungen deutscher Kolonialpolitik, in: ders.: Lebendige Vergangenheit. Beiträge zur historisch-politischen Selbstbesinnung. München 1958, S. 126–152; ursprünglich ein überarbeiteter Vortrag aus dem Jahr 1937.

5 Allgemein: Winfried Baumgart: Vom Europäischen Konzert zum Völkerbund. Friedensschlüsse und Friedenssicherung von Wien bis Versailles. Darmstadt 1974.

6 Ludwig Dehio: Gleichgewicht oder Hegemonie. Betrachtungen über ein Grundproblem der neueren Staatengeschichte. Krefeld 1948.

7 Zitiert nach Hans J. Morgenthau: Macht und Frieden. Grundlegung einer Theorie der internationalen Politik. Aus dem Amerikanischen. Gütersloh 1963, S. 38.

8 Grundlegend: M. S. Anderson: The Eastern Question, 1774–1923. A Study in International Relations. London ^{6}1978; W. Baumgart: Vom Europäischen Konzert zum Völkerbund, S. 19–55.

9 Marian Kent, Hg.: The Great Powers and the End of the Ottoman Empire. London 1984.

10 Kemal H. Karpat: The Social and Political Foundations of Nationalism in South East Europe after 1878: A Reinterpretation, in: Ralph

Melville/Hans-Jürgen Schröder, Hg.: Der Berliner Kongreß von 1878. Die Politik der Großmächte und die Probleme der Modernisierung in Südosteuropa in der zweiten Hälfte des 19. Jahrhunderts. Wiesbaden 1982, S. 385–410.

11 Jean-Charles Asselain: Histoire économique: de la révolution industrielle à la première guerre mondiale. Paris 1985. Für eine detaillierte Kombination wirtschaftlicher und machtpolitischer Faktoren jetzt P. Kennedy: Aufstieg und Fall der Großen Mächte. Ökonomischer Wandel und militärischer Konflikt von 1500 bis 2000. Frankfurt/Main 1989, S. 229–389.

12 So David S. Landes: Der entfesselte Prometheus. Technologischer Wandel und industrielle Entwicklung in Westeuropa von 1750 bis zur Gegenwart. Aus dem Amerikanischen. Köln 1973.

13 Grundlegend: G. Schöllgen: Das Zeitalter des Imperialismus. München 1986. Als einführende Überblicke vgl. u. a. Hans-Ulrich Wehler, Hg.: Imperialismus. Köln/Berlin ^{3}1976; W. J. Mommsen: Imperialismus. Seine geistigen und politischen Grundlagen; Peter Alter: Der Imperialismus. Grundlagen, Probleme, Theorien. Stuttgart 1979.

14 Clive Trebilcock: The Industrialization of the Continental Powers 1780–1914. London, New York 1981.

15 Eric Hobsbawm: Industrie und Empire. Britische Wirtschaftsgeschichte seit 1750. 2 Bde., aus dem Englischen. Frankfurt/Main 1969, edition suhrkamp 315/6.

16 Marc Ferro: Der Große Krieg 1914–1918. Aus dem Französischen. Frankfurt/Main 1988, S. 41 f.

17 Friedrich Wilhelm Henning: Die Industrialisierung in Deutschland 1800 bis 1914. Paderborn 1973; H.-U. Wehler: Deutsche Gesellschaftsgeschichte, bisher 2 Bde., München 1988; vgl. auch C. Trebilcock: Industrialization 1780–1914, S. 22–111.

18 Die Übertragung des von Lenin polemisch gegen die Sozialdemokraten im Ersten Weltkrieg geprägten Begriffs durch Hans-Ulrich Wehler: Bismarck und der Imperialismus. Köln 1969, Frankfurt/Main ^{5}1984, S. 122–123; überarbeitet und gekürzt in: Sozialimperialismus, in: ders.: Imperialismus, S. 83–96, allerdings ohne die eigene Geschichte von »Sozialimperialismus« deutlich von seinem neuen Sprachgebrauch abzuheben; vgl. G. Schöllgen: Imperialismus, S. 129.

19 Für Rußland Dieter Geyer: Der russische Imperialismus. Studien über den Zusammenhang von innerer und auswärtiger Politik, 1860–1914. Göttingen 1977; C. J. Lowe/F. Marzari: Italian Foreign Policy, S. 112 ff.; Jean-Louis Miège: L'impérialisme colonial italien de 1870 à nos jours. Paris 1968. J. Bouvier u. a.: L'impérialisme à la française. 2 Bde., Paris 1982. Bd. 1: La France impériale: 1880–1914, hg. von Jacques Thobie.

20 Hans Rosenberg: Große Depression und Bismarckzeit. Frankfurt/Main ^{2}1976; dagegen: Samuel B. Saul: The Myth of the Great Depression, 1873–1896. London 1969.
21 D. Geyer: Der russische Imperialismus.
22 Stellvertretend aus der riesigen Literatur: Jaroslav Krejci: Great Revolutions Compared: The Search for a Theory. Brighton 1983, ^{2}1987.
23 Ausführlicher: I. Geiss: European Revolutions and the European System, in: History of European Ideas, 1/1990.
24 Bernd Faulenbach: Die Ideologie des deutschen Weges. Die deutsche Geschichte in der Historiographie. München 1980.
25 F. Fischer: Griff nach der Weltmacht, S. 118.
26 Barbara Vogel, Hg.: Preußische Reformen 1807–1820. NWB 96, Königstein/Ts. 1980.
27 Friedhelm Boll: Die deutsche Sozialdemokratie zwischen Resignation und Revolution. Zur Friedensstrategie 1890–1919, in: Wolfgang Huber/Johannes Schwerdtfeger, Hg.: Frieden, Gewalt, Sozialismus. Studien zur Geschichte der sozialistischen Arbeiterbewegung. Stuttgart 1976, S. 179–281; vgl. auch Georges Haupt: Socialism and the Great War: The Collapse of the Second International. Oxford 1972.
28 Julius Braunthal: Geschichte der Internationale. 3 Bde. Bonn/Bad Godesberg ^{2}1974. Bd. I. S. 103.
29 Zeev Sternhell: La droite révolutionnaire 1885–1914. Les origines françaises du Fascisme. Paris 1978.
30 Roger Chickering: Imperial Germany and a World Without War. The German Peace Movement and German Society, 1892–1914. Princeton (N. J.) 1975; Karl Holl: Pazifismus in Deutschland. Frankfurt/Main 1988.
31 Vgl. unten, II/5, S. 102–114 und V/1, S. 277–287.
32 Hans Henning Hahn: Außenpolitik in der Emigration. Die Exil-Diplomatie Adam Jerzy Czartoryskis, 1830–1840. München, Wien 1978.
33 L. Albertini: The Origins of the War of 1914.

Anmerkungen zu Kapitel II:

1 Gustav Adolf Rein: Die Revolution in der Politik Bismarcks. Göttingen 1957.
2 Alan Sked, Hg.: Europe's Balance of Power 1815–1848. London 1979.
3 F. R. Bridge/R. Bullen: Great Powers 1815–1914, S. 30f.
4 Äußerst anregend jetzt James Chastain: The Liberation of Sovereign Peoples. The French Foreign Policy of 1848. Athens (Ohio) 1988.

5 Ebenda, S. 86.

6 Günter Wollstein: Das ›Großdeutschland‹ der Paulskirche. Nationale Ziele in der bürgerlichen Revolution 1848/49. Düsseldorf 1977.

7 Eine brillante Analyse dieses Vorganges bei A. J. P. Taylor: The Habsburg Monarchy. A History of the Austrian Empire and Austria-Hungary. London 1948, zitiert nach Perigrine Books 1964, S. 32–35, vor allem S. 32f.: »The nations who reappeared on the stage of history in 1848 were the creation of writers and still existed only in imagination; they were nations in which there were more writers than readers. ... The early national movements were created and led by writers, principally by poets and historians; and their politics were those of literature rather than of life.«

8 Für den Aspekt eines geschlossenen Binnenmarkts Österreich vgl. J. Chastain: Liberation, S. 173–177.

9 Nicht zufällig beginnt A. J. P. Taylor: The Struggle For Mastery in Europe, 1848–1918. Oxford 1960, seine noch immer lehrreiche Analyse mit der Revolution 1848; den Gedankengang selbst verdanke ich als Weiterentwicklung der anregenden Arbeit von James Chastain: Liberation.

10 Ebenda, S. 179f.

11 Eine ausführliche Analyse bei G. Wollstein: Großdeutschland der Paulskirche, S. 143–167.

12 Für eine Einordnung in eher europäische Perspektiven, allerdings stärker von Frankreich aus gesehen, neuerdings J. Chastain: Liberation, vor allem S. 143f., 163–167; dort auch mit Kritik an der älteren deutschen Position, vor allem vertreten durch Alexander Scharff.

13 G. Wollstein: Großdeutschland in der Paulskirche, S. 255–265.

14 J. Chastain: Liberation, S. 92f.

15 Adrien Dansette: Naissance de la France moderne: le seconde empire. Paris 1976.

16 Paul W. Schroeder: Austria, Great Britain and the Crimean War. New York 1972; W. Baumgart: Der Friede von Paris 1856. München, Wien 1972.

17 Christopher H. D. Howard: Splendid Isolation. A Study of Ideas concerning Britain's International Position and Foreign Policy during the Later Years of the Third Marquess of Salisbury. London 1967.

18 Richard Bosworth: Italy, the Least of the Great Powers: Italian Foreign Policy before the First World War. Cambridge 1979; C. J. Lowe/F. Marzari: Italian Foreign Policy; vgl. auch Risto Ropponen: Italien als Verbündeter. Die Einstellung der politischen und militärischen Führung Deutschlands und Österreich-Ungarns zu Italien von der Niederlage von Adua bis zum Ausbruch des Weltkrieges 1914. Helsinki 1986.

19 Viorel S. Roman: Rumänien im Spannungsfeld der Großmächte, 1774–1878. Die Donaufürstentümer vom osmanischen Vasallentum zur europäischen Peripherie. Offenbach 1986; fortgesetzt als Bd. 2: Rumänien im Spannungsfeld der Großmächte, 1878–1944. Von der okzidentalischen Peripherie zum orientalischen Sozialismus. Offenbach 1989.

20 Egmont Zechlin: Bismarck und die Grundlegung der deutschen Großmacht. Stuttgart 1930, Neudr. 1960, S. 412–528.

21 Richard W. Tims: Germanizing Prussian Poland. New York 1941, Neudr. 1966; Joachim Mai: Die preußische Polenpolitik 1885–1887. Berlin/DDR 1962.

22 David Blackbourne/Geoff Eley: The Peculiarities of German History. London 1984, S. 292: »... the most intensified version of the European norm«.

23 Helga Grübing: Der »deutsche Sonderweg« in Europa 1806–1945. Stuttgart 1986; als eigene Skizze vorläufig I. Geiss: Die Habermas-Kontroverse. Ein deutscher Streit. Berlin 1988, S. 158–172.

24 Als eindrucksvolle Analyse Thomas Nipperdey: Deutsche Geschichte 1800–1866. Bürgerwelt und starker Staat. München 1983; jetzt auch P. Kennedy: Aufstieg und Fall S. 322–330.

25 Heinrich Heine: Werke und Briefe in 10 Bänden, Bd. 5, hg. von Hans Kaufmann. Berlin/Weimar 1980, S. 306–308.

26 Eberhard Kolb, Hg.: Europa und die Reichsgründung. Preußen-Deutschland in der Sicht der großen europäischen Mächte 1860–1880. Beiheft 6 (Neue Folge) der Historischen Zeitschrift. München 1980; allgemein ferner als nützlichen Quellenband Helmut Böhme: Die Reichsgründung. dtv 428, München 1967; ferner der Sammelband von Ernst Deuerlein/Theodor Schieder, Hg.: Reichsgründung 1870/71. Tatsachen, Kontroversen, Interpretationen. Stuttgart 1970.

27 William O. Henderson: The Zollverein. London 1959; allgemein auch: H. Böhme: Deutschlands Weg zur Großmacht: Studien zum Verhältnis von Wirtschaft und Staat während der Reichsgründungszeit, 1848–1881. Köln, Berlin 1966.

28 Wilfried Boelcke, Hg.: Krupp und die Hohenzollern. Berlin/DDR 1957.

29 Fritz Stern: Gold und Eisen. Bismarck und sein Bankier Bleichröder. Berlin 1978, S. 121–123.

30 Lothar Wieland: Belgien 1914. Die Frage des belgischen »Franctireurkrieges« und die deutsche öffentliche Meinung von 1914 bis 1936. Frankfurt/Main, Bern 1984.

Anmerkungen zu Kapitel III:

1 William O. Henderson: The Rise of German Industrial Power, 1834–1914. New York 1976.
2 Allgemein: Manfred Messerschmidt: Militär und Politik in der Bismarckzeit und im Wilhelminischen Deutschland. Darmstadt 1975; Michael Geyer: Deutsche Rüstungspolitik 1860–1980. es 24, Frankfurt/Main 1984, S. 52.
3 Etwas von der ausländischen Bewunderung des Auslandes für die Stabilität des Kaiserreiches noch bei Norman Rich: Die Deutsche Frage und der nationalsozialistische Imperialismus: Rückblick und Ausblick, in: Josef Becker/Andreas Hillgruber, Hg.: Die Deutsche Frage im 19. und 20. Jahrhundert. Referate und Diskussionsbeiträge eines Augsburger Symposions 23. bis 25. September 1981. München 1983, S. 379f.; ähnlich progressive Politiker der USA 1914, die die erstaunliche Stärke Deutschlands 1914 gegen die Koalition der Triple Entente auf seine moderne und flexible innere Organisation zurückführten; vgl. John A. Thompson: Reformers and War. American Progressive Publicists and the First World War. Cambridge 1987, S. 103–108.
4 B. Faulenbach: Ideologie des deutschen Weges.
5 H.-U. Wehler: Das deutsche Kaiserreich 1871–1918. Göttingen 1973, [5]1983; betont stärker die Widerstände gegen die volle Parlamentarisierung des Reiches.
6 John C. G. Röhl: Deutschland ohne Bismarck. Die Regierungskrise im Zweiten Deutschen Kaiserreich 1890 bis 1900. Tübingen 1969.
7 Vgl. oben S. 30f.
8 Lothar Gall: Bismarck. Der weiße Revolutionär. Frankfurt/Main, Berlin 1980.
9 Fritz Fischer: Bündnis der Eliten. Zur Kontinuität der Machtstrukturen in Deutschland 1871–1945. Düsseldorf 1979.
10 Dirk Stegmann: Die Erben Bismarcks. Parteien und Verbände in der Spätphase des wilhelminischen Deutschlands. Sammlungspolitik 1897–1918. Köln, Berlin 1970.
11 Dies im Gegensatz zu Theodor Schieder: Das Deutsche Kaiserreich von 1871 als Nationalstaat. Köln, Opladen 1961.
12 H.-U. Wehler: Krisenherde des Kaiserreichs 1871–1918, Studien zur deutschen Sozial- und Verfassungsgeschichte. Göttingen 1970.
13 David Calleo: Legende und Wirklichkeit, S. 290.
14 Eine ausführliche Analyse, allerdings mit Schwerpunkt für die Zeit ab 1897 bei Norman Stone: Europe Transformed 1878–1919. Fontana History of Europe. London 1983, [5]1988, Kap. III, The Great Powers of Europe, S. 154–325; ferner James Joll: Europe since 1870. An Inter-

national History. London 1973; P. Kennedy: Aufstieg und Fall, S. 301–378.

15 P. M. Kennedy: Anglo-German Antagonism, S. 306–320; ders.: The Realities behind Diplomacy. Background Influences on British External Policy, 1865–1980. London 1981, S. 110–117.

16 E. Hobsbawm: Industrie und Empire, II, Kap. 9, »Die Anfänge des Niedergangs«, S. 7–29.

17 Horst Müller-Link: Industrialisierung und Außenpolitik. Preußen-Deutschland und das Zarenreich von 1860–1890. Göttingen 1977.

18 D. Geyer: Der russische Imperialismus; Woodruff D. Smith: European Imperialism in the Nineteenth and Twentieth Centuries. Chicago 1982.

19 George F. Kennan: The Decline of Bismarck's European Order. Franco-Russian Relations, 1875–1890. Princeton (N. J.) 1979, deutsche Ausgabe: Bismarcks europäisches System in der Auflösung. Die französisch-russische Annäherung 1875–1890. o. O., o. J.; ders.: The Fateful Alliance. France, Russia and the Coming of the First World War. New York 1984.

20 Allgemein jetzt P. Kennedy: Antagonism.

21 Stig Förster u. a., Hg.: Bismarck, Europe and Africa. The Berlin Africa Conference 1884–1885 and the Onset of Partition. London 1988.

22 K. Karpat: Nationalism, S. 397–399.

23 G. Schöllgen: Imperialismus und Gleichgewicht, S. 69–74.

24 F. Fischer: Griff nach der Weltmacht, S. 144.

25 Andreas Hillgruber: Bismarcks Außenpolitik. Freiburg 1972, S. 129 ff.

26 GP 294.

27 Der Leipziger Hochverratsprozeß vom Jahre 1872. Neu hg. von Karl-Heinz Leidigkeit. Berlin/DDR 1960, S. 256 f.

28 A. Hillgruber: Die »Krieg-in-Sicht«-Krise 1875 – Wegscheide der Politik der europäischen Großmächte in der späten Bismarckzeit, in: Ernst Schulin, Hg.: Studien zur europäischen Geschichte. Gedenkschrift Martin Göhring. Wiesbaden 1968, S. 239–253, vor allem S. 243–246, danach später noch an verschiedenen anderen Stellen.

29 George O. Kent: Arnim and Bismarck. Oxford 1968.

30 GP 129.

31 S. B. Saul: The Myth of the Great Depression.

32 A. G. Hopkins: An Economic History of West Africa. London 1973, [4]1980, Kap. 4, »The Economic Basis of Imperialism«, S. 124–166.

33 D. Harris: A Diplomatic History of the Balkan Crisis of 1875–1878. Stanford (Cal.) 1969.

34 100-Godisnjice Ustanaka u Bosni i Hercegovini, Drugim Balkanskim Zemljama i Istocnoj Krizi 1875–1878. Godine, 3 Bde. Sarajevo 1977.

(Referate einer internationalen Tagung über die Aufstände in Bosnien und Herzegovina 1875 und die Orientkrise 1875–78).

35 István Diószegi: Andrássy und der Aufstand von Herzegowina im Sommer des Jahres 1875, ebenda, I, S. 367–385, vor allem S. 369–374.

36 I. Geiss, Hg.: Der Berliner Kongreß 1878. Protokolle und Dokumente. Veröffentlichungen des Bundesarchivs 29. Boppard/Rhein 1979; R. Melville/H.-J. Schröder, Hg.: Berliner Kongreß 1878.

37 Augsburger Allgemeine Zeitung, zitiert nach Schultheß' Europäischer Geschichtskalender, 19/1878, S. 108f. Ähnlich ein Rumäne in Ungarn zur selben Zeit: »Bosnien und die Herzegovina, welche von dem Joche des Sultans befreit, sich nun gewaltsam dem Kaiser von Wien beugen müssen, werden mit keinem anderen Ergebnis aufwarten als mit dem Dynamit, welches mit der Zeit die österreichisch-ungarische Monarchie sprengen wird.«, zitiert nach: Viorel S. Roman: Rumänien im Spannungsfeld der Großmächte 1878–1944, S. 11.

38 GP 446.

39 GP 458, 461, 477.

40 GP 719.

41 GP 537.

42 GP 545.

43 GP 571.

44 Fritz Fellner: Der Dreibund. Europäische Diplomatie vor dem Ersten Weltkrieg. Wien ^{2}1960.

45 Die unübersehbare Literatur zum Imperialismus jetzt vorzüglich aufgeschlüsselt bei Gregor Schöllgen: Das Zeitalter des Imperialismus; nützlich natürlich auch seine historische Skizze des Imperialismus, ebenda, S. 1–89; ferner: Pierre Guillen: L'expansion 1881–1898. Paris 1984; Réné Girault: Diplomatie européenne et impérialismes: 1871–1914. Paris 1979; Jean Ganiage: L'expansion coloniale et les rivalités internationales. 2 Bde., Paris 1973/74; Gustav Schmidt: Der europäische Imperialismus. München 1985.

46 John Gallagher/Ronald Robinson: Africa and the Victorians. The Official Mind of Imperialism. London 1963.

47 A. G. Hopkins: Economic History of West Africa, Kap. 5.

48 Ruth Slade: King Leopold's Congo: Aspects of the Development of Race Relations in the Congo Independent State. London 1962, Neudr. Westport (Conn.) 1974.

49 F. Fischer: Griff nach der Weltmacht, S. 115f., 791–797.

50 Allgemein vgl. David R. Gillard: The Struggle in Asia 1828–1914. A Study in British and Russian Imperialism. London 1977.

51 Hartmut Jäckel: Die Nordwestgrenze in der Verteidigung Indiens 1900–1908 und der Weg Englands zum russisch-britischen Abkom-

men von 1907. Köln, Opladen 1968; auch P. Kennedy: Realities, Unterkapitel »Guarding Imperial Frontiers, 1890–7«. S. 101–109.

52 I. Geiss: The Intercontinental Long-Distance Trade. A Preliminary Survey, in: Itinerario 2/1986, X, S. 33–51.

53 Nehemia Levtzion: The Early States of the Western Sudan to 1500, H. F. C. Smith: The Early States of the Central Sudan, in: J. F. Ade Ajayi/Michael Crowder, Hg.: History of West Africa. 2 Bde., I, S. 120–157, 158–201.

54 E. W. Bovill: The Golden Trade of the Moors. London [3]1970.

55 I. Geiss: Free Trade, Internationalization of the Congo Basin, and the Principle of Effective Occupation, in: S. Förster, Hg.: Bismarck, Europe and Africa, S. 278f.

56 A. I. Asiwaju, Hg.: Partitioned Africans. Ethnic Relations across Africa's International Boundaries 1884–1984. London, Lagos 1985.

57 GP 762–819.

58 GP 762.

59 GP 777.

60 GP 764, 765.

61 Hierfür und für das Folgende G. F. Kennan: Decline of Bismarck's Order, S. 103–219.

62 F. A. Hinsley: Bismarck, Salisbury and the Mediterranean Agreements of 1887, in: Cambridge Historical Journal 1/1958, S. 76ff.

63 Z. Sternhell: La Droite Révolutionnaire, S. 202.

64 Bismarck: Reden des Fürsten Bismarck aus den Jahren 1847–1895, hg. von Hans Kraemer, 3 Bde., Halle o. J. (1895), I, S. 449.

65 Bismarck: Reden, I, S. 355 (11. 1. 1887).

66 »Volkszeitung«, vom 28. 8. 1886, zitiert von Bismarck im Reichstag am 13. 1. 1887, ebenda, S. 409. Dort noch andere Zitate aus der Oppositionspresse in ähnlicher Richtung. Eine detailliertere Analyse des Zentrums, der Liberalen und der Sozialdemokraten in der Bulgarienkrise würde sich durchaus lohnen. Ähnlich schon Bismarck aus dem Berliner Tageblatt in der Rede vom 11. Januar 1887: »Wenn die Grundlagen des europäischen Friedens derart erschüttert sind, daß derselbe nur durch ein Mittel erhalten werden kann, welches die Moral in den Völkern untergräbt, dann ist doch eine Frage berechtigt, ob nicht ein gesunder Krieg einem so krankhaften Frieden vorzuziehen sei.«

67 Sigrid Kumpf-Korfes: Bismarcks »Draht nach Rußland«. Zum Problem der sozial-ökonomischen Hintergründe der russisch-deutschen Entfremdung vom Zeitraum von 1878 bis 1891. Berlin/DDR 1968.

68 GP 1089/90.

69 GP 1001.

70 Helmut Böhme: »Grenzen des Wachstums«. Außenwirtschaftliche

Beziehungen und gesellschaftliche Systemstabilisierung. Bemerkungen zum deutsch-russischen Verhältnis 1886–1894, in: D. Stegmann u. a., Hg.: Industrielle Gesellschaft und politisches System. Beiträge zur politischen Sozialgeschichte. Festschrift für Fritz Fischer zum 70. Geburtstag. Bonn 1978, S. 175–192; H. Müller-Link: Industrialisierung und Außenpolitik, S. 323–338; G. F. Kennan: Decline of Bismarck's Order, S. 342–344.

71 Eckart Kehr: Englandhaß und Weltpolitik. Eine Studie über die innenpolitischen und sozialen Grundlagen der deutschen Außenpolitik um die Jahrhundertwende, in: ders.: Primat der Innenpolitik. Gesammelte Aufsätze zur preußisch-deutschen Sozialgeschichte im 19. und 20. Jahrhundert, hg. von H.-U. Wehler. Berlin 1965, [2]1969, S. 149–175; weniger pointiert George W. F. Hallgarten: Imperialismus vor 1914. Die soziologischen Grundlagen der Außenpolitik europäischer Großmächte vor dem Ersten Weltkrieg. 2 Bde., München 1963, I, S. 186–201.

72 GP 943.

73 GP 930.

74 J. C. G. Röhl: Kaiser, Hof und Staat. Wilhelm II. und die deutsche Politik. München 1987, S. 17–34; eine eigene, eher essayistische Analyse im Nachwort zur Neuauflage von Emil Ludwig: Wilhelm II. München 1964; S. 331–339; jetzt auch in: J. Geiss: Das Deutsche Reich und der Erste Weltkrieg. München[3] 1985, S. 211–223.

75 Michael Balfour: The Kaiser and His Time. London 1944, S. 122.

76 J. C. G. Röhl: A Document of 1892 on Germany, Prussia and Poland, in: Historical Journal, 7/1964, S. 143–149.

77 GP 943.

78 Alfred Kruck: Geschichte des Alldeutschen Verbandes 1890–1939. Wiesbaden 1954; R. Chickering: We Men Who Feel Most German. A Cultural Study of the Pan-German League, 1886–1916. Boston 1984.

79 G. F. Kennan: Fateful Alliance.

80 Rolf Weitowitz: Deutsche Politik und Handelspolitik unter Reichskanzler Leo von Caprivi 1890–1894. Düsseldorf 1978.

81 Wollstein, Großdeutschland, S. 255–265.

82 Der Kaiser... Aufzeichnungen des Chefs des Marinekabinetts Admiral Georg Alexander v. Müller über die Ära Wilhelms II., hg. von Walter Görlitz. Göttingen 1965, S. 40f.

83 Die Kenntnis dieser Prognose verdanke ich meinem Kollegen Dr. Hartmut Pogge-von Strandmann, vom University College, Oxford. Hoffentlich wird er bald in der Lage sein, das Dokument insgesamt oder in seinen Kernpunkten zu veröffentlichen und damit der allgemeinen Wissenschaft zugänglich zu machen.

Anmerkungen zu Kapitel IV:

1 Erstmals erwähnt bei R. Langhorne: The Collapse, S. 22.
2 Murray Last: Reform in West Africa: The Jihad Movements of the Nineteenth Century, in: J. F. A. Ajayi/M. Crowder, History of West Africa, II, S. 1–29.
3 M. E. Chamberlain: The Scramble for Africa. London ^{5}1980; John D. Hargreaves: West Africa Partitioned. 2 Bde. London 1974/85.
4 Edward T. Wilson: Russia and Black Africa Before World War II. New York, London 1974, Kap. 1 und 2, vor allem S. 39–78.
5 F. Fischer: Griff nach der Weltmacht, S. 151 f.
6 Immer noch hervorragend bei Wolfgang Franke: Das Jahrhundert der chinesischen Revolution 1851–1949. München ^{2}1980.
6a P. Kennedy: Aufstieg und Fall, S. 317–322, 368–378.
7 Geoffrey F. Hudson: The Far East in World Politics. A Study in Recent History. Oxford 1937, ^{2}1976. Vgl. auch unten S. 212, 216, 223.
8 Für die unmittelbare Vorgeschichte George N. Sanderson: England, Europe and the Upper Nile, 1877–1895. A Study in the Partition of Africa. Edinburgh 1965.
9 David Bates: The Fashoda Incident of 1898. Encounter on the Nile. Oxford 1984.
10 Jost Dülffer: Regeln wider den Krieg? Die Haager Friedenskonferenzen von 1899 und 1907 in der internationalen Politik. Düsseldorf 1907.
11 Johann von Bloch: Der Krieg. (Übersetzung des russischen Werkes des Autors Der zukünftige Krieg in seiner technischen, volkswirthschaftlichen und politischen Bedeutung). 6 Bde., Berlin 1899.
12 Die folgenden Zitate sind Kapitelüberschriften bei J. Dülffer: Regeln wider den Krieg?, entnommen, die den Sachverhalt komprimiert auf den Begriff bringen; dort S. 275; die folgenden Zitate ebenda, S. 101, 103, 138, 160, 184.
13 Vor allem Erich Brandenburg: Von Bismarck zum Weltkriege. Leipzig 1924; Hermann Oncken: Das Deutsche Reich und die Vorgeschichte des Weltkrieges. 2 Bde., Leipzig 1939.
14 Vgl. die einschlägige Literatur oben S. 338, Anm. 45.
15 I. Geiss: German Foreign Policy 1871–1914, Part Three, S. 73–160.
16 Peter Winzen: Bülows Weltmachtkonzept. Untersuchungen zur Frühphase seiner Außenpolitik 1897–1901. Boppard 1977; Barbara Vogel: Deutsche Rußlandpolitik. Das Scheitern der deutschen Weltpolitik unter Bülow 1900–1906. Düsseldorf 1973; Heiner Raulff: Zwischen Machtpolitik und Imperialismus. Die deutsche Frankreichpolitik 1904–1906. Düsseldorf 1976; F. Fischer: Krieg der Illusionen;

P. M. Kennedy: Anglo-German Antagonism 1860–1914, Volker Berghahn: Der Tirpitz-Plan. Genesis und Verfall einer innenpolitischen Krisenstrategie unter Wilhelm II. Düsseldorf 1971.
17 G. Schöllgen: Imperialismus und Gleichgewicht. Deutschland, England und die orientalische Frage 1871–1914. München 1984.
18 W. J. Mommsen: Imperialismus. Deutsche Kolonial- und Weltpolitik 1880–1914, in Vorbereitung als Teilband der »Deutsche Geschichte der neuesten Zeit« bei dtv, als Nr. 4509.
19 J. J. Ruedorffer (= Kurt Riezler): Grundzüge der Weltpolitik. Stuttgart, Berlin 1914.
20 Kurt Riezler: Tagebücher, Aufsätze, Dokumente. Eingeleitet und hg. von Karl Dietrich Erdmann. Göttingen 1972.
21 Max Weber: Gesammelte Politische Schriften. Herausgegeben von Johannes Winkelmann. Tübingen 1921, ^{5}1988, S. 23; vgl. auch Wolfgang J. Mommsen: Max Weber und die deutsche Politik 1890–1920. Tübingen 1959, ^{2}1974.
22 James Joll: Walter Rathenau: Prophet without a Cause, in. Ders.: Three Intellectuals in Politics. Blum, Rathenau, Marinetti. London 1960, S. 59–129.
23 Hans Plehn: Deutsche Weltpolitik und kein Krieg. Berlin 1913.
24 R. Chickering: Die Alldeutschen erwarten den Krieg, in: Jost Dülffer/K. Holl, Hg.: Bereit zum Krieg. Kriegsmentalität im wilhelminischen Deutschland 1890–1914. Göttingen 1986, S. 20–32.
25 Der Kaiser..., (v. Müller/Görlitz), S. 36–41; vgl. auch oben S. 188f.
26 P. Winzen: Bülows Weltmachtkonzept, S. 431f.
27 Hans Herzfeld: Die moderne Welt 1789–1945, 2 Bde., Braunschweig ^{3}1960, II, S. 35.
28 Brigitte Brandt-Seebacher: Bebel. Künder und Kärrner im Kaiserreich. Bonn 1988.
29 Jacques Willequet: Le Congo belge et la Weltpolitik (1894–1914). Brüssel, Paris 1962.
30 Wilhelm von Kampen: Studien zur deutschen Türkeipolitik in der Zeit Wilhelms II. Diss. phil. Kiel 1968.
31 Johann Manzenreiter: Die Bagdadbahn. Als Beispiel für die Entstehung des Finanzimperialismus in Europa (1872–1903). Bochum 1982; in breiteren Zusmmenhängen der »Weltpolitik« G. Schöllgen: Imperialismus und Gleichgewicht.
32 V. Berghahn: Tirpitz-Plan; vgl. auch Wilhelm Deist: Flottenpolitik und Flottenpropaganda. Stuttgart 1976.
33 Jonathan Steinberg: The Copenhagen Complex, in: Journal of Contemporary History 1966/3, S. 23–46.
34 Vgl. oben S. 210.
35 Vgl. oben S. 180f.

36 Norman Rich: Friedrich von Holstein, 2 Bde., Cambridge 1965.
37 GP 4255.
38 Bülow an Münster, 4. 6. 1899, GP 4281.
39 GP 4300.
40 GP 4320.
41 Thomas Pakenham: The Boer War. New York 1979.
42 Ulrich Kröll: Die internationale Buren-Agitation 1899–1902. Münster 1973.
43 John A. Hobson: Imperialism. London 1902; deutsche Ausgabe Köln 1968, ^{2}1970.
44 Allgemein Max Beloff: Imperial Sunset. Vol. I: Britain's Liberal Empire 1897–1921. London 1969.
45 P. M. Kennedy: The Samoan Tangle. A Study in Anglo-German-American Relations, 1878–1900. Dublin, New York 1974.
46 George Monger: The End of Isolation. British Foreign Policy 1900–1907. London 1963.
47 Ian H. Nish: The Anglo-Japanese Alliance: the Diplomacy of Two Island Empires 1894–1907.
48 B. D., III, Annex, S. 646–685; deutsche Version zitiert nach der gekürzten Wiedergabe in Quellen zur Entstehung des Ersten Weltkrieges. Internationale Dokumente 1901–1914, hg. von E. Hölzle. Darmstadt 1978, S. 32–46; die folgenden Zitate ebenda, S. 36, 37.
49 So Heinz Günther Sasse: England – Deutschlands Widerpart. Die deutsch-englischen Beziehungen von 1815–1940. Berlin 1941, S. 162f.; Giselher Wirsing: Das Zeitalter des Ikaros. Von Gesetz und Grenzen unseres Jahrhunderts. Jena 1944, S. 97: »Die berüchtigte Denkschrift des Unterstaatssekretärs im Foreign Office, Sir Eyre Crowe, vom Januar 1907, die als eine der Hauptwurzeln für den ersten Weltkrieg anzusehen ist, legt dann das Prinzip der Gleichgewichtspolitik bereits aus: *Germaniam esse delendam*!«
50 B. Vogel: Deutsche Rußlandpolitik, S. 107, 152–161.
51 John A. White: The Diplomacy of the Russo-Japanese War. Princeton 1964.
52 John H. L. Keep: The Russian Revolution, A Study in Mass Mobilization. London 1976; D. Geyer: Die Russische Revolution. Göttingen ^{3}1980; François-Xavier Coquin: La Révolution russe manquée: 1905. Brüssel 1985.
53 C. J. Lowe/F. Marzini: Italian Foreign Policy 1870–1940, S. 124.
54 Marian Kent, Hg.: The Great Powers and the End of the Ottoman Empire.
55 Jutta de Jong: Der nationale Kern des makedonischen Problems. Ansätze und Grundlagen einer makedonischen Nationalbewegung (1890–1903). Ein Beitrag zur komparativen Nationalismusfor-

schung. Frankfurt/Main 1982; Firet Adanir: Die Makedonische Frage. Ihre Entstehung und Entwicklung bis 1908. Wiesbaden 1979.

56 Feroz Ahmed: The Young Turks. The Committee of Union and Progress in Turkish Politics 1908–1914. Oxford 1969.

57 Deutsche Dokumente zum Kriegsausbruch 1914, hg. von Karl Kautsky, 2 Bde., Berlin 1919ff. (im folgenden abgekürzt zitiert als D. D.) Nr. 29; auch in I. Geiss: Julikrise und Kriegsausbruch 1914, Nr. 66 sowie ders.: Juli 1914, Nr. 16. Im folgenden werden künftig Dokumente zur Julikrise immer in dieser Reihenfolge zitiert – Nummer der Originalausgabe (D. D.); Nummer in den beiden zusammenfassenden Dokumentenbänden, von denen der kürzere (Juli 1914) als dtv-Band leicht zugänglich ist.

58 Für den eher kulturellen Hintergrund vgl. Johannes Faensen: Die albanische Nationalbewegung. Berlin 1980.

59 Edward C. Thaden: Russia and the Balkan Alliance of 1912. Philadelphia 1965.

60 Gerhard Ritter: Der Schlieffenplan. Kritik eines Mythos. München 1956; Jehuda L. Wallach: Das Dogma der Vernichtungsschlacht. Die Lehren von Clausewitz und Schlieffen und ihre Wirkung in zwei Weltkriegen. Frankfurt/Main 1967, S. 52–148.

61 J. L. Wallach: Dogma.

62 Adolf Gasser: Der deutsche Hegemonialkrieg von 1914, in: I. Geiss/B.-J. Wendt, Hg.: Deutschland in der Weltpolitik des 19. und 20. Jahrhunderts, Festschrift für Fritz Fischer zum 65. Geburtstag. Düsseldorf 1973, S. 307–340.

63 Rogers P. Churchill: The Anglo-Russian Convention of 1907. Cedar Rapids 1939.

64 Nach der älteren Studie von Oswald Hauser: Deutschland und der englisch-russische Gegensatz 1900–1914. Göttingen 1958, jetzt auch Klaus Wormser: Großbritannien, Rußland und Deutschland. Studien zur britischen Weltreichspolitik am Vorabend des Ersten Weltkrieges. München 1980.

65 So der Ständige Unterstaatssekretär im Foreign Office, Sir Arthur Nicolson, an den britischen Botschafter in St. Petersburg, am 28. Juli 1914: »Was mich besonders beschäftigt und mich, wie ich gestehe, stark beunruhigt, ist der Gedanke, wie wir der sehr natürlichen Frage Rußlands nach unserm Verhalten im Falle gewisser Möglichkeiten genügen sollen. Ich habe wie Sie vorausgesehen, daß Rußland diese Krise als einen Prüfstein unserer Freundschaft betrachten könne und daß, falls wir es enttäuschten, alle Hoffnung auf ein freundschaftliches und dauerndes Einvernehmen mit ihm schwinden würde.« Britische Dokumente (B. D. 239); Julikrise Nr. 640.

66 Verhandlungen des Reichstages, 1905/6, Bd. 5, S. 3624; ferner in: Fürst Bülows Reden. Große Ausgabe II, 306; Reclam-Ausgabe IV, 108.

67 Alfred Graf von Schlieffen: Der Krieg in der Gegenwart, Deutsche Revue, Januar 1909, hier zitiert nach Schlieffen: Gesammelte Schriften, 2 Bde., Bd. 1. Berlin 1913, S. 20f.

68 H. Pogge-von Strandmann: Staatsstreichpläne, Alldeutsche und Bethmann Hollweg, in: ders./I. Geiss: Die Erforderlichkeit des Unmöglichen. Deutschland am Vorabend des Ersten Weltkrieges. Frankfurt/Main 1965, S. 7–45.

69 Egmont Zechlin: Bethmann Hollweg, Kriegsrisiko und SPD 1914, in: Der Monat, 208/Jan. 1966, S. 17–32; ders.: Motive und Taktik der Reichsleitung 1914, in: Der Monat, 209/Febr. 1966, S. 91–96; jetzt auch in: W. Schieder, Hg.: Erster Weltkrieg, NWB 32, S. 165–198; ferner E. Zechlin: Krieg und Kriegsrisiko. Zur deutschen Politik im Ersten Weltkrieg. Aufsätze. Düsseldorf 1979. Das Schlüsseldokument im ersten Aufsatz, Jagows Niederschrift über Unterredung mit Moltke im Mai oder Juni 1914, wurde zuerst vom Vf. mündlich auf dem Wiener Internationalen Historikerkongreß 1965 mitgeteilt und von Zechlin im Handstreich veröffentlicht.

70 Fürst von Bülow: Denkwürdigkeiten, 4 Bde., Berlin 1930, II, S. 513.

71 R. Chickering: We Men, S. 264f.; für die Wirkung auf die deutsche Presse Klaus Wernecke: Der Wille zur Weltgeltung. Außenpolitik im Kaiserreich am Vorabend des Ersten Weltkrieges. Düsseldorf 1970; ferner F. Fischer: Krieg der Illusionen, S. 117–144.

72 Kurt Riezler: Tagebücher, S. 180; dort auch für das Folgende, S. 178f.; allgemeiner für die deutsche Politik Emily Oncken: Panthersprung nach Agadir. Die deutsche Politik während der zweiten Marokkokrise. Düsseldorf 1981; allgemein Jean-Claude Allain: Agadir 1911. Une crise impérialiste en Europe pour la conquête du Maroc. Paris 1976; Geoffrey Barraclough: From Agadir to Armageddon. Anatomy of a Crisis. London 1982.

73 Verhandlungen des Reichstages, Okt.–Dez. 1911, Bd. 268, S. 7735.

74 K. Wernecke: Weltgeltung.

75 Gerd Krumeich: Aufrüstung und Innenpolitik in Frankreich vor dem Ersten Weltkrieg. Die Einführung der dreijährigen Dienstpflicht 1913–1914. Wiesbaden 1980.

76 Ulrich Wichmann: Das russische Flottengesetz und der erste Weltkrieg, o. O. o. J. (Privatdruck, Velbert 1988).

77 Jonathan Steinberg: Yesterday's Deterrent. Tirpitz and the Birth of the German Battle Fleet. London 1965.

78 Bernd F. Schulte: Die deutsche Armee 1900–1914. Zwischen Behar-

ren und Verändern. Düsseldorf 1977; Stig Förster: Der doppelte Militarismus. Die deutsche Heeresrüstungspolitik zwischen Status-quo-Sicherung und Aggression 1890–1913. Wiesbaden 1985.

79 F. Fischer: Krieg der Illusionen, S. 413–421.

80 GP 10.306.

81 V. Berghahn: Der Tirpitz-Plan, Teil III: Der Verfall des ursprünglichen Konzepts, S. 419–474.

82 Bernard Semmel: Imperialism and Social Reform. English Social-Imperial Thought 1895–1914. London 1960; James R. Hay: The Origins of Liberal Welfare Reforms, 1906–1914. London 1975.

83 Francis H. Hinsley, Hg.: British Foreign Policy under Sir Edward Grey. Cambridge 1977.

84 GP 10.306.

85 G. D. D., III, S. 362, ebenso für das Folgende.

86 GP 10.325.

87 Lamar Cecil: Albert Ballin. Business and Politics in Imperial Germany 1888–1918. Princeton (N. J.) 1967.

88 Alfred von Tirpitz: Politische Dokumente. 2 Bde., Stuttgart 1924, I, S. 283.

89 Ebenda, S. 282.

90 P. M. Kennedy: Antagonism, S. 450–452.

91 Ernst C. Helmreich: The Diplomacy of the Balkan Wars 1912–1913. New York 1939, Neudr. 1969.

92 G. Schöllgen: Imperialismus und Gleichgewicht, S. 374–416.

93 J. C. G. Röhl: Admiral von Müller and the Approach of War, in: Historical Journal 12/1969, S. 651–673; ders.: Die Generalprobe. Zur Geschichte und Bedeutung des »Kriegsrats« vom 8. Dezember 1912, in: Wilhelm Alff, Hg.: Deutschlands Sonderung von Europa 1862–1945. Frankfurt 1984, S. 149–224; auch F. Fischer: Krieg der Illusionen, S. 232–241.

94 I. Geiss: Julikrise S. 45. Das zitierte Dokument, ein Schreiben Admiral v. Müllers an Reichskanzler Bethmann Hollweg vom 8. 12. 1912, in: Archiv des Auswärtigen Amtes, Deutschland Nr. 137, Geh., Bd. 7, ist übrigens der erste Hinweis auf den »Kriegsrat« vom selben Tage in der Fachliteratur, dessen Bedeutung damals dem Vf. noch nicht klar sein konnte.

95 GP 12.818.

96 Erwin Hölzle, Hg.: Quellen zur Entstehung des Ersten Weltkrieges. Internationale Dokumente 1901–1914. Darmstadt 1978, Nr. 75, S. 178–188.

97 Ausführlichere Hinweise (K. Hildebrand, W. Baumgart, W. J. Mommsen, E. Hölzle) bei J. C. G. Röhl: Generalprobe, S. 167f.

98 V. R. Berghahn/W. Deist, Hg.: Rüstung im Zeichen wilhelminischer

Weltpolitik. Grundlegende Dokumente 1890–1914. Düsseldorf 1988, S. 355–360.

99 Adolf Gasser: Deutschlands Entschluß zum Präventivkrieg 1913/14, in: Discordia concors. Festgabe für Edgar Bonjour, hrsg. von Marc Sieber, 2 Bde., Basel 1968, S. 171–224, Neudruck in: A. Gasser: Ausgewählte Historische Schriften. Basel 1983, S. 1–46.

100 GP 14.172.

101 GP 14.176.

Anmerkungen zu Kapitel V:

1 Auch für diesen Zusammenhang ist instruktiv, daß Albertini seine Vorgeschichte des Ersten Weltkrieges mit dem Ausgleich Österreich-Ungarns 1867 als Ausgangspunkt für den Anteil der Südslawischen Frage am Kriegsausbruch 1914 beginnt; vgl. oben S. 70, Anm. 33.

2 Allgemein L. S. Stavrianos: The Balkans since 1453. New York 1958.

3 D. Djordjevic: Carinski rat Austro-Ugarske i Srbije 1906–11. (La Guerre Douanière entre l'Autriche-Hongrie et la Serbie de 1906–1911). Belgrade 1962 (mit ausführlichem Resümée auf Französisch, S. 691–710).

4 Confidentenbericht aus Belgrad, 5. April 1909, »Archiv Bosne i Hercegovina u Sarajevo«, Fond GFM, Präs. 996; mitgeteilt von Professor Milorad Ekmecić in seinem Vortrag »Annexation of Bosnia and Hercegovina 1908 and historical consequences«, auf einer Tagung der Akademie Bosnien-Herzegovinas in Sarajevo, 21. 11. 1988.

5 So läßt sich der letzte überlebende Attentäter von Sarajevo, der emeritierte Geschichtsprofessor Vaso Cubrilović, auf das Attentat von Sarajevo, gar auf seine Rolle in ihm, heute nicht gern ansprechen. Am Rande eines von ihm geleiteten Symposiums der Serbischen Akademie der Wissenschaften in Belgrad zum 70. Jahrestag des Kriegsausbruchs brachte er 1974 nach einem Essen für anwesende österreichische Historiker einen Toast aus – auf die Donaumonarchie.

6 GP 5609.

7 Feldmarschall Conrad: Aus meiner Dienstzeit 1906–1918. 5 Bde., Wien, Leipzig 1922, II, S. 380; ähnliche Stellen bei Conrad ebenda, III, S. 343f., 362ff., 419ff., 456, 461, 729ff.; allgemein auch Robert Kann: Werden und Zerfall des Habsburgerreiches. Graz, Wien 1962, S. 73; auch Alfred Opitz: Zeitenwende im Donauraum. Von der Doppelmonarchie zu den Nachfolgestaaten. Graz, Köln 1983, S. 13–84.

8 GP 15.734.

9 Zitiert nach I. Geiss: Die deutsche Reichspolitik gegenüber der Auf-

standsbewegung in der Herzegowina und in Bosnien, 1875–1878, Referat auf einer Tagung in Sarajevo 1975 (vgl. oben S. 337, Anm. 34), in: ders.: Das Deutsche Reich und die Vorgeschichte des Ersten Weltkrieges, S. 76–107, Zitat S. 85, Anm. 17.

10 G. Schöllgen: Imperialismus und Gleichgewicht, S. 32–37.

11 Dörte Löding: Deutschlands und Österreich-Ungarns Balkanpolitik von 1912–1914 unter besonderer Berücksichtigung ihrer Wirtschaftsinteressen. Diss. phil. Hamburg 1969, ein Resümee in dies.: Die deutsche und österreich-ungarische Balkanpolitik am Vorabend des 1. Weltkrieges und der Zweibund, in: E. Schulin, Hg.: Studien zur europäischen Geschichte, S. 254–265, besonders S. 259–261.

12 I. Geiss: Die deutsche Politik gegenüber Serbien in der Julikrise 1914. Referat der Tagung »Les Grandes Puissances et la Serbie à la Veille de la Première Guerre Mondiale«, in Belgrad 13.–15.9.1974, Belgrad 1976, auch in: ders.: Das Deutsche Reich und die Vorgeschichte des Ersten Weltkriegs, S. 159–189, vor allem S. 168f.

13 Conrad: Dienstzeit III, S. 314ff.; vgl. auch GP 12.824.

14 Vladimir Dedijer: Die Zeitbombe. Sarajewo 1914. Frankfurt/Main 1967, S. 54f.; auch für das Folgende.

15 Allgemein Martha M. Cupic-Amrein: Die Opposition gegen die österreich-ungarische Herrschaft in Bosnien-Hercegovina (1878–1914). Frankfurt/Main 1987.

16 100 Godina Ustnaka u Hercegovini 1882. Godine (Colloque scientifique à l'occasion du centenaire de l'insurrection en Herzegovine 1882). Sarajewo 1983.

17 Für Deutschland eindrucksvoll Klaus Vondung: Die Apokalypse in Deutschland. dtv 4488, München 1988, S. 161–318.

18 L. L. Farrar: The Short War Illusion. Santa Barbara 1973.

19 M. Ferro: Der Große Krieg, S. 55–57.

20 Michael Salewski: Zeitgeist und Zeitmaschine. Science Fiction und Geschichte. dtv 4445. München 1986, S. 172: »Die Science Fiction wurde in den Jahren vor dem Ersten Weltkrieg zur Geheimwaffe aller Kriegswünschenden – da gab kein Land dem anderen etwas nach; insbesondere England, Frankreich, Rußland und Deutschland überboten sich mit kriegerischen Zukunftsgeschichten – wohl nicht von ungefähr jene Staaten, die das Spektakel 1914 dann auch wirklich inszenieren sollten.«

21 K. Riezler: Tagebuch, S. 192: »Der Kanzler sieht ein Fatum, größer als Menschenmacht, über der Lage Europas und über unserem Volke liegen.«

22 H. Pogge-von Strandmann: Staatsstreichpläne: Alldeutsche und Bethmann Hollweg.

23 C. J. Lowe/F. Marzari: Italian Foreign Policy, S. 112–132.

24 In Überwindung der älteren deutschen Geschichtsschreibung, zusammengefaßt von Alfred von Wegerer: Der Ausbruch des Weltkrieges 1914. 2 Bde., Hamburg 1939, jeweils ein Kapitel zur Julikrise 1914 bei F. Fischer: Griff nach der Weltmacht, S. 59–108, und Krieg der Illusionen, S. 663–738; zeitlich zwischen beiden als Einführungen zu den Dokumenten in 16 bzw. acht Kapiteln zwei sich ergänzende Skizzen in I. Geiss: Julikrise und Kriegsausbruch 1914 und Juli 1914, die zusammen immer noch die ausführlichste deutsche Analyse der Julikrise 1914 seit Wegerer darstellten. Eine ähnlich umfangreiche Auswahl von Dokumenten, aber ohne einleitende Zwischentexte bietet Die Julikrise und der Ausbruch des Weltkrieges 1914. Auf der Grundlage der von Erwin Hölzle herausgegebenen »Quellen zur Entstehung des Ersten Weltkrieges. Internationale Dokumente 1901–1914« für den Studiengebrauch bearbeitet von Winfried Baumgart. Darmstadt 1983. Völlig überflüssig dort am Ende der Einleitung (S. XIX) von Baumgart eine Polemik gegen den Vf.: Die Dokumente zur Julikrise 1914 waren im dtv-Band Juli 1914 zum dritten Male ediert, also erübrigte sich die Pflicht zur asketischen Enthaltsamkeit in ihrer Kommentierung und Interpretation. Außerdem waren beide Dokumentenausgaben bewußt als Kompromiß zwischen reiner Quellenedition und Darstellung angelegt, mit einem wachsenden Anteil an einordnenden und interpretierenden Einleitungen zu den jeweiligen Kapiteln.

25 Albert von Margutti: Vom alten Kaiser. Persönliche Erinnerungen an Franz Josef I. Leipzig, Wien 1921, S. 148.

26 Hermann Wendel: Die Habsburger und die Südslawenfrage. Das Werk des Untersuchungsausschusses. Erste Reihe, Bd. 10. Berlin 1930, S. 646. Tisza endete im Zusammenbruch der Donaumonarchie im Oktober 1918, ermordet auf offener Straße.

27 Allgemein vgl. Hugo Hantsch: Leopold Graf Berchtold. Grandseigneur und Staatsmann. 2 Bde., Köln, Graz 1963.

28 Vgl. oben, S. 251.

29 D. D. 7 (Julikrise Nr. 3, Juli 1914 Nr. 2).

30 Aussage Waldersee vom 25. 10. 1919, in: D. D. S. XX (Julikrise 1914, Nr. 32c).

31 D. D. 74 (Julikrise Nr. 124) Waldersee an Jagow, 17. 7.

32 I. Geiss: Julikrise Nr. 62.

33 Conrad an Berchtold, 12. 7., Ö. D. 10226, (Julikrise Nr. 77).

34 Szögyény an Berchtold, 25. 7., Ö. D. 10656 (Juli 1914, Nr. 71; Julikrise Nr. 327).

35 Tschirschky an Jagow, 26. 7., D. D. 398 (Juli 1914 Nr. 88; Julikrise Nr. 419).

36 Ebenda.

37 Kageneck an Generalstab, 18.7. (Juli 1914 Nr. 32; Julikrise Nr. 137).
38 Bethmann Hollweg an Tschirschky, 28.7., D.D. 323 (Juli 1914 Nr. 115; Julikrise Nr. 592).
39 Szögyény an Berchtold, 27.7., Ö. D. 10793 (Juli 1914 Nr. 95; Julikrise Nr. 479).
40 Moltke an Bethmann Hollweg, D. D. 349 (Juli 1914 Nr. 125; Julikrise Nr. 659).
41 B. F. Schulte: Europäische Krise und Erster Weltkrieg. Beiträge zur Militärpolitik des Kaiserreichs, 1871–1914. Frankfurt/M., Bern 1983, S. 207.
42 D. D. 376; (Julikrise Nr. 439, Juli 1914, Nr. 91), 26.7.
43 Goschen an Grey, 29.7., B.D. 293 (Julikrise, Nr. 745; Juli 1914, Nr. 139).
44 Bethmann Hollweg an Goschen, 29.7., D.D. 373 (Julikrise 1914, Nr. 684).
45 Hermann Kantorowicz: Gutachten zur Kriegsschuldfrage 1914. Aus dem Nachlaß herausgegeben und eingeleitet von I. Geiss. Frankfurt/Main 1967, S. 262–278; ähnlich noch vor Kenntnis des Gutachtens von Kantorowicz, I. Geiss: Julikrise, II, S. 730: »Der entscheidende Anteil an der Verursachung des Ersten Weltkriegs liegt demnach bei Deutschland, da es den lokalen Krieg wollte und zuließ, es auf den Kontinentalkrieg selbst auf das Risiko des allgemeinen Weltkriegs hin kühl ankommen ließ und beide – Kontinentalkrieg wie Weltkrieg – damit unvermeidlich machte.«

Bibliographie

1. Dokumentenbände und Quelleneditionen

Der Berliner Kongreß 1878. Protokolle und Dokumente, hg. von Imanuel Geiss. Veröffentlichungen des Bundesarchivs 29. Boppard/Rhein 1979.

Bismarck: Reden des Fürsten Bismarck aus den Jahren 1847–1895, hg. von Hans Kraemer, 3 Bde., Halle o. J. (1895).

Die Britischen Amtlichen Dokumente über den Ursprung des Weltkrieges 1898–1914. Im Auftrage des Britischen Auswärtigen Amtes, in 11 Bänden hg. von G. P. Gooch und Harol Temperley. Deutsche Ausgabe, hg. von Hermann Lutz. Berlin 1926. (Abgekürzt zitiert: B. D.)

Deutsche Dokumente zum Kriegsausbruch 1914, hg. von Karl Kautsky, 2 Bde., Berlin 1919ff. (Abgekürzt zitiert: D. D.)

Feldmarschall Conrad: Aus meiner Dienstzeit 1906–1918. 5 Bde., Wien, Leipzig 1922.

German Diplomatic Documents 1871–1914, Four Volumes. London 1928, ^{2}1969 (Auswahl von GP).

Die Große Politik der Europäischen Kabinette 1871–1914. Sammlung der diplomatischen Akten des Auswärtigen Amtes. Hg. von J. Lepsius u. a. 39 Bde., Berlin 1922–27 (Abgekürzt zitiert: GP)

Julikrise und Kriegsausbruch 1914. Eine Dokumentensammlung, hg. von Imanuel Geiss. 2 Bde., Hannover 1963/64.

Juli 1914. Die europäische Krise und der Ausbruch des Ersten Weltkriegs, hg. von Imanuel Geiss. dtv 2921, München 1965, ^{3}1986.

Der Kaiser... Aufzeichnungen des Chefs des Marinekabinetts Admiral Georg Alexander v. Müller über die Ära Wilhelms II., hg. von Walter Görlitz. Göttingen 1965.

Quellen zur Entstehung des Ersten Weltkrieges. Internationale Dokumente 1901–1914, hg. von Erwin Hölzle. Darmstadt 1978.

Rathenau, Walter: Tagebuch 1907–1922. Hg. und kommentiert von Hartmut Pogge-v. Strandmann. Mit einem Beitrag von James Joll und einem Geleitwort von Fritz Fischer. Düsseldorf 1967.

Riezler, Kurt: Tagebücher, Aufsätze, Dokumente. Eingeleitet und hg. von Karl Dietrich Erdmann. Göttingen 1972.

Ruedorffer, J. J. (= Kurt Riezler): Grundzüge der Weltpolitik. Stuttgart, Berlin 1914.

Tirpitz, Alfred von: Politische Dokumente. 2 Bde., Stuttgart 1924.

2. Darstellungen

a) Monographien und Sammelbände

100 Godina Ustnaka u Hercegovini 1882. Godine (Colloque scientifique à l'occasion du centenaire de l'insurrection en Herzegovine 1882). Sarajevo 1983.

100-Godisnjice Ustanaka u Bosni i Hercegovini, Drugim Balkanskim Zemljama i Istocnoj Krizi 1875–1878. Godine, 3 Bde.

Sarajevo 1977. (Referate einer internationalen Tagung über die Aufstände in Bosnien und Herzegovina 1875 und die Orientkrise 1875–78).

Adanir, Firet: Die Makedonische Frage. Ihre Entstehung und Entwicklung bis 1908. Wiesbaden 1979.

Ahmed, Feroz: The Young Turks. The Committee of Union and Progress in Turkish Politics 1908–1914. Oxford 1969.

Albertini, Luigi: Le origini della guerra del 1914. 3 Bde., Mailand 1942/43; englisch: The Origins of the War 1914. London 1952/57, [2]1966.

Allain, Jean-Claude: Agadir 1911. Une crise impérialiste en Europe pour la conquête du Maroc. Paris 1976.

Alter, Peter: Der Imperialismus. Grundlagen, Probleme, Theorien. Stuttgart 1979.

Anderson, M. S.: The Eastern Question, 1774–1923. A Study in International Relations. London [6]1978.

Asiwaju, A. I., Hg.: Partitioned Africans. Ethnic Relations across Africa's International Boundaries 1884–1984. London, Lagos 1985.

Asselain, Jean-Charles: Histoire économique: de la révolution industrielle à la première guerre mondiale. Paris 1985.

Balfour, Michael: The Kaiser and His Time. London 1944.

Barns, Harry E.: The Genesis of the World War. An Introduction to the Problem of War Guilt. New York 1927 (dt. 1928).

Barraclough, Geoffrey: From Agadir to Armageddon. Anatomy of a Crisis. London 1982.

Bates, David: The Fashoda Incident of 1898. Encounter on the Nile. Oxford 1984.

Baumgart, Winfried: Der Friede von Paris 1856. München, Wien 1972.

Ders.: Vom Europäischen Konzert zum Völkerbund. Friedensschlüsse und Friedenssicherung von Wien bis Versailles. Darmstadt 1974.

Beloff, Max: Imperial Sunset. Vol. I: Britain's Liberal Empire 1897–1921. London 1969.

Berghahn, Volker: Der Tirpitz-Plan. Genesis und Verfall einer innenpolitischen Krisenstrategie unter Wilhelm II. Düsseldorf 1971.

Ders./Deist, Wilhelm, Hg.: Rüstung im Zeichen der wilhelminischen Weltpolitik. Grundlegende Dokumente 1890–1914. Düsseldorf 1988.

Blackbourne, David/Eley, Geoff: The Peculiarities of German History. London 1984.
Bloch, Johann von: Der Krieg. (Übersetzung des russischen Werkes des Autors Der zukünftige Krieg in seiner technischen, volkswirthschaftlichen und politischen Bedeutung). 6 Bde., Berlin 1899.
Boelcke, Wilfried, Hg.: Krupp und die Hohenzollern. Berlin/DDR 1957.
Böhme, Helmut: Deutschlands Weg zur Großmacht: Studien zum Verhältnis von Wirtschaft und Staat während der Reichsgründungszeit, 1848–1881. Köln, Berlin 1966.
Böhme, Helmut: Die Reichsgründung. dtv 428, München 1967.
Bosworth, Richard: Italy, the Least of the Great Powers: Italian Foreign Policy before the First World War. Cambridge 1979.
Bouvier, J., u. a.: L'impérialisme à la française. 2 Bde., Paris 1982. Bd. 1: La France impériale: 1880–1914, hg. von Jacques Thobie.
Bovill, E. W.: The Golden Trade of the Moors. London ^{3}1970.
Brandenburg, Erich: Von Bismarck zum Weltkriege. Leipzig 1924.
Brandt-Seebacher, Brigitte: Bebel. Künder und Kärrner im Kaiserreich. Bonn 1988.
Braunthal, Julius: Geschichte der Internationale. 3 Bde. Bonn/Bad Godesberg ^{2}1974.
Bridge, Francis R./Bullen, Roger: The Great Powers and the European States System 1815–1914. London 1980, ^{5}1985.
Calleo, David: The German Problem Reconsidered. Germany and the World Order, 1870 to the Present. Cambridge 1978. Deutsche Ausgabe: Legende und Wirklichkeit der deutschen Gefahr: Neue Aspekte zur Rolle Deutschlands in der Weltgeschichte von Bismarck bis heute. Bonn 1980.
Cecil, Lamar: Albert Ballin. Business and Politics in Imperial Germany 1888–1918. Princeton (N. J.) 1967.
Chamberlain, M. E.: The Scramble for Africa. London ^{5}1980.
Chastain, James: The Liberation of Sovereign Peoples. The French Foreign Policy of 1848. Athens (Ohio) 1988.
Chickering, Roger: Imperial Germany and a World Without War. The German Peace Movement and German Society, 1892–1914. Princeton (N. J.) 1975.
Ders.: We Men Who Feel Most German. A Cultural Study of the Pan-German League, 1886–1916. Boston 1984.
Churchill, Rogers P.: The Anglo-Russian Convention of 1907. Cedar Rapids 1939.
Cooper, Jerry M.: Causes and Consequences of World War I. New York 1972.
Coquin, François-Xavier: La Révolution russe manquée: 1905. Brüssel 1985.

Cupic-Amrein, Martha M.: Die Opposition gegen die österreich-ungarische Herrschaft in Bosnien-Hercegovina (1878–1914). Frankfurt/Main 1987.

Dansette, Adrien: Naissance de la France moderne: le seconde empire. Paris 1976.

Dedijer, Vladimir: Die Zeitbombe. Sarajewo 1914. Frankfurt/Main 1967.

Dehio, Ludwig: Gleichgewicht oder Hegemonie. Betrachtungen über ein Grundproblem der neueren Staatengeschichte. Krefeld 1948.

Deist, Wilhelm: Flottenpolitik und Flottenpropaganda. Stuttgart 1976.

Der Leipziger Hochverratsprozeß vom Jahre 1872. Neu hg. von Karl-Heinz Leidigkeit. Berlin/DDR 1960.

Deuerlein, Ernst/Schieder, Theodor, Hg.: Reichsgründung 1870/71. Tatsachen, Kontroversen, Interpretationen. Stuttgart 1970.

Djordjevic, D.: Carinski rat Austro-Ungarske i Srbije 1906–11. (La Guerre Douanière entre l'Autriche-Hongrie et la Serbie de 1906–1911). Belgrad 1962 (mit ausführlichem Resümée auf Französisch.

Droz, Jacques: Les causes de la première Guerre mondiale. Essai d'historiographie. Paris 1973.

Dülffer, Jost: Regeln wider den Krieg? Die Haager Friedenskonferenzen von 1899 und 1907 in der internationalen Politik. Berlin 1981.

Evans, Richard J. W./Pogge v. Strandmann, Hartmut, Hg.: The Coming of the First World War. Oxford 1988.

Faensen, Johannes: Die albanische Nationalbewegung. Berlin 1980.

Farrar, L. L., Jr.: Arrogance and Anxiety. The Ambivalence of German Power, 1848–1914. Iowa City 1981.

Ders.: The Short War Illusion. Santa Barbara 1973.

Faulenbach, Bernd: Die Ideologie des deutschen Weges. Die deutsche Geschichte in der Historiographie. München 1980.

Fay, Sydney D.: The Origins of the World War. 2 Bde., New York 1928 (dt.: 1930).

Fellner, Fritz: Der Dreibund. Europäische Diplomatie vor dem Ersten Weltkrieg. Wien ²1960.

Ferro, Marc: Der Große Krieg 1914–1918. Aus dem Französischen. Frankfurt/Main 1988.

Fischer, Fritz: Griff nach der Weltmacht. Die Kriegzielpolitik des kaiserlichen Deutschland 1914/18. Düsseldorf 1961, ³1964.

Ders.: Krieg der Illusionen. Die deutsche Politik von 1911 bis 1914. Düsseldorf 1969.

Ders.: Bündnis der Eliten. Zur Kontinuität der Machtstrukturen in Deutschland 1871–1945. Düsseldorf 1979.

Förster, Stig: Der doppelte Militarismus. Die deutsche Heeresrüstungspolitik zwischen Status-quo-Sicherung und Aggression 1890–1913. Wiesbaden 1985.

Ders., u. a.: Bismarck, Europe and Africa. The Berlin Africa Conference 1884–1885 and the Onset of Partition. London 1988.
Franke, Wolfgang: Das Jahrhundert der chinesischen Revolution 1851–1949. München ^{2}1980.
French, David: British Economic and Strategic Planning 1905–1915. London 1982.
Gall, Lothar: Bismarck. Der weiße Revolutionär. Frankfurt/Main, Berlin 1980.
Gallagher, J./Robinson, R.: Africa and the Victorians. The Official Mind of Imperialism. London 1983.
Ganiage, Jean: L'expansion coloniale de la France sous la Troisième République 1871–1914. Paris 1968.
Geiss, Imanuel: Der polnische Grenzstreifen 1914–1918. Ein Beitrag zur deutschen Kriegszielpolitik im Ersten Weltkrieg. Historische Studien 376. Hamburg, Lübeck 1960.
Ders.: Das Deutsche Reich und der Erste Weltkrieg. München 1978, ^{3}1985.
Ders.: Das Deutsche Reich und die Vorgeschichte des Ersten Weltkriegs. München 1978, ^{3}1985.
Ders.: Die Habermas-Kontroverse. Ein deutscher Streit. Berlin 1988.
Geyer, Dieter: Der russische Imperialismus. Studien über den Zusammenhang von innerer und auswärtiger Politik, 1860–1914. Göttingen 1977.
Ders.: Die Russische Revolution. Göttingen ^{3}1980.
Geyer, Michael: Deutsche Rüstungspolitik 1860–1980. es 24, Frankfurt/Main 1984.
Gillard, David R.: The Struggle in Asia 1828–1914. A Study in British and Russian Imperialism. London 1977.
Girault, Réné: Diplomatie européenne et impérialismes: 1871–1914. Paris 1979.
Guillen, Pierre: L'expansion 1881–1898. Paris 1984.
Hahn, Hans-Henning: Außenpolitik in der Emigration. Die Exil-Diplomatie Adam Jerzy Czartoryskis, 1830–1840. München, Wien 1978.
Hallgarten, George W. F.: Imperialismus vor 1914. Die soziologischen Grundlagen der Außenpolitik europäischer Großmächte vor dem Ersten Weltkrieg. 2 Bde., München 1963.
Hantsch, Hugo: Leopold Graf Berchtold. Grandseigneur und Staatsmann. 2 Bde., Köln, Graz 1963.
Hargreaves, John D.: West Africa Partitioned. 2 Bde., London 1974/85.
Harris, D.: A Diplomatic History of the Balkan Crisis of 1875–1878. Stanford (Cal.) 1969.
Haupt, Georges: Socialism and the Great War: The Collapse of the Second International. Oxford 1972.

Hay, James R.: The Origins of Liberal Welfare Reforms, 1906–1914. London 1975.
Helmreich, Ernst C.: The Diplomacy of the Balkan Wars 1912–1913. New York 1939, Neudr. 1969.
Henderson, William O.: The Zollverein. London 1959.
Ders.: The Rise of German Industrial Power, 1834–1914. New York 1976.
Henning, Friedrich Wilhelm: Die Industrialisierung in Deutschland 1800 bis 1914. Paderborn 1973.
Hillgruber, Andreas: Bismarcks Außenpolitik. Freiburg 1972.
Ders.: Die gescheiterte Großmacht. Eine Skizze des Deutschen Reiches 1871–1945. Düsseldorf 1980, [4]1984.
Hinsley, Francis H., Hg.: British Foreign Policy under Sir Edward Grey. Cambridge 1977.
Hobsbawm, Eric: Industrie und Empire. Britische Wirtschaftsgeschichte seit 1750. Aus dem Englischen. 2 Bde., es 315/6, Frankfurt/Main 1969.
Hobson, John A.: Imperialism. London 1902; deutsche Ausgabe Köln 1968, [2]1970.
Holl, Karl: Pazifismus in Deutschland. Frankfurt/Main 1988.
Hölzle, Erwin: Die Selbstentmachtung Europas. Das Experiment des Friedens vor und im Ersten Weltkrieg. Göttingen 1975.
Hopkins, A. G.: An Economic History of West Africa. London 1973, [4]1980.
Howard, Christopher H. D.: Splendid Isolation. A Study of Ideas concerning Britain's International Position and Foreign Policy during the Later Years of the Third Marquess of Salisbury. London 1967.
Hudson, Geoffrey F.: The Far East in World Politics. A Study in Recent History. Oxford 1937, [2]1976.
Jäckel, Hartmut: Die Nordwestgrenze in der Verteidigung Indiens 1900–1908 und der Weg Englands zum russisch-britischen Abkommen von 1907. Köln, Opladen 1968.
Joll, James: Europe since 1870. An International History. London 1973.
Ders.: The Origins of the First World War. London 1984.
Jong, Jutta de: Der nationale Kern des makedonischen Problems. Ansätze und Grundlagen einer makedonischen Nationalbewegung (1890–1903). Ein Beitrag zur komparativen Nationalismusforschung. Frankfurt/Main 1982.
Kampen, Wilhelm von: Studien zur deutschen Türkeipolitik in der Zeit Wilhelms II. Diss. phil. Kiel 1968.
Kann, Robert: Werden und Zerfall des Habsburgerreiches. Graz, Wien 1962.
Kantorowicz, Hermann: Gutachten zur Kriegsschuldfrage 1914. Aus dem Nachlaß herausgegeben und eingeleitet von I. Geiss. Frankfurt/Main 1967.

Keep, John H. L.: The Russian Revolution, A Study in Mass Mobilization. London 1976.
Keiger, J. F. V.: France and the Origins of the First World War. London 1983.
Kennan, George F.: The Decline of Bismarck's European Order. Franco-Russian Relations, 1875–1890. Princeton (N. J.) 1979, deutsche Ausgabe: Bismarcks europäisches System in der Auflösung. Die französisch-russische Annäherung 1875–1890. Frankfurt 1981.
Ders.: The Fateful Alliance. France, Russia and the Coming of the First World War. New York 1984.
Kennedy, Paul M.: The Samoan Tangle. A Study in Anglo-German-American Relations, 1878–1900. Dublin, New York 1974.
Ders., Hg.: The War Plans of the Great Powers, 1880–1914. London 1979.
Ders.: The Realities behind Diplomacy. Background Influences on British External Policy, 1865–1980. London 1981.
Ders.: The Rise of the Anglo-German Antagonism 1860–1914. London 1980, [2]1982.
Kent, George O.: Arnim and Bismarck. Oxford 1968.
Kent, Marian, Hg.: The Great Powers and the End of the Ottoman Empire. London 1984.
Koch, H. W., Hg.: The Origins of the First World War. Great Power Rivalry and War Aims. London 1972.
Kolb, Eberhard, Hg.: Europa und die Reichsgründung. Preußen-Deutschland in der Sicht der großen europäischen Mächte 1860–1880. Beiheft 6 (Neue Folge) der Historischen Zeitschrift. München 1980.
Krejci, Jaroslav: Great Revolutions Compared: The Search for a Theory. Brighton 1983, [2]1987.
Kröll, Ulrich: Die internationale Buren-Agitation 1899–1902. Münster 1973.
Kruck, Alfred: Geschichte des Alldeutschen Verbandes 1890–1939. Wiesbaden 1954.
Krumeich, Gerd: Aufrüstung und Innenpolitik in Frankreich vor dem Ersten Weltkrieg. Die Einführung der dreijährigen Dienstpflicht 1913–1914. Wiesbaden 1980.
Kumpf-Korfes, Sigrid: Bismarcks »Draht nach Rußland«. Zum Problem der sozial-ökonomischen Hintergründe der russisch-deutschen Entfremdung vom Zeitraum von 1878 bis 1891. Berlin/DDR 1968.
Lafore, Laurence: The Long Fuse. An Interpretation of the Origins of World War I. London 1966.
Landes, David S.: Der entfesselte Prometheus. Technologischer Wandel und industrielle Entwicklung in Westeuropa von 1750 bis zur Gegenwart. Aus dem Amerikanischen. Köln 1973.
Langer, William L.: The Diplomacy of Imperialism 1890–1902. 2 Bde., New York 1935.

Ders.: European Alliances and Alignments 1871–1890. New York 1931. Neudr. 1951, [2]1977.
Langhorne, Richard: The Collapse of the Concert of Europe. International Politics 1890–1914. London 1981.
Lieven, Dominic C. B.: Russia and the Origins of the First World War. London 1983.
Löding, Dörte: Deutschlands und Österreich-Ungarns Balkanpolitik von 1912–1914 unter besonderer Berücksichtigung ihrer Wirtschaftsinteressen. Diss. phil. Hamburg 1969.
Lowe, C. J./Marzari, F.: Italian Foreign Policy 1870–1914. London 1975.
Lynar, Ernst W. Graf, Hg.: Deutsche Kriegsziele 1914–1918. Berlin 1964.
Joachim Mai: Die preußische Polenpolitik 1885–1887. Berlin/DDR 1962.
Manzenreiter, Johann: Die Bagdadbahn. Als Beispiel für die Entstehung des Finanzimperialismus in Europa (1872–1903). Bochum 1982.
Margutti, Albert von: Vom alten Kaiser. Persönliche Erinnerungen an Franz Josef I. Leipzig, Wien 1921.
McKay, Derrek/Scott, H. M.: The Rise of the Great Powers 1648–1815. London 1983.
Melville, R./Schröder, H.-J., Hg.: Der Berliner Kongreß von 1878. Die Politik der Großmächte und die Probleme der Modernisierung in Südosteuropa in der 2. Hälfte des 19. Jahrhunderts. Wiesbaden 1982.
Messerschmidt, Manfred: Militär und Politik in der Bismarckzeit und im Wilhelminischen Deutschland. Darmstadt 1975.
Miège, Jean-Louis: L'impérialisme colonial italien de 1870 à nos jours. Paris 1968.
Mommsen, Wolfgang J.: Max Weber und die deutsche Politik 1890–1920. Tübingen 1959, [2]1974.
Ders.: Imperialismus. Seine geistigen und wirtschaftlichen Grundlagen. Ein Quellen- und Arbeitsbuch. Hamburg 1977.
Monger, George: The End of Isolation. British Foreign Policy 1900–1907. London 1963.
Morgenthau, Hans J.: Macht und Frieden. Grundlegung einer Theorie der internationalen Politik. Aus dem Amerikanischen. Gütersloh 1963.
Moses, John A.: The Politics of Illusion. The Fischer Controversy in German Historiography. London 1975.
Müller-Link, Horst: Industrialisierung und Außenpolitik. Preußen-Deutschland und das Zarenreich von 1860–1890. Göttingen 1977.
Nipperdey, Thomas: Deutsche Geschichte 1800–1866. Bürgerwelt und starker Staat. München 1983.
Nish, Ian H.: The Anglo-Japanese Alliance: the Diplomacy of Two Island Empires 1894–1907.
Oncken, Emily: Panthersprung nach Agadir. Die deutsche Politik während der Zweiten Marokkokrise. Düsseldorf 1981.

Oncken, Hermann: Das Deutsche Reich und die Vorgeschichte des Weltkrieges. 2 Bde., Leipzig 1939.
Opitz, Alfred: Zeitenwende im Donauraum. Von der Doppelmonarchie zu den Nachfolgestaaten. Graz, Köln 1983.
Pakenham, Thomas: The Boer War. New York 1979.
Petrie, Charles: The Drift to World War, 1900–1914. London 1968.
Plehn, Hans: Deutsche Weltpolitik und kein Krieg. Berlin 1913.
Pogge-von Strandmann, Hartmut/Geiss, Imanuel: Die Erforderlichkeit des Unmöglichen. Deutschland am Vorabend des Ersten Weltkrieges. Frankfurt/Main 1965.
Poidevin, Raymond: Les origines de la première Guerre mondiale. Paris 1975.
Ders.: Die unruhige Großmacht. Deutschland und die Welt im 20. Jahrhundert. Würzburg 1985.
Raulff, Heiner: Zwischen Machtpolitik und Imperialismus. Die deutsche Frankreichpolitik 1904–1906. Düsseldorf 1976.
Rein, Gustav Adolf: Die Revolution in der Politik Bismarcks. Göttingen 1957.
Remak, Joachim: The Origins of World War I, 1871–1914. New York 1967.
Renouvin, Pierre: Les origines immédiates de la Guerre. Paris 1925.
Ders.: La crise européenne et la première guerre mondiale (1904–1918). Paris 1969.
Rich, Norman: Friedrich von Holstein. 2 Bde., Cambridge 1965.
Ritter, Gerhard: Dämonie der Macht. Betrachtungen über Geschichte und Wesen des Machtproblems im politischen Denken der Neuzeit. 6. umgearbeitete Aufl. München 1948. (Originaltitel: Machtstaat und Utopie. Vom Streit um die Dämonie der Macht seit Machiavelli und Morus. München 1940.)
Ders.: Der Schlieffenplan. Kritik eines Mythos. München 1956.
Ders.: Staatskunst und Kriegshandwerk. Das Problem des Militarismus in Deutschland. 4 Bde., München 1954–1968.
Röhl, John C. G.: Deutschland ohne Bismarck. Die Regierungskrise im Zweiten Deutschen Kaiserreich 1890 bis 1900. Tübingen 1969.
Ders.: Kaiser, Hof und Staat. Wilhelm II. und die deutsche Politik. München 1987.
Roman, Viorel S.: Rumänien im Spannungsfeld der Großmächte, 1878–1944. Von der okzidentalischen Peripherie zum orientalischen Sozialismus. Offenach 1989.
Ders.: Rumänien im Spannungsfeld der Großmächte, 1774–1878. Die Donaufürstentümer vom osmanischen Vasallentum zur europäischen Peripherie. Offenbach 1986.
Ropponen, Risto: Italien als Verbündeter. Die Einstellung der politischen

und militärischen Führung Deutschlands und Österreich-Ungarns zu Italien von der Niederlage von Adua bis zum Ausbruch des Weltkrieges 1914. Helsinki 1986.
Rosenberg, Hans: Große Depression und Bismarckzeit. Frankfurt/Main ^{2}1976.
Rusconi, Gian Enrico: Rischio 1914. Come si decide una guerra. Bologna 1987.
Salewski, Michael: Zeitgeist und Zeitmaschine. Science Fiction und Geschichte. dtv 4445, München 1986.
Sanderson, George N.: England, Europe and the Upper Nile, 1877–1895. A Study in the Partition of Africa. Edinburgh 1965.
Sasse, Günther: England – Deutschlands Widerpart. Die deutsch-englischen Beziehungen von 1815–1940. Berlin 1941.
Saul, Samuel B.: The Myth of the Great Depression, 1873–1896. London 1969.
Schieder, Theodor: Das deutsche Kaiserreich von 1871 als Nationalstaat. Köln, Opladen 1961.
Schieder, Wolfgang, Hg.: Erster Weltkrieg. Ursachen, Entstehung und Kriegsziele. NWB 32. Köln 1969.
Schmidt, Gustav: Der europäische Imperialismus. München 1985.
Schmitt, Bernadotte E.: The Coming of the War 1914. 2 Bde., New York 1930, Nachdr. 1966.
Schoenbaum, David: Zabern 1913: Consensus Politics in Imperial Germany. London 1982.
Schöllgen, Gregor: Imperialismus und Gleichgewicht. Deutschland, England und die orientalische Frage 1871–1914. München 1984.
Ders.: Das Zeitalter des Imperialismus. München 1986.
Schroeder, Paul W.: Austria, Great Britain and the Crimean War. New York 1972.
Schück, R.: Brandenburg-Preußens Kolonialpolitik. Leipzig 1889.
Schulte, Bernd F.: Die deutsche Armee 1900–1914. Zwischen Beharren und Verändern. Düsseldorf 1977.
Ders.: Europäische Krise und Erster Weltkrieg. Beiträge zur Militärpolitik des Kaiserreichs, 1871–1914. Frankfurt/Main, Bern 1983.
Semmel, Bernard: Imperialism and Social Reform. English Social-Imperial Thought 1895–1914. London 1960.
Sked, Alan, Hg.: Europe's Balance of Power 1815–1848. London 1979.
Slade, Ruth: King Leopold's Congo: Aspects of the Development of Race Relations in the Congo Independent State. London 1962, Neudr. Westport (Conn.) 1974.
Smith, Woodruff D.: European Imperialism in the Nineteenth and Twentieth Centuries. Chicago 1982.
Stavrianos, L. S.: The Balkans since 1453. New York 1958.

Stegmann, Dirk: Die Erben Bismarcks. Parteien und Verbände in der Spätphase des wilhelminischen Deutschlands. Sammlungspolitik 1897–1918. Köln, Berlin 1970.
Steinberg, Jonathan: Yesterday's Deterrent. Tirpitz and the Birth of the German Battle Fleet. London 1965.
Steiner, Zara S.: Britain and the Origins of the First World War. London 1977.
Stern, Fritz: Gold und Eisen. Bismarck und sein Bankier Bleichröder. Berlin 1978, S. 121–123.
Sternhell, Zeev: La droite révolutionnaire 1885–1914. Les origines françaises du Fascisme. Paris 1978.
Stone, Norman: Europe Transformed 1878–1919. Fontana History of Europe. London 1983, [5]1988.
Stürmer, Michael: Das ruhelose Reich. Deutschland 1866–1918. Berlin 1983.
Taylor, A. J. P.: The Habsburg Monarchy. A History of the Austrian Empire and Austria-Hungaria. London 1948.
Ders.: The Struggle For Mastery in Europe, 1848–1918. Oxford 1960.
Thaden, Edward C.: Russia and the Balkan Alliance of 1912. Philadelphia 1965.
Thompson, John A.: Reformers and War. American Progressive Publicists and the First World War. Cambridge 1987.
Tims, Richard W.: Germanizing Prussian Poland. New York 1941, [2]1966.
Trebilcock, Clive: The Industrialization of the Continental Powers 1780–1914. London, New York 1981.
Turner, L. C. F.: Origins of the First World War. New York 1967.
Vogel, Barbara: Deutsche Rußlandpolitik. Das Scheitern der deutschen Weltpolitik unter Bülow 1900–1906. Düsseldorf 1973.
Dies., Hg.: Preußische Reformen 1807–1820. NWB 96, Königstein/Ts. 1980.
Vondung, Klaus: Die Apokalypse in Deutschland. München 1988.
Wallach, Jehuda L.: Das Dogma der Vernichtungsschlacht. Die Lehren von Clausewitz und Schlieffen und ihre Wirkung in zwei Weltkriegen. Frankfurt/Main 1967.
Weber, Max: Gesammelte Politische Schriften. Herausgegeben von Johannes Winkelmann. Tübingen 1921, [5]1988.
Wegerer, Alfred von: Der Ausbruch des Weltkrieges 1914. 2 Bde., Hamburg 1939.
Wehler, Hans-Ulrich: Bismarck und der Imperialismus. Köln 1969, Frankfurt/Main [5]1984.
Ders., Hg.: Imperialismus. Köln/Berlin [3]1976.
Ders.: Deutsche Gesellschaftsgeschichte. Bisher 2 Bde., München 1988.

Weitowitz, Rolf: Deutsche Politik und Handelspolitik unter Reichskanzler Leo von Caprivi 1890–1894. Düsseldorf 1978.
Wendel, Hermann: Die Habsburger und die Südslawenfrage. Das Werk des Untersuchungsausschusses. Erste Reihe, Bd. 10, Berlin 1930.
Wernecke, Klaus: Der Wille zur Weltgeltung. Außenpolitik im Kaiserreich am Vorabend des Ersten Weltkrieges. Düsseldorf 1970.
White, John A.: The Diplomacy of the Russo-Japanese War. Princeton 1964.
Wichmann, Ulrich: Das russische Flottengesetz und der erste Weltkrieg. o. O. o. J. (Privatdruck, Velbert 1988).
Wieland, Lothar: Belgien 1914. Die Frage des belgischen »Franctireurkrieges« und die deutsche öffentliche Meinung von 1914 bis 1936. Frankfurt/Main 1984.
Willequet, Jacques: Le Congo belge et la Weltpolitik (1894–1914). Brüssel, Paris 1962.
Williamson, Samuel R.: The Politics of Grand Strategy: Britain and France Prepare for War, 1904–1914. Cambridge (Mass.) 1969.
Wilson, Edward T.: Russia and Black Africa Before World War II. New York, London 1974.
Windegg, Walther E., Hg.: Der Deutsche Krieg in Gedichten. München 1915.
Winzen, Peter: Bülows Weltmachtkonzept. Untersuchungen zur Frühphase seiner Außenpolitik 1897–1901. Boppard 1977.
Wirsing, Giselher: Das Zeitalter des Ikaros. Jena 1944.
Wollstein, Günter: Das ›Großdeutschland‹ der Paulskirche. Nationale Ziele in der bürgerlichen Revolution 1848/49. Düsseldorf 1977.
Wormser, Klaus: Großbritannien, Rußland und Deutschland. Studien zur britischen Weltreichspolitik am Vorabend des Ersten Weltkrieges. München 1980.
Zechlin, Egmont: Bismarck und die Grundlegung der deutschen Großmacht. Stuttgart 1930. Neudr. 1960.
Ders.: Krieg und Kriegsrisiko. Zur deutschen Politik im Ersten Weltkrieg. Aufsätze. Düsseldorf 1979.

b) Aufsätze

Blänsdorf, Agnes: Der Weg der Riezler-Tagebücher. Zur Kontroverse über die Echtheit der Tagebücher Kurt Riezlers, in: GWU 35/1984, S. 651–684.
Böhme, Helmut: »Grenzen des Wachstums«. Außenwirtschaftliche Beziehungen und gesellschaftliche Systemstabilisierung. Bemerkungen zum deutsch-russischen Verhältnis 1886–1894, in: D. Stegmann u. a.,

Hg.: Industrielle Gesellschaft und politisches System. Beiträge zur politischen Sozialgeschichte. Festschrift für Fritz Fischer zum 70. Geburtstag. Bonn 1978, S. 175–192.
Boll, Friedhelm: Die deutsche Sozialdemokratie zwischen Resignation und Revolution. Zur Friedensstrategie 1890–1919, in: Wolfgang Huber/Johannes Schwerdtfeger, Hg.: Frieden, Gewalt, Sozialismus. Studien zur Geschichte der sozialistischen Arbeiterbewegung. Stuttgart 1976, S. 179–281.
Chickering, Roger: Die Alldeutschen erwarten den Krieg, in: Jost Dülffer/K. Holl, Hg.: Bereit zum Krieg. Kriegsmentalität im wilhelminischen Deutschland 1890–1914. Göttingen 1986, S. 20–32.
Diószegi, István: Andrássy und der Aufstand von Herzegowina im Sommer des Jahres 1875, in: 100-Godisnjice Ustanaka u Bosni i Hercegovini, Drugim Balkanskim Zemljama i Istocnoj Krizi 1875–1878. Godine, 3 Bde. Sarajevo 1977, S. 367–385.
Gasser, Adolf: Der deutsche Hegemonialkrieg von 1914, in: I. Geiss/B.-J. Wendt, Hg.: Deutschland in der Weltpolitik des 19. und 20. Jahrhunderts, Festschrift für Fritz Fischer zum 65. Geburtstag. Düsseldorf 1973, S. 307–340.
Ders.: Deutschlands Entschluß zum Präventivkrieg 1913/14, in: Discordia concors. Festgabe für Edgar Bonjour, hg. von Marc Sieber, 2 Bde., Basel 1968, S. 171–224, Neudruck in: A. Gasser: Ausgewählte Historische Schriften. Basel 1983, S. 1–46.
Geiss, Imanuel: Die Fischer-Kontroverse. Ein kritischer Beitrag zum Verhältnis zwischen Historiographie und Politik in der Bundesrepublik, in: ders.: Studien über Geschichte und Geschichtswissenschaft. es 569, Frankfurt/Main 1972.
Ders.: Die deutsche Politik gegenüber Serbien in der Julikrise 1914. Referat der Tagung »Les Grandes Puissances et la Serbie à la Veille de la Première Guerre Mondiale«, in Belgrad 13.–15.9.1974, Belgrad 1976, auch in: ders.: Das Deutsche Reich und die Vorgeschichte des Ersten Weltkriegs, S. 159–189.
Ders.: Die deutsche Reichspolitik gegenüber der Aufstandsbewegung in der Herzegowina und in Bosnien, 1875–1878, Referat auf einer Tagung in Sarajevo 1975, in: ders.: Das Deutsche Reich und die Vorgeschichte des Ersten Weltkrieges, S. 76–107.
Ders.: Free Trade, Internationalization of the Congo Basin, and the Principle of Effective Occupation, in: S. Förster, Hg.: Bismarck, Europe and Africa, S. 278f.
Ders.: Germany and the Origins of the First World War, in: Solomon Wank u. a., Hg.: The Mirror of History. Essays in Honor of Fritz Fellner. Santa Barbara, Oxford 1988, S. 33–50.
Ders.: The Congress of Berlin 1878: An Assessment of Its Place in History,

in: Bela K. Kiraly/Gale Stokes, Hg.: War and Society in East Central Europe, XVII: Insurrections, Wars and the Eastern Crisis in the 1870s. New York 1985, S. 343–357.

Ders.: Vorkriegskrisen und Kriegsausbruch 1914, in: Neuhold, Hanspeter, Heinemann, Hans-Joachim, Hg.: Krise und Krisenmanagement in den internationalen Beziehungen. Internationale Beziehungen. Veröffentlichungen des Studienkreises Internationale Beziehungen, Band 1, Stuttgart 1989, S. 31–60.

Ders.: World War I and East Central Europe: A Historical Assessment, in: Bela K. Kiraly/Nándor F. Dreisziger, Hg.: War and Society in East Central Europe, XIX: East Central European Society in World War I. New York 1985, S. 27–42.

Ders.: European Revolutions and the European System, in: History of European Ideas, 1/1990.

Hillgruber, Andreas: Die »Krieg-in-Sicht«-Krise 1875 – Wegescheide der Politik der europäischen Großmächte in der späten Bismarckzeit, in: Ernst Schulin, Hg.: Studien zur europäischen Geschichte. Gedenkschrift Martin Göhring. Wiesbaden 1968, S. 239–253.

Hinsley, F. A.: Bismarck, Salisbury and the Mediterranean Agreements of 1887, in: Cambridge Historical Journal 1/1958, S. 76ff.

Joll, James: Walter Rathenau. Prophet without a Cause, in: Ders.: Three Intellectuals in Politics. Blum, Rathenau, Marinetti, London 1960, S. 59–129.

Karpat, Kemal H.: The Social and Political Foundations of Nationalism in South East Europe after 1878: A Reinterpretation, in: Ralph Melville/Hans-Jürgen Schröder, Hg.: Der Berliner Kongreß von 1878. Die Politik der Großmächte und die Probleme der Modernisierung in Südosteuropa in der zweiten Hälfte des 19. Jahrhunderts. Wiesbaden 1982, S. 385–410.

Kehr, Eckart: Englandhaß und Weltpolitik. Eine Studie über die innenpolitischen und sozialen Grundlagen der deutschen Außenpolitik um die Jahrhundertwende, in: ders.: Primat der Innenpolitik. Gesammelte Aufsätze zur preußisch-deutschen Sozialgeschichte im 19. und 20. Jahrhundert, hg. von H.-U. Wehler. Berlin 1965, ²1969, S. 149–175.

Last, Murray: Reform in West Africa: The Jihad Movements of the Nineteenth Century, in: J. F. A. Ajayi/M. Crowder, History of West Africa, 2 Bde., London 1979. II, S. 1–29.

Levtzion, Nehemia: The Early States of the Western Sudan to 1500, in: J. F. Ade Ajayi/Michael Crowder, Hg.: History of West Africa. 2 Bde., London 1979, I, S. 120–157.

Löding, Dörte: Die deutsche und österreich-ungarische Balkanpolitik am Vorabend des 1. Weltkrieges und der Zweibund, in: E. Schulin, Hg.: Studien zur europäischen Geschichte, S. 254–265.

Pogge-von Strandmann, Hartmut: Staatsstreichpläne, Alldeutsche und Bethmann Hollweg, in: ders./I. Geiss: Die Erforderlichkeit des Unmöglichen. Deutschland am Vorabend des Ersten Weltkrieges. Frankfurt/Main 1965, S. 7–45.

Rich, Norman: Die Deutsche Frage und der nationalsozialistische Imperialismus: Rückblick und Ausblick, in: Josef Becker/Andreas Hillgruber, Hg.: Die Deutsche Frage im 19. und 20. Jahrhundert. Referate und Diskussionsbeiträge eines Augsburger Symposions 23. bis 25. September 1981. München 1983, S. 373–392.

Ritter, Gerhard: Geschichtliche Erfahrungen deutscher Kolonialpolitik, in: ders.: Lebendige Vergangenheit. Beiträge zur historisch-politischen Selbstbesinnung. München 1958, S. 126–152.

Röhl, John C. G.: A Document of 1892 on Germany, Prussia and Poland, in: Historical Journal, 7/1964, S. 143–149.

Ders.: Admiral von Müller and the Approach of War, in: Historical Journal 12/1969, S. 651–673.

Ders.: Die Generalprobe. Zur Geschichte und Bedeutung des »Kriegsrats« vom 8. Dezember 1912, in: Wilhelm Alff, Hg.: Deutschlands Sonderung von Europa 1862–1945. Frankfurt 1984, S. 149–224.

Schlieffen, Alfred Graf von: Der Krieg in der Gegenwart, Deutsche Revue, Januar 1909; nachgedruckt in: Schlieffen: Gesammelte Schriften, 2 Bde., Bd. 1. Berlin 1913.

Schöllgen, Gregor: Griff nach der Weltmacht? 25 Jahre Fischer-Kontroverse, in: Historisches Jahrbuch 1986, S. 386–406.

Smith, H. F. C.: The Early States of the Central Sudan, in: J. F. Ade Ajayi/Michael Crowder, Hg.: History of West Africa. 2 Bde., I, S. 158–201.

Steinberg, Jonathan: The Copenhagen Complex, in: Journal of Contemporary History 1966/3, S. 23–46.

Sywottek, Arnold: Die Fischerkontroverse. Ein Beitrag zur Entwicklung historisch-politischen Bewußtseins in der Bundesrepublik, in: I. Geiss/Bernd J. Wendt, Hg.: Deutschland in der Weltpolitik des 19. und 20. Jahrhunderts. Düsseldorf 1973, S. 19–47.

Zechlin, Egmont: Bethmann Hollweg, Kriegsrisiko und SPD 1914, in: Der Monat, 208/Jan. 1966, S. 17–32.

Ders.: Motive und Taktik der Reichsleitung 1914, in: Der Monat, 209/Febr. 1966, S. 91–95.

Personenregister